AF630279

Das Grüne Band
Wandern im wilden Deutschland

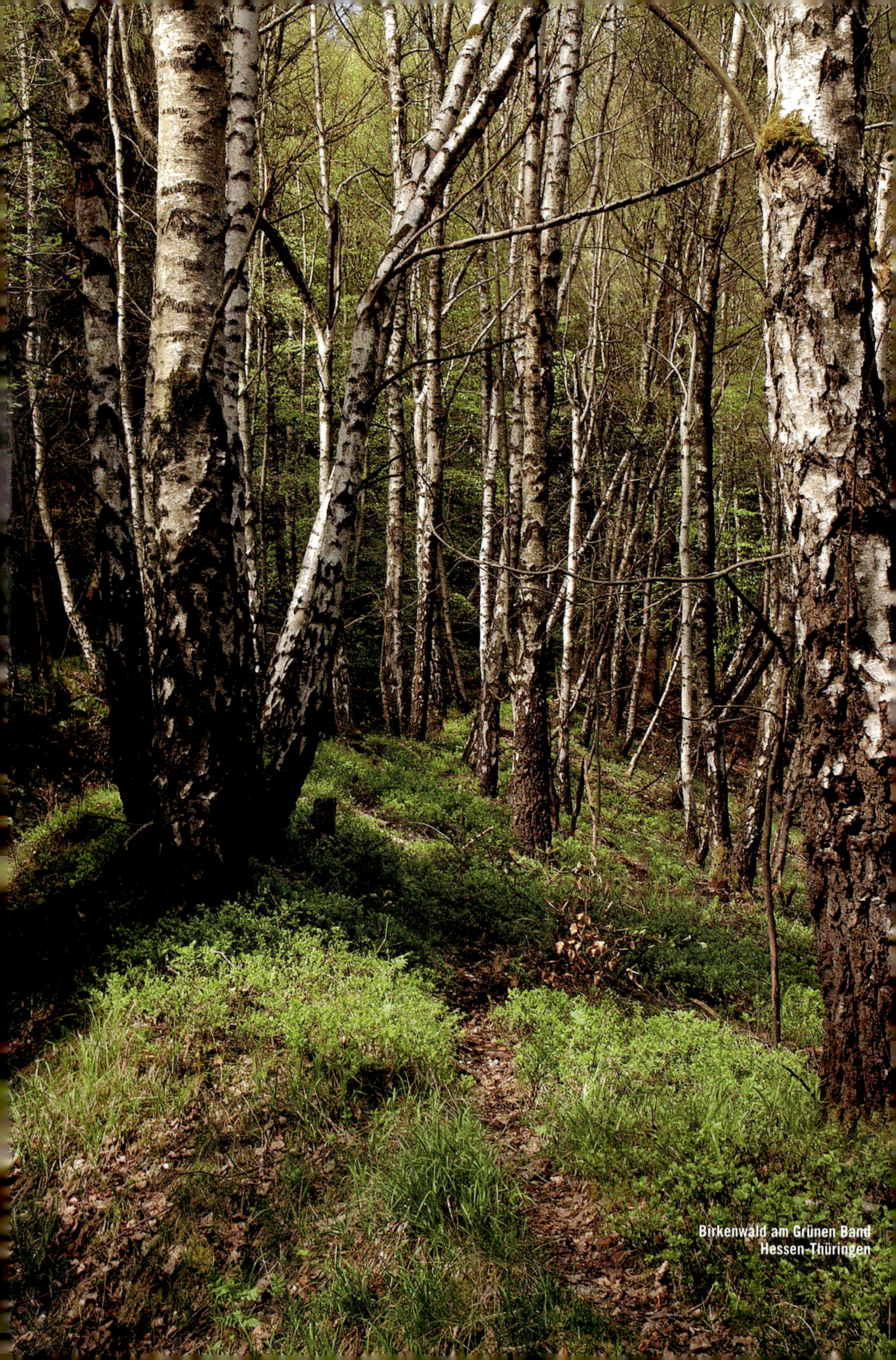

Birkenwald am Grünen Band
Hessen-Thüringen

Dr. Reiner Cornelius

DAS GRÜNE BAND
Wandern im wilden Deutschland

1400 km von Tschechien bis zur Ostsee

BRUCKMANN

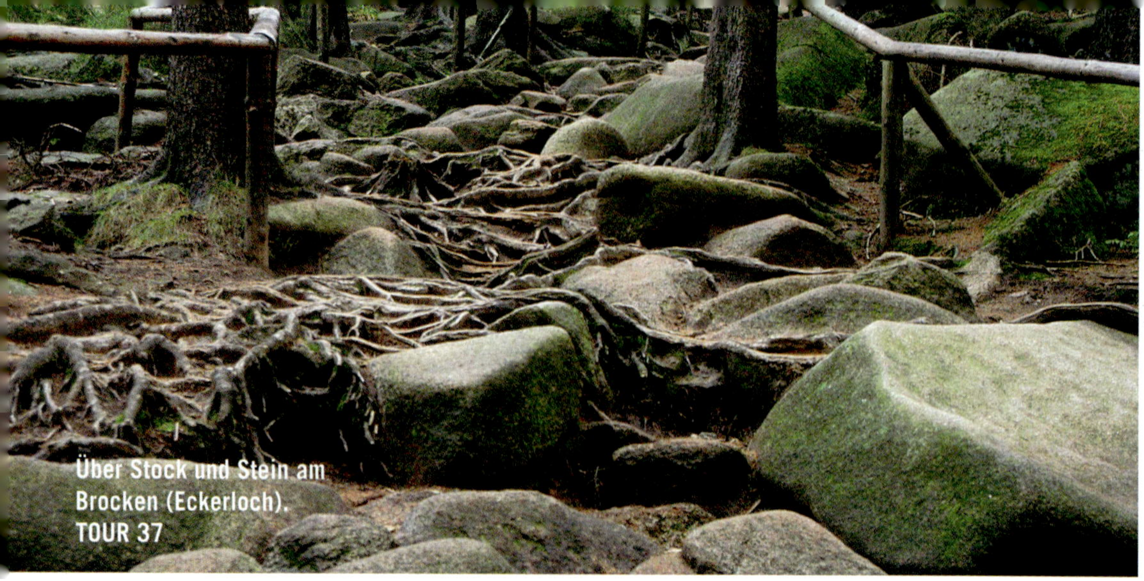

Über Stock und Stein am Brocken (Eckerloch). TOUR 37

Inhalt

Ein Luchs im Gehege an den Harzer Rabenklippen. TOUR 37

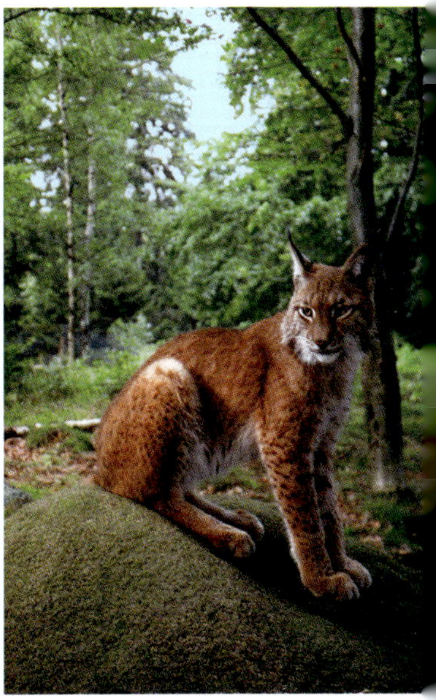

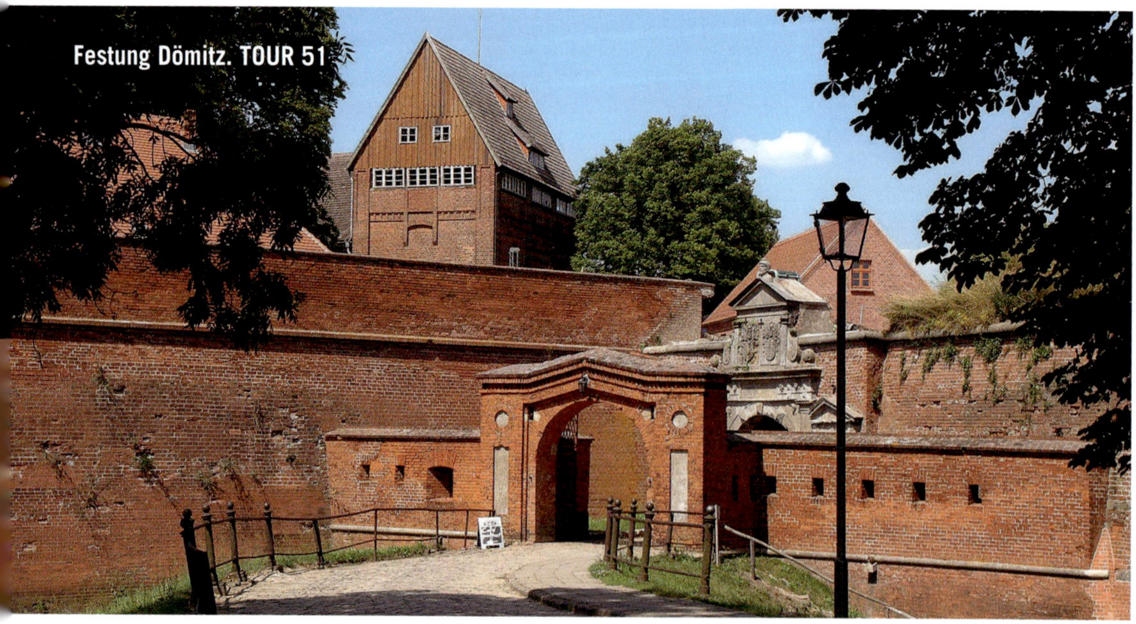
Festung Dömitz. TOUR 51

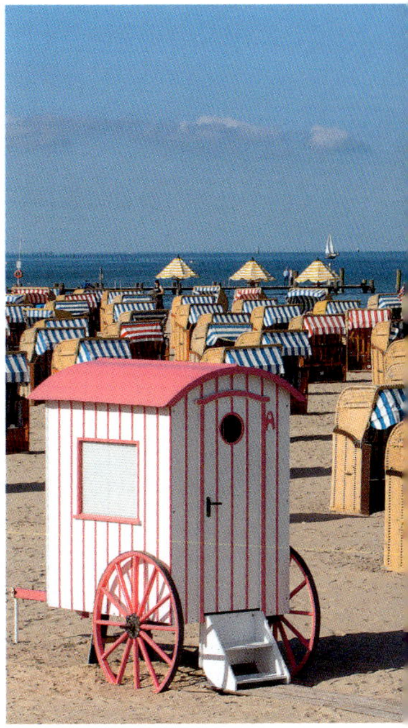

Strandkörbe und ein bisschen Nostalgie findet man am Ziel der Reise in Travemünde. TOUR 61

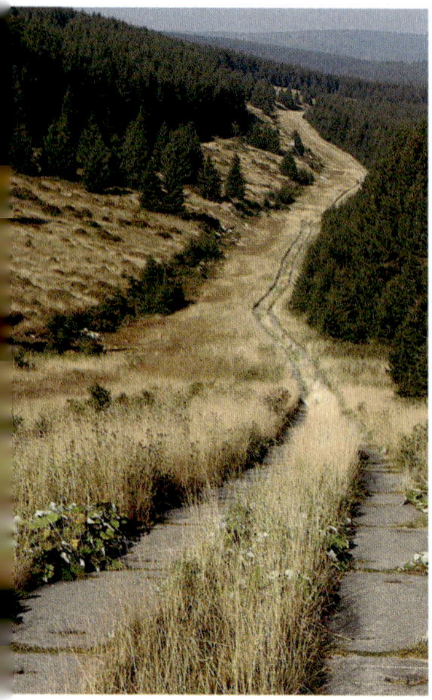

Kolonnenweg am Wurmberg (Harz). TOUR 36

Am Grünen Band in der Ostrhön. TOUR 17

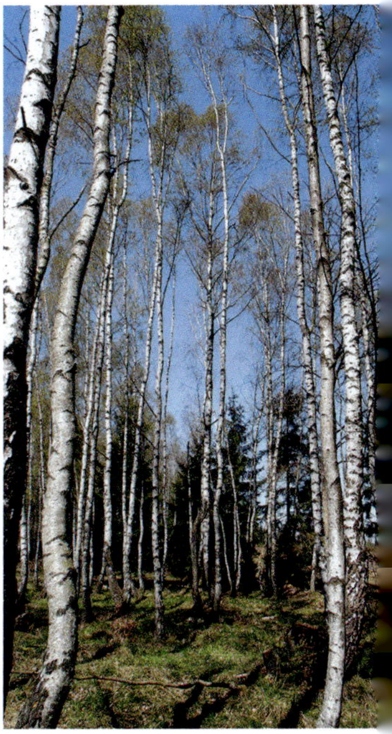

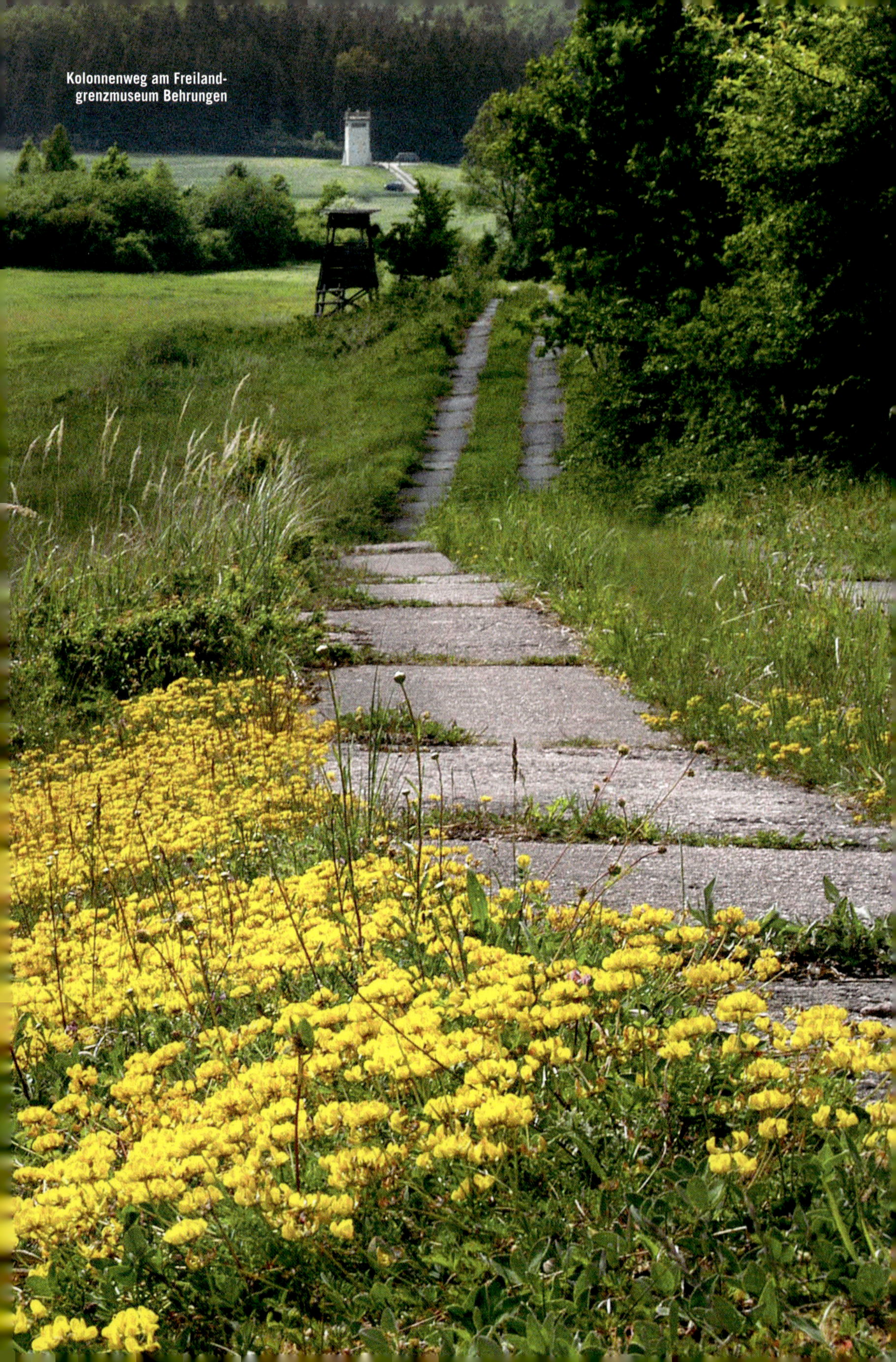

Kolonnenweg am Freiland-
grenzmuseum Behrungen

Vorwort

Inzwischen wurde das dreißigjährige Grüne-Band-Jubiläum bundesweit gebührend gefeiert. Das Interesse am Grünen Band hat enorm zugenommen, wozu auch die Ausweisung des ehemaligen Grenzstreifens auf den 736 km langen thüringischen Streckenabschnitt als Nationales Naturmonument beigetragen hat. Die Ausweisung in den übrigen Bundesländern wird, wie die Bundesumweltministerin kürzlich verkündet hat, in Bälde folgen. Das nationale Naturmonument Grünes Band dient laut Gesetz sowohl dem Schutz gefährdeter Arten als auch dem Gedenken an das martialische Grenzregime. Eine Erschließung des Grünen Bandes durch Wanderwege ist im Gesetzeslaut erwünscht. Sicherlich wird dies auch dem Grünen-Band-Fernwanderweg Auftrieb geben.

Um dafür gewappnet zu sein, haben der Bruckmann Verlag und der Autor mit der vierten Auflage das Fernwanderbuch zum Grünen Band komplett überarbeitet. Immer wieder wurde auch die Frage nach einer Karte zum Grünen Band gestellt. Bei einer weit über tausend Kilometer langen Strecke ist dies kein einfaches Vorhaben. Die Kartographen haben dies mit einer Faltkarte, wie ich finde, gut gelöst.

Nicht alle, die dieses Buch kaufen, haben vor, den Weg auf der gesamten Strecke zu begehen. Hierzu weist unser Buch auf besonders lohnende Streckenabschnitte hin. Hilfreich sind hierbei auch die Hinweise auf die Buchreihe und die neuen Regionalhefte des BUND zum Grünen Band, in der Rundwanderwege im Fokus stehen.

Ihr Reiner Cornelius

Grenzwanderung zu DDR-Zeiten

Wer in den 1980er-Jahren vom Dreiländereck CSSR–DDR–Bayern versucht hätte, entlang der innerdeutschen Grenze zur Ostsee zu wandern, dem wäre es sicher schwergefallen, der Grenzlinie zu folgen. Immer wieder hätte er sich durch Gebüsch schlagen, über Äcker laufen und über Gräben springen müssen. Ab und an wäre er auf einen Patrouillenweg des westdeutschen Zolls gestoßen. Die aber verliefen meist nur kurze Strecken entlang der Grenze.

Kurzum: Wer nicht Crossläufer war, musste mit Wegen vorliebnehmen, die über weite Strecken in einem erheblichen Abstand zur Grenze verliefen.

Die Sperranlagen

Doch wenn man zur Grenzlinie vorstieß, war man von den Sperranlagen schockiert: von den über drei Meter hohen Grenzzäunen, den Wachtürmen und den geeggten Kontrollstreifen. Von Aussichtskanzeln des Bundesgrenzschutzes aus konnte man auch den Kfz-Sperrgraben und den aus Lochbetonplatten gefügten Patrouillenweg erkennen, den sogenannten Kolonnenweg. Und man sah, dass es einen zweiten, oft sogar auch noch einen dritten Zaun gab. Versuchte man patrouillierende Grenzsoldaten anzusprechen, so bekam man keine Antwort. Stattdessen richteten sich Fernstecher auf den westdeutschen Wanderer.

Von Sperrgebieten und »Schutzzonen«

Ab und an konnte man einen Blick auf einen Ort oder auf ein paar Häuser erhaschen. »Drüben« herrschte meist eine bedrückende Stille. Niemand blickte in Richtung »Westen« – die Menschen, die nahe der Grenze wohnten, wurden scharf über-

Auf dem Kolonnenweg über dem Werratal

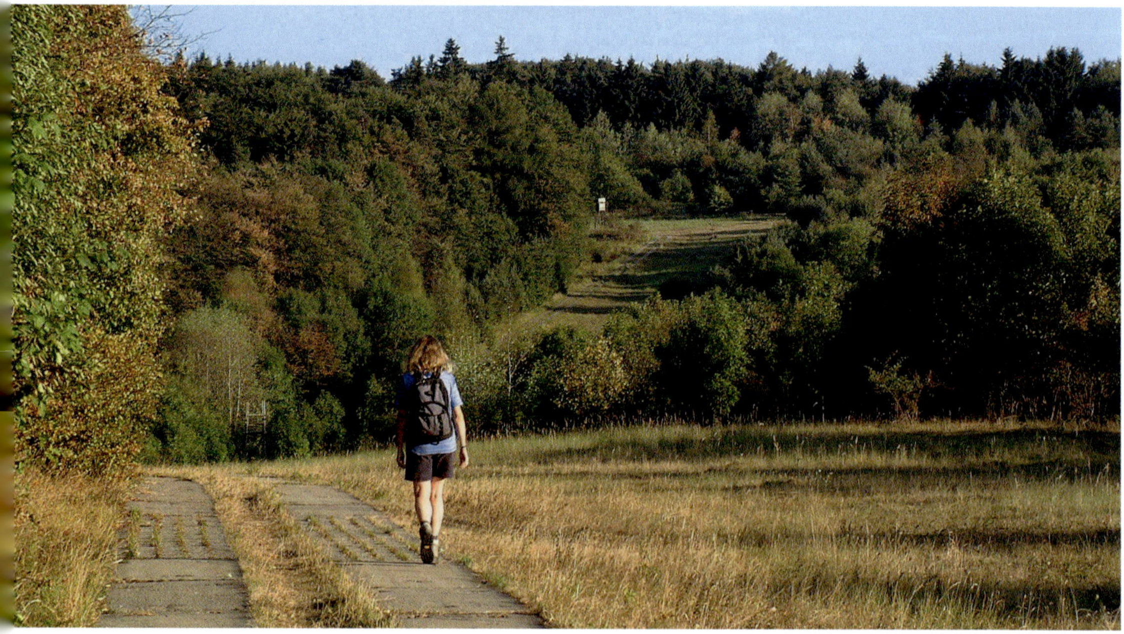

wacht. Sie lebten in einem fünf Kilometer breiten Sperrgebiet, zu dem auswärtige DDR-Bürger keinen Zutritt hatten. Nur auf Antrag und nach mehrwöchiger Voranmeldung durften die Bewohner des Sperrgebiets Besuch empfangen.
Zudem gab es die 500 Meter breite »Schutzzone«. Sie war gegenüber den Orten mit einem Signalzaun »abgesichert«. Die »Schutzzone« durfte nur von Landwirten betreten werden, und das auch nur nach Voranmeldung und unter Bewachung. Kein Wunder, dass es an der Grenze so ruhig war.

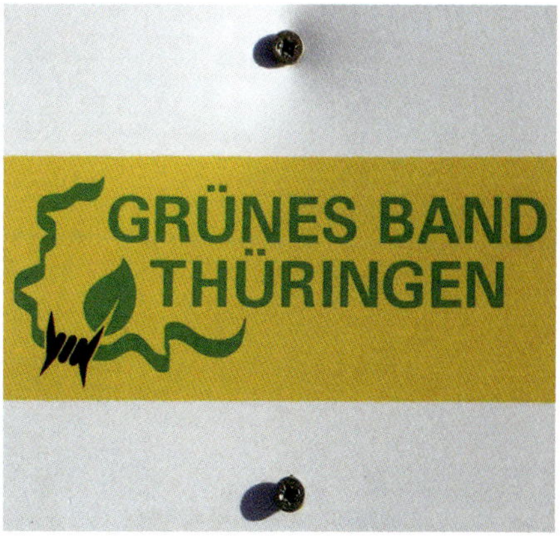

Markierung des Grüne-Band-Wanderwegs im Abschnitt Thüringen

Die Grenznatur und das Niemandsland

Der Tierwelt schien das martialische Umfeld wenig auszumachen. Im Gegenteil – Vögel, die Brachflächen lieben, profitierten vom Grenzstreifen: Neuntöter fingen am Kfz-Sperrgraben Mäuse und spießten sie in westdeutschen Schlehengebüschen auf, Braunkehlchen, die auf den Spurensicherungsstreifen nach Fliegen schnappten, nutzten die Pfosten der Grenzzäune als Sitzwarten und sangen auf den schwarz-rot-goldenen Grenzpfählen ihr Balzlied.
Und dann war da noch das sogenannte Niemandsland, der Streifen Land, der sich zwischen dem vordersten Grenzzaun und der eigentlichen Grenzlinie erstreckte. Natürlich gehörte das Land jemandem – es war das »vorgelagerte Hoheitsgebiet der DDR«. Niemandsland hieß das Gelände, weil es von niemandem betreten werden durfte. Nur ab und an sah man DDR-Grenzaufklärer vor dem Zaun Kontrolle laufen. Vom Westen aus hätte man einfach in das dem Grenzzaun vorgelagerte Gebiet hineingehen können. Doch dann wäre man Gefahr gelaufen, erschossen zu werden …
Von den Wachtürmen war das Niemandsland gut einzusehen. Ab und an schickte die DDR einen Arbeitstrupp vor den Zaun, der – unter Bewachung – das Gelände von Gehölzen frei hielt. Und genau das liebten viele Tiere: ein offenes Gelände, das ansonsten brach lag und in dem sie frei von Störungen jagen und brüten konnten. Verstecke fanden die Tiere in den angrenzenden BRD-Flächen, vor allem in Grenzzipfeln, wo sich die Bewirtschaftung nicht mehr lohnte. Die ehemalige Grenze war also bereits zur Zeit ihres Bestehens ein Naturrefugium, und zwar auf beiden Seiten der ehemaligen Grenze.

Balzendes Braunkehlchen auf einem Grenzpfahl

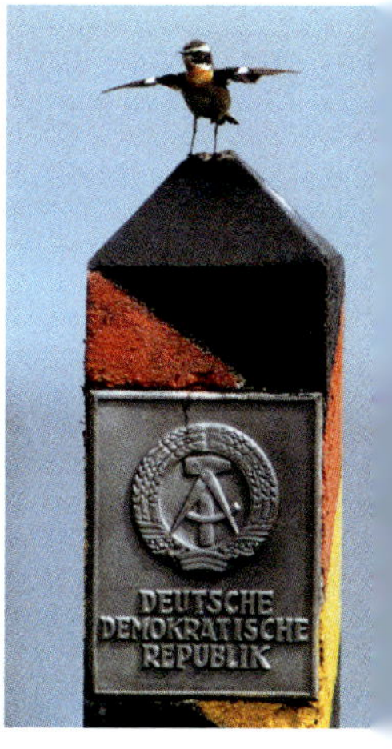

Die Grenze fällt, das Grüne Band wird aus der Taufe gehoben

Es war paradox: auf der einen Seite ein todbringendes System, auf der anderen Seite ein Refugium für seltene Arten. Dr. Kai Frobel vom BUND Naturschutz in Bayern war der Erste, der den Wert der Grenznatur erkannte. Für den Fall, dass die Grenze einmal fallen sollte, hatte Frobel die Idee von einem Grünen Band Deutschland parat. Als die Grenze im November 1989 tatsächlich fiel, wurde Kai Frobel aktiv. Im Westen wie im Osten fand er Verbündete für seine Idee vom Grünen Band Deutschland. Und da Kai und seine Bundesgenossen beharrlich waren, wurde aus der Vision Zug um Zug Realität. Zwischen dem Vogtland und der Ostsee eroberten Tiere und Pflanzen die ehemaligen Spurensicherungsstreifen, Füchse und Dachse nahmen den Kfz-Sperrgraben in Beschlag, Fischotter drangen in die Grenzbäche vor, Luchs und Wildkatze begannen, den ehemaligen Grenzstreifen als Wanderweg zu nutzen. Nach der Grenzöffnung »eroberten« auch die Menschen den Grenzstreifen. Bald querten Wanderwege das Grüne Band. Abenteuerlustige folgten dem Kolonnenweg von Tschechien bis zur Ostsee.

Der Grenzwanderweg heute

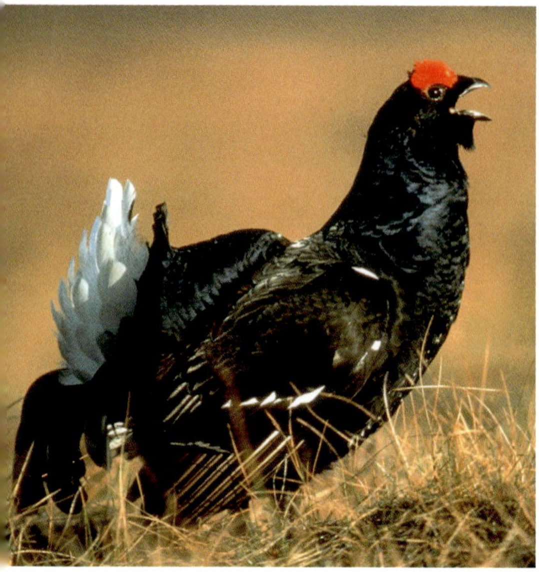

Balzender Birkhahn am Grünen Band Rhön

Heute, mehr als drei Jahrzehnte nach dem Fall der Grenze, ist der Wunsch, das Grüne Band zu erwandern, größer denn je. Der BUND unterstützt die Erschließung des Grünen Bandes für Wanderer, nicht nur im Hinblick auf das Naturerlebnis. Für Dr. Kai Frobel, den Verantwortlichen beim BUND, ist das Grüne Band eine Medaille mit zwei Seiten: Die eine ist die unersetzbare Funktion für den Naturschutz und den Biotopverbund in Deutschland, die andere ist die Spur in der Landschaft, die Wanderer und Spaziergänger an das menschenverachtende Grenzregime erinnert. Und ohne den BUND, so Frobel, gäbe es heute in der Landschaft keine Strukturen mehr, die zur Erinnerung Anlass böten. Es gäbe nur Einzeldenkmäler und Grenzmuseen, nicht eine Erinnerungslandschaft, die sich durch neun Bundesländer erstreckt. Das Grüne Band hat inzwischen ungezählte Menschen, gerade auch junge, für die Tragik der deutschen Teilung und die Toten an der Grenze sensibilisiert, wobei dem Fernwanderweg eine besondere Bedeutung zukommt. Der BUND setzt sich daher aktiv für einen Grünen-Band-Wanderweg Tschechien–Ostseeküste ein.

Auf dem Weg von Tschechien zur Ostsee

Wie lang ist der Weg und was erwartet den Grüne-Band-Wanderer auf dem Weg von Tschechien zur Ostsee? Die Grenz- oder Demarkationslinie zwischen Deutschland Ost und Deutschland West war knapp 1400 km lang. Sie umfasste viele Zipfel und Ausbuchtungen, und an Bachläufen machte sie jede Windung mit. Der Grüne-Band-Fernwanderweg folgt auf weiten Strecken dem Patrouillenweg der DDR-Grenzer, Kolonnenweg genannt. Kolonnenweg und Grenzzaun machten natürlich nicht jeden Schlenker des Grenzverlaufs mit, sondern zogen sich relativ gradlinig durch die Landschaft. Der Grenzwanderweg ist daher nicht 1400 Kilometer, sondern um die 1270 km lang.

Wurzelpfad bei Blankenstein

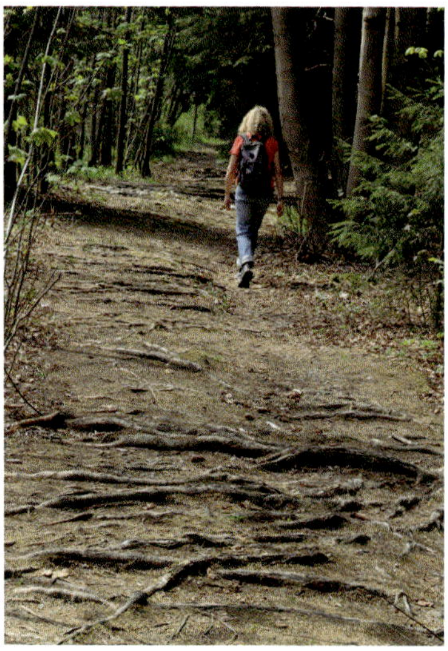

Auf dieser immer noch recht ordentlichen Strecke lernen wir die unterschiedlichsten Biotope kennen: Moore, Klippen, Wildbäche, Steppen- und Orchideenrasen. Wir durchstreifen Pionierwälder und Wacholderheiden, baden im Meer und steigen auf Berge. Am Brocken dringen wir sogar bis zur Baumgrenze vor. An den norddeutschen Seen schauen wir den Flugkünsten der Seeadler zu. Wir beobachten den Luchs (wenn auch nur im Gehege) und erfreuen uns an Kranichen und Wildgänsen.

Doch es steht nicht nur Natur auf dem Programm. Unser Weg führt durch Fachwerkorte, und wir wandern an reetgedeckten Häusern vorbei. Wir steigen auf Burgen, besichtigen Klöster und Schlösser und erfahren etwas über den Bergbau vergangener Tage. Und da der Weg an der Nahtstelle zwischen Deutschland-Ost und Deutschland-West verläuft, sieht man, wie das Land langsam wieder zusammenwächst.

Wegzustand

Vom Kolonnenweg bis zum abenteuerlichen Naturpfad ist auf dem Grüne-Band-Fernwanderweg alles vertreten. Der Anteil der aus Lochbetonplatten gefügten Kolonnenwege macht 37 Prozent aus. Der Gang über den Beton wird oft durch Gras abgefedert, das durch die Löcher in den Platten emporwächst. Die bandförmigen Löcher stellen aber auch eine Gefahrenquelle dar – leicht kann es passieren, dass man mit der Schuhkante in ein Loch rutscht und umknickt. Eine weitere Gefahrenquelle stellt das Verrutschen der Betonplatten dar; vielerorts kippen Platten einseitig ab. Daher die dringende Empfehlung: Wandern Sie mit festem Schuhwerk!
Nach dem Kolonnenweg bilden befestigte Wald- und Feldwege mit 44 Prozent Anteil die größte Weggruppe. So weit wie möglich wurden asphaltierte Abschnitte gemieden, und so machen Straßen rechnerisch 19 Prozent der Gesamtstrecke aus. Dabei ist jedoch zu bedenken, dass es sich vor allem um schmale Ortsverbindungsstraßen handelt, auf denen wenig bzw. kaum Pkw-Verkehr herrscht. Zudem sind in den Berechnungen auch die innerörtlichen Straßen enthalten.
Und noch etwas: Bleiben Sie zu Ihrer eigenen Sicherheit bitte immer auf den Wegen! Zwar wurden die verminten Abschnitte bereits zu DDR-Zeiten geräumt; zudem hat nach dem Fall der Grenze eine intensive Nachsuche stattgefunden, doch ab und an taucht an der ehemaligen Grenze eine alte Mine auf, meist im Bereich extrem steiler Hänge oder im Überschwemmungsbereich von Bächen. Diese Minenfunde sind zwar nicht so häufig wie die Blindgänger-Funde von Bomben aus der Zeit des Zweiten Weltkriegs, aber es besteht am Grünen Band ein gewisses Restrisiko. Das ist zwar so gering, dass die Bundesregierung keinen Anlass für weitere Minensuche sieht, aber man sollte, wie gesagt, Vorsicht walten lassen und auf den Wegen bleiben.

Mithelfen, das Grüne Band zu sichern

Wer vom Projekt »Grünes Band« überzeugt ist, kann für 65 € einen symbolischen Anteilschein für sich selbst erwerben oder verschenken und damit einen wichtigen Beitrag leisten, die Überzeugungsarbeit des BUND in Politik und Öffentlichkeit für den Erhalt des Grünen Bandes zu stärken. Alle Anteilseigner erhalten regelmäßig Informationen über die Arbeit und Erfolge am Grünen Band.
Mehr Infos zum Grünen-Band-Anteilschein und zu weiteren Möglichkeiten, den BUND zu unterstützen, unter www.bund.net/geschenke oder telefonisch unter 030-275 86 429.

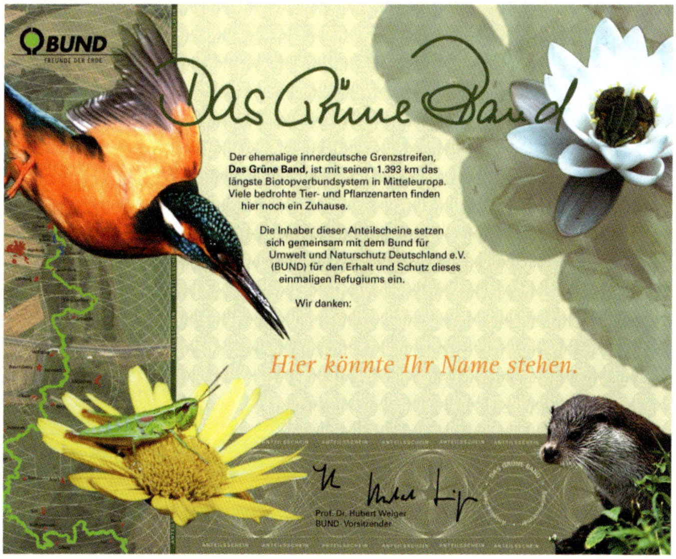

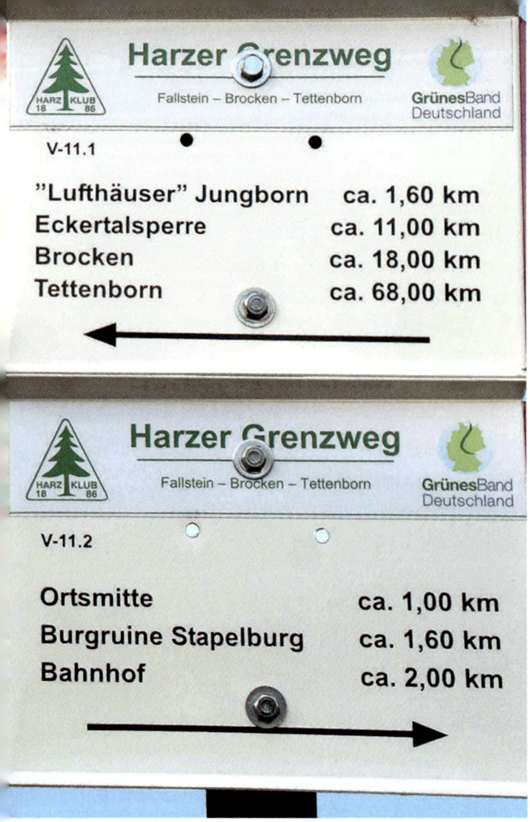

Wegweiser des Harzer Grenzwanderwegs

Wegführung

Grundsätzlich verläuft die Grüne-Band-Fernwanderroute auf dem ehemaligen Grenzstreifen und dort zumeist auf dem Kolonnenweg. Nun ist der Kolonnenweg aber streckenweise nicht mehr passierbar – Bäume, Gebüsch, meterhohe Stauden und Gräser haben ihn überwachsen. Hier muss der Wanderer auf Wege außerhalb des Grünen Bandes ausweichen. Ich habe dazu möglichst grenznahe Wege ausgewählt, unabhängig davon, ob sie im »Osten« oder im »Westen« verlaufen.

Größere Abweichungen vom ehemaligen Grenzverlauf kommen auf den Wanderer in fruchtbaren Landstrichen zu. Dort haben Landwirte – oft ohne Genehmigung – die Grenznatur untergepflügt. Stellenweise wurden die Platten des Kolonnenwegs aufgenommen und für andere Zwecke genutzt. An besonders sensiblen Biotopen, wie in den Seeadler- oder Kranichbrutgebieten, ist das Grüne Band zum Schutz seltener Arten ganzjährig oder für die Zeit von Februar bis Juli gesperrt. Solche Stellen sind jedoch selten. Zudem gibt es Streckenabschnitte, an denen mich landschaftliche oder kulturelle Highlights wie besonders gute Aussichten, ein Kloster oder ein Fachwerkstädtchen bewogen haben, vom Grenzstreifen aus in die 500 m-Schutzzone oder darüber hinaus ins ehemalige 5 km-Sperrgebiet vorzudringen. Man weitet damit den Blick und den eigenen Horizont. Und natürlich liegen die Einkehrmöglichkeiten und Unterkünfte nicht auf dem ehemaligen Grenzstreifen.

Orientierung und Markierung

Markierte Grenzwanderwege gibt es im Harz sowie in den Landkreisen Sonneberg, Hildburghausen, Schmalkalden-Meiningen und im Wartburgkreis. Unter diesen Wegen ist der Harzer Grenzweg einsame Klasse. Die Markierung ist vorbildlich, und die Wegführung entspricht den Kriterien eines Premiumwegs.

Für die übrigen Grenzwanderwege kann ich leider keine guten Noten vergeben. Schwachstellen in der Markierung gleiche ich durch detaillierte Wegbeschreibungen aus. Zudem habe ich GPX-Tracks aufgezeichnet, die kostenlos heruntergeladen werden können.

Markierte Grenzwanderwege machen knapp 50 Prozent der Gesamtstrecke aus. Wo keine Grenzweg-Markierungen existieren, habe ich mich bei der Wegbeschreibung nach dem Verlauf anderer Fernwanderwege und Radwege gerichtet. Schieferpfad, Saale-Orla-Weg, Werra-Burgensteig, Karstwanderweg europäischer Fernradweg EV 13, auch »Iron Curtain Trail« (Radweg am Eisernen Vorhang) genannt.

Am Grünen Band Sachsen und im nördlichen Eichsfeld gibt es gar keine Markierungen. In Sachsen ist dies kein Problem, weil man bis auf wenige Ecken dem Kolonnenweg folgt. Zwischen dem Dreiländereck Hessen-Niedersachsen-Thüringen und dem südlichen Harzrand muss man sich auf meine Wegbeschreibung und die Tracks verlassen. Im Norddeutschen Tiefland sind Wanderwege rar. Größtenteils

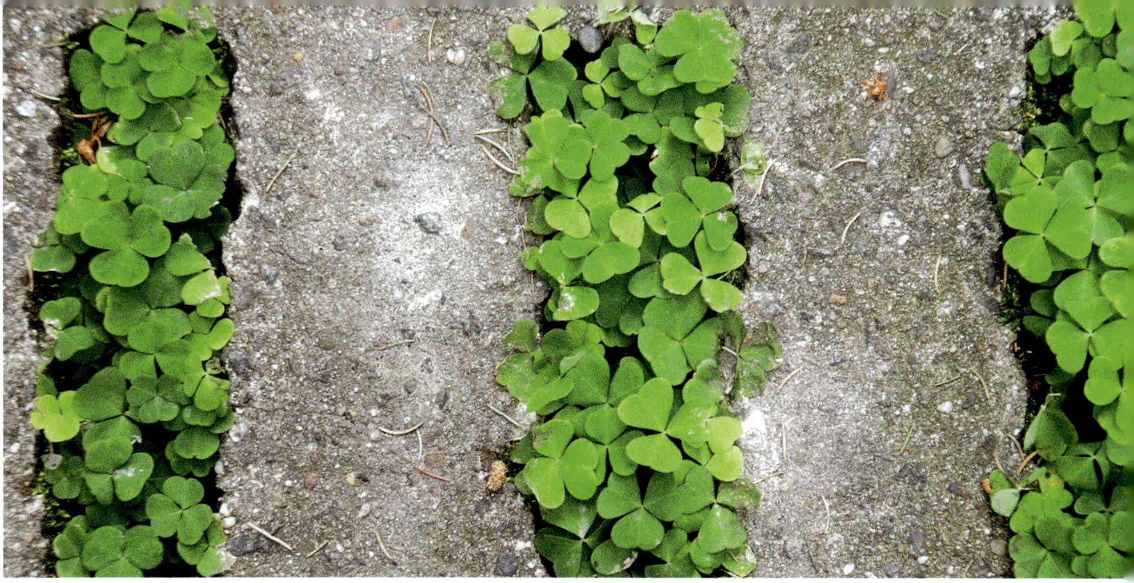

Klee in Lochbetonplatten

muss man dort mit Radwegen vorliebnehmen, von denen auch nicht alle markiert sind. Die Orientierung ist in Norddeutschland wegen der großen Linien in der Landschaft jedoch wesentlich leichter als im Mittelgebirge.

Unterkünfte und Einkehr

Solange wir uns in touristisch erschlossenen Gegenden bewegen, wie z. B. an der Elbe, im Harz und in der Hohen Rhön, ist es mit Unterkünften und Gaststätten weitgehend unproblematisch. Ganz anders sieht es in den übrigen Abschnitten aus. Hier gestaltet sich die Suche nach Unterkünften oft schwierig und man ist auf weiten Strecken auf Selbstversorgung angewiesen. Man sollte auf jeden Fall im Voraus seine Unterkunft buchen, da die in den Infokästen bei den Etappen aufgeführten Pensionen oft nur über wenige Betten verfügen. Hinzu kommt das allgemeine Gaststättensterben, forciert durch Corona. Gepäcktransporte im touristischen Niemandsland zu organisieren, ist völlig illusorisch. Fazit: Die vollständige Begehung der Grüne-Band-Fernwanderroute bleibt eines der letzten Wanderabenteuer in Deutschland – aber eines, an dem jeder einigermaßen fitte und ausdauernde Wanderer seine helle Freude haben wird!

Schwierigkeitsbewertungen

Um Planungen zu erleichtern, sind die einzelnen Etappen in leichte, mittelschwere und schwere Wanderungen unterteilt:

- (blau) Als leicht werden Touren bezeichnet, die weitgehend markierten Wanderwegen folgen und zudem nur mäßige Steigungen und Gefällstrecken aufweisen.
- (rot) Mittelschwere Touren zeichnen sich durch lange Anstiege und Gefällstrecken aus. Es kommen auch längere Lochbetonplattenabschnitte vor, auf denen ständig auf Trittsicherheit geachtet werden muss. Zudem ist die Orientierung nicht immer ganz einfach – entweder existiert keine durchgehende Markierung, oder die Qualität der Markierung lässt zu wünschen übrig.
- (schwarz) Bei schweren Touren kommen extreme Steigungs- und Gefällstrecken hinzu, zumeist auf Lochbetonplatten, sodass ein hoher Grad an Trittsicherheit erforderlich ist. Wegen fehlender Markierung werden zusätzlich hohe Anforderungen an das Orientierungsvermögen gestellt.

Bei den Zeitangaben für die Touren handelt es sich immer um Nettogehzeiten.

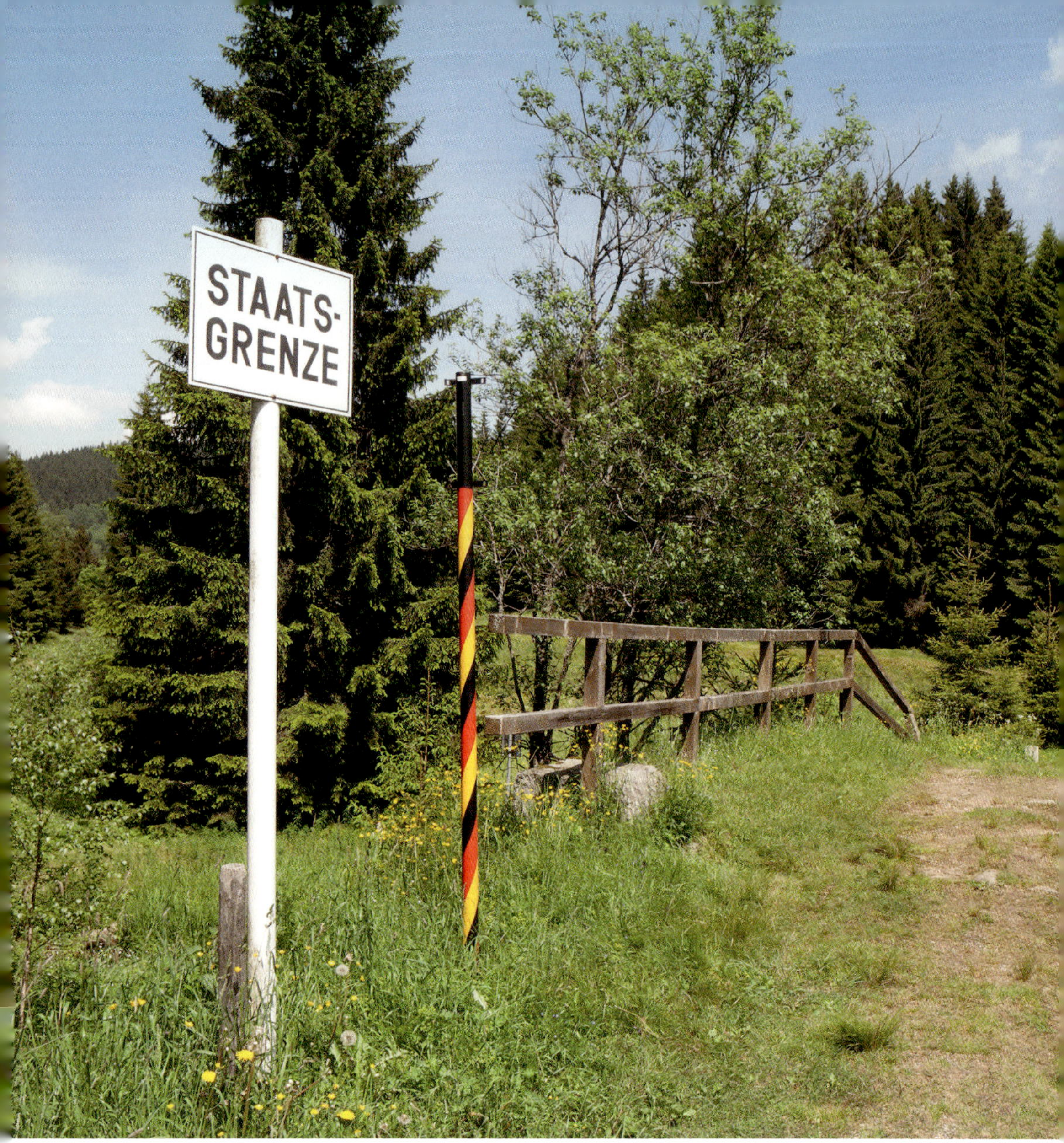
STAATS-
GRENZE

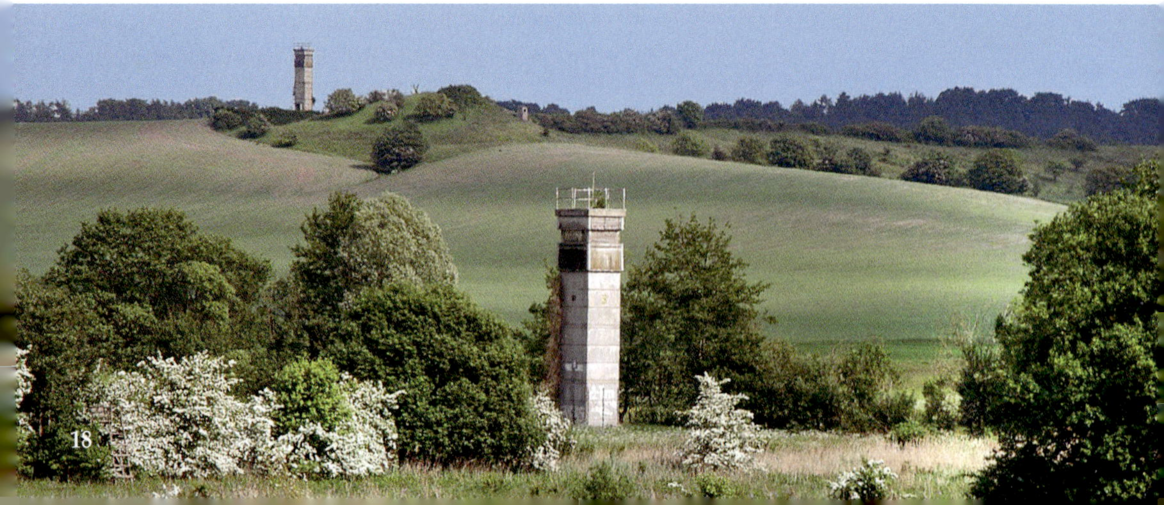

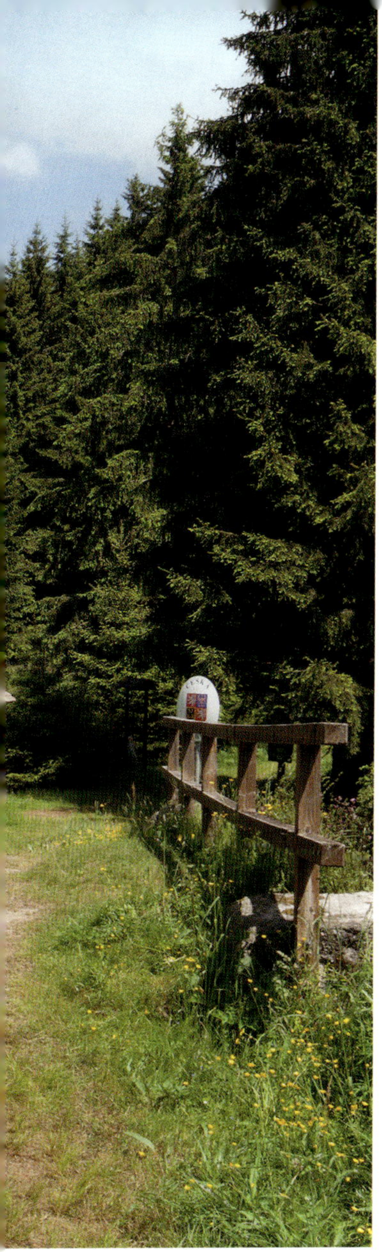

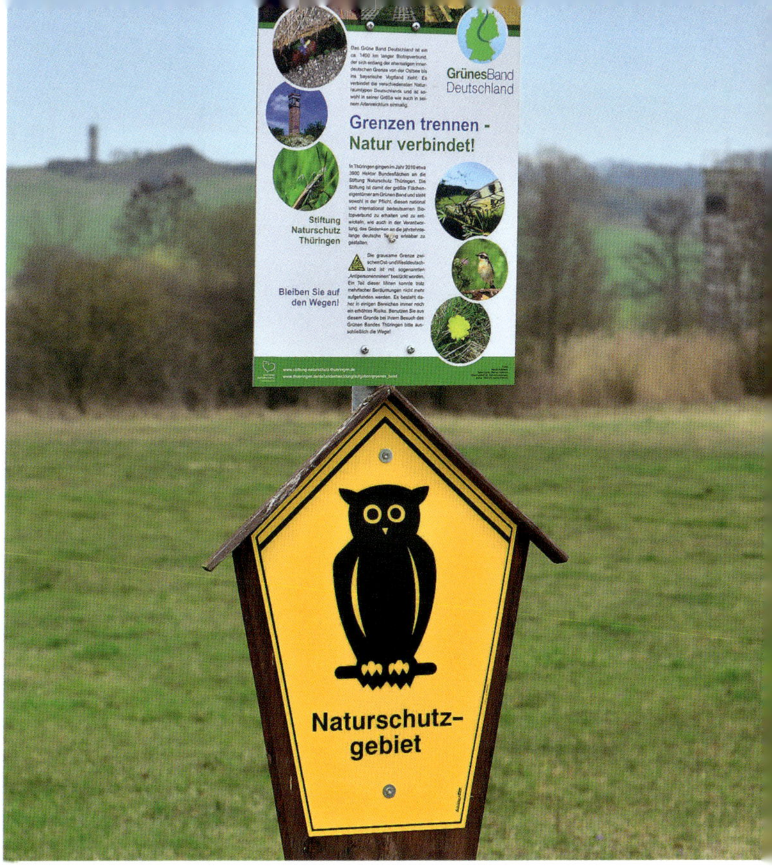

Die Etappen

Teils idyllisch ist es auf dem Grünen Band entlang der deutsch-tschechischen Grenze (o. l.). Tafeln informieren über die Besonderheiten des Naturschutzgebiets (o. r.). Aber es gibt auch noch Reste, die an den ehemaligen Todesstreifen erinnern (u. l.), der nun Lebensraum für viele Tiere bietet (u. r.).

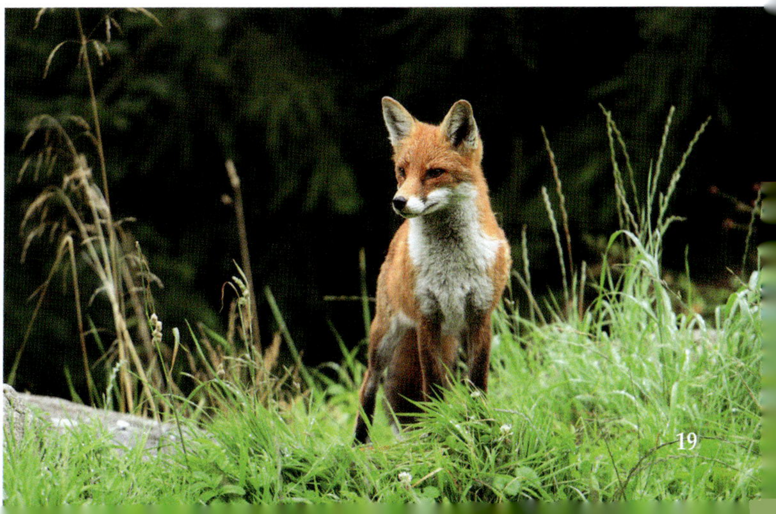

1

Von Ebmath/Hranice nach Trogen

Von der tschechischen Grenze nach Bayern

mittel | 22,7 km | ↑272 m ↓306 m | 6.00 Std.

Ausgangspunkt
Grenzübergang Ebmath/Hranice

Endpunkt
Trogen

Anfahrt
Auto: Siehe Tourenbeschreibung.
Bahn/Bus: Mit der DB und der Vogtlandbahn nach Bad Elster, weiter mit Fahrdiensten

Karte
UK 50-05 »Naturpark Frankenwald – Hof – Münchberg« 1:50 000 LVG Bayern

Einkehr
In Bad Elster und Trogen

Informationen
www.bad-elster.de

Übernachtung
Vor Tourenbeginn (Anreise): Touristinfo Bad Elster Badstraße 25, Tel. 0374 37/ 539 00

95183 Trogen bei Hof
Pension Ute Reimer
Regnitzstr. 26
Tel. 092 81/4 41 88

Nach Übernachtung in Bad Elster mit dem Taxi hinauf zum deutsch-tschechischen Grenzübergang Ebmath-Hranice. Von dort am Grünen Band Sachsen-Tschechien entlang zum Dreiländereck Tschechien-Bayern-Sachsen. Vom Dreiländereck aus folgen wir nun dem Grünen Band Sachsen-Bayern. Auf halber Strecke, am Weiler Ullitz, machen wir einen Abstecher in den bayerischen Ort Trogen, wo wir übernachten.

»Das Grüne Band Deutschland beginnt am Dreiländereck Bayern-Sachsen-Tschechien und endet an der Ostsee«, so die gängige Ansicht. Der ehemalige Grenzstreifen der DDR ist jedoch um einige Kilometer länger, sowohl an der Ostsee als auch im sächsisch-tschechischen Grenzbereich. Für den Wanderer, der das Grüne Band Deutschland in Gänze erkunden will, bedeutet dies Zusatzstrecken von sechs Kilometern in Sachsen und 24 Kilometern an der Ostsee. Die Anfahrt zum Startpunkt der Grünen-Band-Fernwanderung ist für die meisten relativ lang und beschwerlich. Da möchte kaum jemand am gleichen Tag zu einer über 20 Kilometer langen Etappe aufbrechen. Es ist also sinnvoll, möglichst nahe am Startpunkt der Fernwanderung zu übernachten.
Nun sind die Übernachtungsmöglichen in dieser abgelegenen Region leider dünn gesät. Nur im sächsischen Bad Elster und im benachbarten Adorf findet man passende Möglichkeiten. Bad Elster und Adorf haben zudem den Vorteil, dass sie mit dem Bus oder der Vogtlandbahn gut zu erreichen sind. Und Bad Elster ist selbst eine Reise wert. Das ehemalige DDR-Kurbad hat eine große Vergangenheit. Im Jahr 1848 wurde der Ort Elster in den Rang eines Königlich-Sächsischen Staatsbades erhoben. Aus dieser Zeit existieren noch viele repräsentative Gebäude. Auch zu DDR-Zeiten hat man in das Bad der Werktätigen investiert.

Von Bad Elster zum Grenzübergang Ebmath-Hranice Der kürzeste Weg vom Kurzentrum in Bad Elster zum Startpunkt des Grünen Bandes führt über die Grenze nach Hranice und von dort zum Grenzübergang nach Ebmath hinauf. Leider müsste man auf dieser sechs Kilometer langen Strecke Straßen folgen. Ein Transit-Wanderweg existiert noch nicht. Die Straßen nach und durch Hranice sind zwar wenig befahren, und man hätte die Möglichkeit, sich in Hranice umzusehen. Für einen stressfreien Wanderstart ist es aber sicherlich besser, wenn man sich vom Vermieter oder mit einem Taxi hinauf zum Grenzübergang Hranice-Ebmath fahren lässt. Dort beginnt das Grüne Band Sachsen-Tschechien.

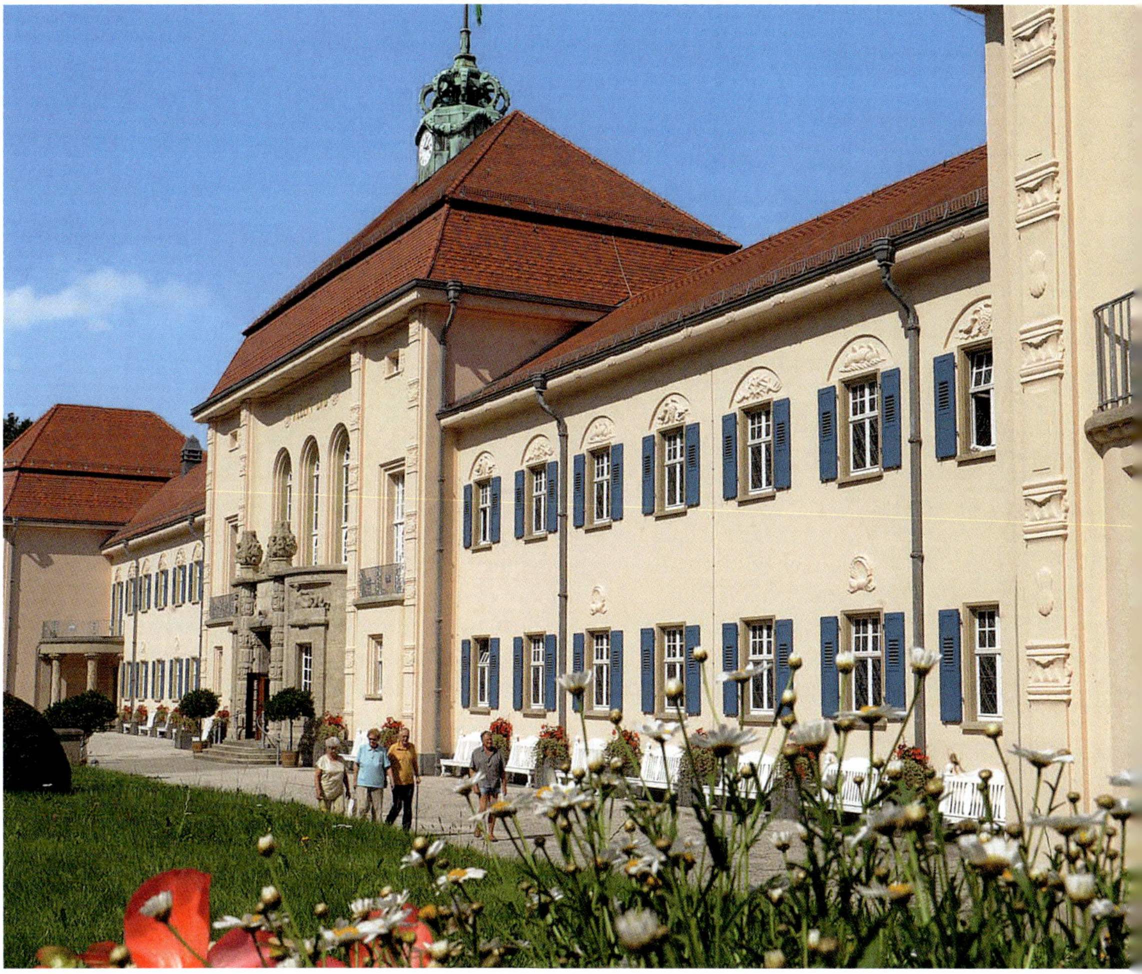

Das Albert Bad in Bad Elster

Die Perlmuscheln vom Grünen Band Sachsen-Tschechien Dass es auf den letzten sechs Kilometern der sächsisch-tschechischen Grenze einen martialischen Grenzstreifen gab, lag daran, dass man in der DDR der Grenzüberwachung des tschechischen Brudervolkes nicht ganz traute. An dem schmalen tschechischen Grenzzipfel bei Hranice, der sich zwischen Bayern und Sachsen schiebt, wollte man auf Nummer sicher gehen. Und so errichtete man auch hier Zäune, man legte Spurensicherungsstreifen an und verlegte Lochbetonplatten für einen Kolonnenweg.
Am Grünen Band Sachsen-Tschechien gibt es Moore und blumenreiche Bergwiesen, und in den Grenzbächen lebt die seltene Flussperlmuschel. Sie war einst in Mitteleuropa weit verbreitet und wurde von königlichen Perlensuchern gehegt und gepflegt. Dass sie inzwischen vom Aussterben bedroht ist, liegt nicht an der Perlensuche, sondern an der Verunreinigung ihrer Bäche durch den von den Feldern hereingespülten Schlick, der das Kiesbett, in dem die Jungmuscheln leben, verstopft. Die Babymuscheln ersticken und verhungern. Eines ihrer letzten Refugien sind die Bäche auf den Höhen des Elstergebirges, insbesondere im deutsch-tschechischen Grenzraum. Hier wurden vom BUND inzwischen Programme zur Verjüngung der überalterten Muschelpopulation gestartet. Siehe https://kreisgruppehof.bund-naturschutz.com in Sachen Perlmuschel. Da das Grüne Band Sachsen-Tschechien in Gänze als Na-

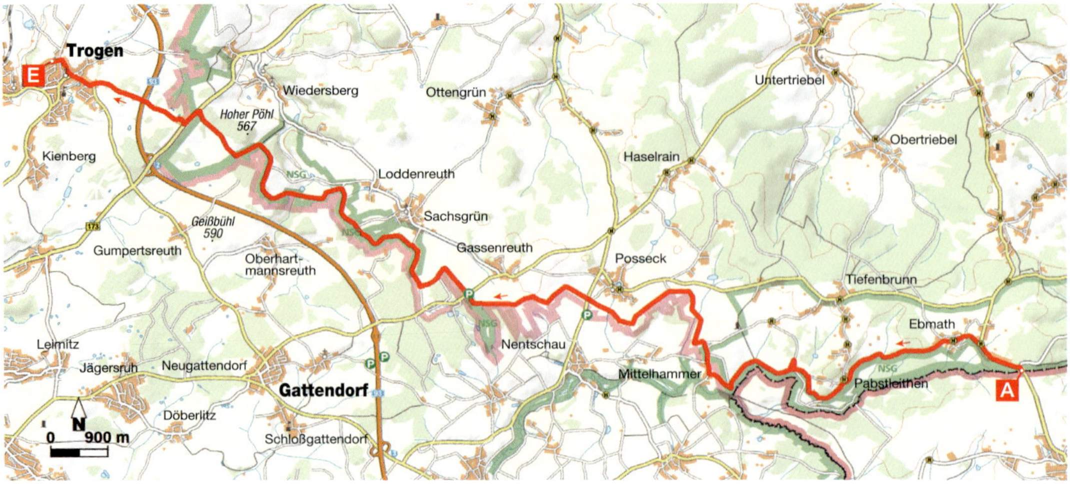

turschutzgebiet ausgewiesen wurde, müssen wir vom Grenzübergang aus noch ein kurzes Stück Straße in Kauf nehmen. Am besten lässt man sich bis zum Ortskern von Ebmath fahren. Dort beginnt nämlich der Wanderweg der deutschen Einheit, der am Rande des Naturschutzgebietes zum Dreiländereck Bayern-Tschechien-Sachsen führt, dem Beginn des Grünen Bandes Deutschland. Nach der Querung eines Fichtenwäldchens blickt man über Wiesen hinunter zu dem Perlmuschelbach,

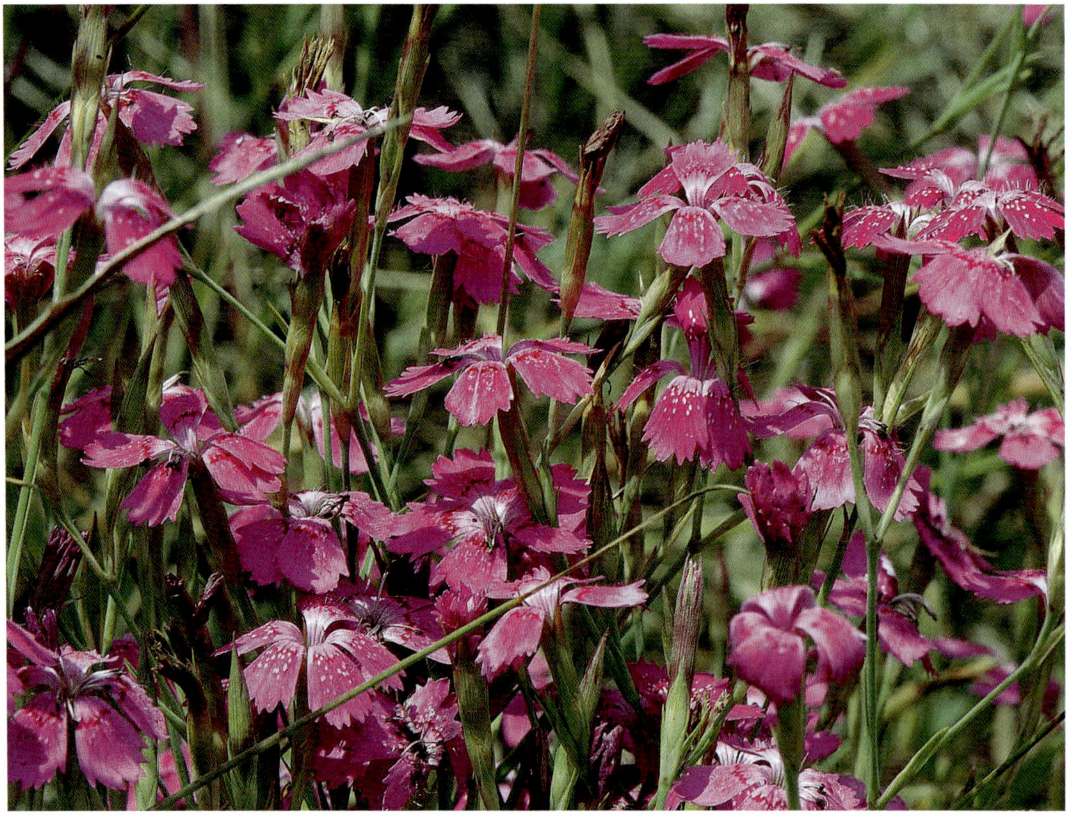

Heidenelken am Grünen Band

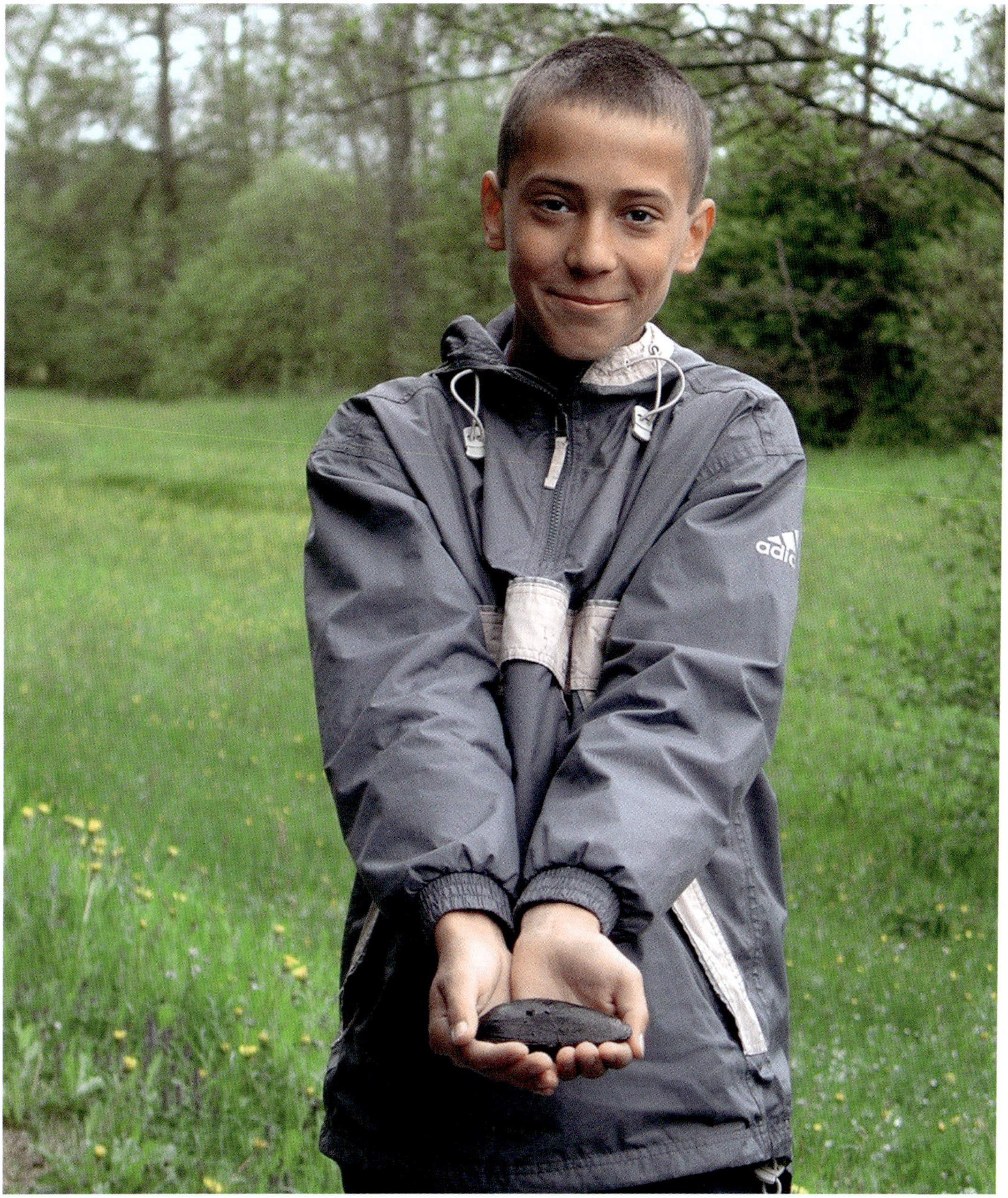

der hier die Grenze zwischen Sachsen und Tschechien bildet. Auf einer Allee, die den durch einen Vorzaun gesicherten Verlauf der einstigen 500 Meter breiten DDR-Schutzzone markiert, geht es zum Weiler Pabstleithen. Häuser und Gehöfte, die in der »Schutzzone« zu liegen kamen, wurden von den Grenztruppen dem Erdboden gleichgemacht.

Flussperlmuschel von der tschechisch-deutschen Grenze

Gut einen Kilometer hinter dem Grenzweiler steigt der Radweg rechts in die Feldflur hinauf. Kurz darauf zweigt links, im spitzen Winkel, ein Beton-Plattenweg ab, der uns auf den Kolonnenweg führt, den Patrouillenweg, auf dem die

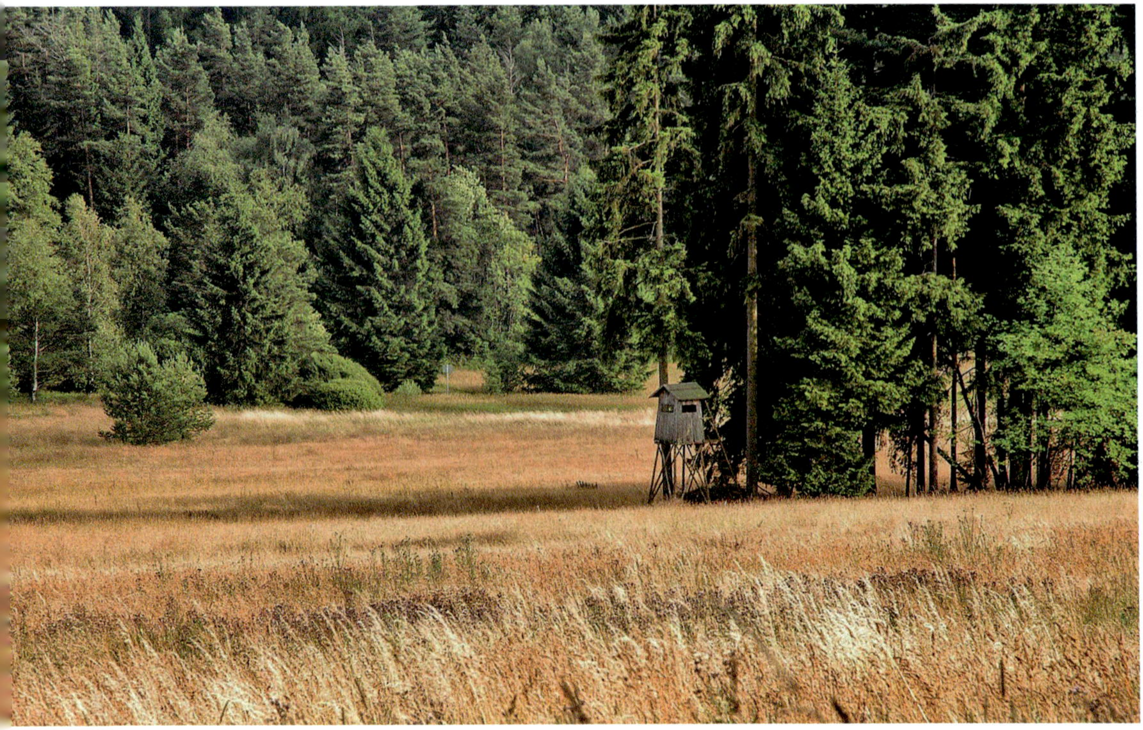

Das bis zu 300 Meter breite Grüne Band Sachsen-Tschechien; der Wald im Hintergrund ist tschechisch

DDR-Grenzer mit ihren Kübelwagen Streife fuhren. Der wendet sich nach einem Kilometer scharf nach rechts. Hier folgen wir einem weiß-blau-weiß markierten Pfad über den ehemaligen Grenzstreifen. Noch ein Brückchen und man ist am Dreiländereck Sachsen-Tschechien-Bayern, das durch alte Grenzsteine und Grenztafeln kenntlich gemacht wird.

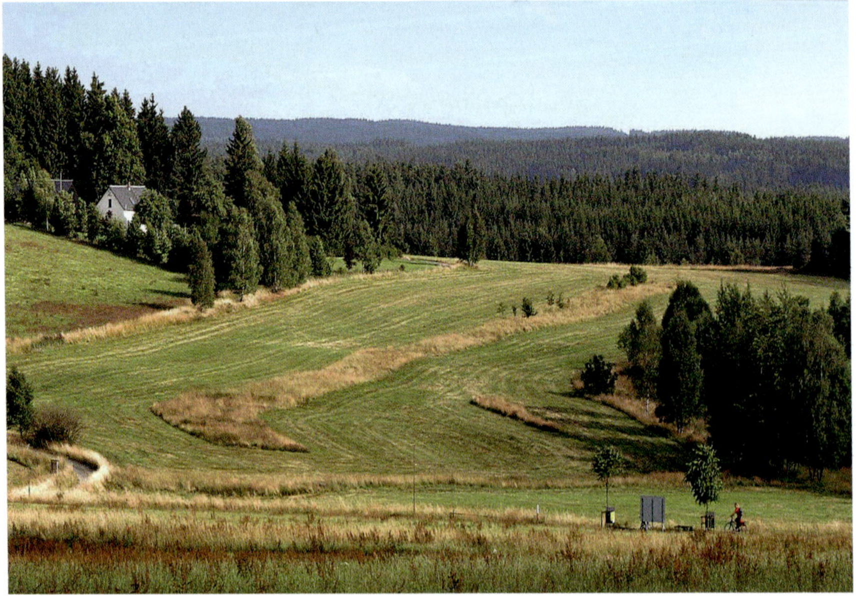

Das Grüne Band Sachsen-Tschechien bei Pabstleithen; auf der Wiese im Mittelgrund standen Höfe, die von den DDR-Grenztruppen wegen ihrer Grenznähe geschleift wurden, das Haus links lag außerhalb der Zone, in der die Häuser dem Erdboden gleichgemacht wurden.

Auf dem Grünen Band Bayern–Sachsen Zurück auf den Plattenweg, der bis zur Ostsee unsere Leitlinie ist. Die Straße zwischen dem sächsischen Posseck und dem bayerischen Nentschau wird gequert, dann die Straße zwischen Gassenreuth (Sachsen) und Gattendorf (Bayern). Bei Sachsgrün wandern wir durch einen besonders schönen Abschnitt des Grünen Bandes. Über bunt blühende Magerrasen und Bergheiden geht es über den Fuchspöhl, einen Hügel, an dem uraltes vulkanisches Gestein zutage tritt. Eineinhalb Kilometer weiter erscheint rechts in einer Senke ein kleiner Stausee. Hier fliegt der Goldscheckenfalter, der sonst nur noch an der bayerisch-tschechischen Grenze, im Allgäu und in der Rhön vorkommt. Ein Stück tiefer lag einst der Weiler Troschenreuth. Er wurde wie die grenznahen Gehöfte von Pabstleithen zu DDR-Zeiten dem Erdboden gleichgemacht. Geblieben sind der Dorfteich, ein Trafohäuschen und ein paar Mauerreste. Es geht bergan. Linker Hand erhebt sich ein steiler und felsiger Hang, der heute mit Eschen bestanden ist. Bis Anfang der 1950er Jahre stand dort ein Haus. Es wurde wie Troschenreuth von den Grenztruppen dem Erdboden gleichgemacht. Geblieben sind einige Ziegelsteine, ein Felsenkeller und ein Pflug. Wir steigen auf eine Höhe von ca. 580 Metern. Aus Bayern dringt der Lärm der A 93 herüber. Doch sobald es wieder bergab geht, lassen wir den Verkehrslärm hinter uns.

Nochmals steht ein Anstieg bevor. Auf der Höhe biegt rechts ein befestigter Feldweg vom Plattenweg ab. Es empfiehlt sich, dem Feldweg zu folgen, man spart eineinhalb Kilometer. Der Weg führt zur Straße Hof–Plauen, an der man links über die Landesgrenze zum bayerischen Weiler Ullitz wechselt. Entweder man versucht als Anhalter in die sechs Kilometer entfernte Stadt Hof zu gelangen, um dort in einem Hotel sein Quartier aufzuschlagen, wobei man auch an den Rückweg denken muss, oder man folgt der wenig befahrenen Landstraße in den zwei Kilometer entfernten Ort Trogen, wo es eine Privatunterkunft gibt. Der Überlandbus, der bisher die Strecke Hof–Ullitz–Plauen bedient hat, fährt nicht mehr.

Am Dreiländereck Sachsen-Tschechien-Bayern

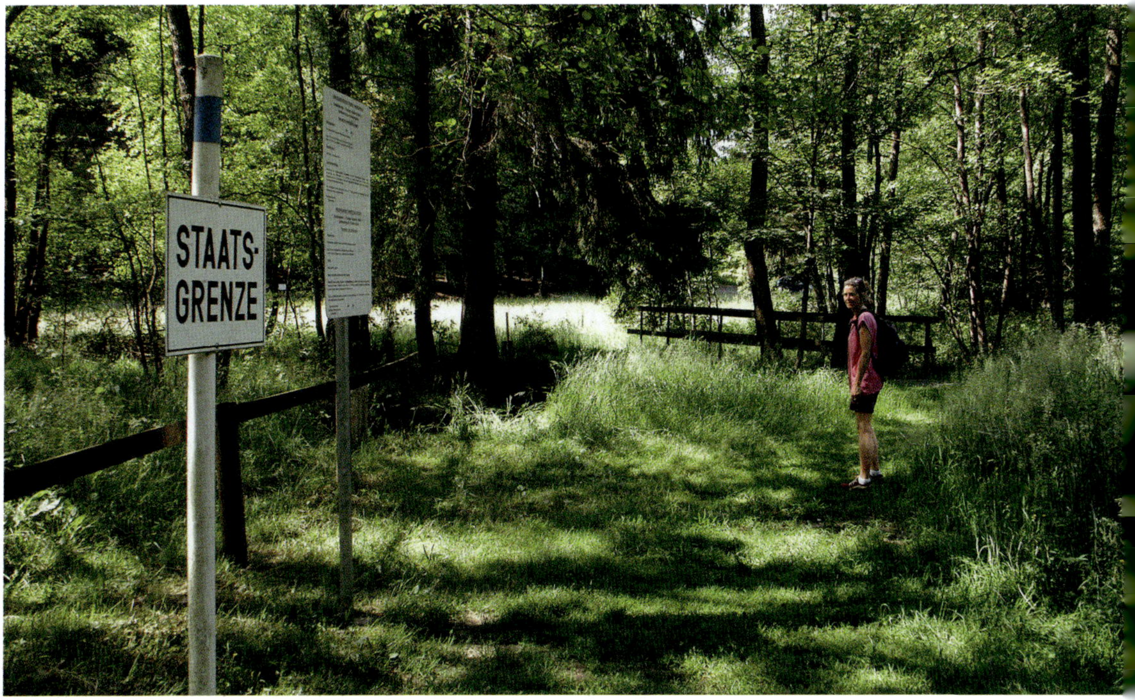

2

Von Trogen zur Juchhöh von Hirschberg

Durchs »Himmelreich« nach Thüringen

mittel 31,6 km ↑226 m ↓319 m 8.05 Std.

Ausgangspunkt
Ullitz

Endpunkt
Hirschberg

Gehzeit
Bis Einkehrmöglichkeit in Mödlareuth 5.30 Std.

Anfahrt
Nur mit dem Pkw über die Abfahrt Nr. 2 der A 93 und der B 173 zu erreichen

Karte
LVG Bayern 1:50 000, UK 50-05 Naturpark Frankenwald/Hof-Münchberg

Einkehr
In Mödlareuth
Gasthaus Grenzgänger
Tel. 036649/792 56;
in Hirschberg
Gasthaus/Pension
An der Lohmühle

Informationen
www.stadt-hof.de
www.stadt-hirschberg-saale.de

Übernachtung
Gasthaus Juchhöh
Juchhöh 61
(1,6 km hinter Mödlareut an der Straße nach Hirschberg)
Tel. 036649/800 07

Hotel Kleeblatt
Gartenstr. 1
07927 Hirschberg
Tel. 036644/434 870

Wir erkunden den nördlichen Teil des Grünen Bandes Sachsen, der ebenso schön ist wie der südliche. Am Dreiländereck Sachsen-Thüringen-Bayern folgt dann der Schock: Vom Grünen Band Thüringen keine Spur – so weit das Auge reicht nur Acker. Nicht verzagen, denn vor uns liegen das einst geteilte Dorf Mödlareuth und sein Grenzmuseum, hinter denen das Grüne Band wieder auftaucht.

Blumenwiesen und Warzenbeißer Wir kehren von unserem Übernachtungsort Trogen zu dem am Grünen Band liegenden bayerischen Weiler Ullitz zurück und folgen dort dem Kolonnenweg nach Norden. Nach etwa einem Kilometer erreicht man den Südhang des Blosenbergs, ein Paradies für Liebhaber von Blumenwiesen – im Juni leuchtet es hier in allen Farben: pinkfarbene Nelken, zartviolette Skabiosen, gelbes Labkraut, dazu jubilierende Lerchen und der seltene Warzenbeißer, eine Heuschrecke. Weiter geht's um die Westflanke der Blosenberges Richtung »Himmelreich« und das liegt – wen wundert's – am Grünen Band Sachsen. Das »Himmelreich« sind feuchte Wiesen, von Wäldern umgeben, die vielerlei Pflanzen und Tieren eine Heimstatt bieten.

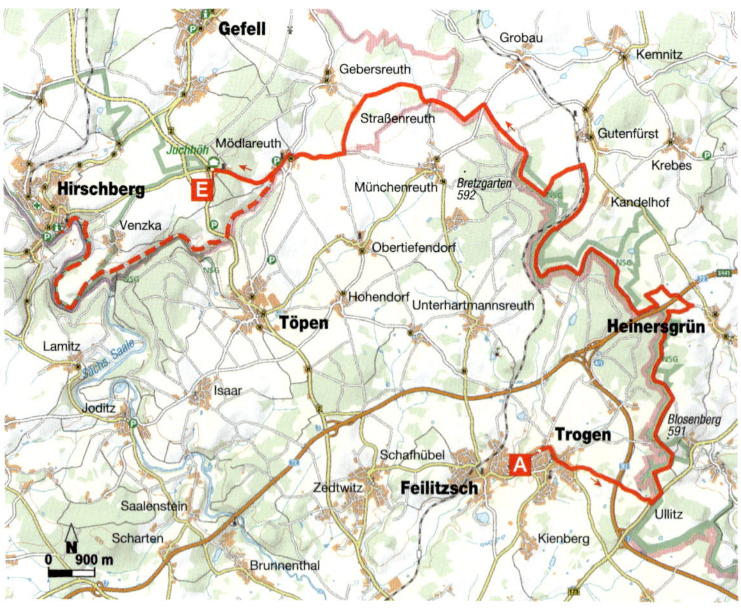

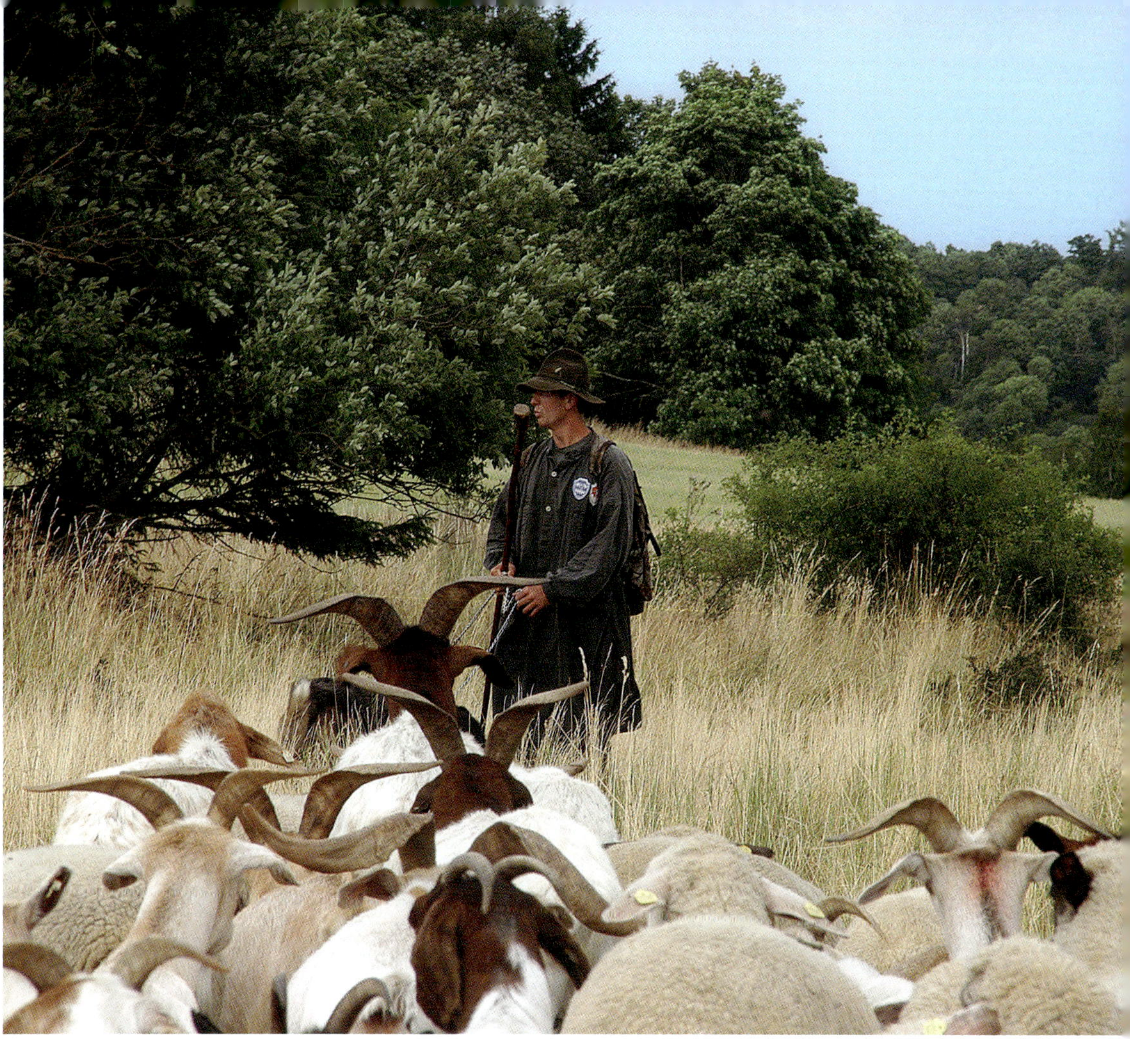

Michael Ulsamer mit seiner Herde auf dem Grünen Band Sachsen

Plötzlich jedoch stößt man auf die A 72, die das Grüne Band zerschneidet. Am Waldrand, etwa 100 Meter vor der Autobahn, laufen wir auf einem Wiesenweg rechts bergab; unter uns liegt Heinersgrün mit der Kapelle St. Clara. Dort, wo der Wiesenweg auf einen befestigten Weg stößt, biegen wir links ab und gehen dann unter der Autobahn hindurch. Etwa 400 Meter hinter der A 72 wenden wir uns links, wandern auf einem Feldweg zum Wald und 300 Meter durch diesen hindurch, bis wir das Grüne Band und den Kolonnenweg wieder erreicht haben.

Natur am laufenden Band Wir wandern über felsigen und trockenen Untergrund, wo Kreuzblümchen und Arnika blühen und seltene Schmetterlinge umhergaukeln. Dann kommen wir am Wüstenlobenteich vorbei, einem Paradies für Frösche, Enten und Reiher. Nächstes Highlight ist eine Sumpfwiese, die im Sommer von einem Meer aus rosa blühendem Heilziest überzogen wird. Auch Orchideen kommen hier vor. Michael Ulsamer, der hiesige Schäfer, und seine Herde halten das Grüne Band für Blumen und Schmetterlinge offen.

Schafe am Grünen Band

Während der Sommermonate begegnet der Wanderer am Grünen Band Sachsen einem jungen fränkischen Schäfer, Michael Ulsamer, der mit seiner Herde das Grüne Band Sachsen offen hält. In der Zeit zwischen Mai und Oktober wandert er mit seinen Tieren von der tschechischen zur thüringischen Grenze und wieder zurück.

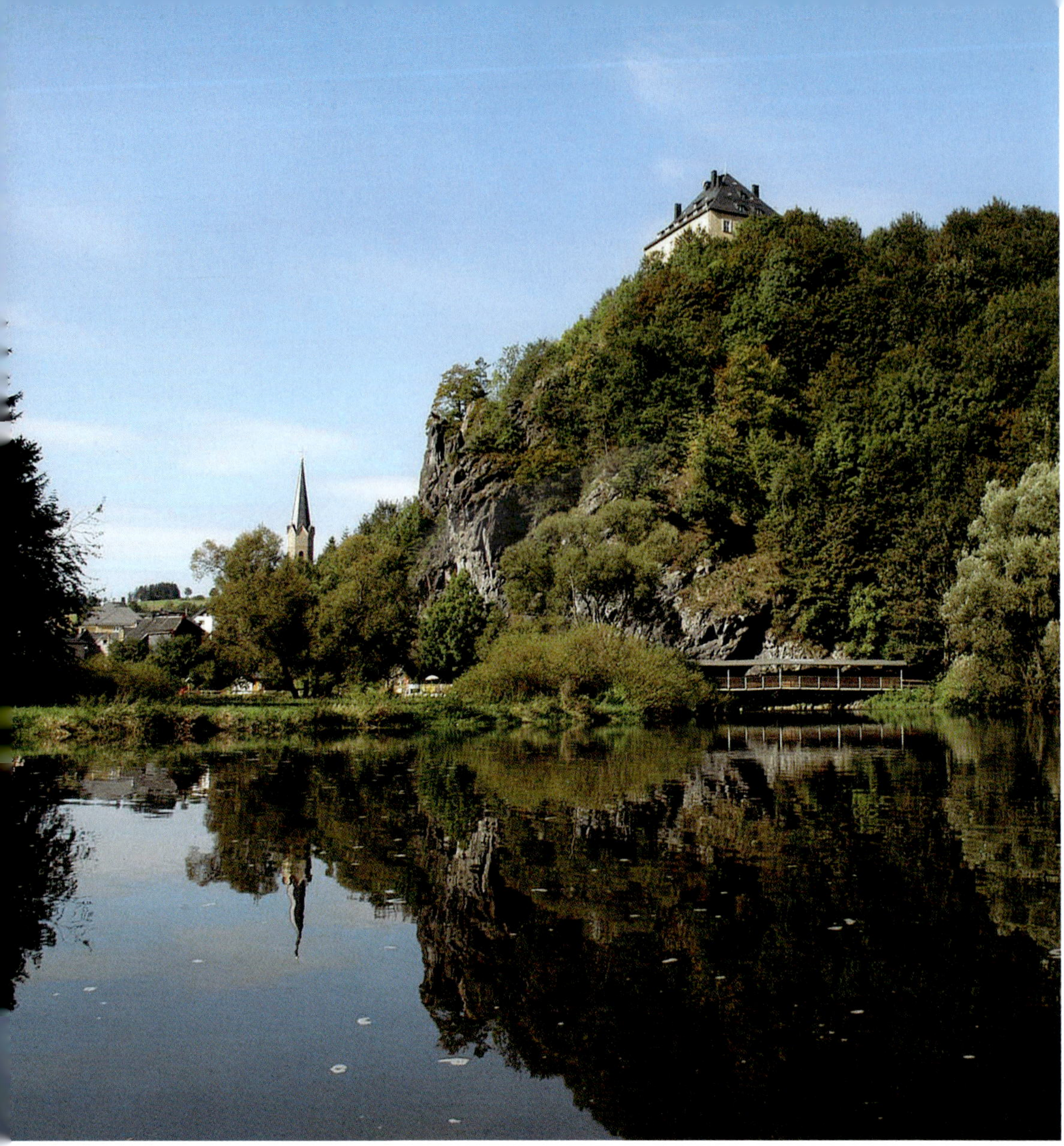

Lückenloser Schutz

Das Grüne Band Sachsen ist nur 42 Kilometer lang, gehört jedoch zum Besten, was das Grüne Band Deutschland zu bieten hat. Der ehemalige LPG-Vorsitzende Hellmut Naderer setzte sich schon während der Wende vehement für die Ausweisung des sächsischen Grenzstreifens als Naturschutzgebiet ein; später stieß der fränkische Landschaftsplaner Thomas Findeis noch hinzu und gemeinsam zogen sie alle Register. Und hatten Erfolg: Das Grüne Band Sachsen ist heute lückenlos geschützt!

Dann stoßen wir auf die Trasse der doppelgleisigen Bahnstrecke Hof–Plauen. Der Grüne-Band-Wanderer muss nun bis zur nächsten Bahnunterführung diesseits der Trasse bleiben. Man folgt zunächst dem Kolonnenweg (ca. 800 m), dann einem Feldweg (ca. 300 m), und schon ist die Unterführung erreicht. Hinter der Bahn geht es geradeaus und auf einem Feldweg wieder zum Grünen Band.

Zum Drei-Freistaaten-Stein Wir wandern nach rechts weiter auf dem Kolonnen-

weg, queren dann eine Straße und steuern auf den Drei-Freistaaten-Stein zu. (Wer es nicht weiß: Nicht nur Bayern darf sich Freistaat nennen, sondern auch Thüringen und Sachsen.) Am Drei-Freistaaten-Stein endet das Grüne Band Sachsen – ohne dass hier etwas vom Grünen Band Thüringen zu sehen wäre. Ringsherum nur Rapsfelder …
Wir folgen also einem asphaltierten Wirtschaftsweg in den thüringischen Grenzweiler Straßenreuth und gehen weiter bis ins ehemals in »Ost« und »West« geteilte Dorf Mödlareuth. Ein Grenzmuseum mit großer Freilandabteilung zeigt, mit welchem Aufwand man einst die Menschen hier voneinander getrennt hat.

Von Kirchenburgen, Malerpoeten und Wildbächen

Der nördliche Teil des Grünen Bandes Sachsen grenzt an das vogtländische Wanderparadies Burgstein. 2 Kilometer unterhalb des Grünen Bandes liegt das Dorf Krebes, in dem der Malerpoet Hermann Vogel lebte. Gleich nebenan, auf einer felsigen Höhe, steht die Kirchenruine Burgstein, und vom Tal dringt das Rauschen der Kemnitz herauf, die sich ihren Weg durch ein Gewirr von Felsblöcken sucht. Mehr zum Burgsteingebiet und zum Grünen-Band-Schäfer erfährt man im Band Frankenwald–Vogtland der Grünen-Band-Buchreihe (siehe S. 189).

Hinter dem Dorf taucht dann der Kolonnenweg wieder auf, der nun einige Hundert Meter lang von einem verrosteten Grenzzaun begleitet wird. Und auch das Grüne Band ist ab hier wieder präsent. Wir lassen das Grüne Band für heute allerdings links liegen, denn jetzt besteht die Möglichkeit, in einem Kilometer zu einer Unterkunft zu gelangen, in der man auch noch etwas Deftiges zu essen bekommt. Gemeint ist das Gasthaus Juchhöh, das man über die Straße Richtung Hirschberg erreicht.

Bild linke Seite: Die Saale bei Hirschberg mit Schlossfelsen und Hängesteg

Die Grenzmauer von Mödlareuth (Freilandmuseum)

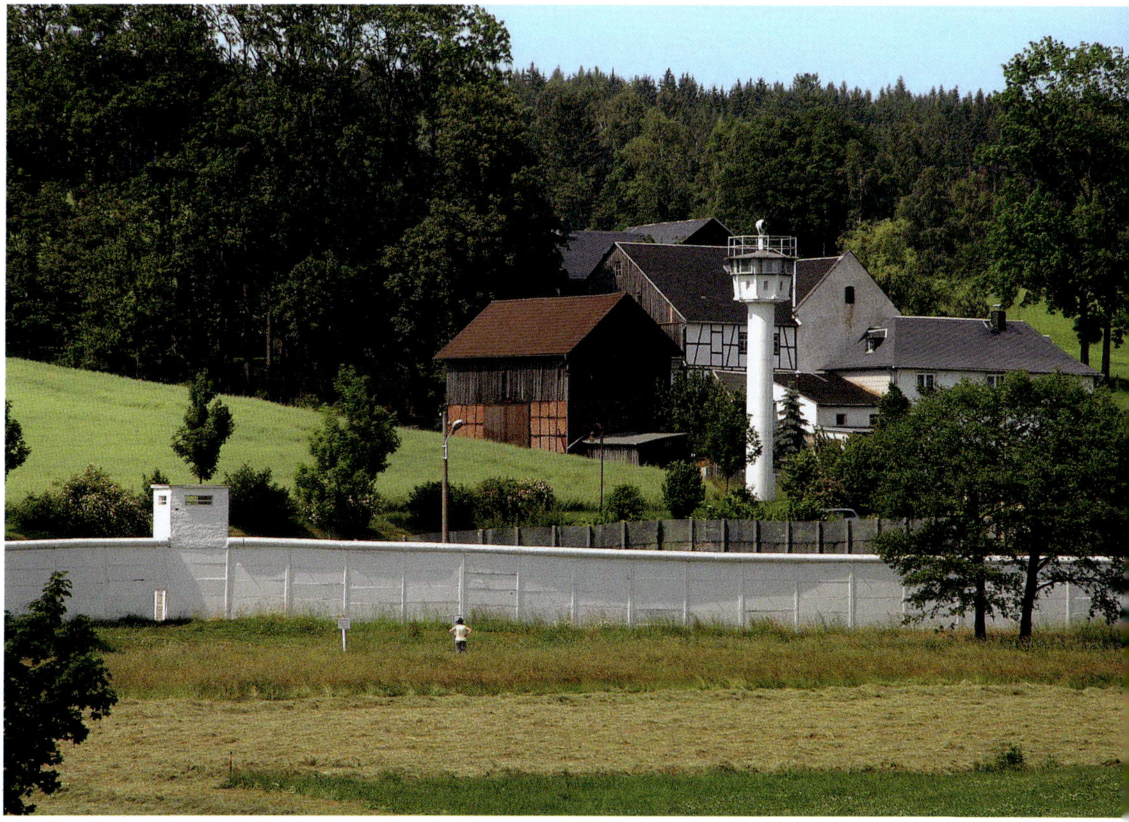

3

Von der Juchhöh zum Friedrich-Wilhelm-Stollen

Entlang der Saale zum Höllental

leicht | 19,1 km | ↑397 m ↓394 m | 5.20 Std.

Ausgangspunkt
Hirschberg

Endpunkt
Friedrich-Wilhelm-Stollen

Gehzeit
Bis Einkehrmöglichkeit in Pottiga 2 Std.

Anfahrt
Bahn/Bus: Mit der Deutschen Bahn bis Hof, weiter mit der Buslinie 155 nach Hirschberg (nur werktags)

Karte
LVG Bayern 1:50 000,
UK 50-05 Naturpark Frankenwald/Hof-Münchberg

Einkehr
In Pottiga Gasthof Rüdiger (Anger 4, Tel. 036642/30 10), Gasthof Blankenberg (Schlossberg 9, Tel. 036642/239 13);
in Blankenstein Gasthaus Rennsteig (Lobensteiner Str. 3, Tel. 036642/222 30);
am Ziel s. bei Übernachtung

Informationen
www.stadt-hirschberg-saale.de
www.friedrich-wilhelm-stollen.de
www.blankenstein-am-rennsteig.de (Touristinformation)

Übernachtung
Gasthaus
Friedrich-Wilhelm-Stollen
Friedrich-Wilhelm-Stollen 1
95192 Lichtenberg
Tel. 09288/216

Bei Hirschberg führt uns ein Hängesteg an senkrechten Klippen über das Wasser der Saale. Bei Pottiga steigen wir zu einem luftigen Ausguck hinauf. Bei Blankenberg lernen wir die »Loreley« der Saale kennen, einen Felssporn, auf dessen Höhe einst ein Schloss thronte. Quartier machen wir am Eingang des berühmten Höllentals.

Durchs Tannbergtal zur Saale Am Morgen nach der Juchhöh-Übernachtung muss man wieder auf der Straße zum Grünen Band hinablaufen. Der Weg nach Hirschberg ist dann aber ein Genuss. Man folgt dem roten Dreieck des Saale-Orlawegs durchs Tannbergtal hinunter zur Saale. Unten am Fluss angekommen, wandern wir durch die einsame Wald- und Wiesenlandschaft einer großen Saaleschleife. Dort, wo die Saale zur nächsten Schleife ansetzt, zieht sich der Kolonnenweg auf den vor uns liegenden Berg hinauf, womit er extremen Steilhängen und Klippen ausweicht. Wir folgen hier dem Saale-Orlaweg über und unter den Klippen hinweg durch eine urige Flusslandschaft.

Der Saale-Orla-Weg, dem wir weiter folgen, verlässt nun den Kolonnenweg nach links und führt mitten durch diese urige Fels- und Flusslandschaft. Dabei bieten sich uns immer wieder grandiose Tiefblicke. Kurz vor Hirschberg stellt sich eine 20 Stockwerke hohe Klippe der Saale entgegen. Auf der Klippe thront das Schloss Hirschberg, und darunter, auf einem Felsabsatz, steht eine lebensgroße Hirschskulptur. Unser Weg führt direkt auf die Klippe zu, die wir auf einem Hängesteg passieren – über uns der senkrechte Fels, unter uns dunkles Wasser.

Nach 100 Metern haben wir wieder festen Boden unter den Füßen. Wir sind nun am Ortsrand von Hirschberg; zu DDR-Zeiten gab es dort weder Steg noch Weg – hier verlief der Grenzzaun. Er zog sich neben der Klippe zur Saale hinunter; heute befindet sich an dieser Stelle ein Bootsverleih.

Wir überqueren einen großen Platz, der sich zwischen Altstadt und Saale erstreckt. Hier stand einst Deutschlands größte Lederfabrik. Auch zu DDR-Zeiten wurde hier Leder zugeschnitten, wenn auch hinter einer »Sichtschutzmauer«, die sich am Ufer der Saale entlangzog. Die Zukunft der traditionsreichen Fabrik wurde nach der Wende allerdings von einem österreichischen Leder-Fabrikanten in den Sand gesetzt.

Wir folgen der Saalegasse über die Freifläche zum Ledermuseum, das im ehemaligen Verwaltungsgebäude der Lederfabrik untergebracht ist.

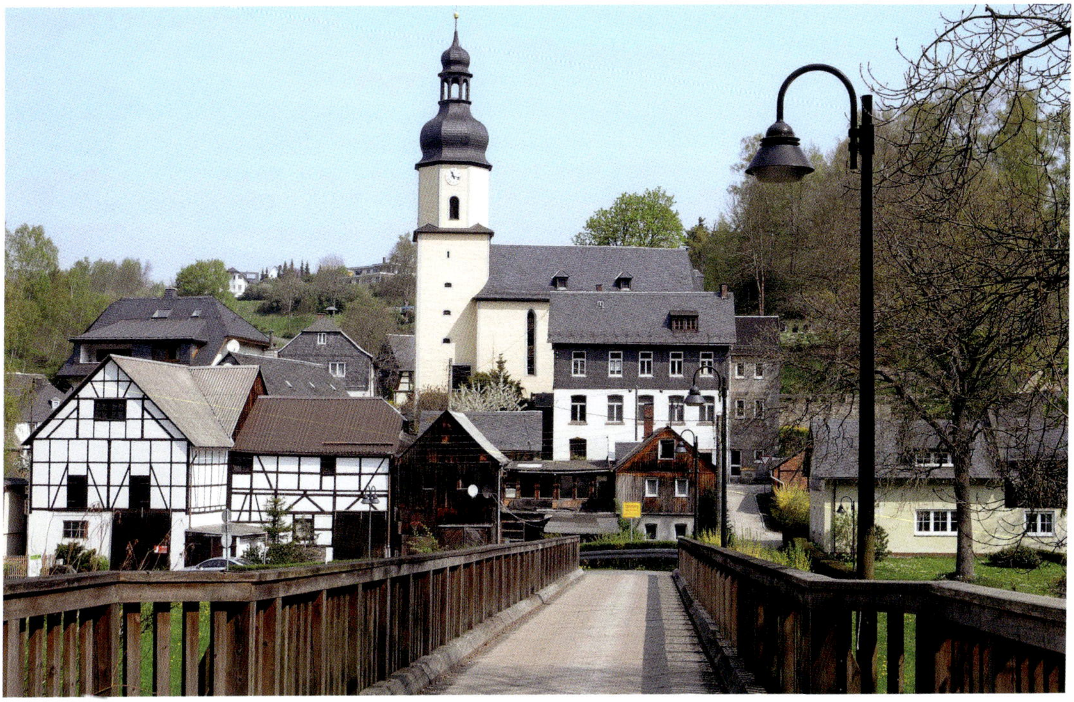

Die Saalebrücke von Sparnberg

Einmal Bayern und zurück Vor der Saalebrücke gehen wir hinüber zur Uferstraße, der wir so lange folgen, bis sie in den Kolonnenweg übergeht. 3,5 Kilometer wandern wir nun in Hanglage am Fluss entlang. Auf diesem Streckenabschnitt kommen wir unter der Brücke der A 9 Berlin–Nürnberg hindurch und erreichen schließlich den thüringischen Ort Sparnberg, der sich tief ins Saaletal hineinduckt. Wir queren die Saale auf einer Holzbrücke, über die man seit der Wende hinüber nach Rudolphstein gelangt. Steil geht es empor in den bayerischen Ort, aber kaum sind wir oben angelangt, geht es auch schon wieder hinunter zur Saale und über eine blaue Fußgängerbrücke erneut auf die thüringische Seite. Mit diesem doppelten Grenzgang schnei-

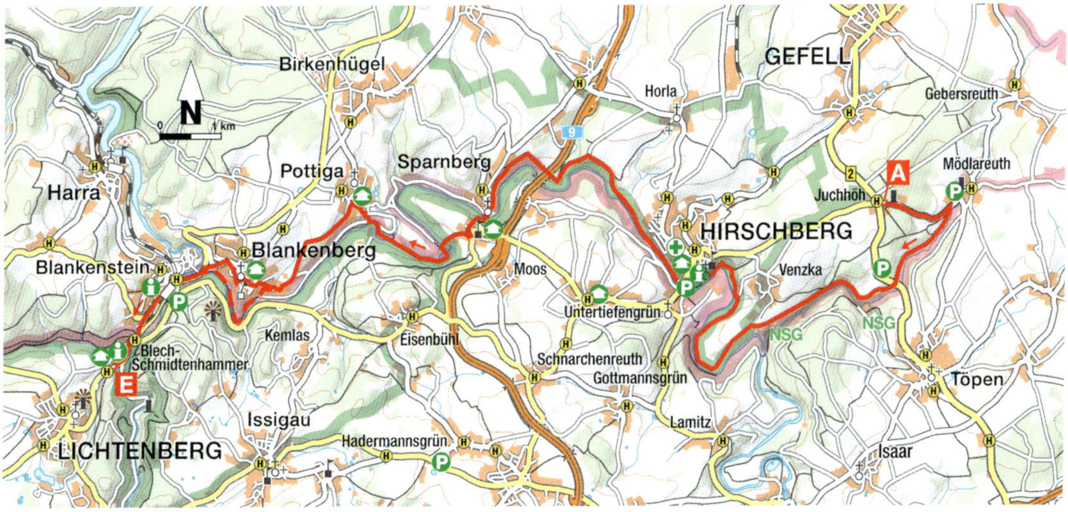

den wir eine große Saaleschleife ab. Die blaue Saalebrücke wurde im Jahr 2010 an der Stelle errichtet, an dem sich früher das Gut Saalbach nebst Mühle und Wehr befand. Das Gut und die Mühle fielen dem Grenzregime der DDR zum Opfer.

Hinter einem Hirschgehege geht es nun etwa einen Kilometer am Ufer der Saale entlang; linker Hand ist die Blumenauer Mühle zu sehen, die auf bayerischem Gebiet liegt. Der Kolonnenweg steuert auf einen Steilhang zu, wo wir für ein kurzes Stück vom Saale-Orla-Weg abweichen, der sich rechts nach Pottiga hinaufzieht. Wir halten uns hier also links und folgen dem Saaleufer bis zu einer grün gestrichenen Fußgängerbrücke. Auf dieser überqueren wir einen wenig Wasser führenden Fluss; der Hauptteil des Saalewassers fließt durch den Mühlgraben der Blumenauer Mühle.

Von Höhlen und Aussichtskanzeln Am Abzweig zur Brücke befindet sich eine Höhle, in der man früher Alaun abgebaut hat. Ein paar Schritte weiter steigen wir über einen Pfad den Steilhang nach Pottiga hinauf. Unterhalb des Ortes, an der Stelle, an der einst der Grenzsignalzaun verlief, hat man auf Initiative des Alt-Bürgermeisters Gunter Roßman eine imposante Aussichtskanzel errichtet, von der aus man das Saaletal überblickt.

Weiter geht's nun wieder auf dem Saale-Orla-Weg nach Blankenberg, das hoch über der Saale auf einem felsigen Sporn liegt. Einst gab es hier ein Schloss, die Bastei; sie wurde jedoch im Jahr 1945 von den Sowjetsoldaten gesprengt. Die Bürger Blankenbergs haben die Ruine inzwischen saniert und zugänglich gemacht. Von der Burgstelle blickt man steil hinunter zur Saale und auf eine ehemalige Papierfabrik. Die Fabrik hatte einen Schienenanschluss, der am Saaleufer und damit an der Grenze entlanglief. Bis vor kurzem kutschierte hier der Blankenberger Hans Vogel Touristen auf einem selbst gebauten Schienenfahrzeug.

Die Saaleschleifen zwischen Sparnberg und Pottiga, in der Bildmitte die blaue Saale-Brücke

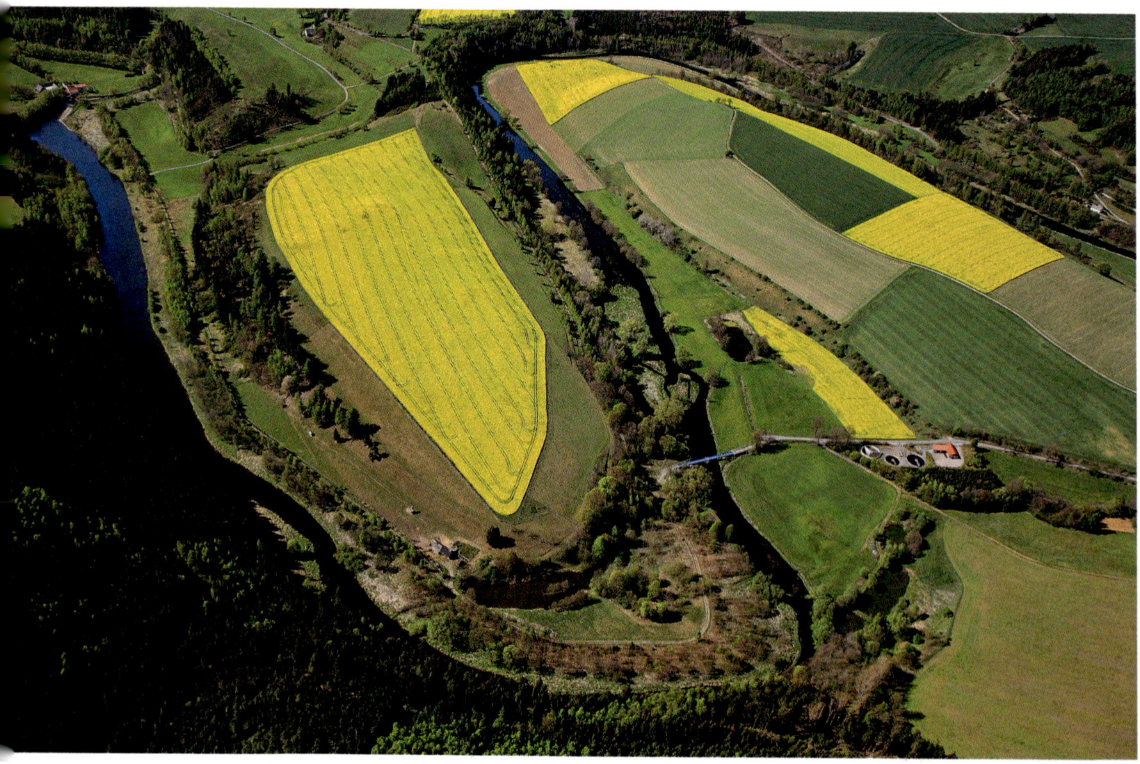

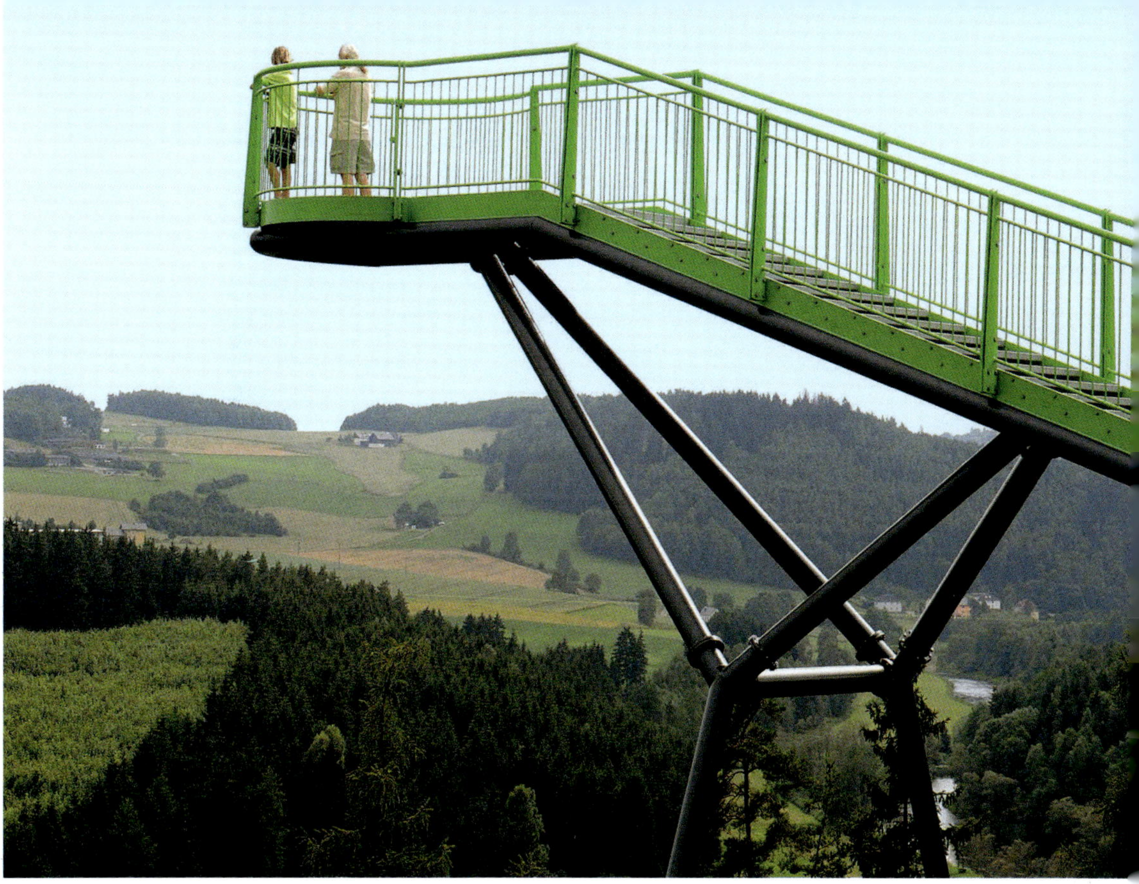

Aussichtsrampe über dem Saaletal bei Pottiga

Neben der Bastei gibt es noch den Aussichtspunkt mit Namen »Hochzeitshaus«, wo man von einem Pavillon aus auf Blankenstein hinunterschaut, den Ort, an dem der berühmte Rennsteig endet.

Saale ade Bei Blankenstein wendet sich die Saale nach Norden, um wenig später in den Bleilochstausee zu münden. Wir verlassen daher nun den Saale-Orla-Weg und folgen in Blankenstein zunächst der Lobensteiner Straße, dann, direkt hinter einem Bahnübergang, links der Absanger Straße bis zum Ortsende. Dort wechselt unser Weg von der Straße auf eine alte Bahntrasse – der in den »Westen« führende Streckenteil wurde zu DDR-Zeiten stillgelegt. Wir queren das Grüne Band, und auf einer Brücke geht es über die Thüringische Muschwitz. Kurz darauf stoßen wir auf eine Naturpark-Informationsstelle mit Museumszug. Der Naturpark wirbt u. a. für das wildromantische Höllental, dessen Eingang sich gleich links um die Ecke befindet.
Rechts herum geht's zum Gasthaus Friedrich-Wilhelm-Stollen, das neben preiswerten Gerichten auch Übernachtungen anbietet. Das Gasthaus war einst das Zechenhaus (Verwaltungsgebäude) eines Eisen- und Kupferbergwerks, das im Jahr 1857 stillgelegt wurde. 200 Meter des alten Stollens hat man heute als Besucherbergwerk wieder zugänglich gemacht.

Romantisches Höllental

Im Höllental hat sich die Selbitz tief in das Gestein des Frankenwalds eingeschnitten. Felshänge säumen die gut drei Kilometer lange Schlucht, die durch Wanderwege und Pfade gut erschlossen ist. Gleich zu Beginn kommt man an dem berühmten »Hirschsprung« vorbei: Auf einem hohen, senkrechten Fels setzt eine lebensgroße Hirschfigur zum Sprung über die Schlucht an.

4 Vom Friedrich-Wilhelm-Stollen nach Nordhalben

Durch die Täler der Thüringischen und Fränkischen Muschwitz

mittel | 15 km | ↑290 m ↓143 m | 3.50 Std.

Ausgangspunkt
Höllental/Pension Friedrich-Wilhelm-Stollen

Endpunkt
Nordhalben

Gehzeit
Bis Einkehrmöglichkeit in Rodacherbrunn 4 Std.

Höhenunterschied
Anstiege 458 hm,
Abstiege 312 hm

Anfahrt
Bahn: Auf der alten Stecke Berlin–München nach Saalfeld. Dort umsteigen in den Zug nach Blankenstein. Von dort gut 1 km zu Fuß zur Pension/Gaststätte Friedrich-Wilhelm-Stollen

Karten
LVG Thüringen 1:50 000,
WK 50-59 Thüringer Schiefergebirge; LVG Bayern 1:50 000,
UK 50-04 Naturpark Frankenwald

Einkehr
Unterwegs keine. Nur am Zielort Nordhalben

Information
Tourismusverband Oberes Rodachtal, Kronacher Str. 75, 96349 Steinwiesen, Tel. 09262/1538
www.oberes-rodachtal.de
www.nordhalben.de

Übernachtung
Hotel Zur Post, Lobensteiner Str. 1, 96365 Nordhalben, Tel. 09267/236
Gästehaus Weißes Lamm, Lobensteiner Str. 10, 96365 Nordhalben, Tel. 0173/5633205

Wir dringen in den einsamsten Winkel des Grünen Bandes Frankenwald vor. Kilometerlang geht es im Grünen Band durch ein abgeschiedenes Wiesental zu einem Waldweiher hinauf. Dann steigen wir auf bayerischer Seite in ein tiefes Tal hinunter. Dann noch ein steiler Anstieg und wir sind in Nordhalben.

Vom Gasthaus Friedrich-Wilhelm-Stollen laufen wir das kurze Stück zurück zum Damm der stillgelegten Höllentalbahn, dem wir über den Museumsbahnhof Höllental hinweg zur Brücke über die Thüringische Muschwitz folgen. Direkt hinter der Brücke geht es links hinunter zum Bach, an dem der Alternative Rennsteig verläuft, markiert mit einem großen blauen »R«. Über viele Kilometer geht es nun neben der Muschwitz talaufwärts. Die ehemalige Grenze verlief in der Bachmitte, d. h. wir befinden uns wieder in Thüringen und folgen einem Weg, der durch das ehemalige »Niemandsland« führt, dem vor dem Zaun gelegenen Hoheitsgebiet der DDR. Da sich zu DDR-Zeiten hier niemand aufhalten durfte, haben die Fichten ihre Wurzeln über den verwaisten Weg geschickt und so liegt ein kurioser Fichtenwurzelpfad vor uns, der extremste, den ich jemals auf meinen Wanderungen gesehen habe.

Nach 2,5 km stoßen wir auf eine bayerisch-thüringische Verbindungsstraße. Hier kurz rechts und gleich wieder links auf den Kolonnenweg, der von hier an im Tal verläuft. An die acht Kilometer Lochbetonplatten haben wir jetzt vor uns, wobei wir der Thüringischen Muschwitz bis hinauf in die Quellregion folgen. Dem Alternativen Rennsteig sagen wir ade, der zieht sich, wie es sich für einen Rennsteig gehört, auf den Kamm des Gebirges hinauf. Das heißt, wir wandern ohne Markierung durch ein Tal, in dem wir höchstens einmal auf einen Jäger stoßen. Die Mühlen, die sich auf thüringischer Seite befanden, wurden abgerissen und die bayerische Krötenmühle, die vor kurzem noch bewirtschaftet war, hat, wie es im Internet so treffend heißt, »dauerhaft geschlossen«. Das bedeutet, der Grüne-Band-Wanderer ist auf dieser Etappe ganz auf sich selbst gestellt, auch wenn er die Wasserscheide überschritten hat und der fränkischen Muschwitz talwärts folgt, gibt es keinerlei Versorgungsstation. Man schöpft alleine aus der Kraft der Natur.

Diese Natur besteht auf den ersten zwei Kilometern aus einem Wald, der sich nach dem Fall der Grenze ganz von alleine entwickelt hat. An einem Steinbruch öffnet sich das Gelände und wir wandern an bunt blühenden Wiesen entlang. Der Steinbruch, der nach Süden ausgerichtet ist, ist ein

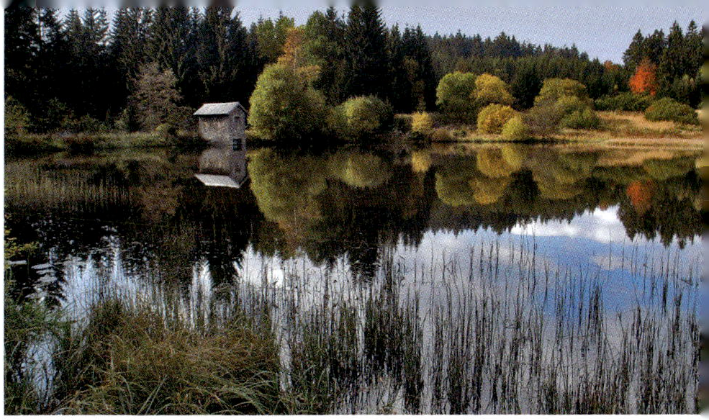

Der Schwarze Teich am Sattel zwischen Thüringischer und Fränkischer Muschwitz

Hort für Schmetterlinge, die natürlich auch über die Wiesen gaukeln. Es ist noch nicht lange her, da drohten der Steinbruch und die Wiesen unter einem Grünen-Band-Wald zu verschwinden. Das wäre das Aus für die Schmetterlinge gewesen und nicht nur für die, auch die Wildbienen und Hummeln hätten ihren Lebensraum verloren. Gott sei Dank hat die Stiftung Naturschutz Thüringen, der hier die Grüne-Band-Grundstücke gehören, mit dem Mähen und Entkusseln begonnen und so die Artenvielfalt bewahrt.

Bei km 5 unseres Muschwitzweges quert wieder mal ein Wanderweg das Tal, ein bayerischer Zubringer zum Rennsteig. Unser Tal wird enger und es führt jetzt mitten durch einen großen Wald, der auf thüringischer Seite den Fürsten von Reuß gehört. Da Fürsten in ihrem Wald gerne jagen, stoßen wir auf den nächsten 3 km auf zahlreiche Jagdkanzeln und Plätze, an denen das Wild durch Maiskörner angelockt wird. Am nächsten Wanderweg, der den Kolonnenweg quert, halten wir uns links und queren hinüber auf die bayerische Seite. Der Kolonnenweg ist hier am Zuwachsen. Zudem möchten die Jäger dort nicht durch Wanderer gestört werden.

Mit dieser Grenzüberschreitung lernen wir ein Juwel des Frankenwaldes kennen, den Schwarzen Teich, der von der Fränkischen Muschwitz gespeist wird. Wir haben also bereits die Wasserscheide Elbe-Donau überschritten. Der Schwarze Teich erinnert an die Zeit der Frankenwald-Flößer. Bis in das 20. Jahrhundert hinein legte man im Einzugsgebiet von Muschwitz und Rodach Teiche an, um große Mengen von Wasser zu speichern. Dann öffnete man auf einen Schlag die Schleusen und das Waser rauschte in einem großen Schwall talwärts. Diesen Schwall nutzte man, um das Holz, das man geschlagen hatte, talwärts zu flößen. Wir laufen über den Damm, hüpfen über die Steine des Überlaufs und folgen dann einer bayerischen Forststraße fast 5 km talwärts; eine Strecke, auf der die Muschwitz ihren Namen einbüßt, weil sie sich mit der Rodach vereint.

Die einsamen Grüne-Band-Täler liegen hinter uns, eine kleine Ansiedlung und ein Schlossberg vor uns. Ein steiler Weg, Vogelsteig genannt, führt uns zu dem noch über dem Schlossberg gelegenen Marktflecken Nordhalben hinauf, wo sich unser Quartier befindet.

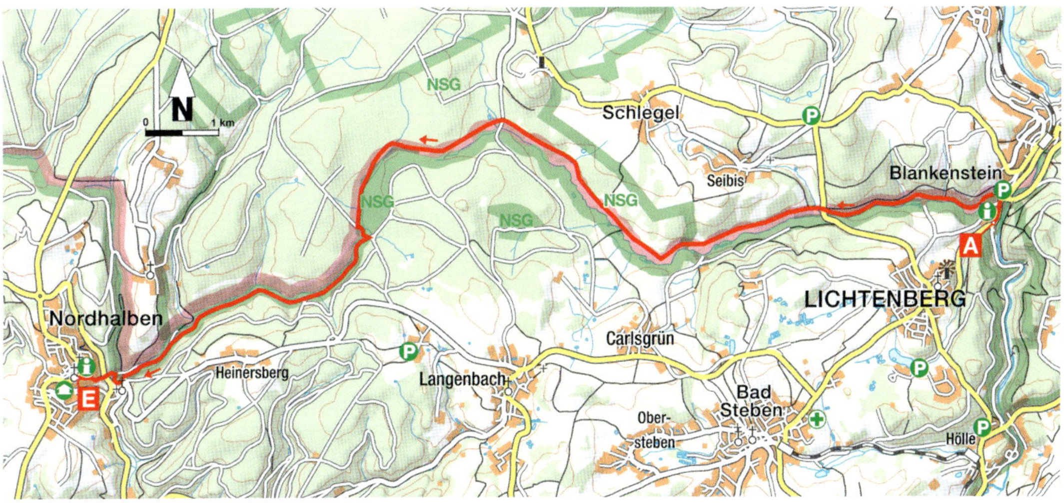

5

Von Nordhalben nach Lehesten

Zum Schieferpark Lehesten und über den Wetzstein, den höchsten Punkt des Frankenwaldes

mittel 22 km ↑428 m ↓370 m 6.00 Std.

Ausgangspunkt
Nordhalben

Endpunkt
Lehesten

Gehzeit
Bis Einkehrmöglichkeit in Rodacherbrunn 4 Std.

Höhenunterschied
Über Schönwappenweg: Anstiege 408 Hm, Abstiege 288 Hm

Anfahrt
Mit dem Bus von Kronach. Kronach liegt an der alten Bahnstrecke München–Berlin.

Karten
LVG Thüringen 1:50 000, WK 50-59 Thüringer Schiefergebirge; LVG Bayern 1:50 000, UK 50-04 Naturpark Frankenwald

Einkehr
Unterwegs keine Einkehrmöglichkeit. Die Gaststätten am Altvaterturm und im Schieferpark haben aufgegeben.

Höhepunkt dieser Etappe im wahren Sinn des Wortes ist der Altvaterturm, der auf dem 792 m hohen Wetzstein steht. Das Highlight ist der Schieferpark, eine aufgelassene Bergbaulandschaft mit einem von senkrechten Abstürzen umgebenen See und restaurierten Betriebsanalagen, die man besichtigen kann.

Der bayerische Flecken Nordhalben hat einige Jahre nach der Grenzöffnung republikweit Aufsehen erregt. Der damaligen Bürgermeister Josef Daum (CSU) gab gegenüber dem Spiegel folgende Erklärung ab: »Vor der Wende lagen wir am Arsch der Welt, jetzt liegen wir mittendrin.« Und trotzig fügte er in Richtung München hinzu, seine Gemeinde möchte nicht länger zu Bayern gehören: »Wir wollen nach Thüringen!« Diese Zonenrandförderung war weggefallen; während in Thüringen Fördergelder flossen, ging es in Nordhalben »den Bach herab«. Der Notruf des Bürgermeisters scheint erhört worden zu sein, denn oberhalb des Ortes gibt es nun ein Gewerbegebiet, an dem auch der Wanderweg vorbeiführt, dem wir auf den nächsten km folgen, der fränkische Nordwaldweg Nr. 5. Unser Zwischenziel ist der von Sudetendeutschen errichtete Altvaterturm auf dem Wetzstein.
Doch bevor wir uns auf den Weg machen, noch ein kurzer Blick nach »drüben«, ins 1 ½ km (Luftlinie) entfernte thüringische Titschendorf. Die Titschendorfer stammen mehrheitlich aus Nordhalben. Im Dreißigjähri-

Der Altvaterturm auf dem Wetzstein

Der 35,8 Meter hohe Aussichtsturm auf dem Wetzstein wurde von Sudetendeutschen nach dem Vorbild des in Tschechien stehenden Altvaterturms errichtet. Im Keller befindet sich eine Kapelle und in den darüber liegenden Geschossen wird an die Vertreibung der Sudetendeutschen erinnert. Die im Erdgeschoss befindliche Gaststätte ist inzwischen leider »dauerhaft geschlossen«. Die Steine, aus denen man den Turm errichtet hat, stammen kurioser Weise von Pfeilern einer ehemaligen Autobahnbrücke an der deutsch-deutschen Grenze bei Gerstungen im Wartburgkreis. Die Autobahn (4) war zu DDR-Zeiten gesperrt. Unser Grüne-Band-Wanderweg führt dort unter der neuen Betonbrücke hindurch. Einige der alten Buntsandsteinpfeiler hat man als Denkmal stehen gelassen.

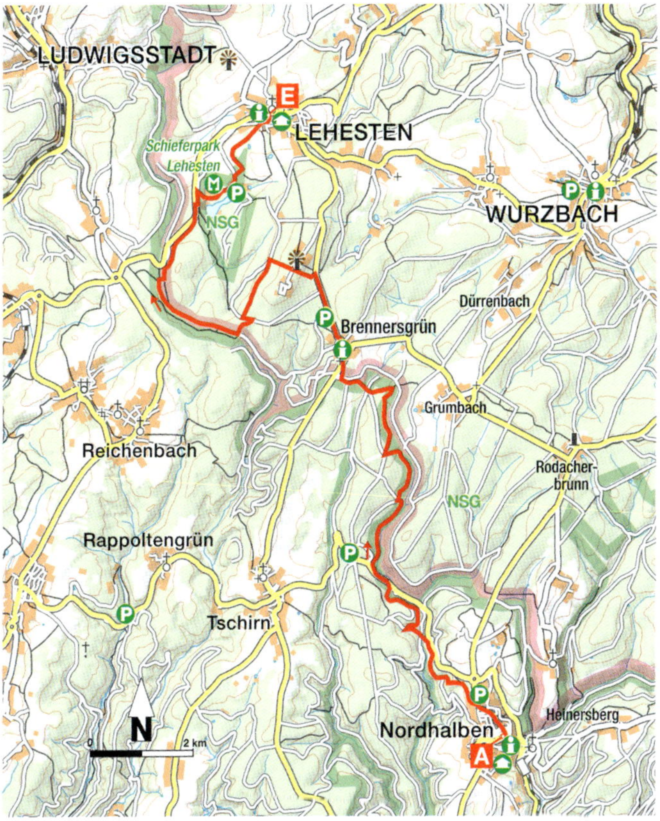

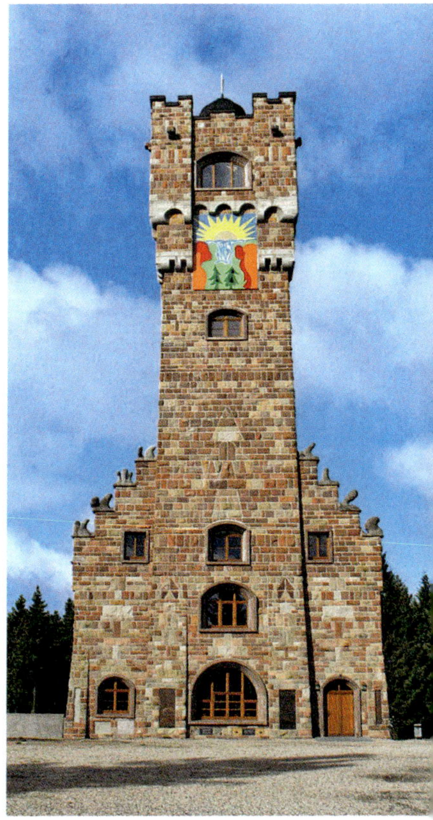

Der Altvater-Turm auf dem Wetzstein (792 m)

gen Krieg wanderten die Nordhalbener Bürger lutherischen Glaubens aus. Weit trieb es die Nordhalbener Lutheraner aber nicht. Sie zogen einfach über die nahe Landesgrenze, die am Titschenbach verlief, und siedelten auf dem dahinter liegenden Höhenrücken. Der dortige Landesherr, einer der Reuß'schen Grafen, war protestantisch. Er verlieh den Siedlern eine Reihe von Sonderrechten. Und so gedieh die Nordhalbener Tochtersiedlung prächtig – so gut, dass das kleine Gotteshaus, das man zu Anfang erbaut hatte, nicht mehr ausreichte und man noch mitten im Dreißigjährigen Krieg (im Jahr 1638) eine größere Kirche errichtete. Die vier Jahrzehnte Trennung der Auswanderer von den katholisch gebliebenen Nordhalbenern ist Geschichte.
Der Nordwaldweg führt uns über das tief eingeschnittene Tal der Norhalbener Ködel zum Kamm des Frankenwaldes hinauf. Der Weg wechselt 2 km hinter dem Ort von der rechten auf die linke Talseite, wo das Grünen Band verläuft. Noch ca. 6 km geht es im dichten Wald auf bayerischer Seite talaufwärts, dann quert der Wanderweg das Grüne Band und steuert auf das am Rennsteig gelegene thüringische Schieferdorf Brennersgrün zu, Höhenlage um 700 m. Der Altvaterturm steht auf einer Höhe von 792 m. Achtung: Hinter Brennersgrün nicht dem Rennsteig, sondern weiter dem Nordwaldweg folgen.
Vom Turm geht es links relativ steil ca. 500 m hinunter zum »Iron curtain trail«, dem Grünen-Band-Radweg, und auf ihm links sanft bergab zum Rennsteig, der dort am Grünen Band entlang verläuft. Dieser Abschnitt

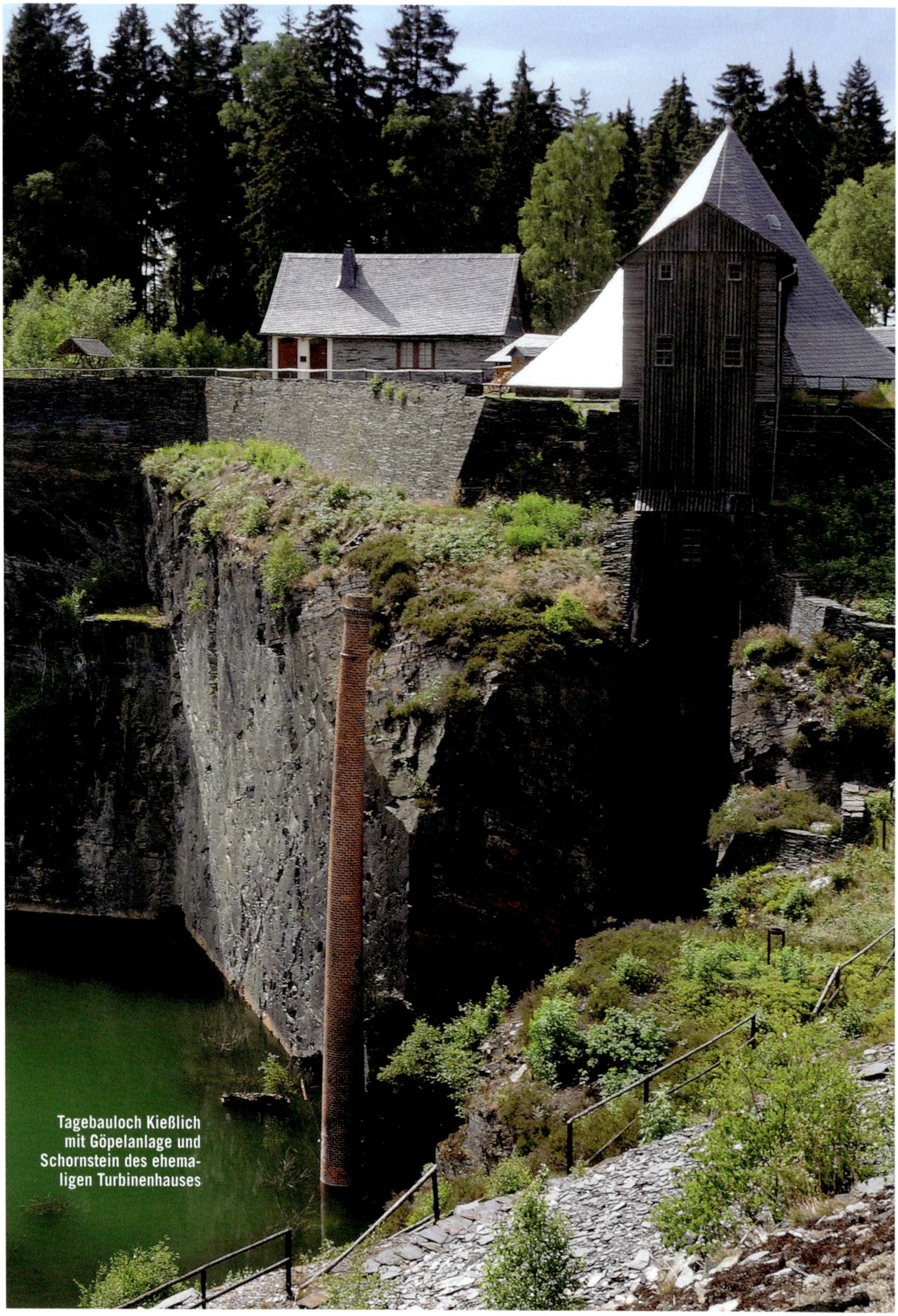

Tagebauloch Kießlich mit Göpelanlage und Schornstein des ehemaligen Turbinenhauses

des Rennsteigs wird Schönwappenweg genannt, weil dort Grenzsteine aus dem 16. und 18. Jahrhundert mit kunstvoll herausgearbeiteten Wappen am Wegrand stehen.
Dort, wo sich der Rennsteig vom Grünen Band löst, bleiben wir der Landesgrenze treu. Nach 300 m stößt man auf den Lutherweg, dem man hinüber zum thüringischen Tagebauloch Kießling und dem Schieferpark folgt (um 2–3 km). Als Erstes erreicht man die alte Spalthütte. Ein paar Schritte weiter und man blickt in das Tagebauloch hinunter, an dessen Wand der komplett erhaltene Förderschacht klebt. Ein Pfad führt hinauf zu weiteren Zechenhäusern. In einem befindet sich eine Infostelle. Bis vor kurzem gab es hier noch ein Restaurant. Das daneben stehende Gebäude hatte man zu einem Hotel umgebaut. Das Hotel existiert noch, aber es nimmt nur noch größere Gruppen auf. Über den Schieferpfad gelangt man ins 2 km entfernte Bergbaustädtchen Lehesten, das ganz von Schiefer geprägt wird. Am Marktplatz befindet sich die Gaststätte »Glück auf«, die zugleich unser Quartier ist.

Schieferstadt Lehesten

Bei Lehesten wurde über Jahrhunderte hinweg Dach- und Wandschiefer gebrochen, teils unter Tage, teils in riesigen Tagebaulöchern. Lehesten war eine geschäftige Bergstadt, auch zu DDR-Zeiten. Seit der Wende stehen hier jedoch alle Räder still. Inzwischen wird das Bergwerkgelände touristisch genutzt: Man hat eine Göpelanlage (Förderschacht) restauriert, und in der alten Spalthütte zeigt man Besuchern, wie Schieferplatten hergestellt werden. Imposant ist das riesige Tagebauloch Kießling, das senkrecht hinter den alten Betriebsgebäuden abbricht. Da die Pumpen im Bereich des Untertageabbaus abgeschaltet wurden, läuft das Tagebauloch langsam zu.

Vorführung in der alten Spalthütte des Schieferparks

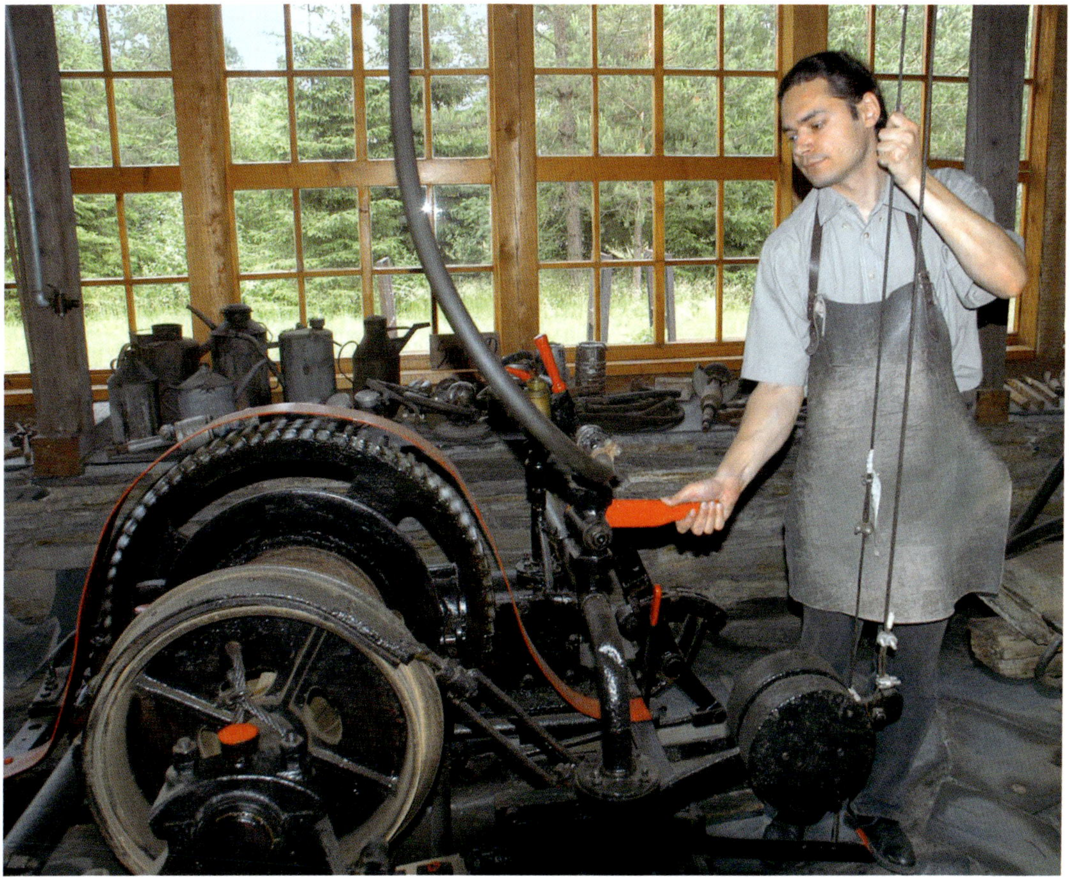

6 Von Lehesten nach Probstzella

Von den Höhen des Frankenwalds ins Tal der Loquitz

mittel | 14,2 km | ↑330 m ↓620 m | 4.15 Std.

Ausgangspunkt
Lehesten

Endpunkt
Probstzella

Anfahrt
Bahn/Bus: Mit der Deutschen Bahn von Saalfeld oder Bamberg (Anschluss an ICE-Strecke Berlin–München) mit dem Regionalzug nach Probstzella; von dort werktags mit dem Bus der Linie 55 nach Lehesten

Karten
LVG Thüringen 1:50 000, WK 50-59 Thüringer Schiefergebirge; LVG Bayern 1:50 000, UK 50-04 Naturpark Frankenwald

Einkehr
In Probstzella im Haus des Volkes (s. bei Übernachtung)

Informationen
www.lehesten.de
www.probstzella.de

Übernachtung
Haus des Volkes
Bahnhofstr. 25
07330 Probstzella
Tel. 036735/460 57
www.probstzella.de

Von Lehesten folgen wir dem Schieferpfad hinunter nach Probstzella, dem ehemaligen Bahn-Grenzübergang auf der Strecke Berlin–München. Der Pfad ist mit Hammer und Schlegel, den Symbolen der Bergleute, markiert, und zahlreiche Tafeln informieren am Wegesrand über die Bergbaugeschichte und andere Besonderheiten.

Lehesten, die ehemals so geschäftige Bergarbeiterstadt, sucht seit der Stilllegung der Schiefergruben ihre Chance im Tourismus. Im Ortskern kann man Schieferarchitektur und Dachdeckerkunst bewundern.
Von dort wandern wir zum Oertelsbruch, dem zweiten großen Schiefertagebauloch in der Umgebung der Bergstadt. Auch der Oertelsbruch wurde stillgelegt; geblieben sind ein Tagebauloch und eine Geisterstadt. Hinter den ehemaligen Betriebsgebäuden geht es hinauf zur Gedenkstätte des KZs Laura, dessen Baracken in der Flur »Zum fröhlichen Tal« standen. Im Hauptgebäude des Lagers hat man ein Museum eingerichtet. Die SS hatte den Oertelsbruch im Lauf des Jahres 1943 zum Außen-

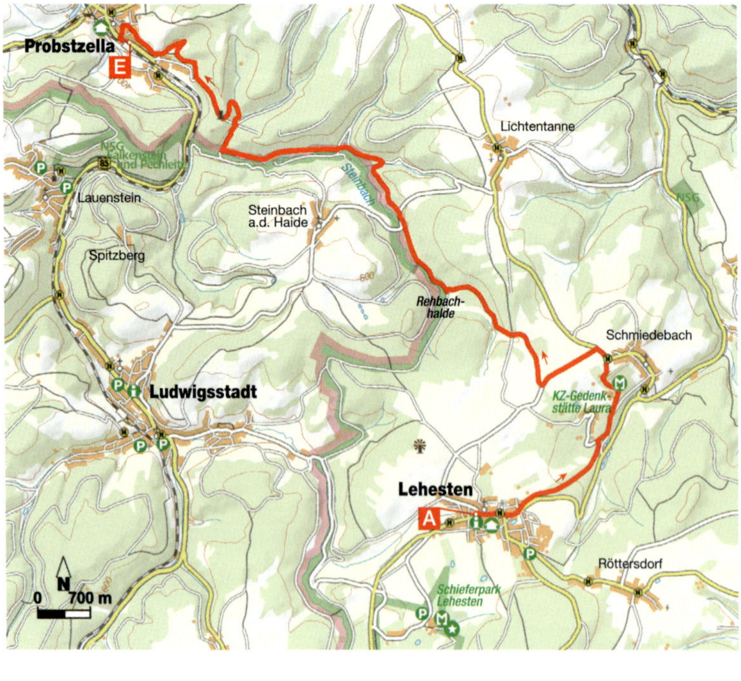

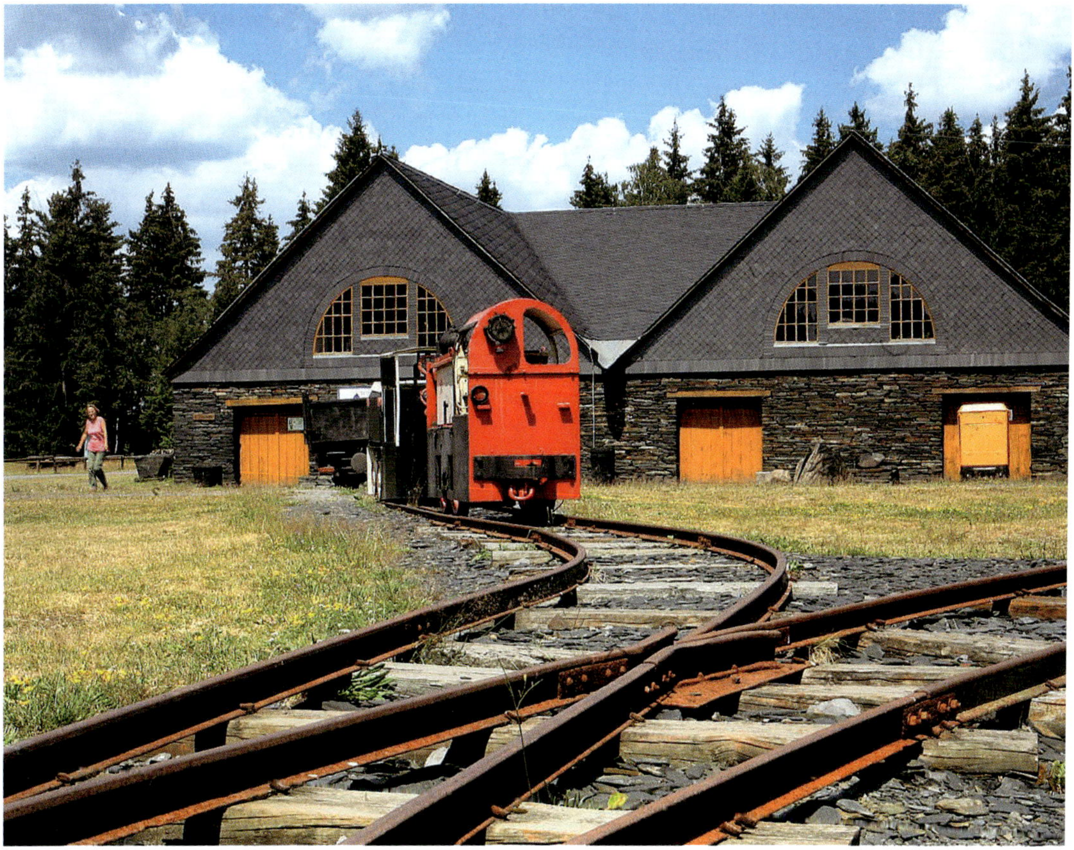

kommando des KZs Buchenwald umfunktioniert mit dem Tarnnamen »Laura«. In »Laura« wurden Häftlinge zum Test der Triebwerke der V2-Raketen eingesetzt, Hitlers Wunderwaffe. Die Triebwerke wurden in den Stollen des KZ Mittelbaus Dora, bei Nordhausen, gefertigt. Dass man den Test in den 150 Kilometer entfernten Oertelsbruch verlegte, lag daran, dass er sich nicht unter Tage durchführen ließ. Hitze und Verbrennungsgase mussten entweichen können. Im Oertelsbruch, in dem Sprengungen zum Arbeitsablauf gehörten, sollten solche Tests zudem nicht auffallen. Die Häftlinge von »Laura« waren in einer Scheune untergebracht. Kranke und Gesunde lagen auf engstem Raum zusammen. Bis Kriegsende waren fast 600 Laura-Häftlinge gestorben. Neue Transporte aus Buchenwald ersetzten die Toten. Als die Amerikaner heranrückten, wurde das Lager evakuiert und Häftlinge ins KZ Dachau geschafft. Im Jahr 1979, also bereits zu DDR-Zeiten, entstand auf dem Gelände des Oertelsbruchs eine Gedenkstätte. Die Scheune, in der die Häftlinge untergebracht waren, baute man zu einem Ausstellungs- und Andachtsraum um.

Blick auf die historische Schieferspalthütte auf dem Gelände des Schieferbergbaumuseums in Lehesten

KZ-Gedenkstätte Laura

Gegen Ende des Zweiten Weltkriegs wurden im Oertelsbruch die Triebwerke der V2-Rakete, der Wunderwaffe Hitlers, getestet. Das Zünden der Triebwerke war als Sprengung getarnt. Die Technik sowie die Treibstofflager hatte man unter Tage versteckt. Für die gefährlichen Arbeiten wurden bis zu 890 Häftlinge aus dem KZ Buchenwald eingesetzt, die in einem Außenlager oberhalb des Tagebaus untergebracht waren. Hauptunterkunft war eine Scheune, die zu DDR-Zeiten zu einem Museum umgebaut wurde. Öffnungszeiten der Gedenkstätte: 1. April bis 31. Okt. Di–So 14–17.30 Uhr; Tel. 036736/223 53

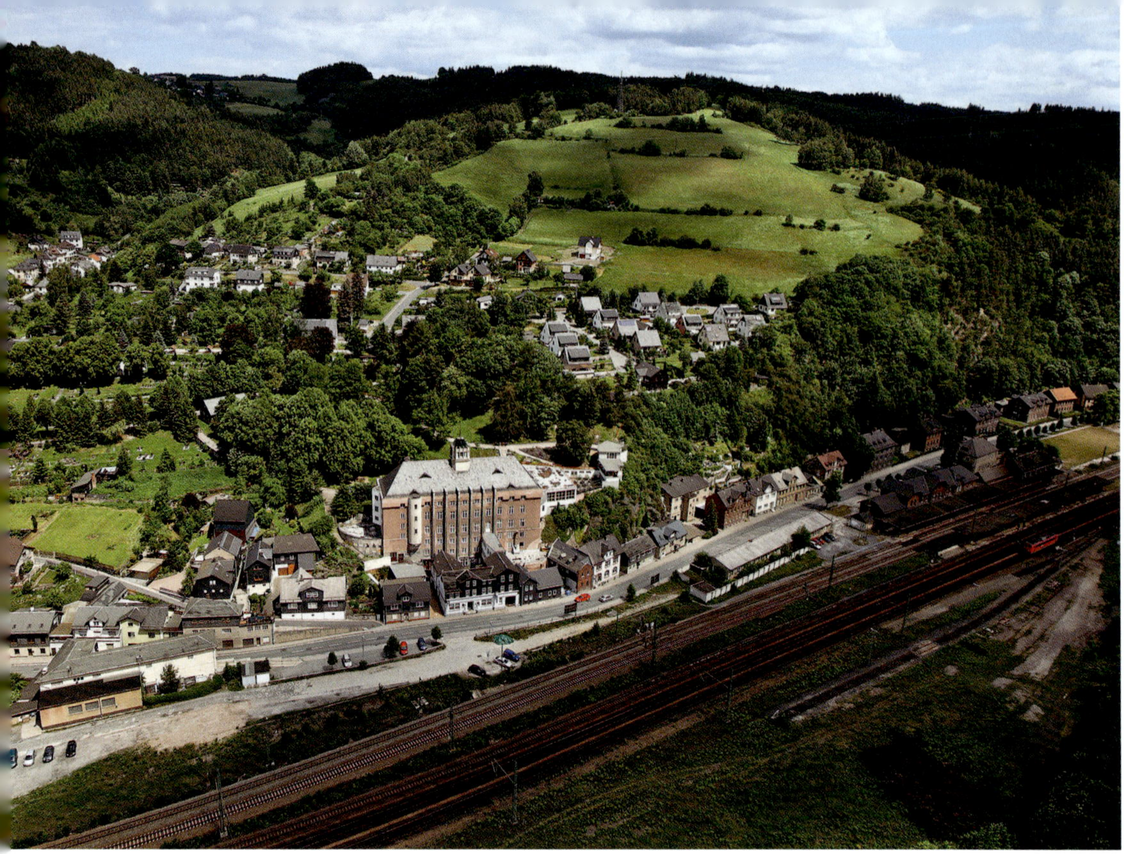

Blick auf Probstzella und das Haus des Volkes, rechts der ehemalige Grenzbahnhof

Von der Schieferhalde zur verlassenen Grenzmühle Nach einer Besichtigung der Gedenkstätte wechseln wir über die benachbarte Höhe zur Rehbachhalde, auf der man den Abraum des Oertelsbruchs deponierte. Der Schieferschutt wurde über einen Tunnel von einer Betriebsbahn herangeschafft. Die riesige Halde liegt am oberen Ende des tief eingeschnittenen Steinbachtals. Am Haldenrand geht es dann hinab zum Kolonnenweg. Unweit der Halde hat man ein Stück Grenzzaun stehen gelassen, weil sich dort ein Tor befand. Man munkelt, dies sei eine Agentenschleuse gewesen; die Grenze verlief nämlich im Talgrund.
Es geht weiter talwärts, zunächst weit oberhalb des Talgrundes. Nach etwa zwei Kilometern kommen wir an einem verlassenen Hof vorbei, der Steinbachsmühle. Bis zum Jahr 1970 hat sich hier noch das Mühlrad gedreht. Der denkmalgeschützte Hof lag, wie die DDR-Grenzsteine am Weg zeigen, in Bayern – nur der Keller befand sich noch in Thüringen.

Über der ehemaligen Transitbahn 1,5 Kilometer weiter wendet sich der Schieferpfad nach rechts und steigt über ein Seitental in einen Sattel, von dem man hinunter ins Loquitztal blickt. Dort verläuft die alte Bahntrasse München–Berlin, auf der zu DDR-Zeiten sowohl Transitzüge als auch Interzonenzüge verkehrten. Oben am Schieferpfad steht ein Grenzwachturm; der Grenzzaun zog sich geradewegs den Hang hinunter. Auf dem Grenzstreifen hat sich inzwischen ein Birkendickicht etabliert. Weiter geht's nach Probstzella, unserem Tagesziel, wo wir im Haus des Volkes übernachten, einem mächtigen Komplex oberhalb des ehemaligen Grenzbahnhofs.

Das DDR-Grenzbahnhof-Museum Das Haus des Volkes hat einen dreimaligen Systemwechsel überstanden. Die 1976 erbaute Grenzübergangsstelle (Güst), ein Platten-

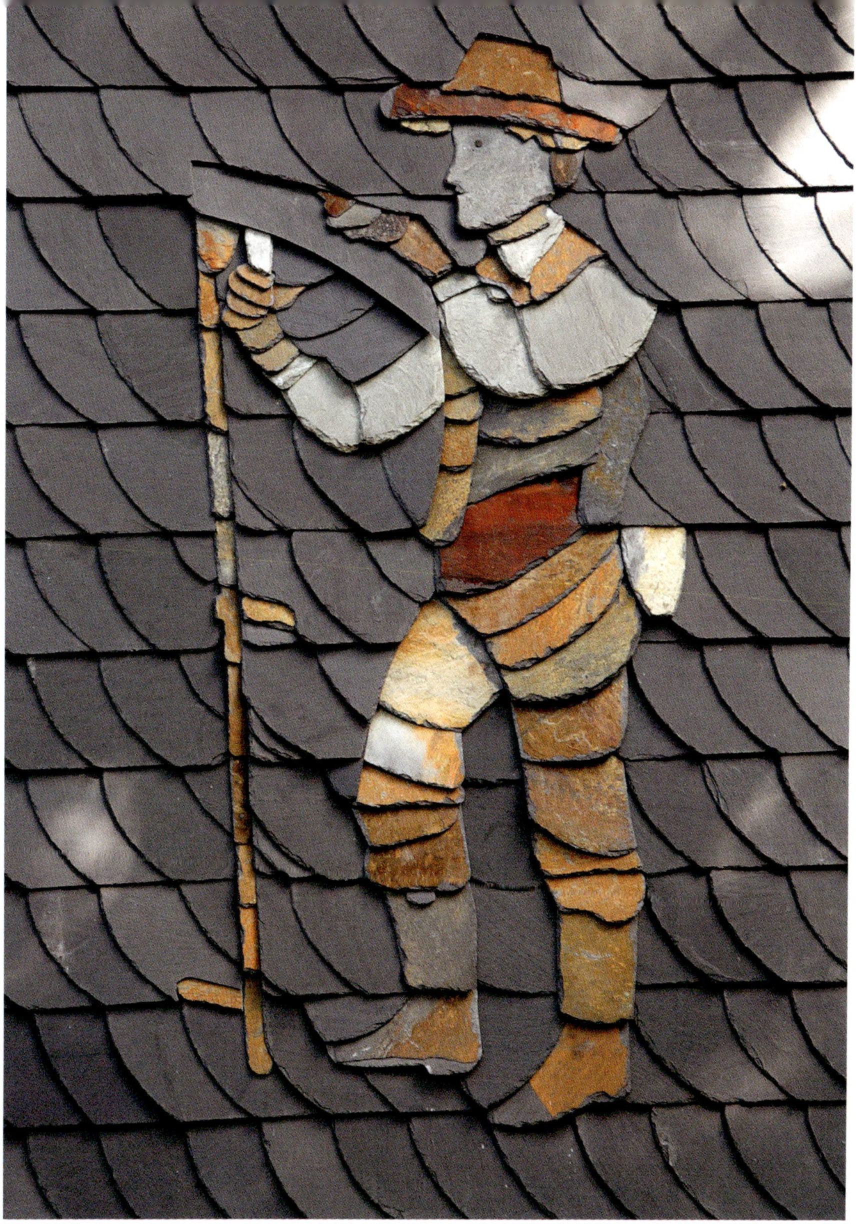

Lehestener Schieferkunst

bau, wurde dagegen im Jahr 2010 abgerissen. Vergeblich hatten sich einige DDR-Kritiker, unter ihnen der Autor Roman Grafe, für den Erhalt der Güst als Denkmal und Museum eingesetzt. Wenigstens gelang es ihnen, im alten Bahnhofsgebäude ein Museum einzurichten. Zu sehen sind Originalexponate, Dokumente und Fotos sowie Film- und Tonausschnitte aus den Archiven der Kontrollorgane (Tel. 036735/46 10).

Haus des Volkes

Das Haus des Volkes in Probstzella ist ein Bauhausobjekt aus den 1920er-Jahren, dessen Bau vom Unternehmer Franz Itting initiiert und finanziert wurde. Die Nazis steckten Itting wegen seiner sozialdemokratischen Gesinnung ins KZ. In der DDR wurde er dann enteignet und wegen »antisozialistischer Umtriebe« zu mehreren Jahren Haft verurteilt. Danach wurde das Haus vom Kommando des Grenzbahnhofs Probstzella in Beschlag genommen. Seit der Wende kümmert sich ein Förderverein um das Haus des Volkes. Man begann mit der Renovierung und hofft, das mit Sälen und Clubräumen ausgestattete Objekt auch als Hotel neu zu beleben.

7 Von Probstzella nach Tettau

Über den Kamm des Thüringer Walds

mittel | 20 km | ↑658 m ↓426 m | 5 Std.

Ausgangspunkt
Probstzella

Endpunkt
Tettau

Gehzeit
Bis zur Burg Lauenstein 1 Std.

Anfahrt
Auto: Auf der B 85 von Kronach oder Saalfeld nach Probstzella
Bahn/Bus: Mit der Deutschen Bahn von Saalfeld oder Bamberg (Anschluss an ICE-Strecke Berlin–München) mit dem Regionalzug nach Probstzella

Karten
LVG Thüringen 1:50 000, WK 50-59 Thüringer Schiefergebirge; LVG Bayern 1:50 000, UK 50-04 Naturpark Frankenwald

Einkehr
In Lauenstein unterhalb der Burg Gasthof Goldener Löwe (Tel. 09263/250); in Spechtsbrunn Gasthaus Am Rennsteig (Sonneberger Str. 2, Tel. 036703/803 89)

Informationen
www.probstzella.de; www.tettau.de

Übernachtung
Gasthaus Possecker, Marktplatz 9, 96355 Tettau, Tel. 09269/246

Vom tief eingeschnittenen Loquitztal steigen wir auf die lichten Höhen des Schiefergebirges. Erste Ziele sind die Burg Lauenstein und die Thüringer Warte. Weiter geht's über den Kolonnenweg und Bergwiesen zum Kamm des Gebirges. Kurz folgen wir dem Rennsteig, dann wenden wir uns nach Westen und streben unserem Etappenziel zu, dem bayerischen Grenzdorf Tettau.

Vom Haus des Volkes leitet uns die Markierung des Schieferpfads durch Probstzella auf die Westseite des Loquitztals. Dort nehmen wir den Berg in Angriff, hinter dem sich die Burg Lauenstein versteckt. Auf der Höhe queren wir die Landesgrenze, und kurz darauf verzweigt sich der Schieferpfad. Wir halten uns geradeaus und folgen den Wegweisern nach Lauenstein. Die Burg Lauenstein thront auf einer steilen Kuppe hoch über der Loquitz. Am Fuß der Burg, im Lauensteiner Ortsteil Springelhof, kann man einkehren und auch handgemachte Pralinen kaufen.

Thüringer Warte und Lichtenhain Die Burg Lauenstein wird vom 678 Meter hohen Ratzenberg überragt, auf dessen Gipfel ein Aussichts-

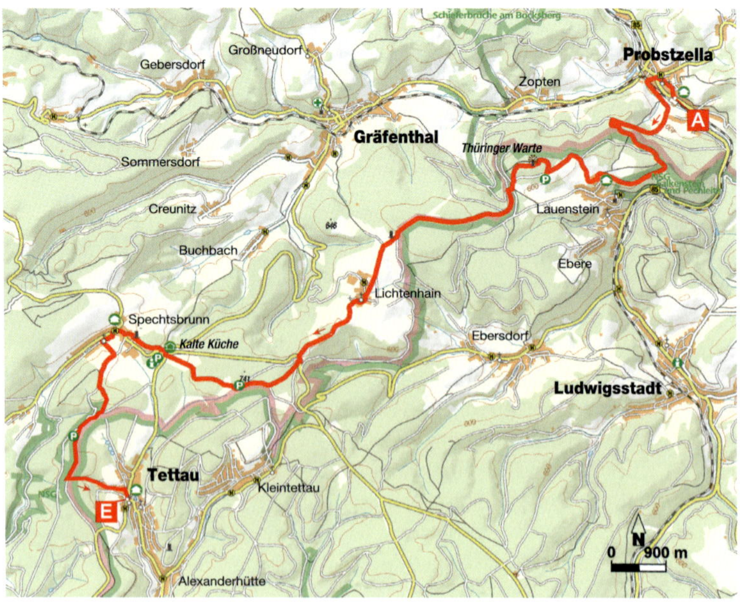

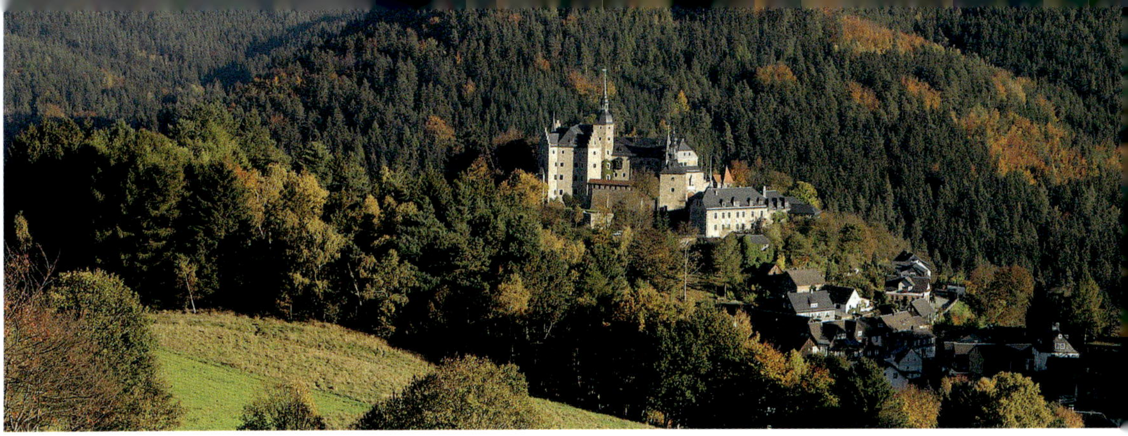

Burg Lauenstein

turm steht: die Thüringer Warte. Über die Straße Springelhof steigen wir zu den freien Höhen hinauf, die sich unterhalb des Ratzebergs erstrecken. Der Gipfel selbst ist bewaldet. Am Waldrand stoßen wir auf einen Wanderparkplatz, und ein kleiner Abstecher nach rechts führt zu einer Bank, von der man eine prächtige Aussicht hat: auf die Burg und über das Loquitztal zu den Höhen um Lehesten. Auf der Thüringer Warte weitet sich dann der Blick noch mehr.

Nach der Turmbesteigung geht es hinunter zum Grünen Band, dem wir nun Richtung Lichtenhain folgen. Zwei Kilometer wandern wir durch Birkenpionierwald; das Grüne Band und die umgebenden Forste verschmelzen miteinander. Kurz vor dem Waldrand stoßen wir auf eine Heidefläche; der ehemalige Grenzstreifen wird hier von Heidschnucken und Ziegen offen gehalten.

Vom Waldrand aus blickt man auf das 650 Meter hoch gelegene Schieferdorf Lichtenhain. Ein paar Schritte weiter trennen wir uns vom Schieferpfad, der rechts hinunter nach Gräfenthal führt. Wir folgen dem Radwegweg EV 13, dem Iron Curtain Trail, über Lichtenhain zum Rennsteig.

Zur Kalten Küche Am Rennsteig halten wir uns rechts, womit wir auf die Kalte Küche zusteuern, einen Imbiss unmittelbar an der ehemaligen Grenze. Wer es etwas gediegener möchte, geht im thüringischen Spechtsbrunn essen, dem nächsten Ort am Rennsteig. In Spechtsbrunn beginnt der Wanderweg Grünes Band Thüringen, auch Grenzwanderweg genannt, dessen Markierung wir, von einigen Abstrichen abgesehen, bis ins hessisch-thüringische Werrabergland folgen werden. Von der Spechtsbrunner Kirche geht es den Zimmerhügel hinauf und noch ein paar Hundert Meter durch Fichtenforste, dann kommen wir zum ehemaligen Grenzstreifen, der bis hinunter ins Coburger Land von Schafen und Rindern frei gehalten wird. Gleich zu Beginn des Kolonnenwegs passieren wir die Gedenkstätten für zwei junge Männer, die beim Versuch, den Grenzzaun zu überwinden, starben. Der Fluchtversuch des 24-jährigen Fritz Zapf aus dem fünf Kilometer entfernten Lichte endete im Juli 1964 im Kugelhagel der DDR-Grenzsoldaten. Neun Jahre später, im Juni 1973, erlag ganz in der Nähe ein 18-jähriger Ungar, Lazslo Balogh, seinen Schussverletzungen. Seiner deutschen Freundin, Sieglinde Bunde (21), wurde durch eine Mine ein Unterschenkel abgerissen. Als Wanderer ist man im Zwiespalt: einerseits die Erinnerung an das grässliche Geschehen, auf der anderen Seite das Grüne Band, das sich hier von seiner besten Seite zeigt – als eine von Schäfchen beweidete Bergheide. Einen Kilometer weiter führt rechts ein Pfad über das Grüne Band in den »Westen«. Auf der bayerischen Seite geht es auf Waldwegen geradewegs hinunter nach Tettau und damit zum Quartier am Marktplatz. Der bei den Grüne-Band-Wanderern so beliebte Wildberghof von Angelika und Diedrich Schütze, der direkt an der ehemaligen Grenze lag, ist im Sommer 2020 niedergebrannt.

8

Von Tettau nach Neuhaus-Schierschnitz

Von den Höhen des Thüringer Walds ins fränkische Vorland

schwer | 20,8 km | ↑222 m ↓573 m | 6 Std.

Ausgangspunkt
Tettau

Endpunkt
Neuhaus-Schierschnitz

Gehzeit
Bis Einkehrmöglichkeit Heinersdorf 3.30 Std.

Anfahrt
Bahn/Bus: Mit der Deutschen Bahn nach Kronach oder Steinbach, werktags weiter mit der Buslinie 8342

Karte
LVG Bayern 1:50 000, UK 50-04 Naturpark Frankenwald

Einkehr
In Heinersdorf Gaststätte Zum Tettautal
Tettaustr. 4
Tel. 03675/965 15;
am Zielort s. bei Übernachtung

Informationen
www.tettau.de
www.neuhaus-schierschnitz.de

Übernachtung
Kastanienhof
Schießhaustr. 21
96524 Neuhaus-Schierschnitz
Tel. 036764/809 33
www.hotel-derkastanienhof.de

Wir steigen wieder zum ehemaligen Grenzstreifen hinauf und folgen dem Grünen Band über den Sattelpass. Dann geht es hinunter ins Tal der Tettau und zum Fuß des Schiefergebirges. Noch einmal stellt sich uns ein Höhenzug in den Weg, und nach dem Steilaufstieg stiefeln wir kilometerweit durch die Grüne-Band-Wildnis, bis wir kurz vor Neuhaus wieder die Zivilisation erreichen.

Vom Gasthof Possecker aus steuern wir zunächst die Kirche an, wobei wir uns halbrechts halten und der Wildbergstraße folgen. Wir passieren die Kirche somit linker Hand. Kurz darauf kommen wir an einer Porzellanmanufaktur vorbei, die 2019 leider stillgelegt wurde. Nach einem halben Kilometer biegt links ein asphaltierter Weg zu dem niedergebrannten Wildberghof. Dort führt ein Grasweg zur 100 m entfernten Landesgrenze, auf der der Lutherweg und der Grenzweg des Landkreises Sonneberg verlaufen. Anderthalb Kilometer geht es nun an dem Grünen Band entlang, das von einer Mutterkuhherde beweidet wird. Über Treppenstufen steigen wir zu einer Straße hinunter, der wir bis in den Ort Neuenbau folgen. Es geht bergan, links ist ein Grenzwachturm zu sehen.

Durchs Tettautal Auf der Höhe biegen wir links ab und folgen der Straße Bergluft zum Wald. Die Markierung des Grenzwegs Grünes Band Thüringen führt uns nun durch den Klettnitzgrund ins 200 Meter tiefer

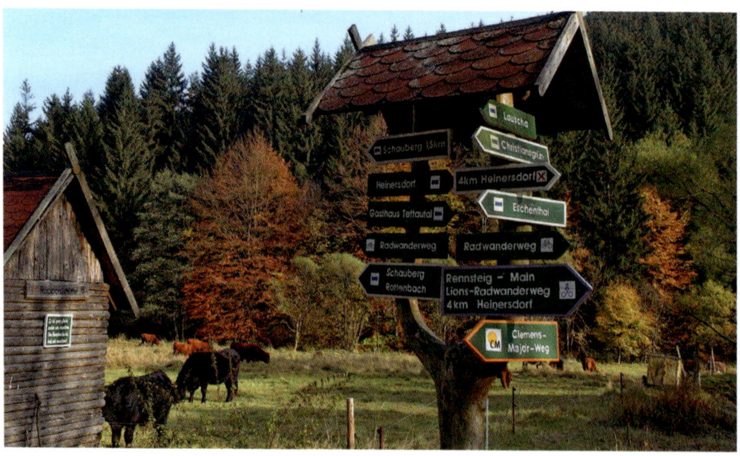

Wegweiser im Tettautal

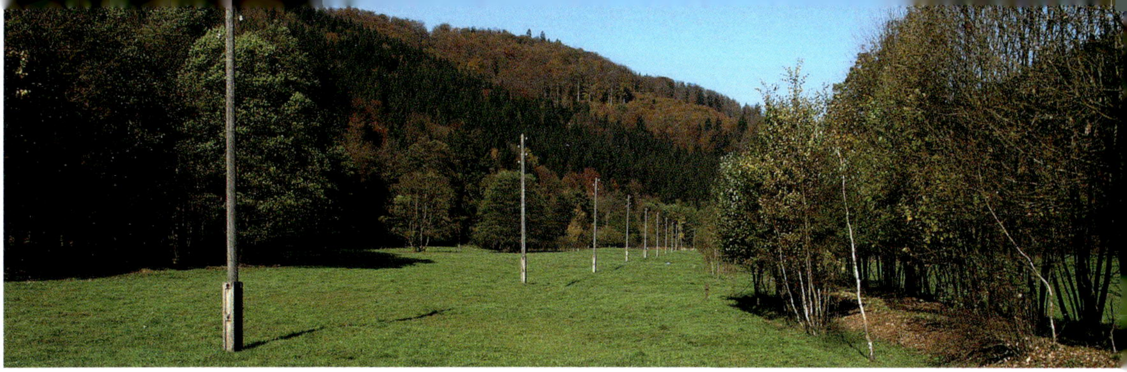

Im Tettautal, rechts der Damm der ehemaligen Bahnstrecke Pressig–Tettau

gelegene Tal der Tettau. Dort geht es auf einem asphaltierten Radweg in den thüringischen Grenzort Heinersdorf. Bis Kriegsende verkehrte im Tettautal eine Dampfeisenbahn, und in den Wiesen kann man noch die Trasse ausmachen – und sonst kilometerweit nur pure Natur (mehr zum Tettautal gibt's im Grünen-Band-Buch »Frankenwald–Vogtland«, siehe S. 189).

Die Grenzmauer von Heinersdorf Hinter den letzten Häusern von Heinersdorf passiert man die ehemalige Grenze, die die DDR hier mit einer Mauer ähnlich wie in Berlin versehen hatte. Die Heinersdorfer hatten im Laufe der vier Jahrzehnte der Teilung einiges zu ertragen. Neben der Mauer das Leben im Sperrgebiet mit den stark eingeschränkten Besuchsmöglichkeiten und den täglichen Behinderungen. Im Jahr 1952 wurden die Einwohner der Grenzgemeinde im Rahmen der Aktion »Ungeziefer« auf ihre Zuverlässigkeit hin geprüft. Sofern eine Familie auffällig war, sei es durch Westkontakte, durch Schmuggel oder durch Kritik an der Volkspolizei, wurde sie zwangsweise evakuiert. Missliebige Personen wurden in aller Herrgottsfrühe von der Volkspolizei geweckt und mussten rasch ihre Siebensachen packen. Dann wurden sie mitsamt ihrem Gepäck auf Lkws und in Güterzugwaggons ins Innere der DDR verfrachtet. 130 Heinersdorfer flohen damals in den Westen. Da half auch die Abriegelung der Grenze durch die Polizei nichts. Kurz danach wurden Stacheldrahtzäune errichtet, später kamen der doppelreihige Streckmetallgitterzaun und schließlich die Mauer hinzu. Ein längeres Stück Mauer blieb zum Gedenken erhalten. Direkt hinter der Mauer, also im »Westen«, biegen wir rechts auf einen asphaltierten Wirtschaftsweg ab. Nach ca. 400 Metern wieder rechts in den »Osten«, d. h. übers Grüne Band und auf den Kolonnenweg, auf dem es steil nach oben geht.

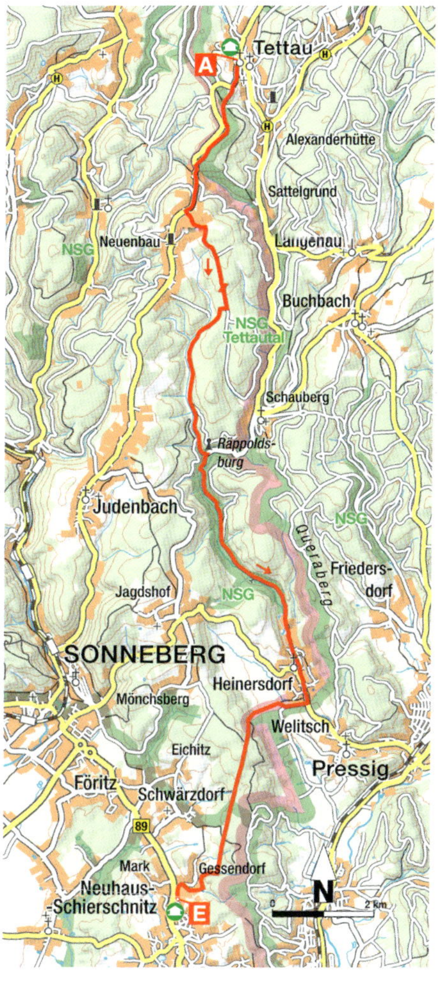

Auf der Höhe stoßen wir auf ein Wegkreuz. Wir halten uns geradeaus und folgen dem Kolonnenweg durch dick und dünn, also durch Rinnen, Matsch und Gebüsch, immer geradeaus und ohne Markierung (der Grenzweg existiert hier nur im Internetauftritt des Landkreises Sonneberg). Nach 2,5 Kilometern öffnet sich der Wald, man quert ein Tälchen und stößt auf eine Schotterstraße. Hier biegen wir rechts ab und erreichen in 20 Minuten Neuhaus-Schierschnitz, wo wir gleich am Ortseingang auf das Hotel Kastanienhof stoßen.

9 Von Neuhaus-Schierschnitz nach Mupperg

Über die Hügel am Fuß des Schiefergebirges

leicht | 20 km | ↑147 m ↓179 m | 5.05 Std.

Ausgangspunkt
Neuhaus-Schierschnitz

Endpunkt
Wellmersdorf

Gehzeit
Bis Einkehrmöglichkeit in Burggrub 1.30 Std.

Anfahrt
Bahn/Bus: Mit der Deutschen Bahn nach Sonneberg, weiter werktags und samstags mit dem Bus 710 nach Neuhaus-Schierschnitz

Karte
LVG Bayern 1:50 000, UK 50-04 Naturpark Frankenwald

Einkehr
In Burggrub
Gasthof Zum goldenen Adler
Sonneberger Str. 10
Tel. 09 26/29 54

Informationen
www.neuhaus-schierschnitz.de
http://www.wellmersdorf.de

Übernachtung
Pilgerzimmer im Pfarrhaus von Mupperg, Tel. 01520/1823830, Pfarrerin Weigel, ersatzweise zwei Festnetznummern mit der Vorwahl 036761 und den Nummern 408 Fam. Friedrich und 305 Fam. Schwanberg.

Hotel Heidehof
Wellmersdorfer Str. 50,
96465 Neustadt-Wellmersdorf
bei Coburg
Tel. 095 68/890 70

Zu Beginn der Etappe stößt man auf Relikte des Steinkohlebergbaus, danach geht es kilometerweit durch Ginsterheiden und sandige Kiefernwälder – ganz im Kontrast zum letzten Etappendrittel, wo wir durch eine fruchtbare Ackerlandschaft wandern: die »Schmalzgrube« des Sonneberger Landes.

Durch fränkisches Hügelland Bei Neuhaus-Schierschnitz hat man früher Steinkohle gefördert, und zu DDR-Zeiten lebte man von einer Isolatorenfabrik. Heute pendeln viele Arbeitnehmer hinüber nach Franken. Wir folgen der Schießhausstraße zum Schlosspark, in dem sich ein Mutter-Kind-Heim etabliert hat. Am Schloss renoviert man noch. Am Park wenden wir uns nach links und laufen über die Straße Großer Garten hinab zur Minnastraße. Dort halten wir uns erneut links und folgen dem Grenzweg hinauf zur ehemaligen Zeche Minna.

Am Waldrand gegenüber dem Zechengelände biegen wir nach rechts ab. Es dauert nicht lange, und wir stoßen auf den Kolonnenweg. In einigem Auf und Ab geht es nun durch Wald und über eine Lichtung, von der aus man über das Vorland des Schiefergebirges schaut. Am Beginn der Feldflur queren wir hinüber nach Bayern, wo uns ein Wirtschaftsweg nach Burggrub führt. Wer eine Stärkung braucht, der sollte hier das Wirtshaus aufsuchen, denn es stehen im Folgenden noch einige einsame Kilometer auf dem Programm. Im Ort folgen wir rechts der Straße Richtung Rotheul und stoßen 200 Meter hinter den letzten Häusern wieder auf den Kolonnenweg, dem wir nach links folgen.

Ginsterheiden, Kiefernwälder und ein Biber-Bach Wir schlagen jetzt einen Halbkreis um das thüringische Rotheul, das sich durch zahlreiche Einzelhöfe (Wustungen) auszeichnet, die über das hügelige Land verstreut sind. Das Gebiet ist sandig, vor allem im Bereich der ehemaligen Grenze. Anfang Juni blüht hier der Ginster und im August die Heide. Kilometerweit geht es durch Kiefernwälder, und das Grüne Band präsentiert sich hier einen ganzen Monat lang in Heide-Lila.

Nach einem kurzen Gefällstück queren wir die Föritz, einen Bach, der von den Grenztruppen begradigt wurde. Nach der Wende hat man der Föritz wieder ein naturnahes Bett geschaffen, das mittlerweile der Biber für sich entdeckt hat. Weiter geht's an Teichen vorbei und durch Ackerland. Das Grüne Band umgeht drei bayerische Wustungen, dann steuert es auf einen Grenzzipfel zu, in dem einst das Dorf Liebau lag. Die Grenztruppen hatten das Dorf im Jahr 1975 dem Erdboden gleichgemacht.

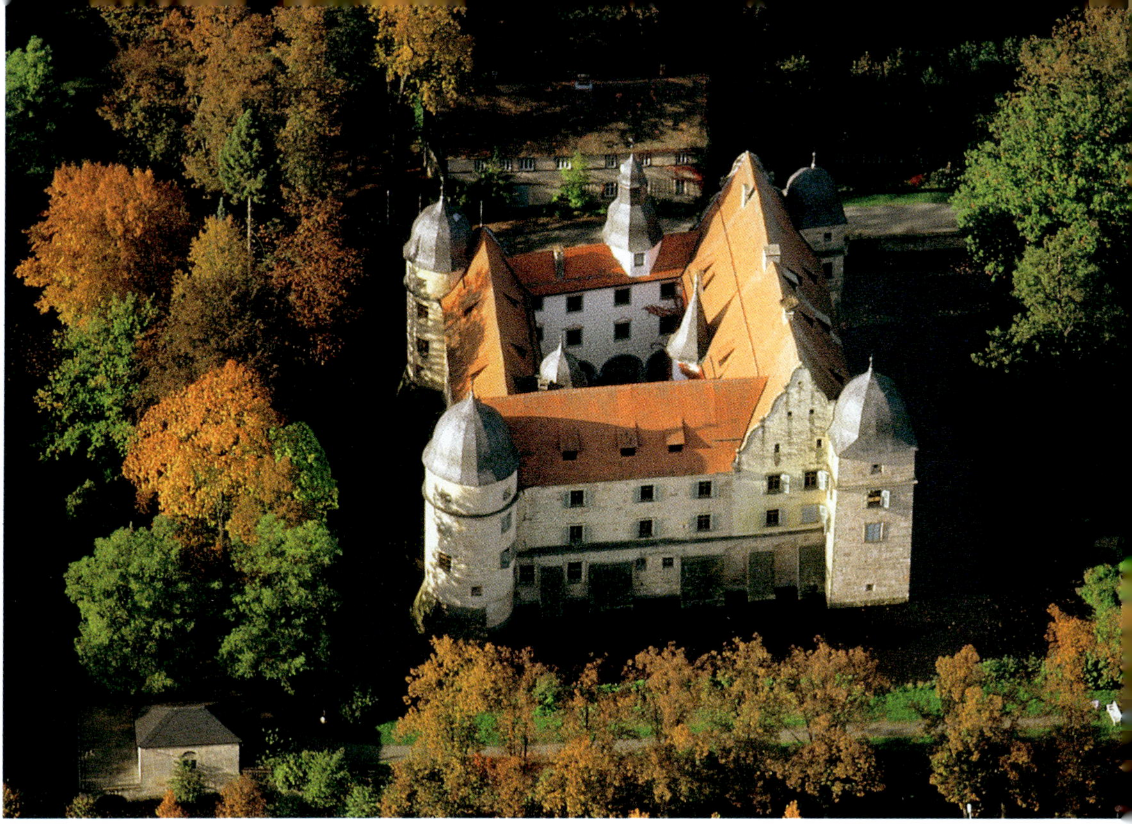

Wasserschloss Mitwitz, der Sitz der Ökologischen Bildungsstätte Oberfranken

Von der Gedenkstätte Liebau geht es auf dem Grenzweg am bayerischen Fürth am Berg vorbei nach Mupperg, wo die Pfarrerin ein Einbett- und ein Zweibettzimmer für Pilger und Wanderer bereitstellt. Sollten die Zimmer belegt sein, muss man einen Umweg in Kauf nehmen. Dazu folgt man den Markierungen der europäischen Fernwanderwege E3 und E6 durch Fürth nach Wellmersdorf, wo man im Hotel Heidehof unterkommen kann. Von dort gelangt man am nächsten Morgen auf den Ortsverbindungen über die kleinen Dörfer Birkig und Horb nach Mupperg. Für den Fall der Fälle ergäbe sich so ein ein Umweg von insgesamt 6 Kilometern.

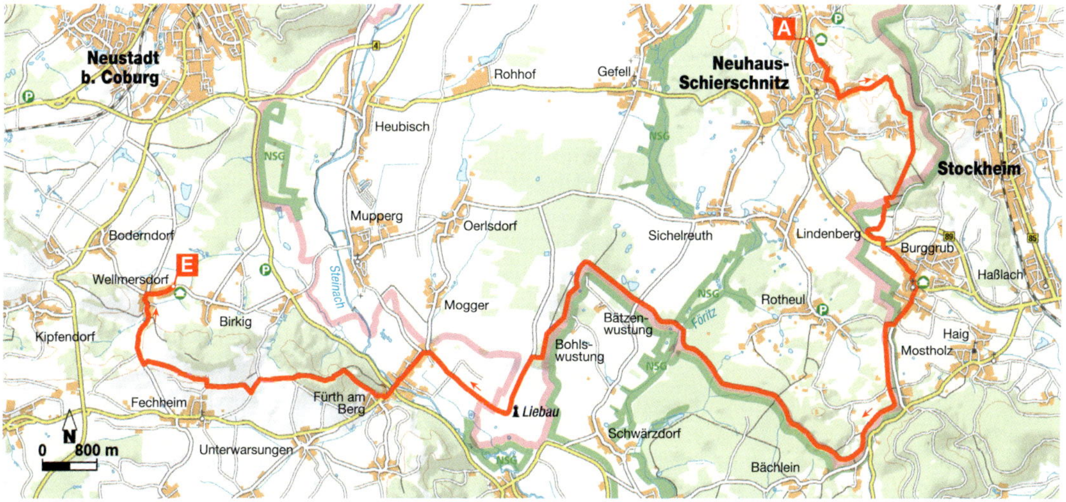

10

Von Mupperg nach Meilschnitz

Durch die Linder Ebene zum Sonneberger Hausberg Isaak

schwer | 14,8 km | ↑187 m ↓143 m | 3.50 Std.

Ausgangspunkt
Neustadt-Wellmersdorf

Endpunkt
Meilschnitz

Anfahrt
Bahn/Bus: Keine Empfehlung für den ÖPNV

Karten
LVG Bayern 1:50 000, UK 50-03 Oberes Maintal/Coburger Land und UK 50-04 Naturpark Frankenwald

Einkehr
In Wildenheid
Gasthaus Waldfriedensee
Seestr. 30
Tel. 09568/29 27;
am Zielort s. bei Übernachtung

Informationen
www.fuerth-am-berg.de

Übernachtung
Gasthaus Försterhof
Edgar-Müller-Str. 35a
96465 Neustadt/OT Meilschnitz
Tel. 09568/922 90

Den größten Teil der Etappe wandern wir über den Schwemmfächer der Steinach, auch Linder Ebene genannt. Am oberen Ende des Fächers breitet sich die Spielzeugmacher-Stadt Sonneberg aus. Nahe der Stadt wartet der einzige Anstieg der Etappe auf uns – und der hat es in sich.

Entlang der Steinach zum Muppberg Vom Pfarrhaus geht es über die Straße an der Steinach Richtung Heubisch. Doch schon nach 150 m biegt man links ab und folgt einer schmalen Straße in Richtung des bayerischen Dorfs Horb. Der Mühlgraben wird gequert, dann die Steinach, die hier von den Grenztruppen begradigt wurde. Direkt hinter der Steinachbrücke biegt der Grenzweg rechts ab und folgt einem Radweg Richtung Sonneberg. Nachdem man den thüringischen Ort Heubisch passiert hat, stößt man auf die Schnellstraße. Da man für den Radweg eine Unterführung gebaut hat, ist die Passage kein Problem.
Vor uns ragt jetzt der Muppberg auf, ein Tafelberg, den wir schon von Neuhaus-Schierschnitz aus am Horizont entdeckt haben. Die ehemalige Grenze verlief am Fuß des Berges. Auf einer Straße steuern wir auf den Muppberg und auf das Grüne Band zu. Keine 100 Meter und wir sind wieder am Kolonnenweg. Der markierte Grenzwanderweg folgt der Straße nach Bayern, wo er durch wenig attraktive Neubausiedlungen verläuft.

Ein wildes Auewäldchen und der Mürschnitzer Sack Der echte Grüne-Band-Wanderer trennt sich hier vom markierten Weg. Er wendet sich nach rechts und folgt dem Kolonnenweg zu einem Auewäldchen, durch das die Steinach fließt. Die Grenztruppen hatten dem Flüsschen auch hier ein begradigtes Bett verpasst. Da der alte Flusslauf nach der Wende noch existierte, hat man ihn wieder geöffnet. Das Wasser fließt jetzt also durch den alten und den begradigten Lauf, wodurch eine Insel entstanden ist, auf der sich ohne Zutun des Menschen ein Wäldchen entwickelt hat. Über eine geländerlose Pionierbrücke erreichen wir die Insel, und eine zweite Brücke führt uns nach gut 700 Metern wieder aufs »Festland«. Gut zwei Kilometer geht es nun am Grünen Band entlang – links Äcker und der Muppberg, rechts Äcker, ein Gewerbegebiet, eine Umgehungsstraße und die Vororte der thüringischen Stadt Sonneberg. An der Stra-

Spielzeug-Spezialsammlung

Wer sich Sonneberg anschauen will, sollte dem Spielzeugmuseum einen Besuch abstatten. Besonders interessant ist das Figurenensemble »Thüringer Kirmes«. Deutsches Spielzeugmuseum, Beethovenstr. 10, 96515 Sonneberg, Tel. 03675/422 63 40, www.spielzeugmuseum-sonneberg.de; geöffnet Di–So von 10–17 Uhr

ße Neustadt–Sonneberg halten wir uns links und gehen eben bis nach Bayern hinein. Anschließend queren wir die Hauptstraße und folgen einer kleinen Straße in den Ort Wildenheid, womit wir uns wieder auf dem Grenzweg befinden. Im Ortskern halten wir uns rechts und folgen der Bettelhecker Straße. Kurz vor dem Ortsausgang geht es links in die Straße Frankenmaas und auf ihr hinaus in die Feldflur.

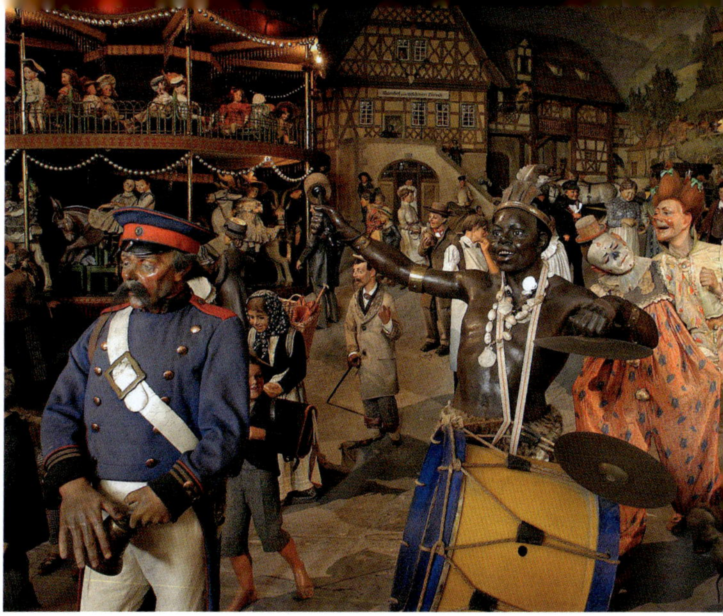

»Thüringer Kirmes« im Spielzeugmuseum Sonneberg

Nach knapp einem Kilometer stoßen wir wieder auf das Grüne Band, und bevor wir nach Thüringen queren, folgen wir diesem noch ca. 400 Meter auf bayerischer Seite. Dann geht es in den Mürschnitzer Sack, einem thüringischen Zipfel, der einen Kilometer nach Bayern hineinragt.

Fleischfressende Pflanzen und ein Generalsblick Nach der Querung des Sacks folgen wir rechts dem Grünen Band zur Straße Bettelhecken–Meilschnitz. Wir halten uns weiter geradeaus auf dem Kolonnenweg und laufen in einen großen Kiefernwald hinein. Wo sich der Wald wieder öffnet, liegt vor uns ein Streifen Heide, der sich bis zum Fuß eines steil aufragenden Berges, dem Isaak (546 m), hinzieht. An nassen Stellen wächst hier der Sonnentau, eine fleischfressende Pflanze. Am Fuß des Isaak wendet sich der Kolonnenweg nach links und es geht unglaublich steil bergauf. Dort, wo der Kolonnenweg den höchsten Punkt am Isaak erreicht hat, lohnt sich ein Abstecher nach rechts zum nahen Generalsblick, einer Aussichtskanzel mit Schutzhütte. Zu DDR-Zeiten führten die Grenzoffiziere ausländische Militärs hierher, um ihnen aus der Vogelschau die perfekte Grenze zu demonstrieren.

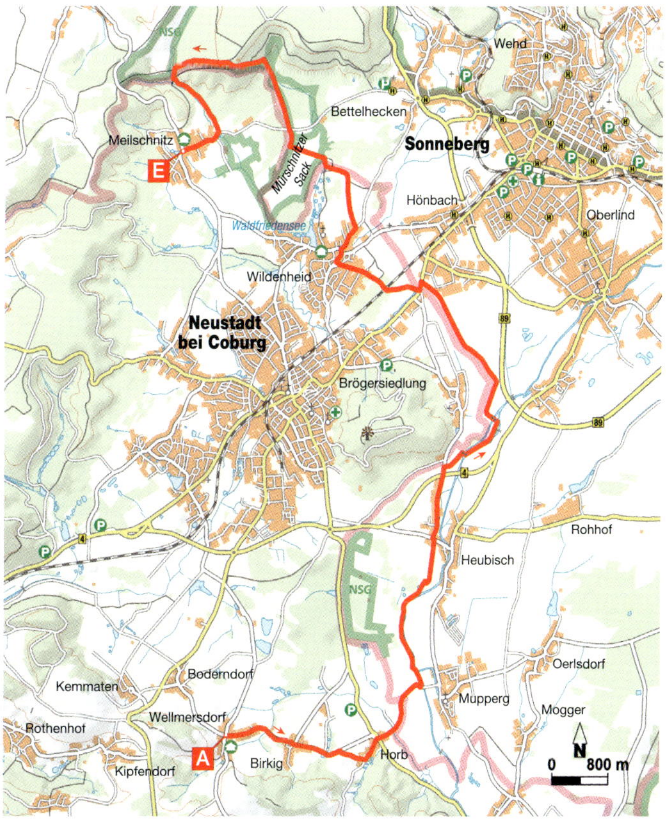

Wieder zurück auf dem Kolonnenweg, wandern wir nun bergab. Dort, wo der Kolonnenweg das Tal des kleinen Bachs Meilschnitz quert, folgen wir links einem Weg nach Bayern und wandern bis in das Dorf Meilschnitz, wo wir eine Übernachtungsmöglichkeit finden.

11

Von Meilschnitz nach Eisfeld

Vom Sonneberger Land durch die Vorberge des Thüringer Walds

schwer 22,4 km ↑345 m ↓460 m 6.05 Std.

Ausgangspunkt
Meilschnitz

Endpunkt
Eisfeld

Gehzeit
Bis Einkehrmöglichkeit am Froschgrundsee 2 Std.

Anfahrt
Bahn/Bus: Mit der Deutschen Bahn bis Neustadt bei Coburg, weiter mit dem Stadtbus nach Meilschnitz oder vom Bahnhof Effelder-Rauenstein der Südthüringenbahn zu Fuß (3 km)

Karten
LVT 1:50 000, L5530 Hildburghausen und L5732 Sonneberg; LVGB 1:50 000, L5730 Coburg

Einkehr
In Rückerswind
Gaststätte Georgy
Tel. 036766/210 98;
Restaurant Am Froschgrundsee
Tel. 09563/80 13;
am Zielort s. bei Übernachtung

Informationen
www.stadt-eisfeld.de

Übernachtung
Waldhotel Hubertus
Coburger Str. 501
98673 Eisfeld
Tel. 03686/61 88 80
www.waldhotel-hubertus.de

Wir wandern durch eine Tafelberglandschaft, wo sich steile Anstiege mit weiten, ebenen Strecken abwechseln. Auf Sandsteinberge folgt Kalk, auf Kiefernheide Kalkmagerrasen. Im Itzgrund kommen wir am Froschgrund-Stausee und an einem Wasserfall vorbei, und zum Schluss erwarten uns einsame Moore und eine wunderschöne Heidelandschaft.

Am nächsten Morgen geht es auf der Abschlussstrecke von gestern zurück zum Grünen Band. Dort erwartet uns ein unglaublich steiler Kolonnenweg-Anstieg. An der Straße Meilschnitz–Effelder ist das Schlimmste dann geschafft, und dort wird man auch mit einem Blick über das Grüne Band belohnt, das sich mit seinen Birkenstreifen deutlich von den umgebenden Forsten abhebt.
Weiter geht's auf dem Kolonnenweg Richtung Rückerswind. Der Weg ist jetzt zusätzlich mit einem Federbuschhelm-Symbol markiert, dem Kennzeichen des Schalkauer Panoramawegs. Zunächst geht es noch ein kurzes Stück bergan, dann wandern wir gemütlich über eine weite Hochfläche. Auf diesem knapp vier Kilometer langen Abschnitt zweigt nach

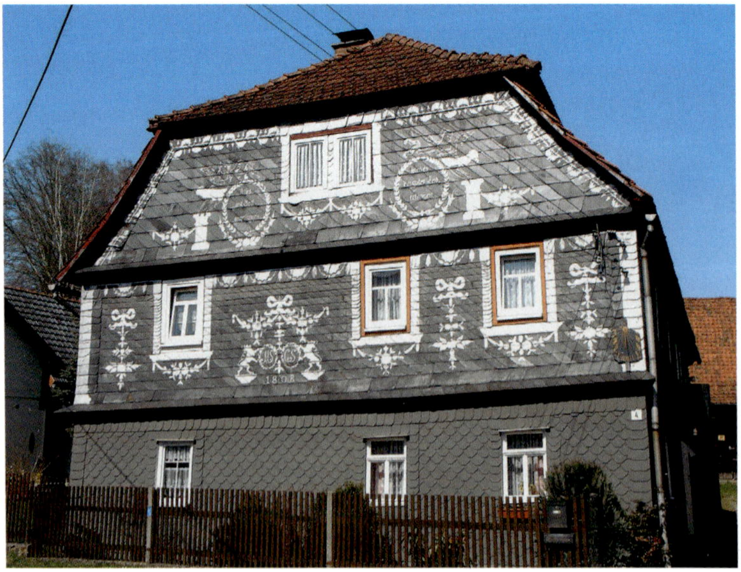

Schieferhaus mit Staniolmalerei in Almerswind

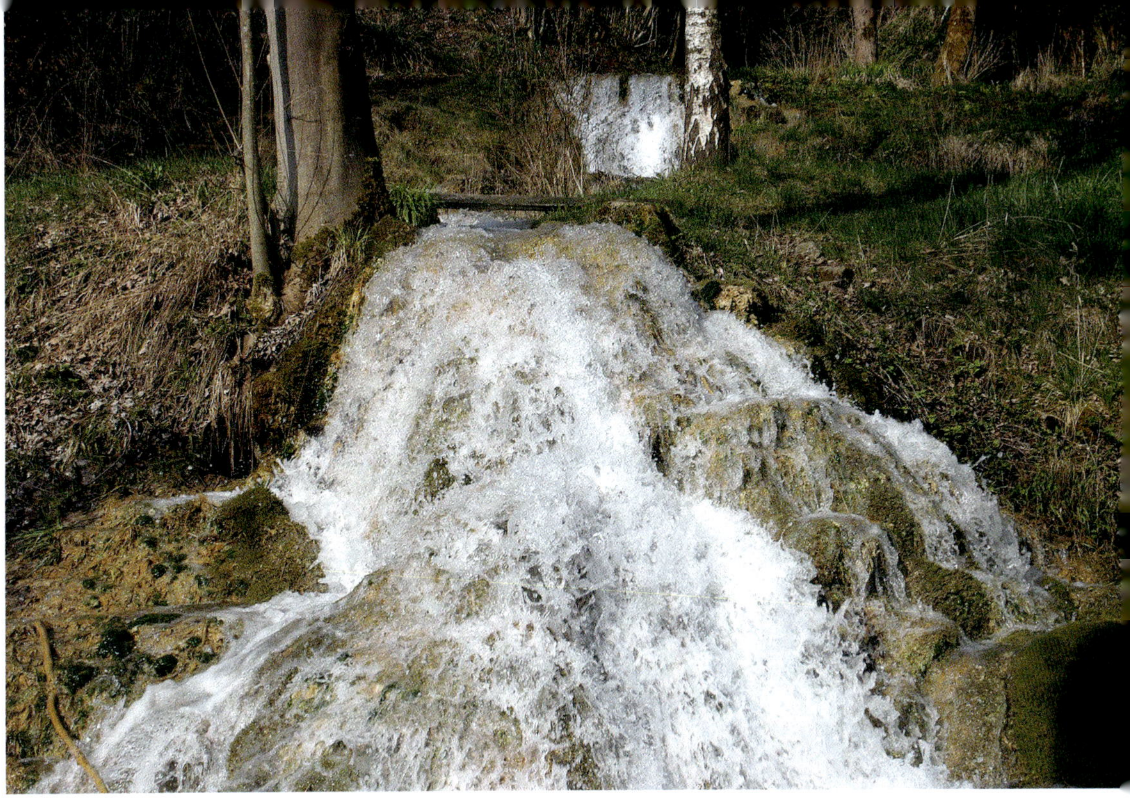

Die Kaskaden von Weißenbrunn

einem Kilometer rechts ein Weg ab, der an die Stelle führt, an der sich einst der Weiler Korberoth befand. Heute steht hier ein Gedenkstein, der an die Vertreibung der Einwohner durch die Grenztruppen erinnert. Die Häuser wurden wie üblich dem Erdboden gleichgemacht. Von Korberoth übrig geblieben ist nur der Dorfteich.

Froschgrund-See und Weißenbrunner Wasserfälle In Rückerswind folgen wir der Straße Richtung Döhlau, die ins Tal der Effelder hinunterführt. Im Tal angekommen, wenden wir uns dort, wo die Straße nach rechts abknickt, nach links und folgen einem Wirtschaftsweg zum bayerischen Froschgrund-Stausee. Vom Café an der

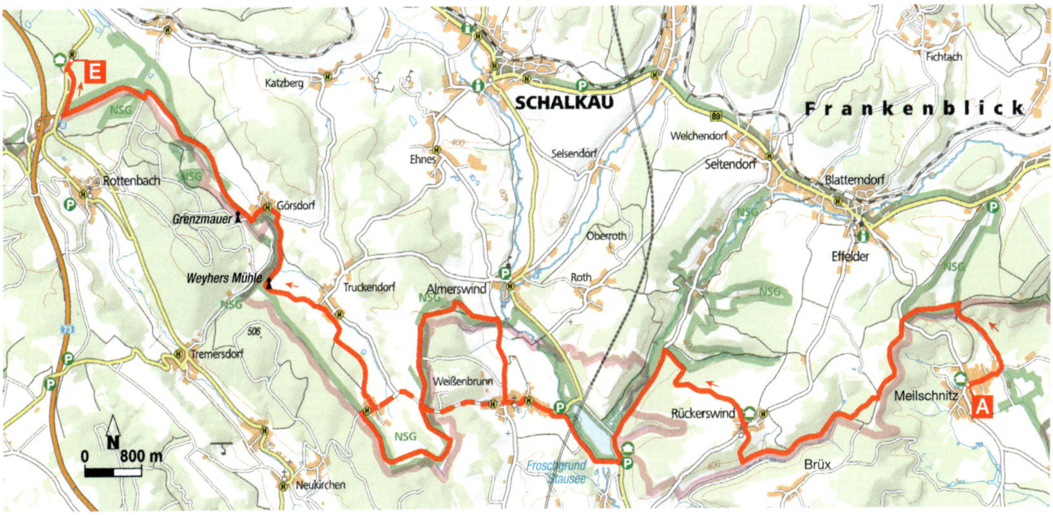

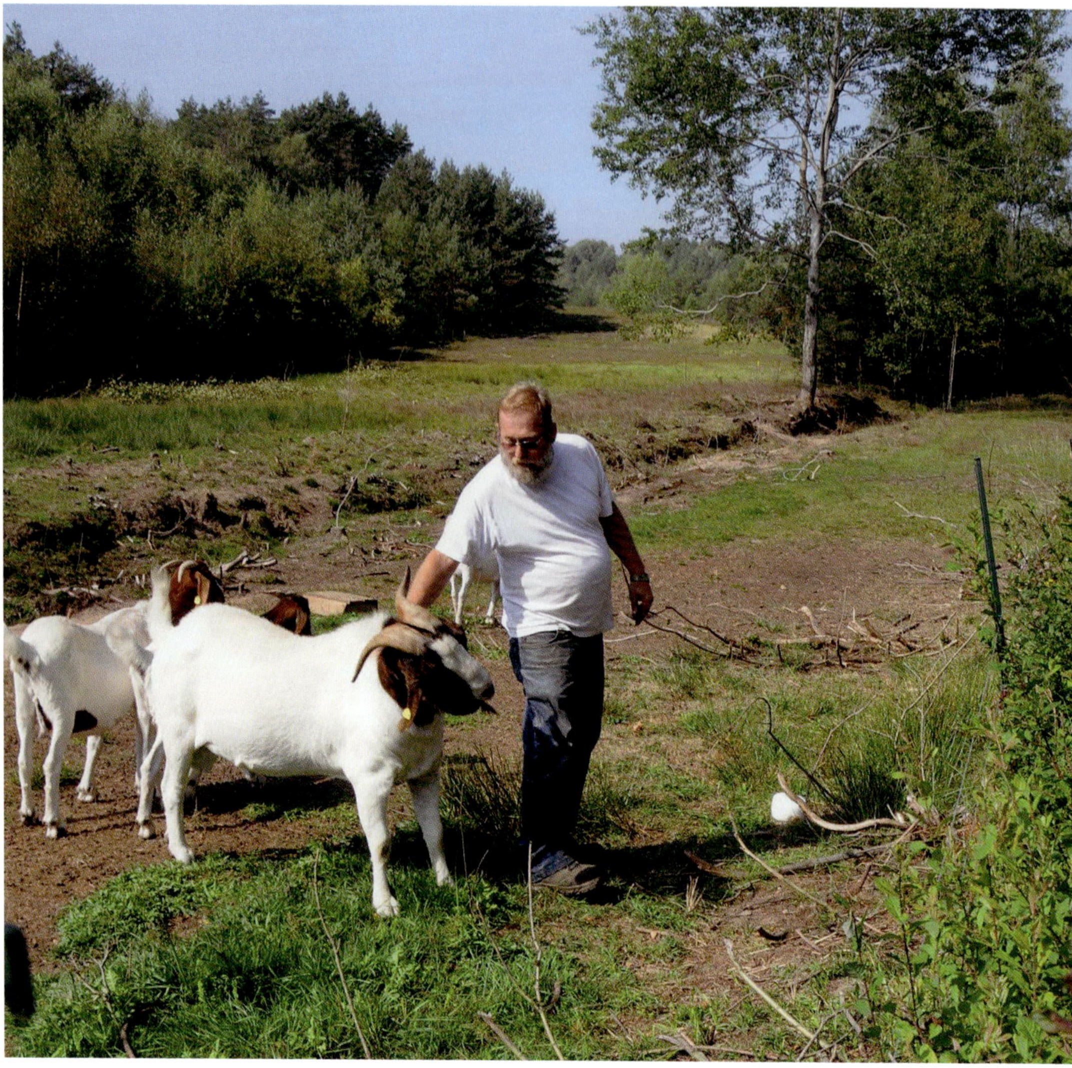

Auf dem Grünen Band am Rottenbacher Moor: Ziegenhalter Rehberg aus Eisfeld präsentiert seinen Bock.

Staumauer hat man einen eindrucksvollen Blick auf die ICE-Brücke der Neubaustrecke Erfurt–Nürnberg, die den See in großer Höhe überspannt. Wir queren die Staumauer und streben dem oberhalb des Sees gelegenen bayerischen Ort Weißenbrunn zu. Weißenbrunn zeichnet sich durch einen eindrucksvollen Wasserfall aus, der von einer ergiebigen Karstquelle gespeist wird. Um zum Wasserfall zu gelangen, folgt man der Emstadter Straße; noch in der Ortslage führt rechts ein Pfad hinunter in eine »Schlucht«, in der das Wasser über Kalksinterterrassen in Becken stürzt, wo es blaugrün schimmert – ein schönes Bild!

Originalweg und Abkürzungen Wer der Emstädter Straße weiter folgt, kann etwa zwei Kilometer des Weges abkürzen. Die schmale Ortsverbindung führt in westlicher Richtung auf ein Hochplateau, an dessen Rand das Grüne Band verläuft. Der markierte Weg folgt dagegen der Almerswinder Straße nach Norden. Nach gut einem Kilometer wird das Grüne Band erreicht, und nun geht es in westlicher Richtung steil bergan auf das besagte Hochplateau und oben dann nach Süden zur

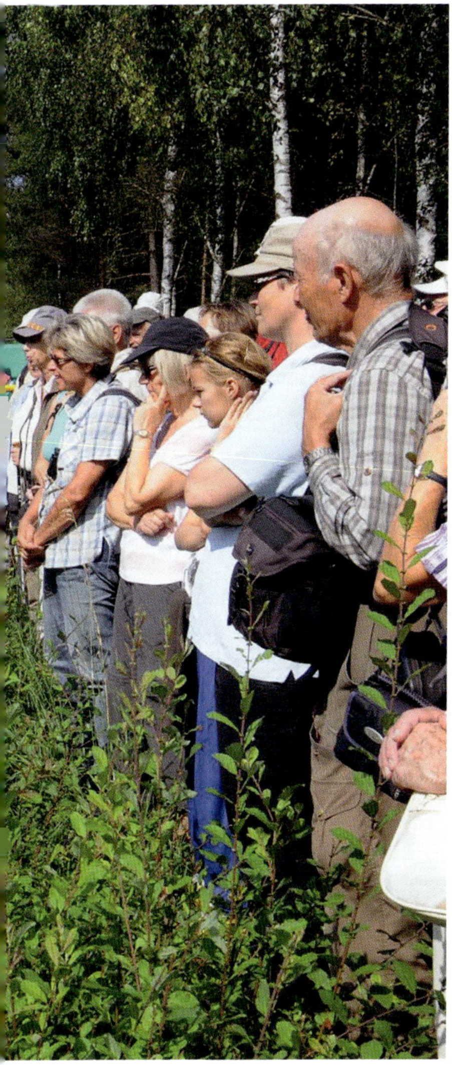

Emstädter Straße. Dort kann man nochmals abkürzen, und zwar indem man der Emstädter Straße nach Emstadt folgt. Gegenüber der Kolonnenweg-Strecke, die wieder einen großen Bogen macht, geht es dieses Mal nach Süden – so ergibt sich erneut eine Wegverkürzung um knapp zwei Kilometer.

Das Hochtal der Lauter In Emstadt folgen wir einem Wirtschaftsweg hinunter nach Truckendorf. Wir steuern nicht die Ortsmitte an, sondern halten uns links, und es geht am Friedhof vorbei und dann zum Grünen Band. Die ehemalige Grenze verlief am Bach, der Lauter. Dort stand auf thüringischer Seite die Weyhers Mühle, die von den Grenztruppen niedergerissen wurde.

Über den Kolonnenweg gelangen wir weiter nach Görsdorf, wenden uns im Ort nach links und folgen der nach Bayern führenden Straße. Direkt hinter den letzten Häusern stoßen wir wieder auf den Kolonnenweg. Wer der Straße ein paar Meter weiter folgt, bekommt die Görsdorfer Mauer zu sehen – wieder ein Pendant zur Berliner Mauer.

Unser Etappenziel, das Waldhotel Hubertus, erreichen wir am besten über den Kolonnenweg. Über einige Hundert Meter geht es auf einem Damm entlang, auf dem einst die Werra-Mainbahn verkehrte. Dann wendet sich der Kolonnenweg von der Trasse ab und führt uns links in einigem Auf und Ab zur ehemaligen Grenzübergangsstelle Eisfeld–Coburg, heute eine Tank-Rast-Anlage an der Autobahnabfahrt Eisfeld Süd. Das Grüne Band verläuft auf diesem Abschnitt durch Kiefernforste, ist aber selbst zumeist als Heide ausgebildet.

Der Kolonnenweg leitet an der Raststätte vorbei und mündet dann in die nach Eisfeld führende Bundesstraße. Auf einem parallel zur Straße verlaufenden Weg gelangt man in wenigen Minuten zum Waldhotel Hubertus, das dem Wanderer, der eine Unterkunft sucht, den fünf Kilometer langen Weg nach Eisfeld erspart.

Schafe schaffen Landschaft

Die Grüne-Band-Heide im Görsdorfer Forst bildet einen wertvollen Lebensraum für Zauneidechsen und Kreuzottern, Heidelerchen und den Ziegenmelker, auch Nachtschwalbe genannt. Auf dem sandigen Boden siedeln sich ohne Pflege aber rasch Birken und Kiefern an, die der Heide in ein bis zwei Jahrzehnten den Garaus machen würden. Inzwischen hat man die Gehölze abgetrieben und lässt das Grüne Band mit einer Schafherde beweiden.

12

Von Eisfeld nach Bad Rodach

Über die Langen Berge ins Coburger Land

mittel | 19,3 km | ↑124 m ↓284 m | 5.00 Std.

Ausgangspunkt
Eisfeld

Endpunkt
Bad Rodach

Anfahrt
Bahn/Bus: Mit der Südthüringenbahn nach Eisfeld, weiter werktags mit Buslinie 233 Richtung Coburg (Sa/So stark eingeschränkt!)

Karten
LVT 1:50 000, L5530 Hildburghausen; LVGB 1:50 000, L5730 Coburg

Einkehr
Am Zielort Bad Rodach mehrere Einkehrmöglichkeiten

Informationen
www.stadt-eisfeld.de
www.bad-rodach.de

Übernachtung
Infos bei der
Tourist-Information Bad Rodach
Schloßplatz 5
96476 Bad Rodach
Tel. 09564/15 50
www.bad-rodach.de

Wir lassen den Autoverkehr hinter uns und steigen in die Langen Berge hinauf. Zur Beruhigung: Es geht nur am Anfang einmal steil bergauf. Auf dem Weiterweg nach Bad Rodach präsentieren sich die Langen Berge als breiter, sanft rollender Höhenzug. Einsame Wälder und weite Feldfluren prägen das Bild der Landschaft.

Vom Waldhotel Hubertus laufen wir zurück zur Raststätte an der Autobahnabfahrt, passieren die Tankanlagen und steuern auf einen ehemaligen DDR-Wachturm zu. Dann folgen wir der Straße nach Herbartswind, die unter der Autobahn hindurchführt. Dahinter treffen wir auf das Grüne Band, und über den Kolonnenweg geht es einen Berg hinauf.
Auf der Höhe halten wir uns geradeaus, womit wir einen Grenzzipfel abschneiden. Danach folgen wir wieder zwei Kilometer lang dem Grünen Band, das sich hier als breite Waldschneise präsentiert, auf der Buschwindröschen, Veilchen, Akelei und Orchideen blühen. Zudem hat hier der bedrohte Baumpieper eine Heimstatt gefunden.

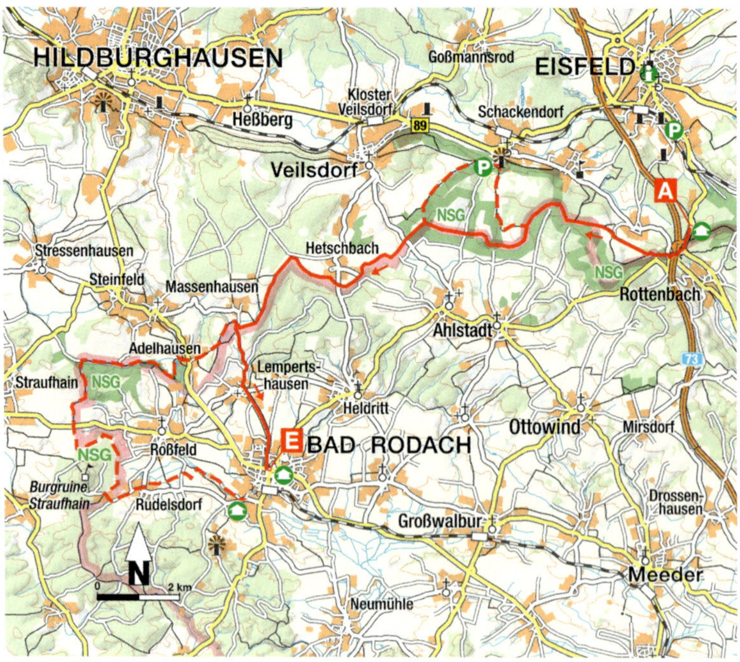

Von Umwegen, Umleitungen und Abkürzungen Am Ende des Waldes stoßen wir auf ein Holzkreuz, in das zwei Namen eingraviert sind. An einem Pfahl hat man ein Stück des Grenzzauns angebracht. Hier starben vor vier Jahrzehnten zwei Grenzsoldaten durch die Gewehrkugeln eines bewaffneten Flüchtlings. Tragik auf beiden Seiten in der Folge eines unmenschlichen Grenzregimes.

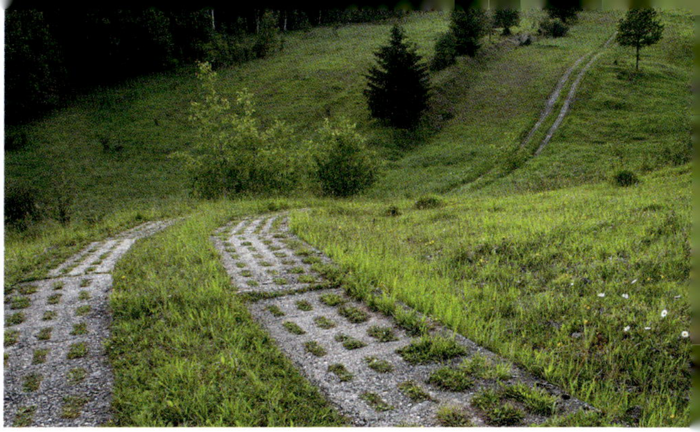

Das Grüne Band im Wald der Langen Berge

An dieser Ecke verlässt der Grenzweg das Grüne Band und führt über Orchideenwiesen und Felder zu einem Wachturm, der am Rande eines Steilabfalls steht. Neben dem Turm verlief der Grenzsignalzaun, der das Werra-Dorf Harras vom Grenzgebiet abschirmte. Vom Turm aus folgt man einem Forstweg geradewegs durch Wald. Dann geht es über Felder, und schließlich folgt man einer Straße zurück zum Grünen Band. Diese über sechs Kilometer lange Schleife muss nicht sein. Man kann ebenso gut dem Kolonnenweg treu bleiben und spart so fast drei Kilometer. Zudem führt der Kolonnenweg durch das Naturschutzgebiet Harraser Leite, das von einer Agrargenossenschaft vorbildlich gepflegt wird. Schlehenhecken und Espengehölze begleiten Enzianrasen und Margeritenwiesen.

Die nächsten Landmarken sind drei grenzüberschreitende Ortsverbindungen: zunächst die vom bayerischen Grattstadt zu dem an der Werra gelegenen thüringischen Veilsdorf, dann vom bayerischen Heldritt zum thüringischen Hetschbach und schließlich vom bayerischen Lempertshausen zum thüringischen Massenhausen, das wie Hetschbach im ehemaligen Grenzsperrgebiet lag. Wir bleiben so weit dem Kolonnenweg treu. Da man langsam ans Quartiermachen denken sollte, ist eine Empfehlung, bei Massenhausen der wenig befahrenen Straße Lempertshausen–Bad Rodach zu folgen. In und um Bad Rodach gibt es Quartiere, Cafés und Gasthäuser. Bad Rodach hat noch eine Stadtmauer. Bad Rodach sollte man gesehen haben. Kolonnenweg–Bad Rodach Marktplatz 3,6 km

Ausdauernden Wanderern, und unter ihnen vor allem den Naturliebhabern, empfehle ich einen Nachschlag, der die Tagesetappe aber auf 30 km verlängert (bei Übernachtung in der Hirschmühle). Man bleibt dem Grenzweg bei Massenhausen so lange treu, bis er kurz vor Adelshausen die Landstraße Bad Rodach–Hilburghausen überquert. Von dort geht es in das Naturschutzgebiet (NSG) Bischofsau hinein, ein Schutzgebiet unmittelbar an der Grenze mit Feuchtwiesen, Röhricht und Flachwasserteichen. In der Bischofsau brüten 71 verschiedene Vogelarten, unter ihnen so seltene wie das Blau- und das Braunkehlchen, die Bekassine, der Schilfrohrsänger und der Wachtelkönig. Südlich schließt sich ein bayerisches NSG mit blumenreichen Halbtrockenrasen und einem Frühjahrsblüherwald an; im Westen erstreckt sich ein großes Weidegebiet, auf dem die »Auerochsen« von Stressenhausen ganzjährig grasen.

Auf seinem Weiterweg schlägt der Kolonnenweg einen Halbkreis um den Straufhain, einen markanten Berg, auf dem eine Burg thront, die zu DDR-Zeiten im absoluten Sperrgebiet lag. Am Südhang des Straufhains quert die alte Ortsverbindung Rudelsdorf (Bayern) – Seidingstadt (Thüringen) das Grünen Band. Hier wendet man sich nach links, womit man über Rudelsdorf den Kurpark von Bad Rodach ansteuert. Übernachten kann man im Kurhotel oder der Pension Hirschmühle. Der Weg von Rudelsdorf zur Hirschmühle ist in der Karte eingezeichnet.

Man kann diese Strecke verkürzen, wenn man in Roßfeld in einem Wellness-Hotel übernachtet. Dazu muss man auf den Halbkreis um den Straufhain verzichten und der Ortsverbindung Streudorf–Roßfeld folgen.

13

Von Bad Rodach nach Lindenau

Zu den kulturellen Highlights des Heldburger Unterlands

mittel | 30 km | ↑383 m ↓413 m | 8.00 Std.

Ausgangspunkt
Bad Rodach

Endpunkt
Lindenau

Gehzeit
Bis Ummerstadt 3.30 Std.
Varianten
Kurpark Collberg–Grenzstreifen–Ummerstadt: 5,5 km, Anstiege 143 m, Abstiege 147 m
Hauptweg Collberg–Ummerstadt: 2,5 km, keine Steigungen

Anfahrt
Bahn/Bus: Mit der Deutschen Bahn und mit agilis über Coburg nach Bad Rodach

Karte
LVGB 1:50 000, L5730 Coburg

Einkehr
Ausflugsgaststätte St. Georgenberg
Tel. 09564/540
www.georgenberg-bad-rodach.de;

in Bad Colberg
Gasthaus Rangerhof
Hauptstr. 34
Tel. 036871/217 11;

in Ummerstadt
Gasthaus Bertl, Viehmarkt 109,
Tel. 036871/21856

Informationen
www.bad-rodach.de
www.bad-colberg-heldburg.de

Übernachtung
in Heldburg: Altes Schützenhaus, Ziegelhütte 183,

Nach der Besteigung eines grenznahen Bergs mit Gaststätte und Aussichtsturm steht die Besichtigung der zum Schloss ausgebauten Heldburg auf dem Programm. Es folgt der Besuch von Bad Collberg, das zu DDR-Zeiten vom Volksmund als »Stasibad« bezeichnet wurde. Ein paar km weiter kehren wir im Fachwerkstädtchen Ummerstadt ein, wo das Bier noch nach alter Sitte gebraut und in Felsenkellern gelagert wird. Schließlich erreichen wir die Saline Lindenau-Friedrichshall, deren Bitterwasser einst in alle Welt versandt wurde.

Die anstehende Etappe ist relativ lang. Da es aber in der Nähe der Highlights Unterkünfte gibt, kann man sich die Etappe nach eigenem Gusto unterteilen. Startpunkt ist der Marktplatz von Bad Rodach. Von dort folgen wir dem Lutherweg über die Heldburger Straße und den Kurpark zum Georgenberg. Im Wald wird der Weg zu einer Treppenstraße, aber wie zum Ausgleich endet der Anstieg an einer Ausflugsgaststätte. Vom Biergarten aus hat man einen schönen Blick auf Bad Rodach und auf die Langen Berge. Wer mehr sehen will, steigt auf den nahen Aussichtsturm. Weiter geht´s auf dem Lutherweg die Gaststättenzufahrt hinunter. Wir überqueren die Straße Bad Rodach–Heldburg und bald darauf die Landesgrenze. Noch eine gute halbe Stunde auf dem Lutherweg durch Wald, dann ist die Heldburg erreicht, die auf einem Berg über dem Städtchen gleichen Namens thront.
Die Burg ist komplett erhalten, doch sie sieht nicht sonderlich trutzig aus und ähnelt eher einem Schloss. Herzog Georg II. von Sachsen-Meinigen, besser bekannt als Theaterherzog, hatte Ende des 19. Jahrhunderts die im Verfall begriffene Burg restauriert und als Nebenwohnsitz seiner dritten Frau ausgebaut. Die Verbindung war eine Mesalliance, denn die Freifrau von Heldburg war von Beruf Schauspielerin und hörte vor der Heirat auf den Name Ellen Franz. Es gab Klatsch ohne Ende. Der Gang durch die Gemächer der Heldburg ist auf jeden Fall ein Genuss. Die Freifrau hatte hier nämlich Kunstbeflissene und so herausragende Künstler empfangen wie Brahms, Max Reger oder Cosima Wagner. Dementsprechend hatte sie die Räume ausgestattet.
Eine Viertelstunde braucht es, um von der Burg in das sehenswerte Städtchen Heldburg hinunterzusteigen. Am Fuße des 100 m aufragenden Burgbergs befindet sich mit dem Hotel »Altes Schützenhaus« zudem

eine Übernachtungsmöglichkeit. Wer sich die Burg und die Stadt in Ruhe anschauen möchte, kann sich überlegen, ob er bereits hier, nach einer Strecke von elf km, Quartier macht. Nächste Übernachtungsmöglichkeit wäre das acht km entfernte Bad Collberg.

Tel. 036871/317388, Handy 0162/2090504
in Bad Collberg: Gasthaus u. Pension Rangerhof (siehe Einkehr)
in Ummerstadt: Gasthaus u. Pension Bertl (siehe Einkehr)
in Lindenau: Pension Lindenau, Schulgasse 17, 036871/21147
in Einöd: Country Scheune, Tel. 036871/30490 (Ausweichquartier)

Nach Bad Colberg, dem thüringischen Grenzbad Man braucht nicht den steilen Burgberg in Gänze zu erklimmen. Der Radweg Burgenstraße führt mit moderater Steigung am Waldrand auf den sich hinter der Burg erstreckenden Höhenzug hinauf. Im Wald geht es noch gut 2 km auf dem Weg entlang, den wir von Bad Rodach hergekommen sind. Dann folgen wir dem Lutherweg hinunter ins Tal der Rodach. An der Stelle, an der der Weg auf die schmale und wenig befahrene Straße Gauerstadt–Bad Colberg stößt, stand einst das Gutsdorf Billmutshausen.
Es wurde von den Grenztruppen der DDR dem Erdboden gleichgemacht. Einzig der Friedhof und der Dorfbrunnen blieben erhalten. Am Rande der Wüstung errichteten die Grenzer einen Wachturm, der heute Fledermäusen als Unterschlupf dient.
Wir halten uns rechts und folgen der Straße zu dem 142 Einwohner zählenden Heilbad Colberg. 1907 wurde hier bei Probebohrung eines Kaliunternehmens eine stark salzhaltige Thermalquelle entdeckt. Die Thüringische Landesversicherungsanstalt ließ die Quelle fassen und baute eine im Neobarock gestaltete Kuranlage. Beeindruckend sind die Jugendstil-Glasmalereien in der Sprudelhalle. Zu DDR-Zeiten wurde der Kurbetrieb trotz der Grenznähe aufrechterhalten. Als Kurgäste wurden jedoch nur Mitarbeiter des Ministeriums des Inneren aufgenommen, weshalb Bad Colberg im Volksmund als Stasi-Bad bezeichnet wurde. Für den Gang durch den Kurpark und die Besichtigung der öffentlichen Gebäude sollte man einiges an Zeit veranschlagen. Auch in Bad Colberg existiert eine Übernachtungsmöglichkeit. Bis Ummerstadt, wo sich die nächste Unterkunft befindet, sind es noch 2,5 km.

Nach Ummerstadt, der zweitkleinsten Stadt Deutschlands Der schönste und zugleich kürzeste Weg nach Ummerstadt führt durch das Tal der Rodach, wo man dem Radweg Burgenstraße folgt. Wer dem Grünen

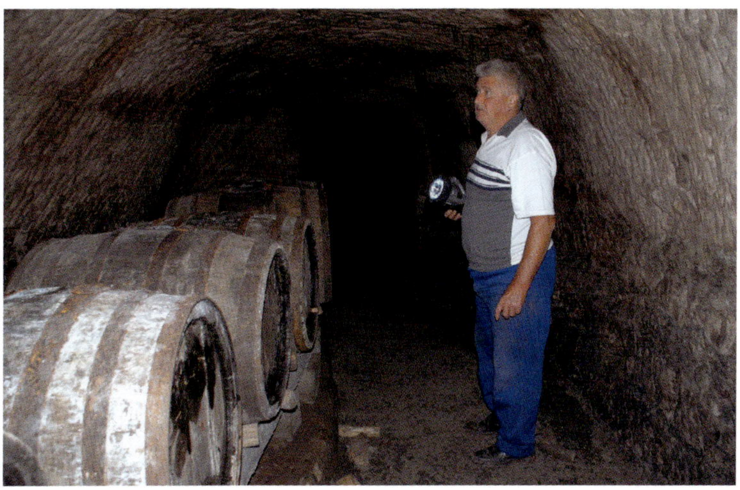

Braumeister Franz Chilian in einem Felsenkeller am Grünen Band

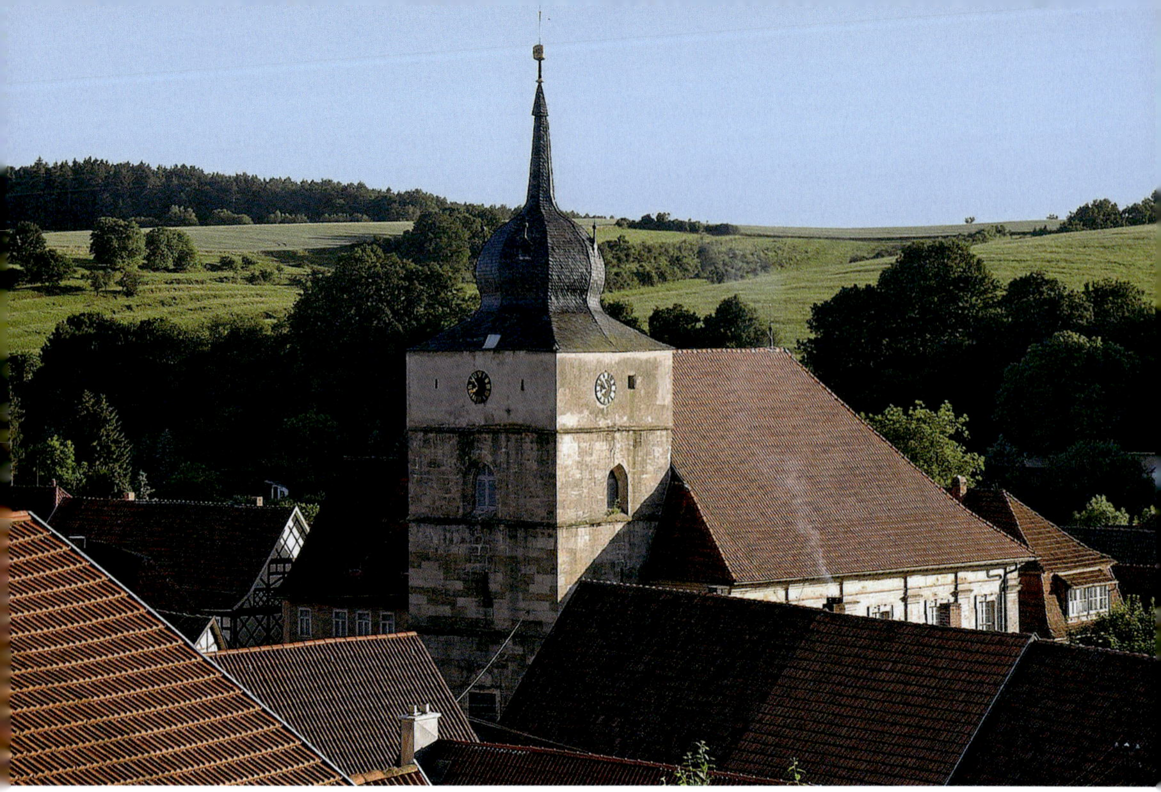

Ummerstadt, die zweitkleinste Stadt Deutschlands mit langer Bierbrautradition

Band östlich von Ummerstadt treu bleiben will, folgt vom Kurpark dem breiten Weg, der auf die Berge zuführt. Nach 100 m stößt man auf eine T-Kreuzung, an der man geradeaus auf den Wald zusteuert, wo der Kolonnenweg verläuft. Nach 500 m stößt der Rundwanderweg U1 hinzu. Bis zu einem kleinen See folgt der U1 dem Plattenweg. Dann geht es auf normalen Waldwegen zum Rastplatz Kupferbrunnen, wo ein beträchtlicher Anstieg bevorsteht. Ist die Höhe erklommen, schlendert man über urige Streuobstwiesen hinunter nach Ummerstadt.
Ummerstadt scheint aus der Zeit gefallen zu sein, nicht nur wegen seiner Fachwerkbauten. In der zweitkleinsten Stadt Deutschlands brauen die Bürger ihr Bier noch selber.

Zum Ummerstädter Kreuz und der Grenzwüstung Erlenbach Wir verlassen das gastliche Ummerstadt über die Brückenstraße. Hinter der Rodachbrücke biegen wir links in die Straße Hopfenberg ein und folgen dem Rundwanderweg U3 durch das Tal der Rodach. Nach ca. zwei Kilometern erreichen wir das Grüne Band, das in einem Seitental rechts auf die Höhe steigt. Wir dringen vorerst nicht bis zum Plattenweg vor, sondern folgen dem U3 zur Rappersquelle, die direkt unter dem Grenzstreifen entspringt. Von der Quelle steigen wir auf einem Waldweg zu einer Wiese hinauf, wo wir über Fahrspuren zum Kolonnenweg gelangen.
Nach einem Kilometer erscheint auf bayerischer Seite das Ummerstädter Kreuz, ein Mahnmal, das zu DDR-Zeiten von Exil-Ummerstädtern errichtet wurde. Hinter dem Kreuz wendet sich der Kolonnenweg nach links. Hier trennt sich der U3 vom Plattenweg. Wir bleiben dem Kolonnenweg treu und queren ein Tälchen, in dem das Gutsdorf Erlebach lag. Die Häuser des Ortes wurden kurz vor dem Fall der Grenze niedergerissen.

Zur Saline Lindenau Auf der nächsten Höhe verlassen wir den Kolonnenweg. Wir queren die schmale Ortsverbindung Ummerstadt–Lindenau und folgen einem unbefestigten Weg, der an der »Lindenauer Kante« vorbeiführt, einer lehmig-steinigen Barriere, die von Naturschützern für solitäre Bienen offen gehalten wird. Danach geht es durch Wald, wo wir nach 700 Metern auf einen gut befestigten Weg stoßen, dem wir links hinunter nach Lindenau folgen. In Lindenau wurde vom Mittelalter bis 1994 Salz gesiedet. Seine große Zeit erlebte die Saline Ende des 19. Jahrhunderts unter dem Meininger Theater-Herzog Georg II., was sich in den herrschaftlichen Gebäuden der Salzsiederei äußert. Neben der Produktion von Glaubersalz, das abführend wirkt, füllte man ein Mineralwasser ab, das sogar in London getrunken wurde.
Sollte es mit der Übernachtung in Lindenau nicht klappen, befindet sich die nächste Übernachtungsmöglichkeit in dem knapp 2 km talaufwärts gelegenen Ort Einöd. Der Weg nach Einöd führt rechts am Talrand entlang.

Traditionelles Bierbrauen

Im frankofonen Südthüringen gehört das Bierbrauen wie die Kirche zum Dorf. Der Ummerstädter Braumeister Franz Chilian und seine Mannen brauen zweimal im Jahr: im Frühjahr und im Herbst. Im hölzernen Maischbottich rühren sechs Männer das Malz stundenlang im Takt. Der abfiltrierte Sud gärt in Bottichen, die in einer Kammer des Gemeindebrauhauses stehen. Die Reifung des Biers erfolgt in Felsenkellern. Das Brauhausfest findet dann im Juli statt (mehr zur Ummerstädter Brautradition gibt's im Grünen-Band-Buch »Von der Rhön zum Thüringer Wald« zu lesen; siehe S. 189).

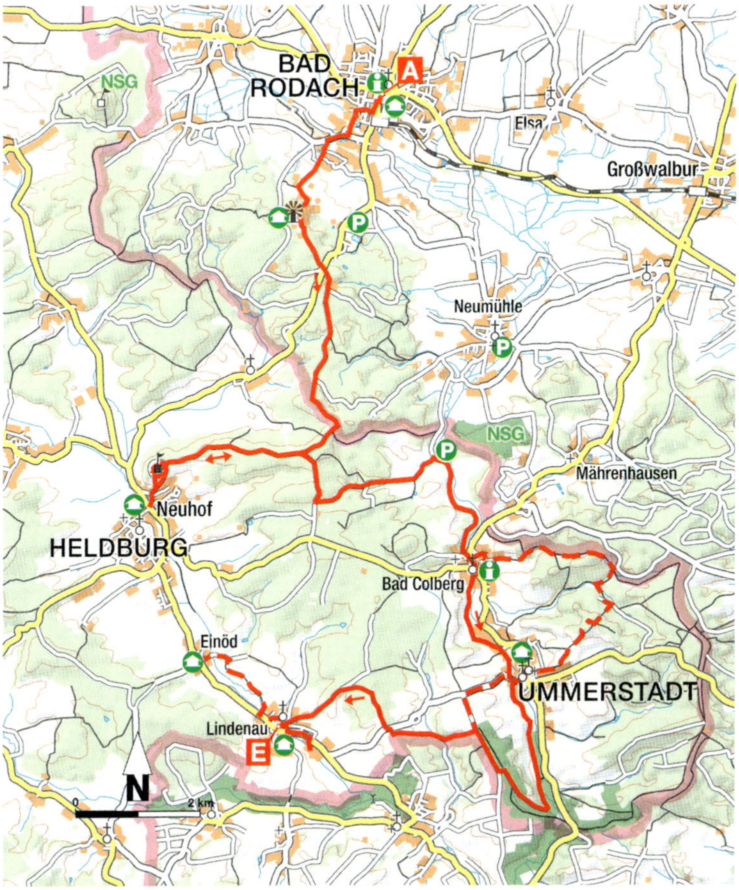

14

Von Lindenau nach Zimmerau

Durch den südlichsten Zipfel der ehemaligen DDR

mittel 28,3 km ↑295 m ↓185 m 7.10 Std.

Ausgangspunkt
Lindenau

Endpunkt
Zimmerau;
Variante nach Rieth 2,1 km

Anfahrt
Bahn/Bus: Keine Empfehlung für den ÖPNV

Karten
LVGB 1:50 000, L5730 Coburg und L5728 Bad Königshofen

Einkehr
In Lindenau
Landgasthof Lindenau,
Schulgasse 17;
Tel. 03 68 71/211 47;
in Schweickershausen und Zimmerau s. bei Übernachtung

Informationen
www.bad-colberg-heldburg.de
www.zimmerau.de

Übernachtung
Schlossgaststätte
Dorfstr. 9
98663 Schweickershausen
Tel. 036871/517 91
www.schlossgasthofschweickershausen.de

Wir wandern weitab von größeren Städten durchs fränkische Hügelland. Anfangs kommen wir noch an kleinen Orten vorbei, in denen hüben (Bayern) wie drüben (Thüringen) ein fränkischer Dialekt gesprochen wird. Langsam wird es einsamer und der Kolonnenweg führt uns kilometerweit durch Wald.

Durch die Auen der Kreck und der Helling Vom Salinenort Lindenau machen wir uns auf den Weg nach Merlach, dem bayrischen Nachbarort. Dabei überqueren wir die Aue des Flüsschens Kreck und steuern dann auf eine Anhöhe zu, von der aus wir auf das Grünen Band blicken, das im Tal des Flüsschens Helling verläuft. Die gesamte Aue steht dort unter Naturschutz, sowohl auf der thüringischen als auch auf der bayerischen Seite.

Zum südlichsten Ort Thüringens 100 Meter hinter der Hellingbrücke stoßen wir auf eine Straße, der wir rechts ins bayerische Gleismuthausen folgen. Merlach lassen wir links liegen. Auch hinter Gleismuthausen bleiben wir noch der Straße treu. An einer Waldecke verzweigt sich die Straße. Rechts geht es nach Poppenhausen (Thüringen), links nach Dürrenried (Bayern). Wir halten uns geradeaus und folgen einem Weg, der am Waldrand bergan führt. Nach 200 Metern stehen wir wieder an der ehemaligen Grenze. Hier gibt es einen Rastplatz und einen Dreiländerstein. Ein Wanderweg führt über die Landesgrenze nach Käßlitz, dem südlichsten Ort der DDR.

Mitten durchs wilde Südthüringen Wir folgen von hier aus dem Kolonnenweg. 19 km geht es nun ohne Unterbrechung auf dem Plattenweg durch Deutschlands wilde Mitte. Nach zwei Kilometern erreichen wir den südlichsten Punkt der ehemaligen Grenze DDR/BRD. Weiter geht's durch unberührte Natur. Einsame Wälder, so weit das Auge reicht, nur ab und an queren wir Ortsverbindungen zwischen Bayern und Thüringen. An einem Gehege für Wildschweine führt ein Weg in den 2 km entfernten thüringischen Ort Rieth. Wer konditionsstark und ausdauernd ist, dem empfehle ich in Rieth zu übernachten. Alle, die eine Mammut-Tour nach Möglichkeit vermeiden wollen, sollten bis Zimmerau durchhalten und dort mit dem Berggasthof Bayernturm vorliebnehmen. Dadurch spart man am nächsten Tag 4 1/2 km. Und die nächste Tagesetappe ist mit ihren 30 km auch von Zimmerau aus noch ziemlich lang. Bis Irmelshausen existieren partout keine Unterkünfte.

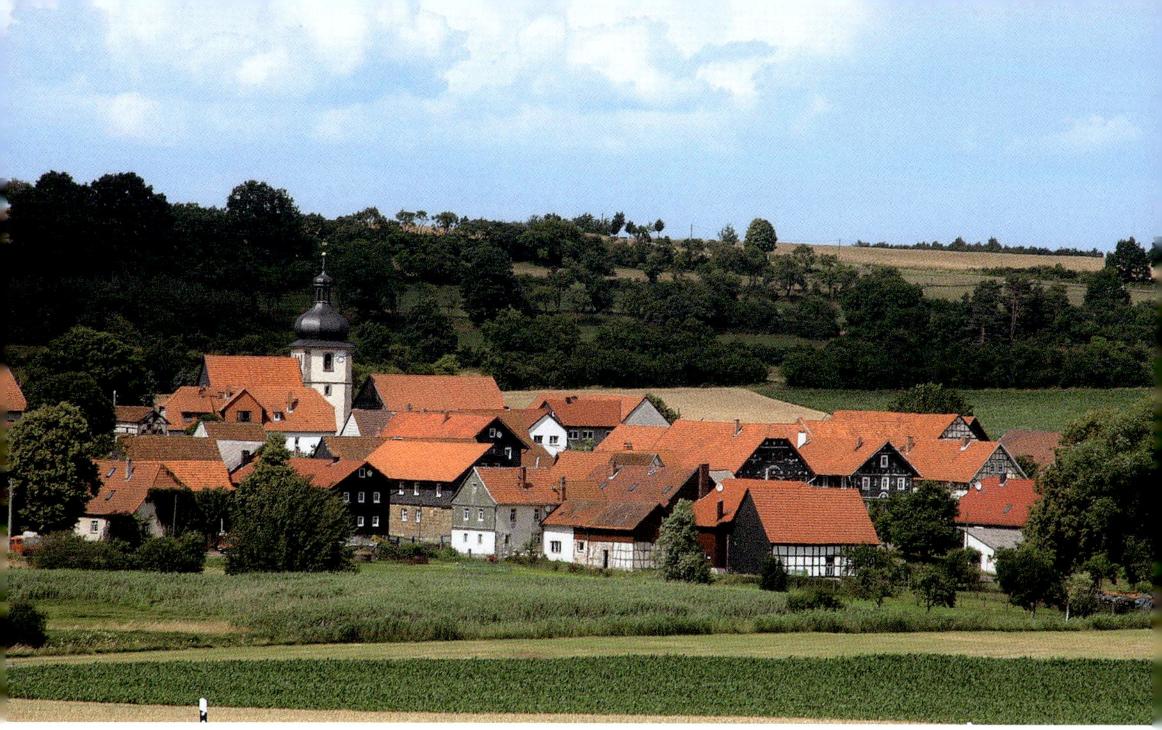

Käßlitz, der südlichste Ort an der ehemaligen Grenze DDR–BRD

Noch 700 m Kolonnenweg sind es vom Wildschweingehege Richtung Bayernturm, dann stößt man auf die Straße Zimmerau–Rieth, der man links über die Landesgrenze folgt. Nach 300 Metern biegt man rechts in einen Wirtschaftsweg ein, der über die Feldflur auf einen Wald zuführt. Am Wald links und am Waldrand entlang, bis man auf eine Straße stößt, die von der Feriensiedlung Zimmerau heraufkommt. Wir folgen der Straße (links) hinunter zur nächsten T-Kreuzung. Dort geht's rechts zum Aussichtsturm, den die Bayern zu DDR-Zeiten errichtet haben, um in den »Osten« zu schauen. Der architektonisch etwas verwegene Turm bietet eine gute Sicht über das Heldburger Unterland. Hinter dem Turm befindet sich der Berggasthof Bayernturm, der von Grüne-Band-Wanderern bisher keine überschwängliche Bewertung erhalten hat.

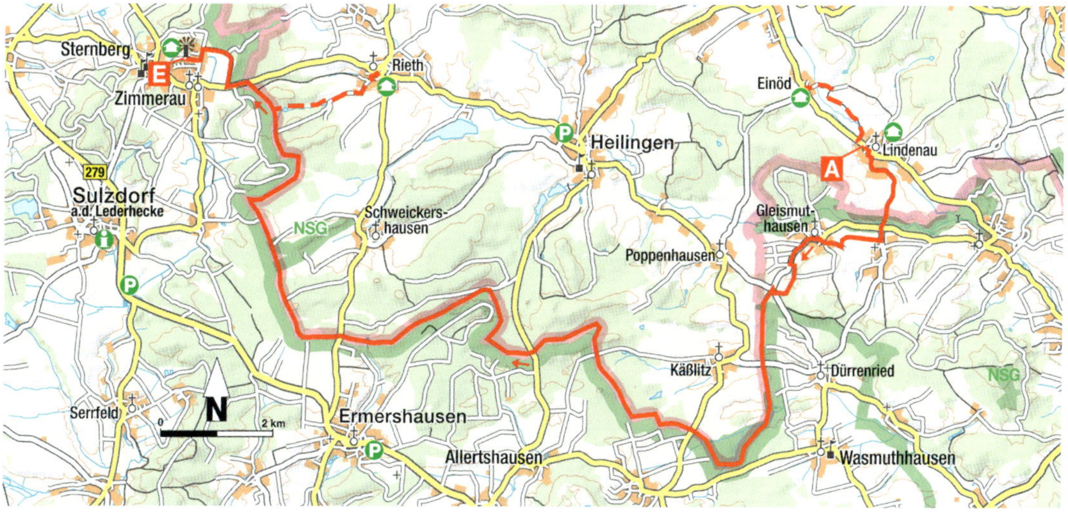

15

Von Zimmerau nach Irmelshausen

Über die Schlechtsarter Schweiz ins Grabfeld

schwer | 26 km | ↑318 m ↓388 m | 6.30 Std.

Ausgangspunkt
Zimmerau

Endpunkt
Irmelshausen

Gehzeit
Bis Gaststätte Zum fröhlichen Landmann 2.30 Std.

Anfahrt
Bahn/Bus: Keine Empfehlung für den ÖPNV

Karte
LVGB 1:50 000, L5728 Bad Königshofen

Einkehr
Beim Abstecher nach Schlechtsart Gaststätte Zum fröhlichen Landmann
Dorfstr. 16
Tel. 036875/607 79;
am Zielort s. bei Übernachtung

Informationen
www.bad-colberg-heldburg.de
www.zimmerau.de

Übernachtung
Landgasthof Zur Linde
Kirchplatz 1
97633 Höchheim/OT Irmelshausen
Tel. 09764/81 50
anfrage@gasthaus-barthelmes.de

Anfangs wandern wir durch die hügelige Landschaft des Naturparks Haßberge. Dann geht es nach einer Rast an der Quelle der Fränkischen Saale über die Grenzhöhen der Schlechtsarter Schweiz, und im letzten Drittel der Etappe erfreuen uns blumenreiche Hügel mit seltenen Steppenpflanzen.

Vom Bayernturm aus folgen wir dem europäischen Fernwanderweg Nr. 3 über eine bewaldete Anhöhe. Eine Wiese wird gequert, dann geht es wieder in den Wald hinein. Nach knapp drei Kilometern erreichen wir die barocke Wallfahrtskirche St. Ursula, die am Rande einer Steilstufe steht. Da die Kirche weitab von jeder Siedlung steht, ist sie verschlossen. Von der Kirche laufen wir auf einem Fahrweg hinunter zum Waldrand, an den sich das Naturschutzgebiet »Magerrasen am Kapellenberg« anschließt. Wir folgen dem Fahrweg in die weite Feldflur und kommen

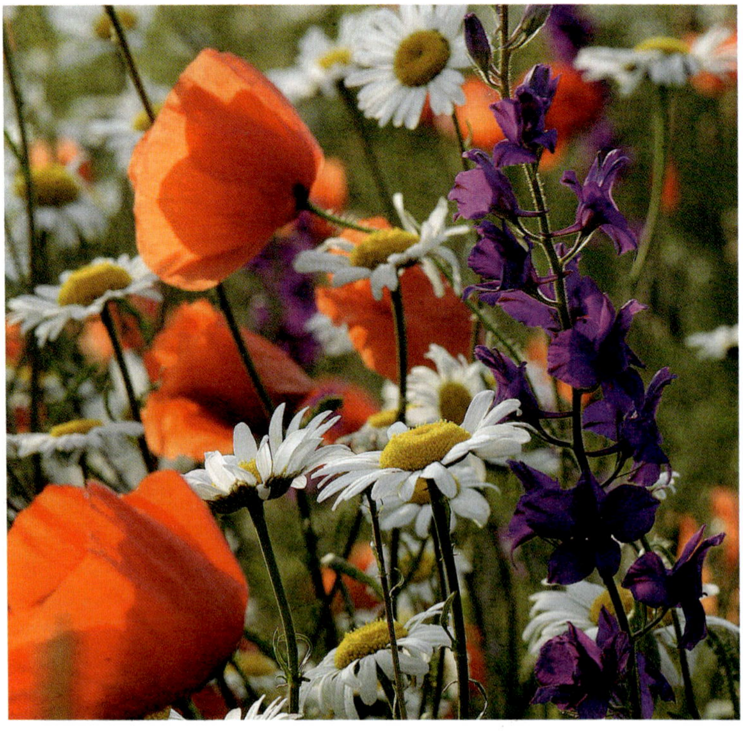

Blumenpracht auf einem Acker bei Irmelshausen

an zwei Linden vorbei, unter deren Kronen man einen Bildstock aufgestellt hat. Am nächsten Wegkreuz halten wir uns rechts, folgen einem Wirtschaftsweg zu einer T-Kreuzung, an der wir auf den Iron Curtain Trail, den europäischen Fernradweg EV13, stoßen. Der EV 13 führt uns über die Straße Alsleben (Bayern) – Gompfertshausen (Thüringen) hinweg zu der eben noch auf bayerischem Gebiet liegenden Quelle der fränkischen Saale, an der es sich gut rasten lässt. Bis zur Landesgrenze sind es nur 400 m.

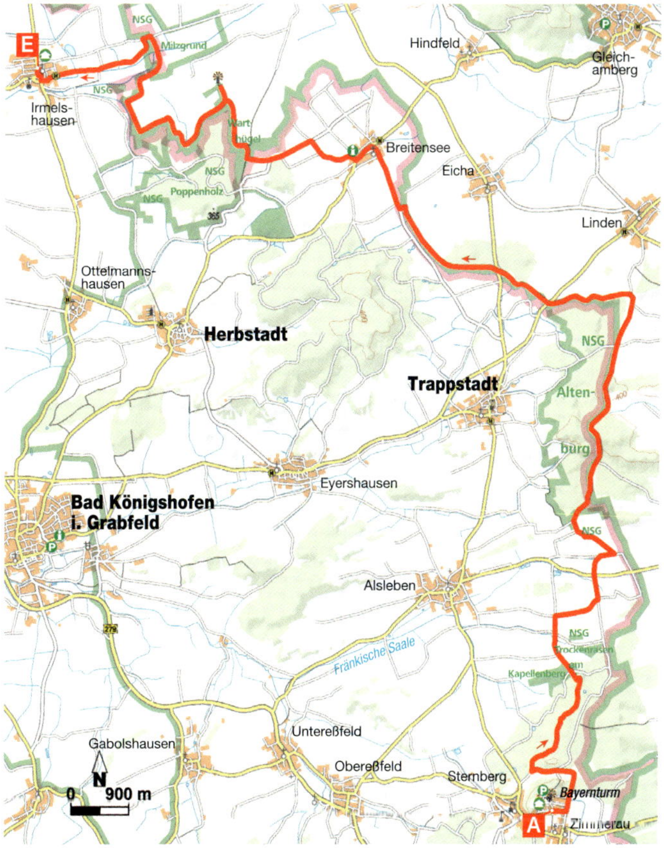

Schlechtsarter Schweiz – ein irreführender Name Nach der Rast laufen wir in Richtung Landesgrenze, biegen jedoch ca. 100 m davor links im spitzen Winkel ab und folgen einem Wirtschaftsweg durch die bayerische Feldflur. Den EV 13 haben wir an der Quelle hinter uns gelassen. Er meidet die vor uns liegenden Grenzberge. An der nächsten T-Kreuzung rechts, dann erreichen wir den Rundweg »Grenzgänger«, der uns rechts durch Buschwerk und Wald und über das Grüne Band hinweg zum Kolonnenweg führt. Weiter geht´s auf dem Grenzgänger, der uns durch die Berge der Schlechtsarter Schweiz führt.
Es geht durch Wald bergan zur ehemaligen Grenze, wo ein Pfad über den Grenzstreifen zum Kolonnenweg führt. Dort wenden wir uns nach links und gehen über die Lochbetonplatten Richtung Norden.
Auf einen ebenen Streckenabschnitt folgt ein Steilanstieg, über den wir auf eine Höhe von 436 m gelangen. Im Mai und Juni blüht es dort oben in allen Farben, vor allem an den Waldsäumen des Grünen Bandes. Wir befinden uns hier inmitten eines der wertvollsten Schutzgebiete am Grünen Band. Rechts auf der thüringischen Seite erstreckt sich das Naturschutzgebiet (NSG) »Schlechtsarter Schweiz«. Links, auf der bayerischen Seite, im Gebiet der Gemarkung Trappstadt, das NSG »Altenburg bei Trappstadt«. Beide NSGs zeichnen sich aufgrund einer engen Verzahnung von Wald, Buschwerk und Magerrasen durch einen ungeheuren Artenreichtum aus. Allein auf thüringischer Seite wurden 500 verschiedene Blumen nachgewiesen. Die bayerische oder Trappstädter Seite hat zudem eine Besonderheit aufzuweisen, den Nieder- oder Energieholzwald, eine historische Nutzungsform, die es in Deutschland sonst kaum

Naturparadies Energieholzwald

In vielen Gegenden Deutschlands schlugen die Bauern früher ihren Wald alle 30 bis 40 Jahre ab, um Brennholz zu gewinnen. Bei Trappstadt ist diese Tradition lebendig geblieben, wodurch viel licht- und wärmeliebende Blumen, Käfer und Schmetterlinge im Trappstädter Wald einen Lebensraum finden. Der Star unter den Trappstädter Blumen ist der sagenumwobene Diptam, der »brennende Busch« aus der Bibel.

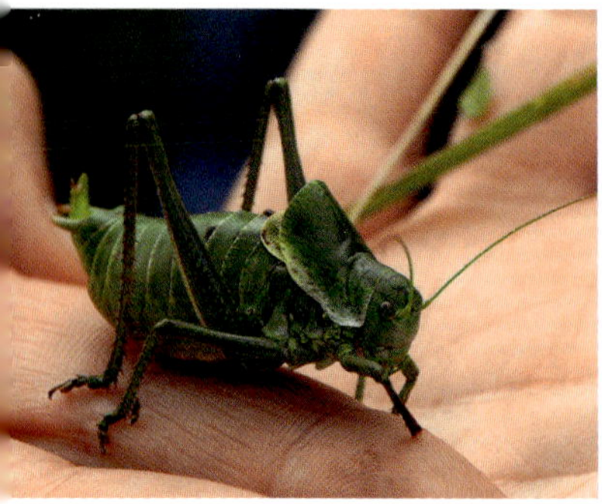

Die Wanstschrecke von Irmelshausen

noch gibt. Und in diesem Buschwald tummeln sich Hirschkäfer und blüht eine in Deutschland extrem seltene und märchenhafte Blume, der Diptam.
Auf den Steinanstieg folgt ein ebenso steiler Abstieg, an dem der Original-Grenzzaun der 80er Jahre noch erhalten ist. Es dauert nicht lang und schon geht es wieder bergan, kurz aber heftig. Er bringt uns auf den 426 m hohen Spanshügel. Wer nicht ganz trittsicher ist, sollte die nach rechts führende Umleitung nutzen; sie ist mit dem Zeichen des thüringischen Grenzwanderwegs und des »Grenzgängers« markiert. Vom Spanshügel hat man einen schönen Blick auf den Großen Gleichberg, einen über 600 Meter hohen erloschenen Vulkan.

Schlechtsart und Breitensee Weiter geht's über den Kolonnenweg, immer am Waldrand entlang. Die alte Ortsverbindungsstraße Trappstadt–Schlechtsart wird gequert. Von hier blickt man hinunter auf den Ort Schlechtsart, der, wie mein Foto zeigt, wirklich einen besseren Namen verdient hätte. Der Kolonnenweg wendet sich nach gut einem Kilometer nach links und führt 1,5 Kilometer bergab bis zu einer viel befahrenen Landstraße, an der sich eine Info-Tafel zu den Minenfeldern im Grenzstreifen der DDR befindet. An dieser Ecke sagen wir dem »Grenzgänger« Ade. Wir überqueren die Landesstraße und steuern über den Kolonnenweg auf eine Waldecke zu. Kurz darauf wird die Ortsverbindung Trappstadt–Eicha gequert. Weiter geht´s auf dem Kolonnenweg, eine Zeit lang durch Wald, dann wieder durch die Feldflur.
Wir befinden uns jetzt im absoluten touristischen Niemandsland. Weit und breit kein Wanderweg und keine Gaststätte, nur noch das Grüne Band mit dem Kolonnenweg. Eigentlich sollte man die Herausforderung annehmen und dem Plattenweg weiter folgen. Aber das würde die Strecke der ohnehin schon langen Etappe verlängern. Also was tun? Wer es sich zutraut, bleibt auf dem Grünen Band, das einen Halbkreis um den bayerischen Ort Breitensee schlägt. Alle anderen kürzen ab. Um den Abzweig für die Abkürzung zu finden, muss man den Verlauf der bayerischen Straße beobachten, die seit dem Ende des Waldes sich an der Landesgrenze entlangzieht. Wo sich die Straße wieder von der Grenze entfernt, führt eine Fahrspur über das Grüne Band, der man in den Ort Breitensee folgt. Im Ort halten wir uns links und laufen auf der Herbstädter Straße zum südöstlichen Ortsende. Dort biegen wir rechts ab und erreichen über die Neue Straße und den Irmelshauser Weg wieder die Feldflur. Nach ca. 800 Metern, am ersten großen Wegkreuz, halten wir uns links. Nun geht es noch gut einen Kilometer geradeaus, dann stoßen wir wieder auf das Grüne Band und den Kolonnenweg.

Ackerblumen und Steppenhügel Vor uns erstreckt sich eine weite Feldflur und dennoch befinden wir uns an einem »hot spot« des Artenreichtums. Auf dem Grünen Band, das weithin offen gehalten wird, blühen unzählige Blumen, Steppenblumen, die mit der Ausbreitung des Ackerbaus bei uns heimisch geworden sind. Hier auf den trockenen und warmen Keuperhügeln des im Regenschatten der Rhön liegenden Grabfeldes fühlen sie sich besonders wohl, letztlich aber nur weil das Grüne Band ihnen Schutz gewährt. Es ist gerade einmal zwei Generationen her, da war diese Blumenpracht in den Feldfluren noch etwas Normales. Mit der Mineraldüngung und dem Einsatz von Herbiziden sind Arten wie der Ackerrittersporn und der Lein zur Seltenheit geworden. Gleiches trifft für die Insektenwelt, die einst auf Feldrainen gelebt hat, und auf die Rebhühner zu.
Dort, wo sich der Kolonnenweg nach links wendet, führt ein Weg geradeaus zum Warthügel, einer Erhebung, die aus der Feldflur herausragt und die mit dem Grü-

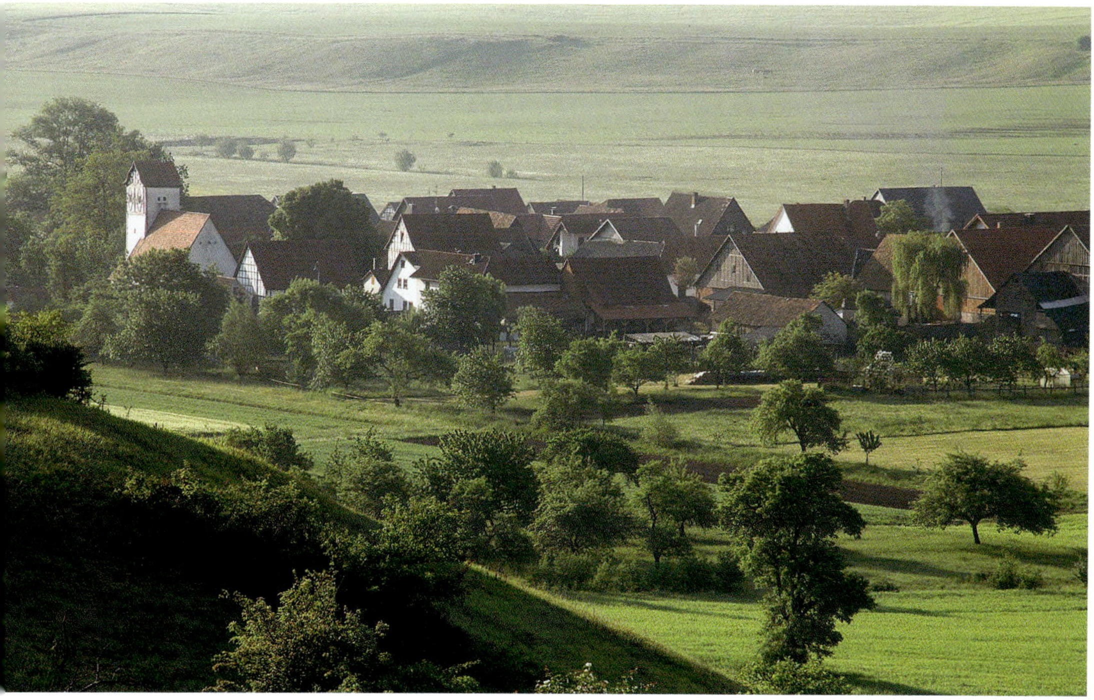

Das thüringisch-fränkische Dorf Schlechtsart

nen Band verbunden ist. Auf dem Hügel steht ein verlassener Wachturm der Grenzsoldaten und rundherum blüht es in allen Farben: tiefblauer Salbei, rosa Esparsette, gelber Klappertopf, himmelblauer Lein. Und auch in dem vom Spritzen verschonten Ackerrandstreifen blüht es, eine von der Natur selbst gesäte Mischung aus blauem Ackerrittersporn, knallrotem Klatschmohn und Margeriten, dazu am Himmel die jubilierenden Lerchen.

Zurück zum Kolonnenweg und weiter Richtung Irmelshausen. Zwei km hinter dem Warthügel führt eine Fahrspur hinüber nach Bayern, wo man auf einen Weg trifft, der direkt nach Irmelshausen führt, unserem Etappenziel.

Wer noch Kraftreserven hat, sollte dem Grünen Band bis in die Wiesenaue des Flüsschens Milz folgen, wo im Frühsommer Herden von Kuckucks-Lichtnelken und Geranien blühen. Zudem stößt man dort auf einen Wachturm, den Eulen besetzt halten. Und bei etwas Glück kann man hier auf die Wanstschrecke treffen. Kurz hinter dem Turm führt ein Weg links über das Grüne Band ins bayerische Irmelshausen. Über die Mühlgasse geht es in den Ort hinein. Wo diese Gasse auf die Hauptstraße trifft, befinden sich die Bioziegenkäserei und der Hofladen der Familie Schönberg. In den Laden sollte man unbedingt einmal reinschauen. Schräg gegenüber dem Hofladen liegt inmitten der Auewiesen ein märchenhaftes Wasserschloss. Wir halten uns rechts und streben der Ortsmitte zu, wo man gegenüber der Kirche im Landgasthof Zur Linde übernachten kann. Außerhalb des Ortes gibt es einen Campingplatz mit Badesee.

Blütenpracht an und auf dem Acker

Am Grünen Band Grabfeld zeigt sich, dass auch Agrarlandschaften wertvolle Lebensräume bieten können: An ungespritzten Ackerrändern und auf dem Grünen Band blüht es in allen Farben, dazu summt, brummt und zirpt es. Das warm-trockene Klima des Grabfeldes begünstigt dabei seltene Arten wie den blauen Lein und die seltsame Wanstschrecke. (Mehr Infos zur Blumenpracht zur Schlechtsarter Schweiz und der Blumenpracht gibt's im Grünen-Band-Buch »Von der Rhön zum Thüringer Wald«.)

16

Von Irmelshausen nach Eußenhausen

Durchs Grabfeld zum Rhönvorland

mittel | 22 km | ↑254 m ↓201 m | 5.40 Std.

Ausgangspunkt
Irmelshausen

Endpunkt
Eußenhausen

Anfahrt
Bahn/Bus: Keine Empfehlung für den ÖPNV

Karten
LVGT 1:50 000, L5528 Meiningen; LVGB 1:50 000, L5728 Bad Königshofen

Einkehr
Am Zielort s. bei Übernachtung

Informationen
www.zimmerau.de

Übernachtung
Aktives Mellrichstadt
Stadt- und Tourist-Information
Marktplatz 2
97638 Mellrichstadt
Tel. 0 97 76 - 92 41
aktives.mellrichstadt@t-online.de

Noch wandern wir durch das fruchtbare Grabfeld. Doch in der Ferne tauchen bereits die Höhen der Rhön auf. Bei Behrungen führt unser Weg durch ein Freiland-Grenzmuseum. In Berkach besuchen wir einen jüdischen Friedhof und besichtigen eine Synagoge. In Schwickershausen führt der Weg an einem Wasserschloss vorbei.

Wir verlassen Irmelshausen über die Mendhäuser Landstraße, die nach 1,5 Kilometern die ehemalige Grenze passiert. Rechter Hand sind die Trümmer einer Luftabwehrstation aus dem Zweiten Weltkrieg zu sehen. Wir biegen links in den Kolonnenweg ein, dem wir auf einer längeren Strecke folgen. Das Grüne Band schlängelt sich zunächst durch die intensiv genutzte Agrarlandschaft, dann geht es durch Wald. Dem Wanderer bleibt immer ein weites Blickfeld, da der Grenzstreifen für Orchideen und Schmetterlinge offen gehalten wird. Nach 1,5 Kilometern erreicht man das Freilicht-Grenzmuseum Behrungen. Wir »durchbrechen« die Absperrungen und folgen einem Kolonnenweg-Zubringer zu einem DDR-Wachturm, von dem aus wir auf Lochbetonplatten zu einer schmalen Landstraße gelangen. Wir queren hinüber zum Wald-

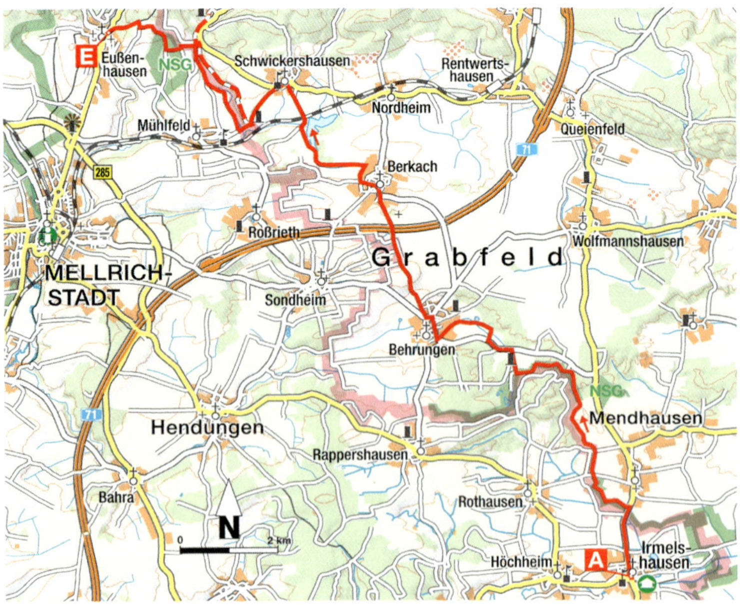

rand, dem wir links entlang einer Wiese folgen. Nach 700 m haben wir wieder einen richtigen Weg unter den Füßen, der uns ins ehemalige Grenzdorf Behrungen führt. Über die Lorenzgasse gelangen wir zur Bahrastraße, der Hauptstraße des Ortes. Wir halten uns rechts und an der nächsten Kreuzung links, womit wir vorerst auf der Durchgangsstraße bleiben. Doch schon nach 100 m heißt es rechts abbiegen. Wir folgen nun der Berkacher Straße, die hinter dem Ortsende kurz das Grüne Band streift und dann durch einen »Tunnel« unter der Autobahn Suhl-Schweinfurt hindurchführt.

Das jüdische Ensemble von Berkach Kurz vor Berkach führt der Weg nahe an einem eindrucksvollen jüdischen Friedhof vorbei, der mit zahlreichen Bäumen aus der Feldflur wie ein Wald herausragt. Der Eingang zum Friedhof befindet sich an der Kreisstraße, über die wir nach Berkach einziehen. In Berkach erinnern eine Synagoge (Mühlfelder Str.) und ein »Mikweh« (rituelles Tauchbad in der Poststraße) daran, dass hier bis zur Machtergreifung Hitlers an die 20 jüdischen Familien lebten. Die Besichtigung der restaurierten Synagoge ist ein Muss; Nachfrage zum Schlüssel in der Gaststätte Schwarzes Ross, Tel. 03 69 44/548 23.

Zum Wasserschloss von Schwickershausen Von der Synagoge folgen wir der Mühlfelder Straße in die Feldflur. Gut 100 m hinter dem letzten Haus biegen wir rechts ab. An der nächsten Wegkreuzung halten wir uns geradeaus, an der übernächsten biegen wir links ab. Wir folgen nun einem Wirtschaftsweg, der nach Schwickershausen führt, wegen der Grenznähe zu DDR-Zeiten gesperrt. Auf halbem Weg kommen wir an einem Stausee vorbei, den Biber zu ihrem Lebensraum erkoren haben. Weiter geht's unter der Bahnstrecke Meinigen–Mellrichstadt hindurch und stracks hinauf nach Schwickershausen, wo in der Ortsmitte ein altes Wasserschloss steht, das von einem mit Wasser gefüllten Graben umgeben ist. Eigentlich wollten wir vorschlagen, in Schwickershausen zu übernachten. Da sich aber die Unterkunft in den Gebäuden eines Altenpflegeheims befindet, ist diese wegen Corona vorübergehend geschlossen. Es bleibt nichts anderes übrig, als ins bayerische Eußenhausen auszuweichen.

Dazu folgen wir der schmalen Straße, die ins bayerische Mühlfeld führt. Einen km hinter dem Ort überquert die Straße das Wolfsbachtal und damit das Grüne Band. Auf bayerischer Seite biegen wir rechts ab und folgen einem Weg talaufwärts. Nach gut zwei km stößt man auf den Kolonnenweg, der das Wolfsbachtal quert. Hier befindet sich ein Gedenkstein, der an die Grenzöffnung zwischen den Orten Mühlbach und Unterharles erinnert. In dem 500 m entfernten Mühlendorf Unterharles steht ein Grenzwachturm mitten in einem Garten. Ein Wunder, dass die Gehöfte und Häuser wegen der Grenznähe nicht dem Erdboden gleichgemacht wurden. Das Grüne Band führt hier links einen steilen Hang hinauf. Wir folgen einem bayerischen Grasweg, der direkt an der Grenze nach oben führt. Am Waldrand auf der Höhe halten wir uns kurz links und dann gleich wieder rechts. Ein ausgebauter Weg führt uns in den Wald hinein, womit wir uns wieder vom Grünen Band entfernen. Wir steuern jetzt auf das Quartier im bayerischen Eußenhausen zu. An der nächsten T-Kreuzung halten wir uns links, Wegweiser kündigen Eußenhausen an. Der Wald endet, der Weg führt durch eine Feldflur. Wo sich der Wirtschaftsweg nach links wendet und bergab führt, folgt man ca. 100 m einem geradeaus führenden Feldweg. Kurz darauf wendet man sich im rechten Winkel nach rechts und steuert auf den nahen Waldrand zu. Man taucht in den Wald ein, wo ein Naturweg hinunter zum Ortseingang von Eußenhausen führt. Ganz in der Nähe befindet sich das Quartier.

17

Von Eußenhausen nach Weimarschmieden

Durch das östliche Vorland der Rhön

mittel | 21,5 km | ↑456 m ↓365 m | 5.45 Std.

Ausgangspunkt
Eußenhausen

Endpunkt
Weimarschmieden

Anfahrt
Bahn/Bus: Mit der DB nach Mellrichstadt

Karten
Kompass 1:50 000, Nr. 460 Rhön (2 Wanderkarten)

Einkehr
Am Zielort s. bei Übernachtung

Informationen
www.weimarschmieden.de

Übernachtung
Zur Weimarschmiede
Gustav-Heß-Str. 4
97650 Fladungen/OT Weimarschmieden
Tel. 09778/16 05
www.zur-weimarschmiede.de

Unser Weg führt durch den Grenz-Skulpturenpark an der Alten Schanze. Wir blicken hinüber zur Henneburg, dem Stammsitz des gleichnamigen Grafengeschlechts. Und wir kommen am Friedenskreuz des Chorleiters Gotthelf Fischer vorbei. Dann tauchen wir in die großen Wälder des Rhönvorlandes ein. Dabei folgen wir dem Friedensweg, an dem zahlreiche Tafeln über die lokale Grenzgeschichte informieren.

Zu den Vorbergen der Rhön Von Eußenhausen geht es über den Weg, den wir gestern gekommen sind, zurück zum Grünen Band. Wir wechseln über den von Schafen beweideten Grenzstreifen zum Kolonnenweg und folgen diesem bis auf den 500 m hohen Schanzenberg, wobei es zum Teil ordentlich bergan geht. Auf dem kargen Boden des Grünen Bandes, der von Kalkscheben übersät ist, blüht im Frühjahr die Stinkende Nieswurz, die mit der Christrose nahe verwandt ist. Die Pflanze ist wie viele Hahnenfußgewächse giftig. Also bitte die Pflanzen nicht pflücken und Niesversuche starten.
Oben auf dem breiten Rücken des Schanzenberges befand sich der Grenzübergang Meiningen-Mellrichstadt, an dem der kleine Grenzverkehr zwischen den benachbarten Landkreisen abgewickelt wurde. Neben dem im Verfall begriffenen Grenzwachturm und einer nicht über das Stadium des Rohbaus hinausgekommenen Grenzkaserne haben Künstler auf dem Grünen Band einen Skulpturenpark angelegt. Zudem hat man ein kleines Freilandgrenzmuseum errichtet, merkwürdigerweise auf bayerischem Boden.

Über den Friedensweg zur Rhön hinauf Am Skulpturenpark beginnt der Friedensweg (Markierung blaues F), dem wir nun bis hinauf in die Hohe Rhön, genauer gesagt bis zum thüringischen Grenzort Birx (745 m), folgen. Der Friedensweg quert die Straße Mellrichstadt–Meiningen und führt steil durch Wald und Triften am Grünen Band hinunter bis auf die 400 Meter »tief« gelegene Feldflur zwischen Henneberg und Hermannsfeld. Leider endet das Grüne Band hier blind und es bleibt nur noch gespritzter Acker, eine der vielen Lücken, die Landwirte dem Grüne Band zugefügt haben. Über 500 Meter ist hier die Lücke breit. Rechter Hand, über einen Abstecher in zehn Minuten zu erreichen, liegt der Dachsberg, auf dem sich ein ehemaliger Grenzwachturm befindet. Daneben reckt sich das vom Chorleiter Gotthelf Fischer gestiftete Weltfriedenskreuz in die Höhe.

Das Petersmoor Das Grüne Band hat uns wieder. Noch ein kurzes Stück durch eine schöne Wiesenflur, dann geht es auf dem Kolonnenweg durch herrschaftliche Wälder. Nach ca. fünf Kilometern, in einer lang gezogenen Linkskurve, biegt der Friedensweg vom Kolonnenweg rechts ab. Ich empfehle dem Friedensweg zu folgen, denn der Kolonnenweg führt auf über sechs km durch eintönige Forste und Stangengehölze. Einzige Abwechslung wäre die aus dem Mittelalter stammende Kirchenruine Mauerschädel, durch die bis in die siebziger Jahre die Grenze verlief. Sie ist von der thüringischen Seite aus offiziell nicht zu erreichen. Es ist auch nicht ungefährlich, an dieser Stelle weglos und über einen Bach hinweg nach Bayern zu wechseln. Noch immer gilt, dass es auf dem Grünen Band ein Restrisiko für Minen gibt, vor allem entlang von Bächen. Der Friedensweg führt auf seiner Solotour zunächst zur Straße Willmars-Stedtlingen hinab. Auf der anderen Seite der Straße geht es durch eine Feldflur, in der einst der Gutshof Rüppers stand. Er wurde im Zuge der Grenzbegradigung von den DDR-Grenztruppen dem Erdboden gleichgemacht. Heute befindet sich dort die Schweinemastanlage der Agrargenossenschaft von Stedtlingen. Es geht wieder in den Wald hinein, wo man nach 500 m auf eine Kreuzung stößt, an der man sich links hält. Kurz darauf kommt man an einer Waldwiese vorbei, die an das Petersmoor grenzt, ein Moor, in dem man in schier grenzenlose Tiefe versinken kann.

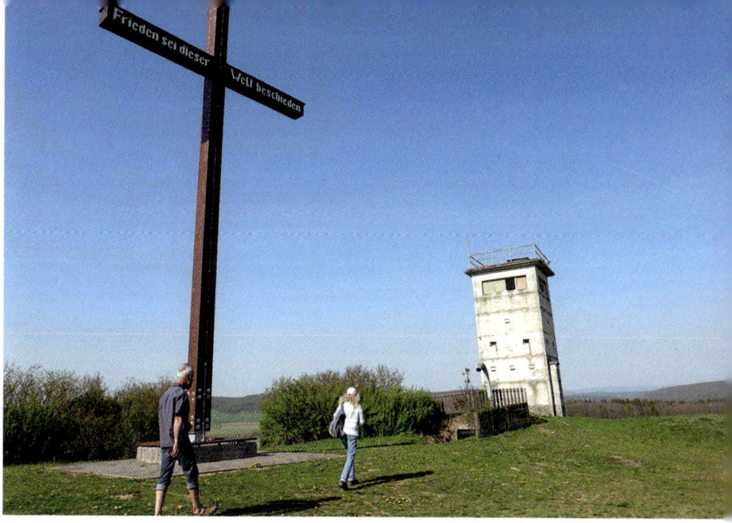

Das Weltfriedenskreuz von Gotthelf Fischer bei Hermannsfeld

Ein Friedhof ohne Zugang Etwa drei Kilometer weiter führt uns der Friedensweg auf einer schmalen Straße durch ein riesiges Feld, auf dem eine Trafostation ohne Zuleitung steht. Ganz in der Nähe befindet sich ein Friedhof ohne Zugang. Es sind dies die Relikte des ehemaligen Gutsdorfs Schmerbach, das von den Grenztruppen geschleift wurde. Wenige 100 Meter weiter zweigt der Friedensweg rechts ab und steuert auf den Kolonnenweg zu, dem wir bis zur nächsten Straße folgen. Leider wurde der Kolonnenweg im Wald zu einer geschotterten Forststraße mit Abflussgräben ausgebaut. Dadurch hat auch das kleine Freilandgrenzmuseum gelitten, an dem der Friedensweg vorbeiführt.

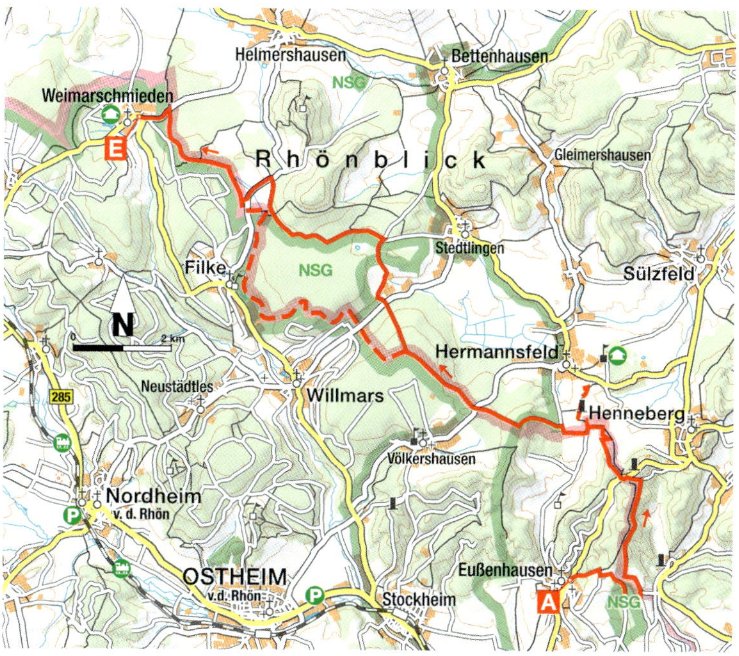

18

Von Weimarschmieden nach Birx

Zur Rhön hinauf

mittel | 18 km | ↑567 m ↓285 m | 5 Std.

Ausgangspunkt
Weimarschmieden

Endpunkt
Birx

Gehzeit
Bis Einkehrmöglichkeit in Frankenheim 4 Std.

Anfahrt
Bahn/Bus: Keine Empfehlung für den ÖPNV

Karten
Kompass 1:50 000, Nr. 460 Rhön (2 Wanderkarten)

Einkehr
In Frankenheim Gaststätte Schweinebucht
Angerweg 20
Tel. 036946/320 36;
am Zielort s. bei Übernachtung

Informationen
www.weimarschmieden.de

Übernachtung
Landgasthof & Pension Rhönstübchen
Seifertser Str. 3
98634 Birx
Tel. 036946/313 00 oder 311 12
www.rhönstübchen.de

Der Aufstieg in die Hohe Rhön ist ein ganz besonderes Erlebnis. Hier gibt es noch Wanderschäfer, die den Sommer über wie auf der Alm wohnen. Dazu begeistern die bunt blühenden Bergwiesen und die alten Hutebuchen, und immer genießen wir eine fantastische Fernsicht.

Von Weimarschmieden wandern wir auf dem Friedensweg nach Brüchs, dieses Mal aber nicht über den Kolonnenweg – wir bleiben auf bayerischer Seite. Das Dörfchen Brüchs liegt auf 530 Metern Höhe, und am Abtsberg, unserem nächsten Ziel, überschreiten wir die 600-Meter-Marke. Nun sind wir in der eigentlichen Rhön angelangt, und das Rhönvorland, durch das wir tags zuvor gewandert sind, liegt uns zu Füßen.

Anstieg zur Hohen Rhön Doch vor dem Endanstieg auf die um 900 m Hohe Rhön müssen wir noch einmal auf 450 m hinunter, in das Tal der oberen Streu. Leider wurde der auf einem Grenzpfad verlaufende Abstieg des Friedenweges vor kurzem auf eine langweilige Forststraße verlegt. Doch es gibt es eine Alternative: Man folgt mit der Rhönklub-Markierung grüner Tropfen dem alten Friedensweg über die Feldflur des Abtberges zur ehemaligen Grenze, wo eine Infotafel des Friedensweges auf einen ehemaligen Beobachtungsposten der US-Armee hinweist. Von diesem Posten blickt man über das Streutal zum 814 m hohen Ellenbogen, wo sich ein Horchposten der Staatssicherheit der DDR befand. Der alte Friedensweg wandte sich hier nach links und steuerte auf einen abenteuerlichen Grenzpfad zu, der inzwischen am Zuwachsen ist. Wir halten uns dagegen halbrechts und folgen dem grünen Tropfen auf einem Pfad am Waldrand entlang hinunter zum Kolonnenweg. Dort hält man sich links, womit man den thüringischen Grenzort Melpers ansteuert. Achtung! Der Grüne-Tropfen-Weg biegt nach 100 m rechts vom Kolonnenweg ab. Bleiben Sie auf dem Plattenweg, sonst landen Sie nicht in Melpers, sondern in Schafhausen.
Sachte, aber stetig geht es auf dem Kolonnenweg durch bunt-blumige Halbtrockenrasen bergab. Hecken begleiten den Weg. Doch dann wird der Blick auf Melpers und das Streutal frei. Nach insgesamt 800 m Plattenweg steigen wir rechts auf einem Wirtschaftsweg steil nach Melpers hinunter.
Das kleine Dorf, das nur 200 m von den Grenzsperranlagen entfernt lag, ist heute wieder über eine Straße und einen parallel laufenden Radweg mit Fladungen verbunden. Wir folgen dem Radweg über die Grenze bis zur bayerischen Erlesmühle, hinter der man wieder auf den

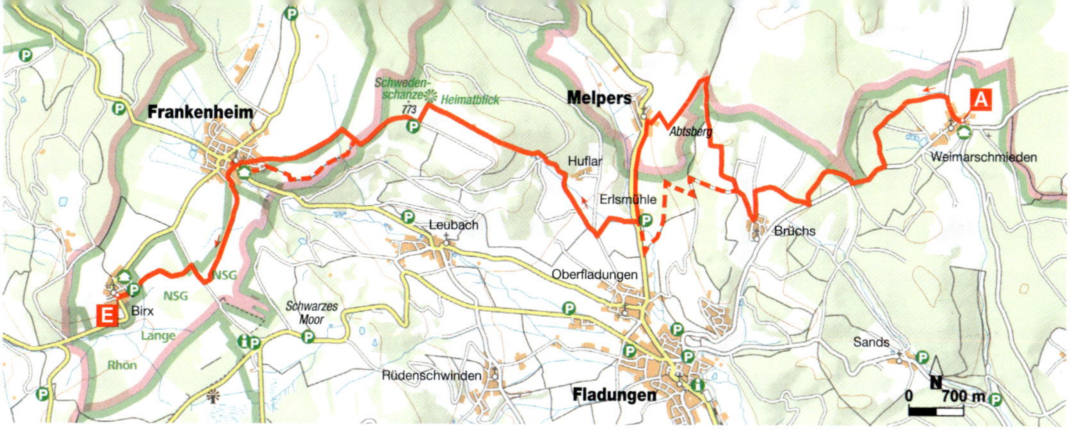

Friedensweg trifft. Dort beginnt der Anstieg auf die Hohe Rhön und der wird heftig. Aber zum Glück verläuft das entscheidende Steilstück im Waldschatten. Dann auf einmal liegt sie vor uns, die Hohe Rhön, eine Wiesen- und Weidelandschaft, durchsetzt mit Basaltblöcken und Lesesteinwällen. Langsam aber stetig geht es weiter bergan. Auf einer Höhe von etwa 750 Metern stoßen wir auf den Rastplatz »Heimatblick«. Zu DDR-Zeiten konnten Menschen, denen die Flucht aus der thüringischen Rhön geglückt war, von hier aus nach »drüben« schauen.

Schwedenschanze und Schwarzes Moor Die nächste Sehenswürdigkeit, die Schwedenschanze, liegt um die Ecke. Die Schanze ist eine Wallanlage aus dem 15. Jahrhundert, die nur vom Volksmund den Schweden angedichtet wird. In Wirklichkeit handelt es sich um die Überbleibsel von Grenzbefestigungen zwischen dem Hochstift Würzburg und der Grafschaft derer von Henneberg. Hinter der Schanze führt der Friedensweg kurz durch Nadelwald, dann geht es am Grünen Band entlang. Schließlich steuert der Weg auf den thüringischen Grenzort Frankenheim zu, der auf ca. 750 Metern Höhe liegt.

Der Friedensweg führt gut markiert durch Frankenheim hindurch. Dort, wo der Friedensweg von der bayerischen auf die thüringische Seite wechselt und dabei das Grüne Band quert, ist eine Variante möglich, die dem Kolonnenweg folgt. Auf diesem Abschnitt verläuft zugleich der Frankenheimer Barfußpfad. Kurz vor dem Ort zweigt der Barfußpfad vom Kolonnenweg rechts ab und führt hinauf zu einem Heilkräutergarten. Von dort geht es über den Angerweg und die Leubacher Straße zum Friedensweg. Danach geht es auf einem Naturpfad durch Viehweide weiter bergan. Am Grabberg, wo sich noch ein DDR-Wachturm und Reste des Grenzzauns befinden, verpassen wir nur knapp die 800-Meter-Marke. Von hier ist es nur noch ein knapper Kilometer bis zum Wanderparkplatz Schwarzes Moor, an dem sich eine Imbissstube sowie ein Info-Kiosk befinden. Zudem bietet sich ein Rundgang über den Moorweg an, denn das Schwarze Moor ist ein echtes Stück Urnatur inmitten der Rhön, eines der letzten lebendigen Hochmoore in Deutschland, in dem man noch alle Elemente findet, die ein Moor unheimlich erscheinen lassen: ein schlammiges Moorauge, grundlose, mit Moorwasser gefüllte Schlenken, die in Girlanden die Hochfläche überziehen und den Wanderer, der vom Bohlenweg abweicht, ins Verderben leiten. Auf dem Bohlenweg kann man all diese urtümlichen Elemente gefahrlos in Augenschein nehmen, sogar den fleischfressenden Sonnentau.

Am Info-Zentrum herrscht für gewöhnlich Trubel. Wer das nicht mag, der setzt sich lieber rasch in Richtung Birx in Bewegung, unser Etappenziel. In dem Höhendorf findet man neben Übernachtungsmöglichkeiten auch eine Speisegaststätte. Zu DDR-Zeiten lag das thüringische Birx in einem nur schwer zugänglichen Grenzzipfel, der von Bayern und Hessen umgeben war.

19

Von Birx nach Tann

Vom Dreiländereck Bayern-Hessen-Thüringen zur Kuppenrhön

mittel | 19 km | ↑267 m ↓628 m | 5 Std.

Ausgangspunkt
Birx

Endpunkt
Tann

Gehzeit
Bis Eisenacher Haus 1.30 Std.

Anfahrt
Bahn/Bus: Mit der Rhönbahn bis Gersfeld und weiter mit dem Rhönbus zum Schwarzen Moor (werktags Busverkehr stark eingeschränkt)

Karte
Hess. Landesamt f. Bodenmanagement u. Geoinformation 1:50 000, RH Rhön Nord

Einkehr
In Frankenheim Gaststätte Schweinebucht (s. Etappe 18); Berghotel Eisenacher Haus Tel. 036946/36 00; beim Abstecher nach Unterweid Gaststätte Zum goldenen Roß Tel. 06946/262 11; in Tann mehrere Einkehrmöglichkeiten

Informationen
www.tann-rhoen.de

Übernachtung
Infos dazu bei der Tourist-Information Tann (Rhön) Tel. 06682/96 11-11 oder -12 www.tann-rhoen.de

Über Höhen mit fantastischer Rundumsicht wandern wir meilenweit durch einsame Bergwiesen. Wir erfreuen uns an märchenhaften alten Hutebuchen und genießen die Thüringer Gastlichkeit. Schließlich erreichen wir das hessische Städtchen Tann, das Tor zur Kuppenrhön.

Von Birx aus folgt man dem örtlichen Rhönrundweg Nr. 1. Bereits nach 500 m ist die Landesgrenze erreicht. Dort wendet man sich nach rechts, um auf einem Pfad direkt auf der Grenze entlangzulaufen. Nach 700 m wechselt man vom Rhönrundweg auf den Kolonnenweg, der uns links in den Wald hineinführt. Die Straße Frankenheim–Hilders wird überquert, und nach gut 2 km stößt man auf einen Radweg, der den Kolonnenweg (linker Hand) begleitet. Einen km weiter quert ein Wanderweg das Grüne Band. Wir wenden uns nach rechts und folgen diesem Weg zur Gaststätte Thüringer Rhönhaus, wo man nicht nur einkehren, sondern auch übernachten kann. Ein markierter Weg führt zum nahen Berghotel Eisenacher Haus.

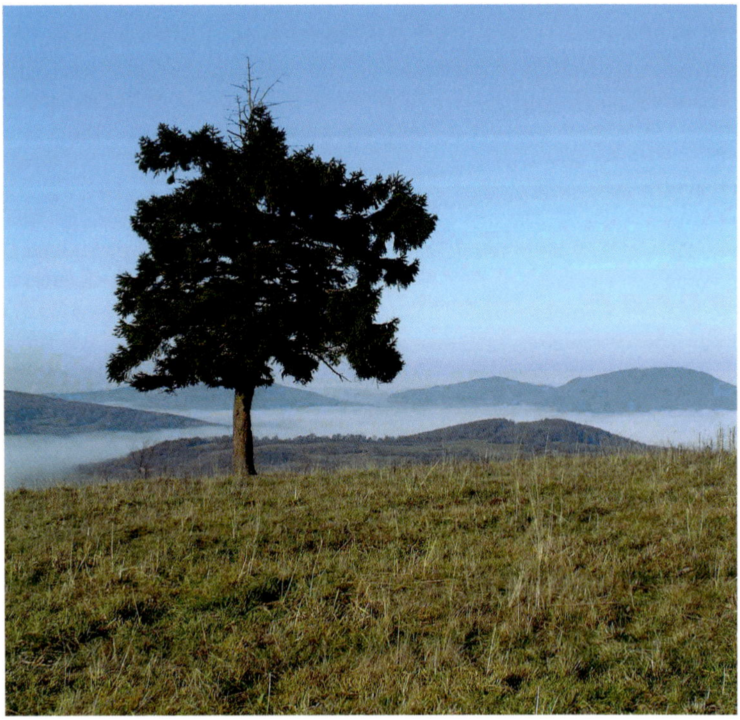

Rechte Seite: Märchenbuche, unweit des Eisenacher Hauses

Im Land der offenen Fernen: Blick vom thüringischen Ellenbogen (814 m) in die Kuppenrhön

Durch das Land der weiten Fernen Vom Eisenacher Haus aus folgt man dem Hochrhöner, einem Premiumweg mit der Markierung gelbes Ö. Der Weg führt an der Rhönzinshut vorbei, einer Rinderhutung aus der Zeit unserer Großväter, die aus Naturschutzgründen inzwischen wieder beweidet wird. Nach einer Schutzhütte heißt es aufpassen: An der nächsten T-Kreuzung verlassen wir den Hochrhöner, halten uns links und folgen bis Tann der Markierung grüner Tropfen.

Gut einen Kilometer nach dem Abzweig stoßen wir auf eine Straße, der wir bis zum Weidberg-Campingplatz folgen. Der Platz hat sich auf dem Gelände einer alten Grenzkaserne etabliert. Wenig später stößt unser Weg erneut auf eine Straße, der wir ebenfalls kurz folgen. Nach ca. 300 Metern geht es rechts ab, womit wir wieder in die Bergwiesen eintauchen.

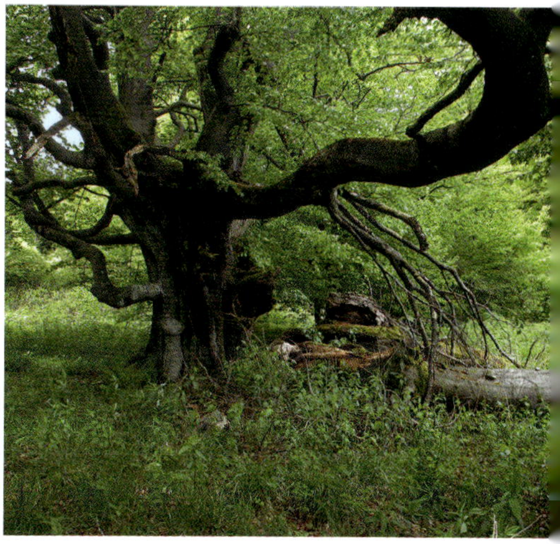

Zur Einkehr nach Unterweid Tief unter uns liegt jetzt das Weidtal mit dem Dorf Unterweid. Hinter dem Ort ragt der extrem steile Weinberg auf, auf dem ein alter Grenzwachturm steht. Unser Weg führt bis kurz vor den Ort in das Tal des Fischbachs, wo einst eine Mühle stand – sie wurde 1976 geschleift, weil sie nur 500 Meter von der Grenze entfernt lag; geblieben ist der alte Brunnen. Vom Brunnen aus bietet sich ein Abstecher zur Gaststätte Zum goldenen Roß an, die direkt unterhalb der Kirche von Unterweid liegt (Lutherplatz 11). Ca. 700 Meter sind es bis dorthin – man fragt am besten vorher telefonisch an, ob geöffnet ist (siehe Infokasten).

Vom Brunnen aus steigt der Wanderweg Grüner Tropfen zum Weinberg hinauf. Leider können wir die Besteigung des Weinbergs nur noch als Abstecher erwähnen. Der Wanderweg, der das thüringische Weidtal mit dem hessischen Tann verband, wurde aus Naturschutzgründen gesperrt. Ich empfehle folgende Umgehungsroute: Am Brunnen folgt man dem Unterweider Rhön-Rundweg Nr. 1, der zunächst durch Grünes-Band-Buschwerk führt. Nach 700 m öffnet sich das Gelände. 300 m über uns verläuft der Kolonnenweg. Wir befinden uns also bereits innerhalb der ehemaligen 500m-Zone. Der Rundweg führt nach einer Spitzkehre ins Dorf zurück. Wir steuern auf einem Wirtschaftsweg stracks auf die ehemalige Grenze zu. Verblüfft stellt man fest, dass es keinen Weg hinüber in den nur 500 m entfernten hessischen Ort Hundsbach gibt. Uns bleibt offiziell nicht anderes übrig, als dem Kolonnenweg ins Tal zu folgen, wo man auf die Straße Unterweid–Dippach stößt, der wir rechts nach Dippach folgen, wobei wir die ehemalige Grenze überqueren.

In Dippach biegen wir rechts in eine Straße ein, die nach Hundsbach hinaufführt. Dort wenden wir uns links und folgen einem Weg hinunter zum Etappenziel Tann.

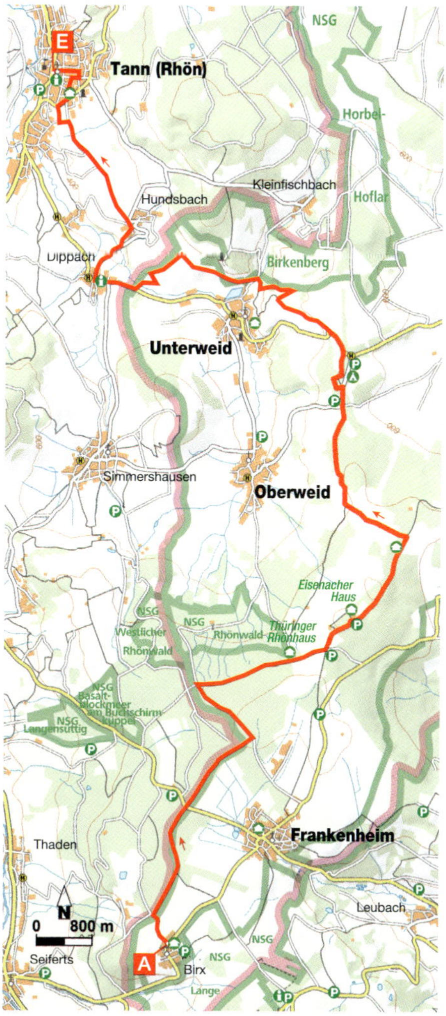

20

Von Tann nach Gotthards

Durchs Ulstertal und über die Südrampe der Kuppenrhön

mittel · 29,1 km · ↑639 m ↓636 m · 8 Std.

Ausgangspunkt
Tann

Endpunkt
Gotthards

Anfahrt:
Bus: Von Fulda mit dem Bus nach Tann

Karte:
Hess. Landesamt für Bodenmanagement u. Geoinformation, 1:50.000, Rhön-Nord

Einkehr:
Nur am Zielort

Information:
www.tann-rhoen.de

Übernachtung
Hotel Rhönhof, Kettener Str. 2, 36167 Nüsttal, Tel. 06684/917444

Wir folgen dem Grünen Band durch die Ulster- und Apfelbachaue. Am Fuß des Seelesberges stehen wir vor den Trümmern des von den DDR-Grenztruppen geschleiften Seeleshofs. Dann geht es bergwärts. Wir überschreiten Pässe und steigen zum Hohen Kreuz auf dem Rößberg hinauf, das in 611 m Höhe mitten im Grünen Band steht.

Vom Tanner Zentrum aus folgen wir der Marktstraße und der Steinstraße zum südlich der Altstadt gelegenen Friedhof. Über den Friedhofsweg und den Rosenhauck geht es dort der Rhönklub-Markierung rotes Dreieck nach leicht ansteigend aus der Stadt hinaus. An einem Sägewerk vollführt der Wanderweg eine Spitzkehre und führt in ein Tälchen hinunter, wo wir einen Bach überqueren. Direkt hinter dem Bach sagen wir dem Rhönklubweg Ade und folgen links einem Wirtschaftsweg in den kleinen Ort Schlitzenhausen. Weiter geht's auf dem Grenzweg des Wartburgkreises in den benachbarten Weiler Sinswinden, der eben noch auf hessischer Seite liegt. Dreihundert Meter hinter dem letzten Haus überquert der Grenzwanderweg das von Rindern beweidete knapp hundert Meter breite Grüne Band, das auf beiden Seiten von Hecken gesäumt wird. Es folgt ein 450 Meter breiter Wiesenstreifen, der dem »500 m-Schutzstreifen« der DDR entspricht. An der nächsten Kreuzung ging der »Schutzstreifen« in das »normale« Sperrgebiet über. An dieser Stelle steht heute eine Infotafel, die besagt, dass sich hier der aus drei Bauernhöfen bestehende Weiler Langwinden befand. Langwinden wurde 1972 auf Weisung der Grenzorgane wegen seiner Grenznähe dem Erdboden gleichgemacht. Von den ehemaligen Höfen ist nichts und auch gar nichts geblieben.

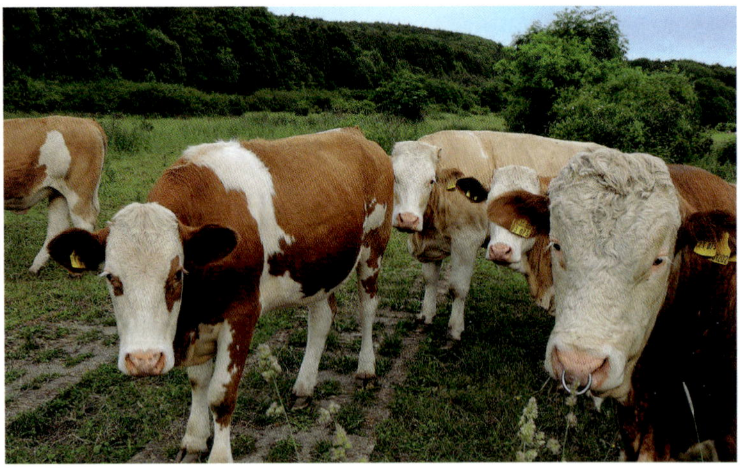

Rinder und ein Bulle besetzten den Kolonnenweg bei Apfelbach.

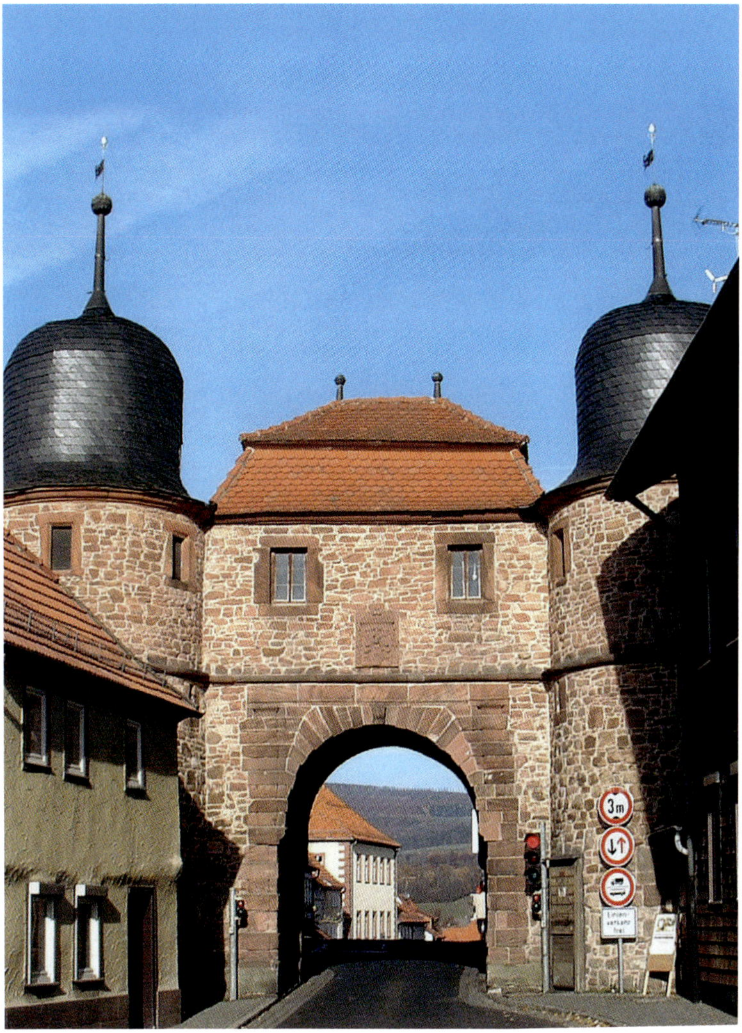

Das Stadttor von Tann

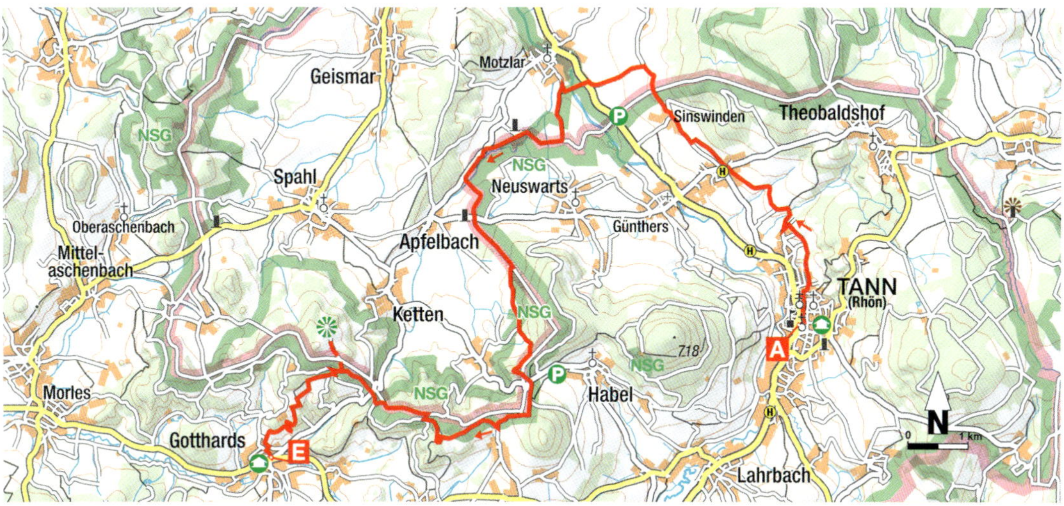

Das Kreuz

Das Kreuz hat die am Fuße des Rößbergs liegende Gemeinde Spahl gegen Ende des Zweiten Weltkriegs errichtet, und zwar als Dank, dass der Ort beim Vorrücken der US-Armee von einem Beschuss verschont blieb. Zu DDR-Zeiten stand das Kreuz in der 500-Meter-Schutzzone und konnte somit nicht mehr besucht werden. Als der verwitterte Querbalken ausgetauscht werden musste, war dies nur in Begleitung bewaffneter Grenzsoldaten möglich.

Auf einer Pionierbrücke über die Ulsteraue An der Wüstung Langwinden führt der Grenzweg hinunter in die Ulsteraue, wo er auf einer Pionierbrücke die Ulster überquert. Nach der Wende wäre es um die Brücke beinahe geschehen. Als ein Trupp Grenzsoldaten mit schwerem Gerät anrückte, um die Brücke abzubauen, stellten sich ihnen die Traktoristen des thüringischen Grenzortes Motzlar mit schwerem Gerät entgegen. Noch wenige Monate zuvor ein undenkbarer Vorgang. Aber mit der Wende war der Respekt vor der Armee dahingeschwunden und die Soldaten mussten unverrichteter Dinge wieder abziehen.
Mit der Überquerung der Ulster liegt die Kuppenrhön vor uns, ein Landstrich mit Basaltkegeln, bekannt vor allem durch das hessische Kegelspiel. Während der Grenzweg einen unnötigen Schlenker über Motzlar und dessen Hausberg macht, steuern wir über die Apfelbachaue auf die Südrampe der Basaltkuppenlandschaft zu. Dazu wenden wir uns kurz hinter der Brücke im spitzen Winkel nach links und folgen einem von Motzlar kommenden Weg Richtung Landesgrenze. Wir überqueren das Grünen Band und folgen dem Kolonnenweg in die Apfelbachaue. Hinter einer Brücke über den Apfelbach verzweigt sich der Plattenweg. Der rechte Strang führt zu einem Grenzwachturm hinauf. Wir folgen dem linken Strang, dem eigentlichen Kolonnenweg, der allerdings bald an der Straße Motzlar–Apfelbach endet. 500 m Straße müssen wir in Kauf nehmen, dann geht es (links) wieder auf den Kolonnenweg und über den Apfelbach die Feldflur hinauf. An der Straße Neuswarts–Apfelbach stößt der Grenzweg wieder hinzu. Der Kolonnenweg nimmt Kurs auf den Gipfel des 672 m hohen Seelesbergs. Noch einen Kilometer bleiben wir dem Kolonnenweg treu, dann folgen wir dem rechts abbiegenden Grenzwanderweg zu der am Fuß des Berges liegenden DDR-Wüstung, dem Seeleshof.
Eigentlich waren es zwei Höfe. Beide wurden auf Weisung der Grenzorgane abgerissen. Von den Wohn- und Wirtschaftsgebäuden ist so gut wie nichts geblieben. Doch die Hofstelle vermittelt, dass hier Menschen gelebt und gearbeitet haben. Inmitten von Wiesenhängen gruppieren sich Linden, Kastanien, Walnussbäume und Zwetschgen. Dazu gibt es einen Teich, neben dem sich ein beachtlicher Trümmerhügel erhebt. An der Frontseite des Hügels befindet sich ein vergitterter Eingang, durch den man in ein geräumiges Kellergewölbe schaut. Durch das Gitter fliegen in der Dämmerung Fledermäuse ein und aus. Achtung! Auf dem Trümmerhügel besteht Einbruchgefahr!

Zwei Pässe und ein Höhenweg mit Panoramablick Vom Seeleshof geht es auf dem Grenzweg über Wiesen- und Waldpfade zum Zwei-Buchen-Pass hinauf. Der Pass, der von zwei mächtigen Hutebuchen flankiert wird, verbindet den thüringischen Ort Walkes mit dem hessischen Habel. Am Pass folgen wir einer schmalen und wenig befahrenen Straße, die unmittelbar an der ehemaligen Grenze entlangführt. Steil geht es über den Nordhang des 685 m hohen Boxbergs hinauf. Keine Angst, mit 630 m hat die Straße ihren Scheitelpunkt erreicht. Mit sanftem Gefälle geht es nun hinunter zum Weiler Boxberg. Achtung! Kurz vor dem Ortseingang biegt der Grenzweg im spitzen Winkel rechts von der Straße ab. Wir folgen jetzt einem Schotterweg, der in der Nähe der Landesgrenze verläuft. Die Aussicht ist phantas-

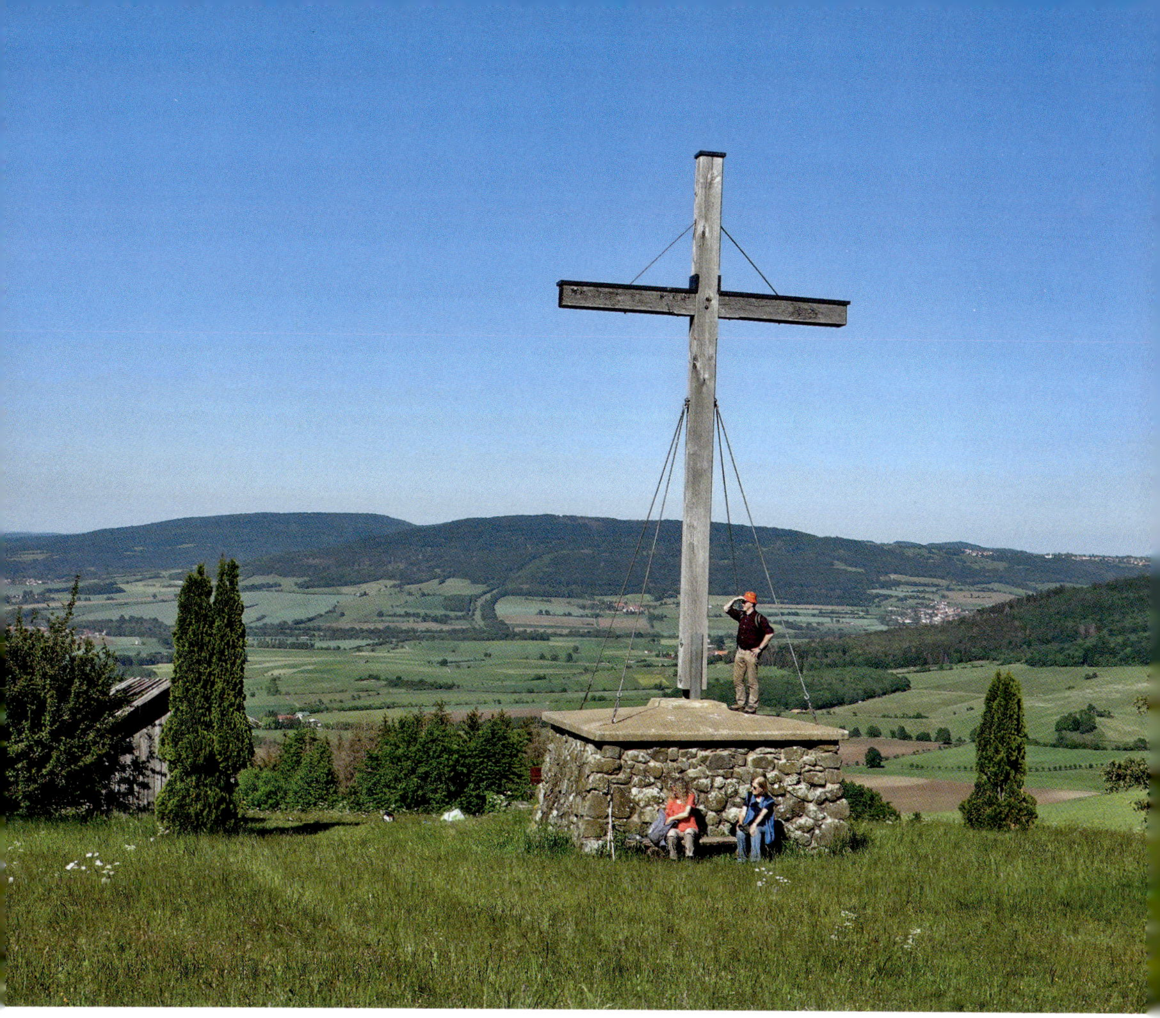

Am Hohen Kreuz des Rößbergs

tisch: Im Süden treten die höchsten und schönsten Gipfel der Rhön, Wasserkuppe und Milseburg, klar hervor.
Im Wald leitet uns die Markierung des Grenzweges hinüber zum Kolonnenweg, auf dem wir zum Grenzpass Gotthards-Ketten absteigen. Am Pass halten wir uns rechts, überqueren einen Wanderparkplatz und stoßen so wieder auf den Kolonnenweg. Über Lochbeton geht es am Rande bunt blühender Bergwiesen gleich wieder bergan. Ca. 50 m bevor der Kolonnenweg in Wald eintaucht, führt ein Pfad links über das Grüne Band zum Hochrhöner, dem Premiumfernwanderweg der Rhön.

Zum Hohen Kreuz des Rößbergs Wer möglichst rasch ins Quartier möchte, der folgt dem exzellent markierten Hochrhöner hinunter ins hessische Gotthards. Allen anderen empfehle ich einen Abstecher zum Hohen Kreuz des Rößbergs. Dabei muss man auf einer Strecke von knapp einem km ca. 60 Höhenmeter überwinden. Wer es wissen will, bleibt vorerst auf dem Kolonnenweg und steigt über Lochbeton extrem steil durch einen Waldriegel bergan. Die sanftere Variante führt links über einen Wirtschaftsweg, der einen Schlenker zur Landesgrenze macht. Der Wirtschaftsweg wendet sich wieder nach rechts und führt über den Kolonnenweg hinweg durch eine herrliche Hutelandschaft stracks zum Hohen Kreuz hinauf. Und schon wieder gibt es eine prächtige Aussicht. Dieses Mal nach Norden über die Kuppenrhön hinweg ins Werrabergland, das wir in der übernächsten Etappe erreichen werden.

21

Von Gotthards nach Geisa

Über den westlichsten Punkt der DDR zum Grenzmuseum Point Alpha

leicht 19,2 km ↑416 m ↓515 m 5.20 Std.

Ausgangspunkt
Gotthards

Endpunkt
Geisa

Anfahrt
Bahn/Bus: Keine Empfehlung für den ÖPNV

Karte
Hess. Landesamt f. Bodenmanagement u. Geoinformation 1:50 000, RH Rhön Nord

Einkehr
In Geisa mehrere Einkehrmöglichkeiten

Informationen
www.tann-rhoen.de
www.stadt-geisa.org

Übernachtung
Infos dazu bei der Tourist-Info der Stadtverwaltung Geisa
Tel. 036967/690
www.stadt-geisa.org

Wir folgen dem Kolonnenweg durch den entlegensten Teil der Vorderen Rhön. Es öffnen sich Ausblicke auf erloschene Vulkane, und wir lernen Point Alpha kennen, einen ehemaligen Horchposten der Amerikaner.

Von Gotthards folgen wir der alten Ortsverbindung nach Reinhards, dem westlichsten Ort der ehemaligen DDR. Unser Weg führt über die Bergstraße zum Ort hinaus. Achtung! Gleich hinter den letzten Häusern rechts halten. Im Wald steigt der asphaltierte Weg in einem weiten Zickzack auf eine höher gelegene Feld- und Wiesenflur. Wo es wieder steiler wird, steht Wald. Unsere Straße wendet sich nach links und folgt dem Waldrand. Nach ca. 400 m wendet sie sich nach rechts und steigt zur Landesgrenze hinauf. Hier stoßen wir wieder auf den Kolonnenweg, dem wir nun kilometerweit folgen. Wer möchte, macht einen Schlenker über das kleine Dorf Reinhards, in dem sich mit dem Wassermanshof eine Übernachtungsmöglichkeit befindet.
Zurück auf den Kolonnenweg, der von Reinhards zur Straße Mittelaschenbach-Spahl hinaufführt. Rechter Hand steht dort noch ein Grenzwachturm. Es folgen einsame und beschauliche Grüne-Band-Kilometer, wobei man sowohl durch Wald als auch durch weite und offene Landschaft wandert. Nach fast 9 km führt der Grenzweg am Rande des hessischen Ortes Setzelsbach um ein landwirtschaftliches Anwesen herum, das sich nach der Wiedervereinigung über die Landesgrenze aus-

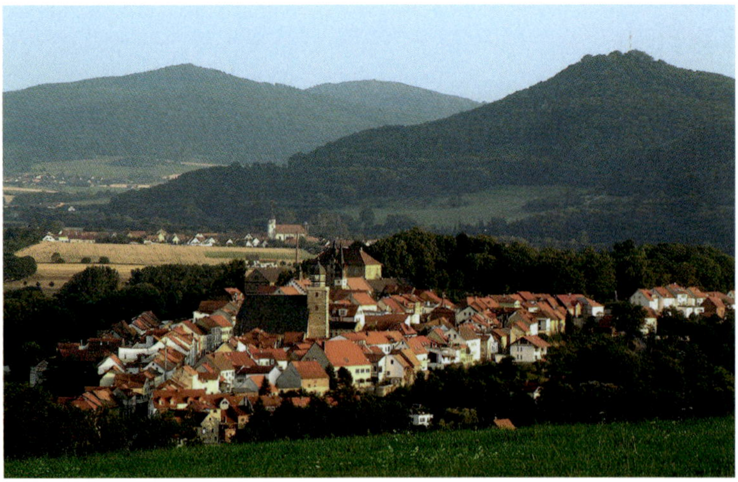

Blick auf Geisa

gedehnt hat, wodurch eine Lücke im Grünen Band entstanden ist.

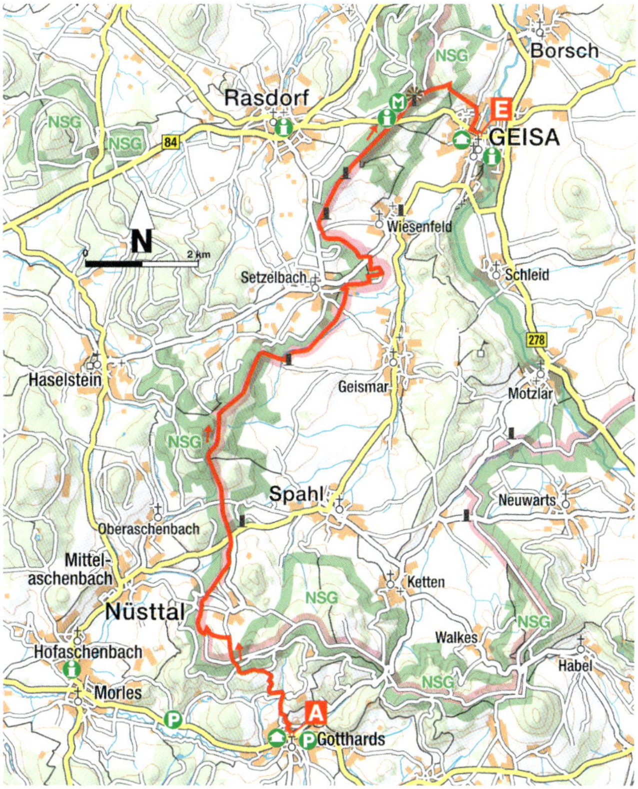

Kurs auf das Grenzmuseum Point Alpha Wenig später quert der Grenzweg die Straße Setzelsbach–Wiesenfeld. Hier haben wir wieder den Kolonnenweg unter unseren Füßen, der nun auf das Haus an der Grenze zusteuert. Dort erwartet uns ein Grenzmuseum der Sonderklasse. Neben den Ausstellungsräumen im Haus auf der Grenze führt unser Weg auf 800 m an Grenzsperranlagen unterschiedlicher Ausbaustufen entlang. Schließlich langen wir an dem auf hessischen Boden liegenden ehemaligen Hochposten Point Alpha der US Army an.

Abstieg nach Geisa Hinter der Museumsstrecke bleibt man dem Kolonnenweg noch ca. 200 Meter treu. Dort, wo der Plattenweg nach links schwenkt, halten wir uns geradeaus und folgen gut 300 Meter einem Wirtschaftsweg. Danach geht es über einen Rasenweg rechts hinunter nach Geisa. Über die Buttlarer-, die Rasdorfer- und die Werner-Deschauer-Straße gelangen wir zum Marktplatz. Von dort geht's links über die Schlossstraße zum Schlossplatz, der mit zwei Schlössern aufwartet: rechts das Alte Schloss, ehemals Amtshaus und heute Sitz der Point-Alpha-Akademie, links das Jagdschlösschen des Fuldaer Fürstbischofs, in dem sich ein Restaurant etabliert hat. Auf dem Weg vom Markt zum Schlossplatz kommt man an der Touristeninformation vorbei, wo man sich nach Übernachtungsmöglichkeiten erkundigen kann.

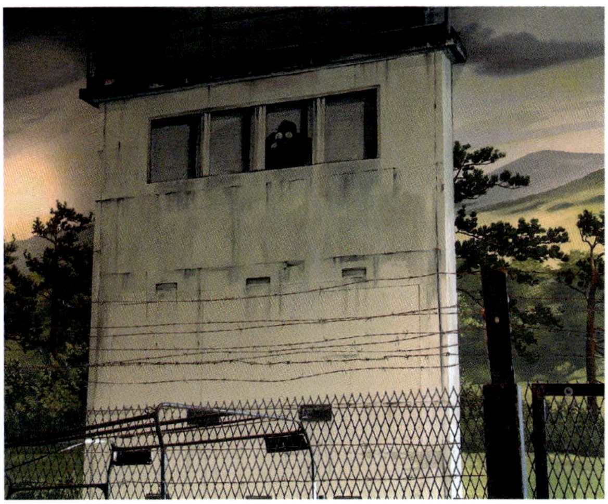

Gemälde eines DDR-Grenzwachturms im »Haus auf der Grenze« (Point Alpha)

Vom Stacheldraht zum Stahlgitterzaun

Am Grenzmuseum Point Alpha führt unsere Wanderroute auf 700 Metern an rekonstruierten Grenzsperranlagen vorbei. Am Beginn dieser Museumsstrecke steht das »Haus auf der Grenze«, in dem mit Ausstellungsstücken, Wandtafeln und digitalen Medien Grenzgeschichte dargestellt wird (Tel. 06651/91 90 30). Am Ende der Strecke befindet sich der ehemalige amerikanische Stützpunkt Observation Point Alpha.

22

Von Geisa nach Vacha

Durchs Ulstertal und über die Ausläufer der Rhön zur Werra

mittel | 26,6 km | ↑692 m ↓638 m | 7 Std.

Ausgangspunkt
Geisa

Endpunkt
Vacha

Gehzeit
Wegvariante 5.30 Std.

Länge
Wegvariante 21 km

Anfahrt
Bahn/Bus: Mit der Deutschen Bahn bis Fulda, weiter mit dem »cantus« (Zug) bis Hünfeld, dann werktags und samstags weiter mit Buslinie 77 bis Geisa

Karten
Hess. Landesamt f. Bodenmanagement u. Geoinformation 1:50 000, RH Rhön Nord, und Waldhessen/Östlicher Teil

Einkehr
In Unterbreizbach Gaststätte Zur Erholung
Bahnhofstr. 24
Tel. 036962/200 05;
in Vacha mehrere Einkehrmöglichkeiten

Informationen
www.stadt-geisa.org
www.vg-vacha.de

Übernachtung
Infos dazu bei der Tourist-Info der Stadt Vacha
Tel. 036962/26 10
www.vg-vacha.de

Vom Point Alpha aus wandern wir über blumenreiche Höhen und durch stille Täler. Im Tal der Taft kommen wir an einer ehemals zweigeteilten Mühle vorbei, und im Tal der Ulster streifen wir einen »Grenzbahnhof«, auf dem sich die Natur sechs Jahrzehnte lang ungestört entwickeln konnte.

Von Geisa steigen wir über den gestrigen Abstiegsweg wieder hinauf zum Point Alpha und folgen dort dem Auf und Ab des Kolonnenwegs. Im Wald präsentiert sich das Grüne Band als lichte Schneise, in der Feldflur bildet es einen grünen Streifen zwischen dem Ackerland. Schafe halten das Grüne Band offen und sorgen für Artenvielfalt. Auf dem Stahnsdorfer Berg endet der Plattenweg plötzlich an einem Wall. Man hofft so Crossfahrer davon abzuhalten, einen unglaublich steilen Hang hinunterzudüsen. Für die Grenzsoldaten in ihren Kübelwagen muss dieses Steilstück eine Mutprobe gewesen sein. Vom Wall aus blickt man über das Tal der Taft zum Friedhof der Gemeinde Wenigentaft, der direkt am Grenzsignalzaun lag. Bei Beerdigungen waren immer Grenzsoldaten zugegen. Der Wanderweg weicht rechts in den Wald aus und reduziert so das Gefälle. Für unsere Knie ist dies immer noch steil genug.

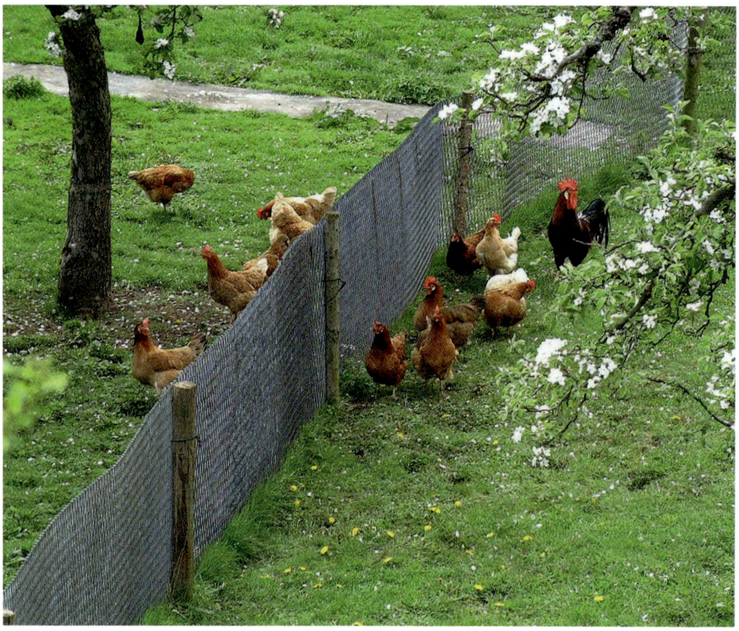

Rechte Seite: Auf dem ehemaligen Kreuzungsbahnhof von Wenigentaft

Der Grenzzaun trennt die Wenigentafter Hühnervölker.

Zur Buchenmühle Im Tal steuern wir auf dem Kolonnenweg auf das Flüsschen Taft zu und folgen dann der Taft flussaufwärts (links) zu einer Brücke. Hinter der Brücke führt der Grenzweg auf dem Kolonnenweg einen steilen Hang hinauf. Unsere Route führt dagegen weiter durch das Tal. Auf einem Grasweg, der genau auf der ehemaligen Grenze verläuft, gelangen wir zur Buchenmühle. Das Wohnhaus der Mühle steht in Hessen, ein Teil der Wirtschaftsgebäude und das Auszugshaus befanden sich in Thüringen. Letztere wurden von den DDR-Grenzorganen abgerissen; geblieben ist ein Kellereingang. Hinter der Mühle stößt man auf einen asphaltierten Wirtschaftsweg, der wie der Weg zuvor an der ehemaligen Grenze entlangführt. Nach etwa 350 Metern zweigt rechts ein Pfad ab, auf dem wir in ein Seitentälchen gelangen. Unser Pfad verläuft zunächst direkt auf der Demarkationslinie, ab und an sind neue und alte Grenzsteine zu sehen. Im Buschwald rechts befinden sich Reste des Grenzzauns aus den 1960er-Jahren. Nach einer Spitzkehre steigen wir zum Kolonnenweg hinauf, biegen dort links ab und gehen bergan bis zu einem freien Platz, auf dem im Spätsommer blaue und lilafarbene Enziane blühen.

In den Ulstersack Hier trennt sich der Grenzweg vom Kolonnenweg. Man hält sich geradeaus und folgt den Wegmarkierungen zu einem Steilabstieg, der mit einem Drahtseil gesichert ist. Weiter geht's den Wegmarkierungen nach ins Ulstertal. Bei Wenigentaft stoßen wir auf den Ulstertal-Radweg, der über lange Strecken auf der Trasse der ehemaligen Ulstertalbahn verläuft; die Strecke

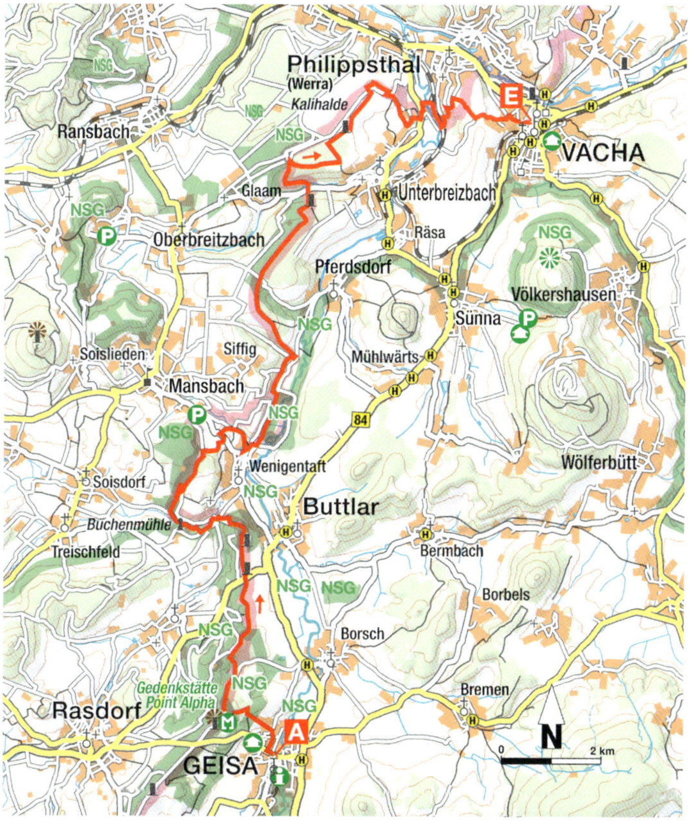

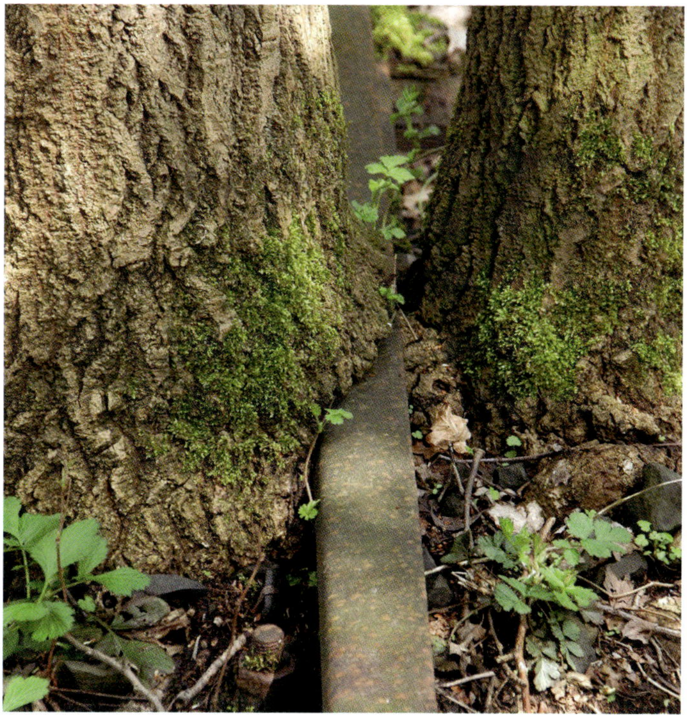

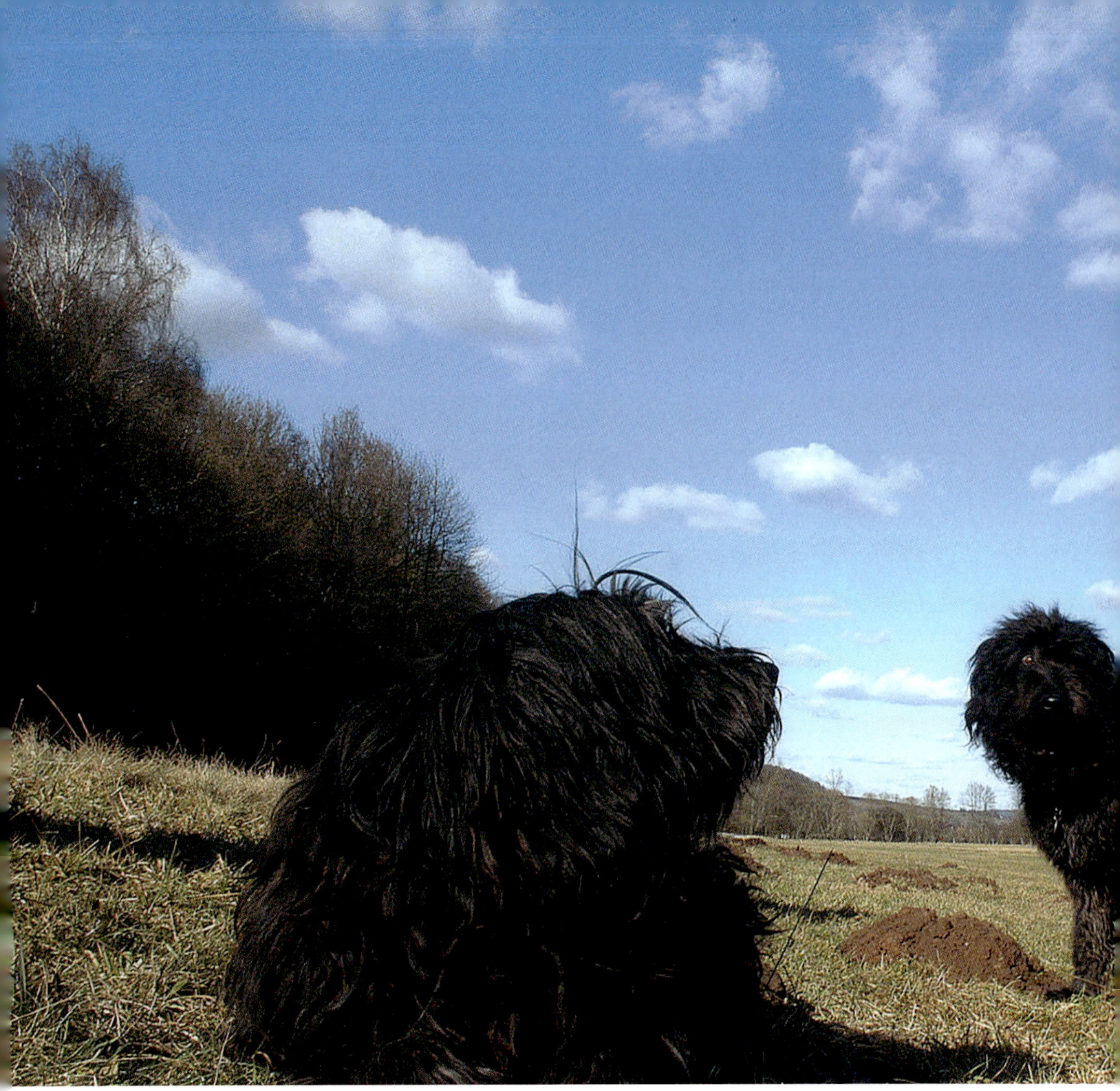

wurde Anfang der 1950er-Jahre stillgelegt. Rechter Hand sind noch die Bahnhofsgebäude von Wenigentaft zu sehen. Wir halten uns links und folgen dem Radweg über die ehemalige Grenze hinweg in den hessischen Ulstersack, der zu DDR-Zeiten fast so etwas wie eine Enklave war. Links, unter dem Schirm eines hessischen Grenzwaldes, befinden sich die Gleise des ehemaligen Güterbahnhofs Wenigentaft – Endstation Natur.

Im Land der weißen Berge Nach knapp zwei Kilometern passieren wir wieder die ehemalige Grenze. Der Grenzwanderweg folgt dem Kolonnenweg auf die benachbarte Höhe, wobei er sich vier Kilometer durch Kiefernforste zieht. Nachdem man das Breizbachtal gequert hat, führt der Grenzwanderweg an einer riesigen Kaliabraumhalde vorbei. Dann geht es über Wirtschaftswege hinunter ins Gewerbegebiet von Unterbreizbach. An der Landesstraße wenden wir uns nach links zur 200 Meter entfernten Landesgrenze und biegen dort rechts auf einen Wiesenpfad ab, der zu einer Fußgängerbrücke über die Ulster führt, dem legendären »Schwupp«. Hinter der Brücke steuern wir halbrechts über eine Wiese auf den Ulsterradweg zu, dem wir talaufwärts

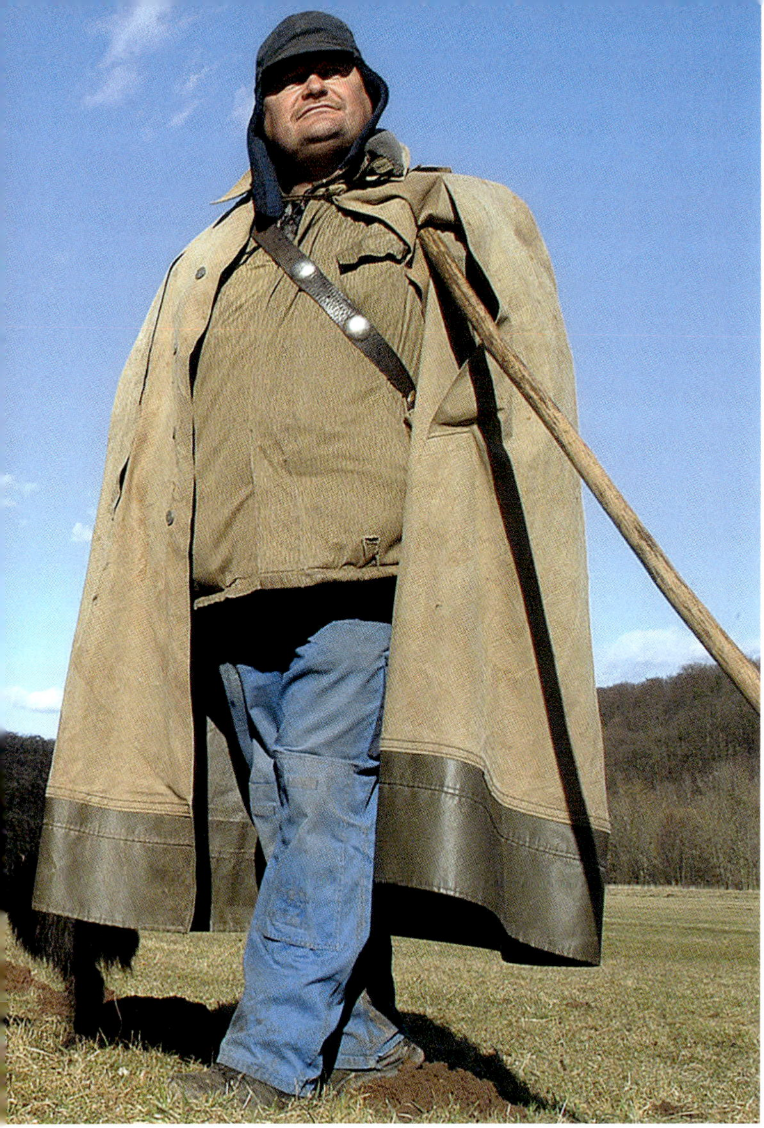

Grüne-Band-Schäfer Thomas Lückert aus Pferdsdorf (Rhön) im Ulstersack

zu einer Bahnunterführung folgen. Direkt hinter der Bahn zweigt links ein Pfad ab, der entlang der ehemaligen Demarkationslinie bergan führt. Nach ca. 200 Metern geht es auf Wirtschaftswegen durch hessisches Gebiet weiter bergan. Schließlich erreicht man die Höhe des von Windrädern gekrönten Lohbergs. Wir folgen nun den Markierungen des Grenzwanderwegs über die Landesgrenze nach Thüringen. Dort stoßen wir auf einen von Unterbreizbach heraufkommenden Pkw-Schleichweg. Wir nehmen den asphaltierten Weg links hinunter nach Vacha. Nach der Überquerung des Flüsschens Öchse folgen wir links der Bachgasse, aber nur 30 Meter. Danach biegen wir rechts und gleich darauf links ab. Über den »Zwickel« erreichen wir so den Marktplatz.

Highlight Ulstersack

Der Ulstersack war ein Grenzzipfel Hessens, zu dem die hessischen Bauern nur über einen schmalen Korridor gelangten. Heute ist der Ulstersack ein Highlight am Grünen Band Deutschland. Neben dem »Naturbahnhof« gibt es hier weite Wiesen und den ehemaligen Grenzfluss Ulster, der mittlerweile damit begonnen hat, sich aus einem Korsett von Wasserbausteinen zu befreien. Hier hat der BUND Land gekauft, um dem Fluss Raum zur Selbstentfaltung zu gewähren. Mehr zum »Naturbahnhof« und über die wilde Ulster gibt's im Grünen-Band-Buch »Wartburg–Werra–Rhön«.

23

Von Vacha nach Dankmarshausen

Durch das Land der weißen Berge

mittel | 18,7 km | ↑343 m ↓342 m | 5 Std.

Ausgangspunkt
Vacha

Endpunkt
Dankmarshausen

Anfahrt
Bahn/Bus: Mit der Deutschen Bahn oder dem »cantus« (Zug) bis nach Bad Hersfeld und weiter werktags und samstags mit der Buslinie 340 nach Vacha

Karte
Hess. Landesamt f. Bodenmanagement u. Geoinformation 1:50 000, Waldhessen/Östlicher Teil

Einkehr
In Dankmarshausen
Gasthaus zum Adler
Oberdorf 3
Tel. 036922/309 50
www.zum-adler.de

Informationen
www.vg-vacha.de
www.dankmarshausen.de

Übernachtung
Hotel Waldschlösschen
Waldstr. 31
99837 Dankmarshausen
Tel. 036922/43 72 00

Nach der Besichtigung Vachas geht es über die alte Werrabrücke zu einem Haus, durch dessen Räume die ehemalige Grenze verlief. Später wandern wir auf Bergeshöhen durch Ginsterheiden, immer mit Blick auf den weißgrauen Monte Kali. Zum Abschluss streifen wir durch die Wiesen der Werraaue und erfreuen uns an den Störchen.

Am Vachaer Marktplatz lohnt sich ein Blick in die Vorhalle des prächtigen Fachwerk-Rathauses: Dort befinden sich Wandgemälde, auf denen bedeutende Ereignisse aus Vachas Geschichte dargestellt sind. Zudem kommt man von hier aus auch zur Gaststätte Ratsstube. Vor dem Rathaus plätschert ein Brunnen, auf dem ein aus Sandstein gehauener Ritter steht, der heilige Vitus. Mit seiner Rechten stützt er sich auf eine Lanze, in seiner Linken hält er ein Gefäß, aus dem ein Männlein herausguckt, das »Vietche im Töpche«. Bei dem Männlein handelt es sich um einen Nachtwächter, der sich, als die Stadt wieder einmal belagert wurde, zum Feind schlich, um ihn auszukundschaften. Er wurde ergriffen und in einen Topf mit siedendem Öl geworfen, aber durch die Gnade des heiligen Vitus am Leben erhalten.

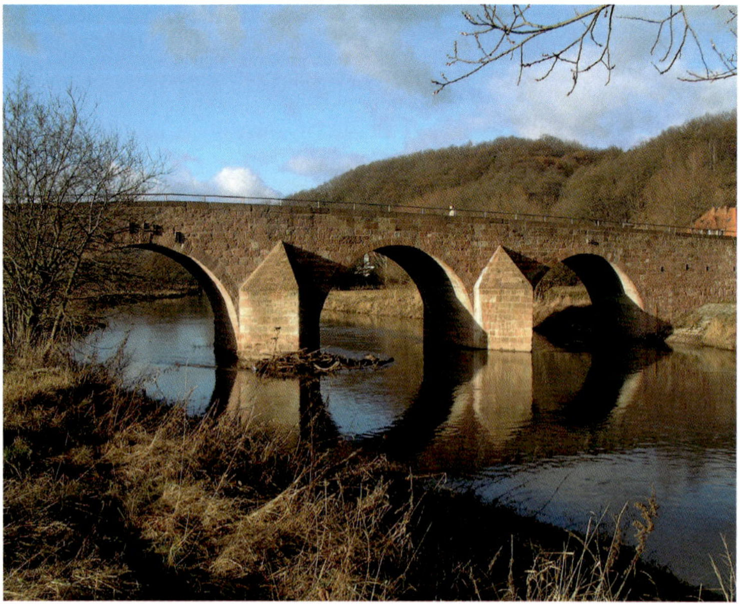

Die Vächer Werrabrücke (Brücke der Einheit)

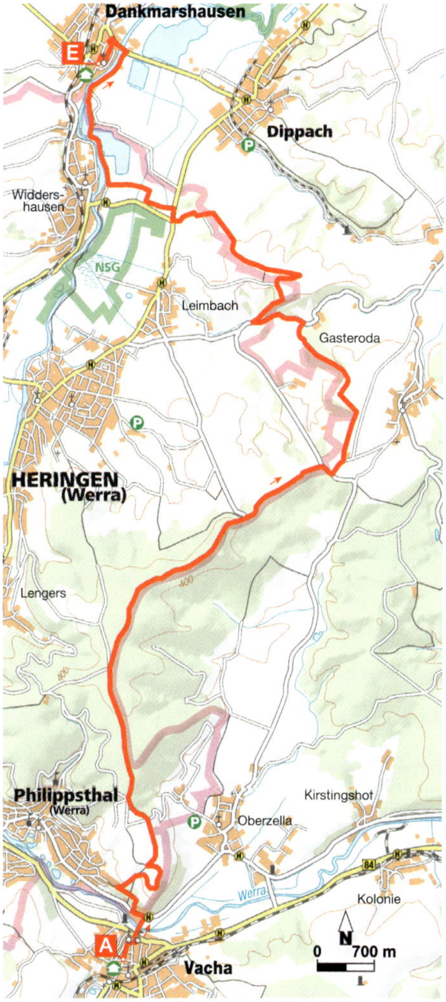

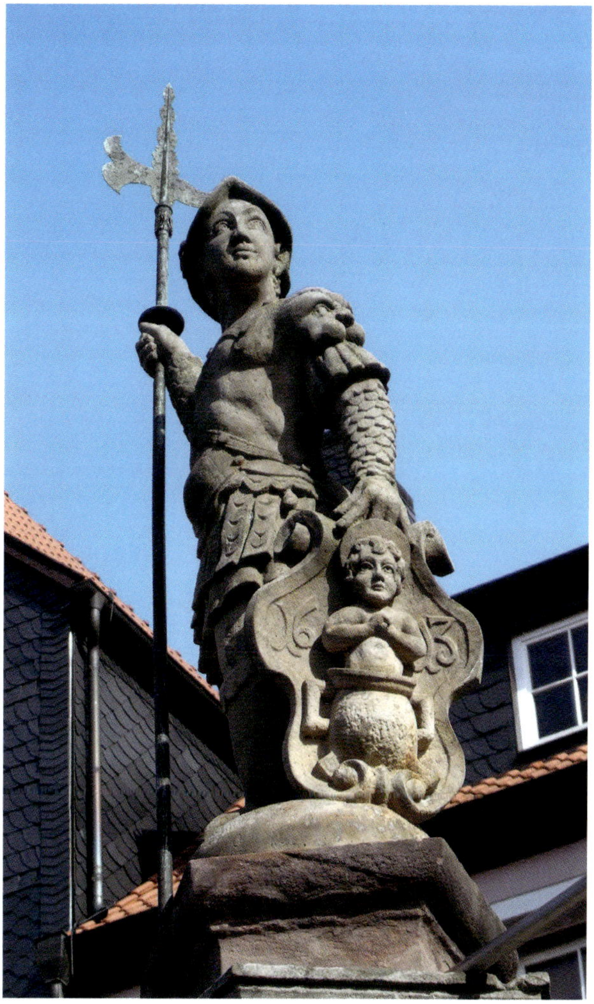

Der heilige Vitus und das Vietche im Öl vor dem Vächer Rathaus

Vom Brunnen gehen wir über den Markt und den Kirchplatz zur Burg Wendelstein, in der sich ein Puppenmuseum befindet. Von der Burg, die als Jugendherberge, Kaserne und Wohnhaus diente, sind eigentlich nur noch der Turm und ein Stück Mauer richtig alt. Das Puppenmuseum, das sich in dem Gebäude befindet, ist jedoch bemerkenswert: Unter seinem Dach treffen wir auf alte Bekannte wie auf das Sandmännchen, auf Pittiplatsch, den Lieben und auf Frau Elster, die alle einst abends, kurz vor sieben Uhr, im DDR-Fernsehen die Kinderherzen erfreuten.

Über die Brücke der Einheit nach Hessen Durch das Untertor verlassen wir die Stadt und überqueren auf einer mittelalterlichen Bogenbrücke die Werra. Auf der anderen Seite stoßen wir auf die ehemalige Hoßfeldsche Druckerei, durch die zu DDR-Zeiten die Grenze verlief. Links am Brückenkopf steht das Hersfelder Doppelkreuz, das die Grenze zu Hessen markiert. Wir folgen links der Straße am Weidenhain und 200 Meter weiter, am Eingang eines Felsenkellers, dann einem Pfad, der uns durch den ehemaligen Philippsthaler Bergpark zur »Kaffeemühle« führt. Leider handelt es sich bei besagter Mühle nicht um ein Café, sondern um eine Vereinshütte, auf deren Dach jemand eine Kaffeemühle angebracht hat.

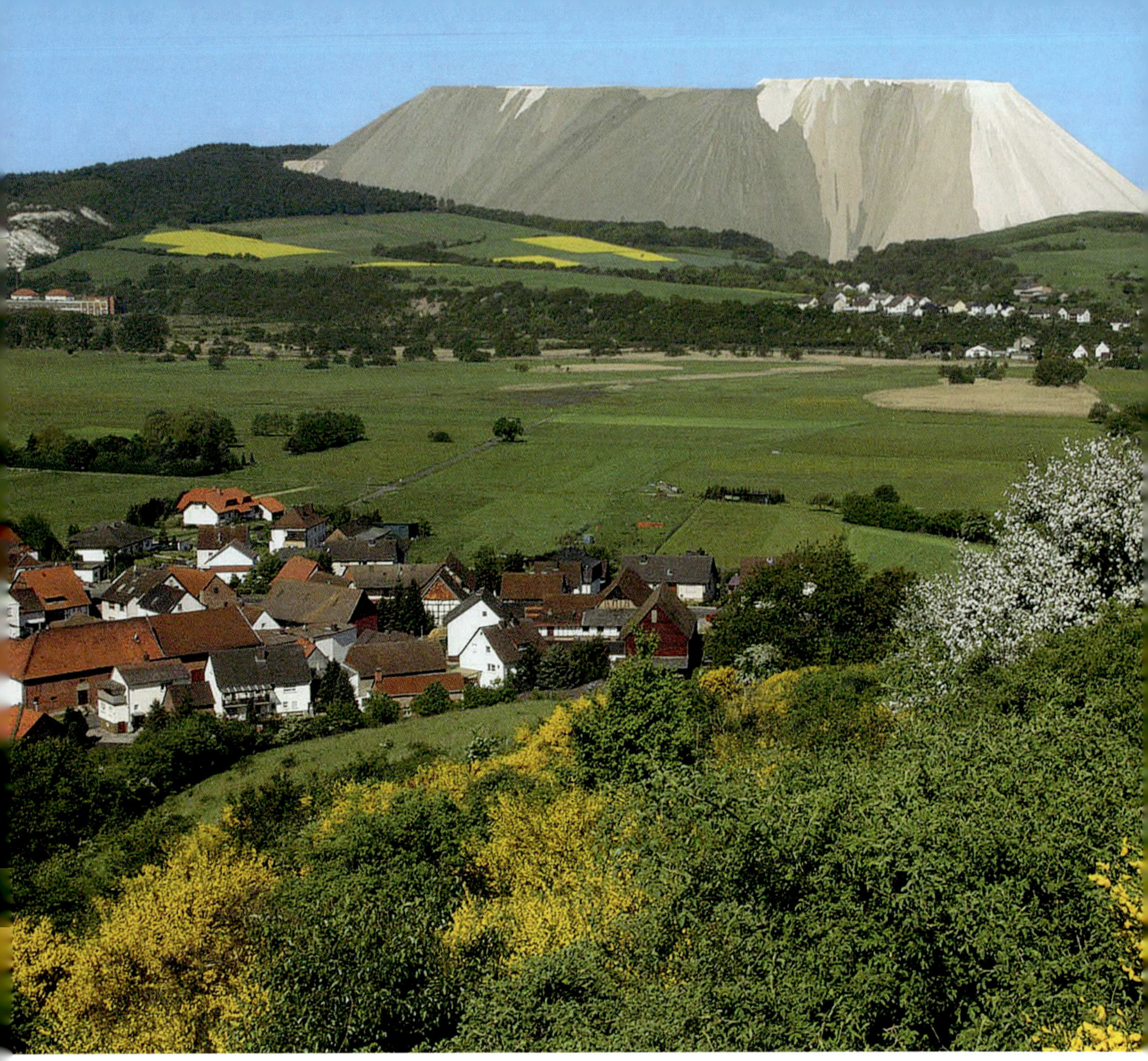

Salzberg Monte Kali

Der Monte Kali ist ein ca. 200 Meter hoher, 600 Meter breiter und 1,2 Kilometer langer Berg aus Kochsalz. Mit dem Salz (einem Abfallprodukt der Kaliförderung) dieses Berges könnten Europas Küchen über 1000 Jahre auskommen! Vom Halden-Plateau aus hat man eine fantastische Fernsicht, und sonntags kann die Halde auch unter Leitung eines Bergmanns bestiegen werden. Karten für die Haldenbesteigung gibt es im Heringer Kalimuseum (Dickesstr. 1, 36266 Heringen, Tel. 06624/51 27, http://kalimuseum.heringen.de). Die »Monte-Kali-Touren« finden von März bis Oktober jeweils am Mittwoch und am Sonntag um 15 Uhr statt.

An der Hütte stoßen wir auf eine Birkenallee, der wir rechts bergan folgen. Ein paar Schritte weiter biegen wir rechts ab und steuern auf die nächste Vereinshütte zu, von deren Terrasse der Blick hinüber nach Vacha schweift. Im Hintergrund erhebt sich der Oechsen, der nördliche Eckpfeiler der Rhön.

Wir folgen nun ein kurzes Stück der ehemaligen Grenzlinie, dann geht es zurück auf die Birkenallee, die uns zum Rand eines großen Waldes führt. Gut vier Kilometer wandern wir durch den Wald immer entlang der ehemaligen Grenze, und zwar auf hessischer Seite. Danach geht es noch einen Kilometer am Waldrand entlang, auch direkt an der Landesgrenze. Wir befinden uns jetzt oberhalb der hessischen Bergstadt Heringen, hinter der sich der Monte Kali erhebt, die zweite große Halde des Kalireviers.

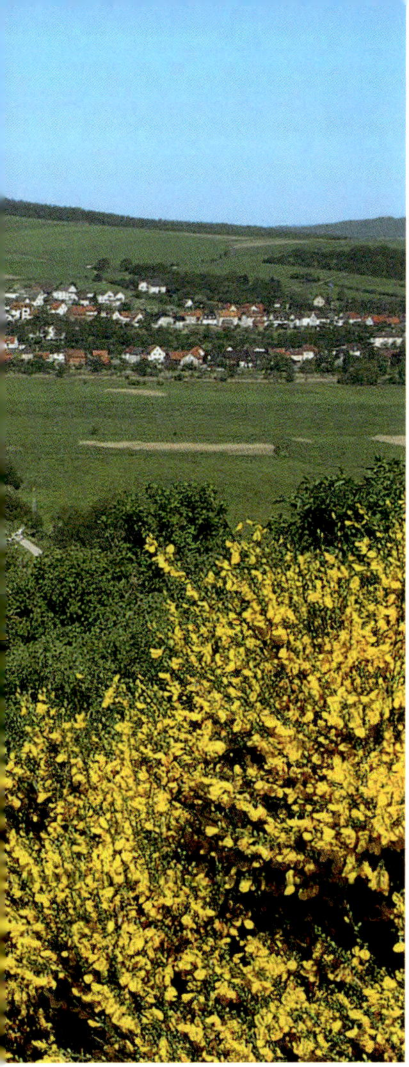

Blick vom Grünen Band über das Werratal zum Monte Kali

Durch die Ginsterheiden von Heringen Der folgende Grüne-Band-Abschnitt gehört zu den schönsten im hessisch-thüringischen Grenzbereich – besonders Anfang Juni zur Zeit der Ginsterblüte. Auf dem Kolonnenweg geht es durch eine Landschaft, die mit einzelnen Kiefern und Birken, mit Heide und Ginster an längst vergangene Zeiten erinnert; dazu genießt man eine herrliche Sicht über das Werratal und hin zu der imponierenden Kalihalde.

Unser Weg führt in ein Tal, in dem einst der thüringische Ort Gasteroda lag. Nur zwei Häuser blieben vom Abriss durch die DDR-Grenzer verschont. Wir folgen der Straße links nach Heringen auf hessisches Gebiet, dann geht es rechts auf die Grenzhöhe und zum Grünen Band, wo uns wieder Birken und Ginstersträucher erwarten.

Durchs Werratal nach Dankmarshausen Schließlich steigen wir ins Werratal ab, zunächst auf dem Kolonnenweg, dann auf einem hessischen Feldweg. Letzterer führt uns bis an die Straße Heringen (Hessen) – Dippach (Thüringen), und zwar an die Stelle, an der die Straße nach Widdershausen (Hessen) abzweigt. Wir halten uns hier rechts und folgen ein kurzes Stück der Dippacher Straße, dann biegen wir links in einen fast zugewachsenen Feldweg ein. Nur Mut, der Weg wird gleich wieder besser.

Die Markierungen des Grenzwanderwegs leiten uns über hessisches Gebiet durch Wiesen zur Werra. Nun geht es am Fluss entlang, genauer gesagt flussabwärts. Anfangs stören noch der Lkw-Verkehr und der Betrieb einer hessischen Kiesgrube; nach der Querung der Landesgrenze wird es jedoch schlagartig ruhig. Wir wandern jetzt über das Grüne Band. Links am anderen Werraufer liegt der thüringische Ort Dankmarshausen. Rechts in den ehemaligen Kfz-Sperrgräben lebt heute die äußerst seltene Gelbbauchunke. Auf einer Straßenbrücke gelangen wir hinüber nach Dankmarshausen. Dann geht es links zwischen den ersten Häusern hindurch (Hirzgässchen) und schließlich über die Werra- und die Herrenstraße hinauf zur Kirche und zum Bürgermeisteramt, wo man Touristen auch hinsichtlich einer Unterkunft berät.

Aus »Ost« wird »West«

Neujahrsnacht 1952 an der »Zonengrenze« zwischen Vacha und Philippsthal: An der Werrabrücke ist ein Klopfen zu hören. Das Geräusch kommt aus der Hoßfeldschen Druckerei, von der 11/12 im »Westen« liegen und sich 1/12 im »Osten« befindet – doch im Ost-Zwölftel ist auch die Eingangstür, und damit gehört die Druckerei zur DDR. Immer wieder ist das Klopfen zu hören – im hessischen Teil der Druckerei entsteht eine neue Eingangstür. Und auch auf der Ostseite tut sich etwas: Die Hoßfelds mauern die Tür zur DDR zu. Dann kappen sie die Telefonleitung, und von nun an ist die Druckerei nur noch über Hessen zu erreichen …

24

Von Dankmarshausen nach Gerstungen

Über die Höhen des Seulingswalds zum Vogelparadies Rhäden

mittel | 22,2 km | ↑338 m ↓320 m | 6.30 Std.

Ausgangspunkt
Dankmarshausen

Endpunkt
Gerstungen

Gehzeit
Bis Gaststätte Bodesruh 2 Std.

Anfahrt
Bahn/Bus: Mit der Deutschen Bahn nach Bebra oder Eisenach, weiter mit dem »cantus« (Zug) nach Obersuhl und von dort zu Fuß nach Dankmarshausen (3 km)

Karte
Hess. Landesamt f. Bodenmanagement u. Geoinformation 1:50 000, Waldhessen/Östlicher Teil

Einkehr
Am Nordabsturz des Seulingswalds Jagdhaus Bodesruh
Tel. 06678/311

Informationen
www.dankmarshausen.de
www.gerstungen.de

Übernachtung
Gasthaus Zur Post
Lutherstr. 46, 99837 Berka/Werra
Tel. 036922 28842

Pension Zur Post
Poststr. 5, 99834 Gerstungen
Tel. 036922/20939
mobil: 0174/8111502

Landhaus Hofmeisters
Karlstraße 9, 99834 Gerstungen
Tel. 036922/30062
www.hof-meisters.de

Drei herausragende Landschaftsmarken stehen auf dem Programm: Wir wandern unter den imposanten Salzhängen des Monte Kali entlang, schauen vom Steilabfall des Seulingswalds über das hessisch-thüringische Grenzgebiet von Obersuhl und lernen eine »Perle« am Grünen Band kennen – das ost-westliche Vogelparadies Rhäden.

Von der Dankmarshausener Kirche folgen wir kurz der Straße Oberdorf, biegen dann links ab in die Straße Schöne Aussicht und steigen über einen Treppenweg zur Werra hinab. Dort geht es auf einer Promenade zum südlichen Ortsende, wo wir den Markierungen des Grenzwanderwegs durch eine Unterführung der hessisch-thüringischen Kalibahn folgen. Hinter dem Bahndamm wenden wir uns nach rechts auf den Kolonnenweg, der uns sicher durch einen Grünen-Band-Heckendschungel führt.

Hornungskuppe und Bodesruh An der Stelle, an der die Hecken zurücktreten, macht der Grenzweg wieder einen überflüssigen Schlenker. Wir bleiben dagegen dem Kolonnenweg vorerst treu. Am Waldrand wendet sich der Kolonnenweg nach rechts. Er umgeht damit die Grenzhöhen des Seulingswaldes, womit er zwei Grenzzipfel abschneidet. An dieser Ecke stoßen wir wieder auf den Grenzweg, auf dem wir nun in ehemaliges, vor dem Zaun gelegenes DDR-Territorium vorstoßen. Damit bei der Orientierung nichts schiefgeht, achten Sie auch auf die Markierung x5H des Werra-Burgensteigs.

Der Waldweg wird zum Hohlweg, der unter der Kuppe des Hornsberg entlangführt, auf der einst eine Burg stand. Dort, wo der Hohlweg endet, weisen Schilder zur nahe gelegenen Burgstelle. Von der Hornsburg wurde einst die Handelsstraße Leipzig–Frankfurt, die Kurze Hessen, überwacht.

Weiter geht´s auf einem Pfad, der am Zaun der Kaliabraumhalde und damit zugleich unmittelbar an der ehemaligen Grenze entlangläuft. An der Haldenzufahrt biegen wir scharf rechts ab auf einen Forstweg, der später zu einer schmalen Straße wird, und folgen, jetzt auf hessischem Gebiet, dem Grenzweg und der Markierung weißes Kreuz zur Ausflugsgaststätte Bodesruh. Kurz vor der Gaststätte befindet sich ein 1964 errichteter Aussichtsturm, der zugleich auch ein Mahnmal der Teilung Deutschlands ist.

Kurz hinter Bodesruh stoßen wir auf die vom hessischen Ort Kleinensee heraufkommende Straße, die hier oben direkt an der ehemaligen Grenze entlangführt. Nach ca. 350 m Straße erscheint links im Wald eine Holz-

Rundkirche in Untersuhl

hütte der Kali+Salz AG. Hier führt unsere Route rechts in den thüringischen Wald hinein. Direkt am Waldeingang befinden sich die Markierungen »weißes Kreuz« und »weißes W«. Achtung! Dieser kaum begangene Wanderweg biegt nach ca. 30 m rechts ab. Wir halten uns geradeaus, womit wir erneut in einen ehemaligen, vor dem Grenzzaun gelegenen DDR-Zipfel vordringen, dieses Mal Richtung Zaun. Der geschotterte Weg, dem wir folgen, führt ohne Markierungen hinunter zum Naturschutzgebiet Seulingssee. Sie werden sich dennoch nicht verlaufen. Sie müssen nur darauf achten, dass Sie auf dem Schotterweg bleiben.

Nach 300 m lohnt es sich links die Wegböschung zu erklimmen und ein paar Meter wild in den Wald vorzudringen. Sie stoßen so auf ein Kulturdenkmal ersten Ranges. Fünf bis sechs, teilweise auch sieben bis acht tief eingeschnittene Hohlwege verlaufen hier parallel über den abfallenden Bergrücken. Es sind die Spuren einer Wegvariante der Kurzen Hessen, der Straße Leipzig–Frankfurt, die zu Zeiten Luthers stark befahren war. Hier ist Luther im Jahr 1521 auf seinem Weg nach Worms mit einem Pferdewägelchen durchgezuckelt.

Zurück auf den geschotterten Forstweg, der sich nach ca. 150 m in Form einer Spitzkehre nach rechts wendet. Nun kann man sich wirklich nicht mehr verlaufen. Nach 1,5 km passiert man die ehemalige Zaun-

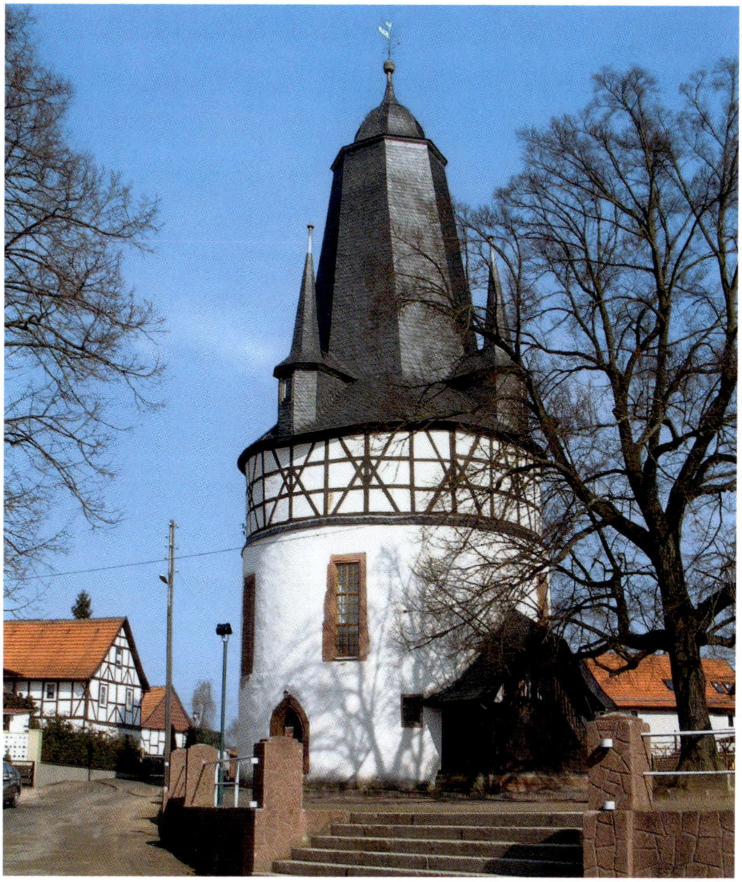

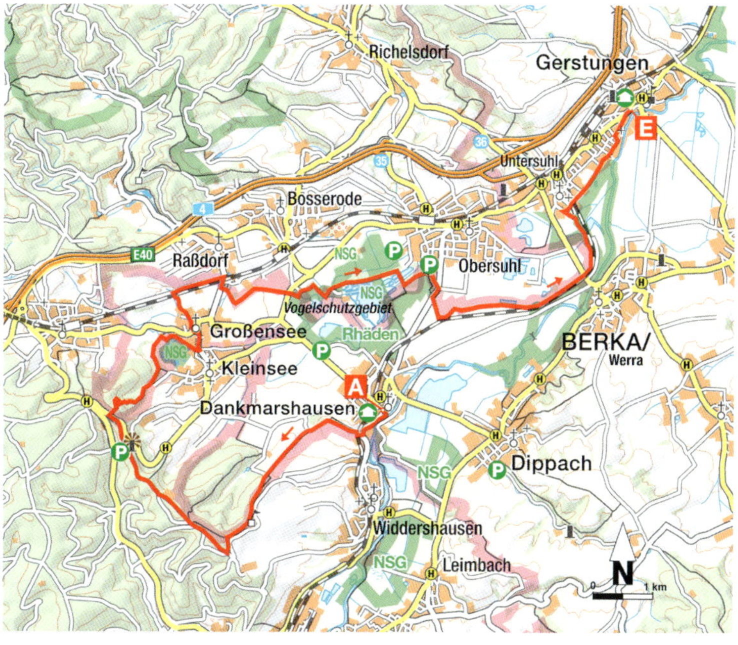

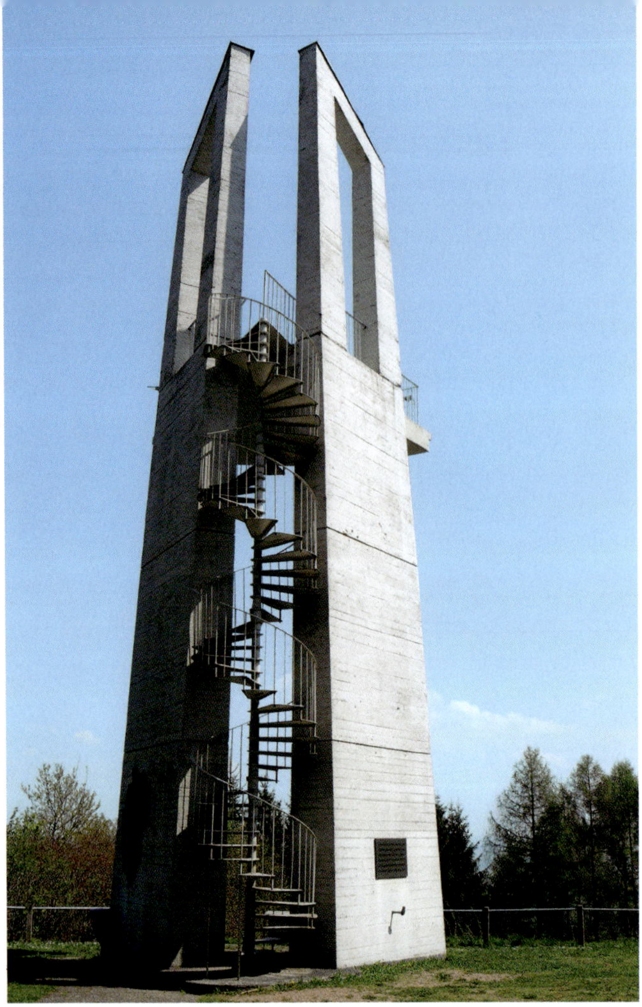

Aussichtsturm und Grenzdenkmal Bodesruh

trasse, 200 m weiter tritt man ins Freie und nochmals 100 m weiter führt rechts ein stark begangener Pfad über das Grüne Band zu dem in Hessen liegenden Seulingssee. Gleich zu Beginn der Grünen-Band-Querung blickt man links in den noch mit Betonplatten ausgekleideten Kfz-Sperrgraben, der mit Wasser vollgelaufen ist.

Die Wasserbüffel vom Seulingssee Auf hessischer Seite wenden wir uns links und folgen einem Weg, der unmittelbar an der Landesgrenze entlangführt. Das Gebiet des Seulingssees ist von drei Seiten vom Grünen Band umgeben. Direkt auf der ehemaligen Demarkationslinie fließt der Hönebach, der früher den inzwischen trockengelegten Seulingssee speiste. Heute wird der Bach um den ehemaligen See herumgeführt. Geblieben sind Feuchtwiesen, in denen die Naturschützer für Amphibien und Wasservögel Tümpel angelegt haben. Wasserbüffel halten die Wiesen offen.

An der nächsten T-Kreuzung steht ein Denkmal aus Buntsandstein, ein Stück des gemauerten Seeüberlaufs aus dem Jahr 1784. Wir halten uns links, womit wir zur Ortsverbindung von Kleinensee (Hessen) – Großensee (Thüringen) gelangen. An dieser Ecke hat man zum Mahnen und Gedenken einige Meter Grenzmauer, ein Stück Grenzsignalzaun und eine Grenzsäule stehen gelassen. Auf der Straße laufen wir dann ins nahe Großensee. Dort gehen wir links zur Kirche und gleich wieder rechts über die Obergasse zum Ort hinaus.

Wir folgen der Markierung des Grünen Bands Thüringen unter der Bahnlinie Erfurt–Bebra hindurch, biegen hinter den Bahngleisen nach rechts ab und laufen an den Gleisen entlang bis auf hessisches Gebiet. An der nächsten Straße halten wir uns rechts und unterqueren wieder die Bahn nach Thüringen. Ca. 100 Meter weiter sind wir wieder in Thüringen. Jetzt biegen wir links auf einen Grasweg, der uns durch ein Grünes-Band-Gebüsch einen Hang hinaufleitet. Der Kfz-Sperrgraben ist noch erhalten; die Platten des Kolonnenwegs hat man entfernt. Man wandert nun auf einem schönen Grasweg mit Blick über das weite Becken von Obersuhl und hinüber zum Monte Kali.

Vogelparadies Rhäden

Am Rhäden brüten zahllose Wasservögel, und Zugvögel legen hier eine Rast ein. Das Vogelparadies wurde bereits zu DDR-Zeiten geschaffen. Engagierte Naturschützer stauten auf der westdeutschen Seite einen Bach an, und es entstanden Teiche, die bis kurz vor den Grenzzaun reichten. Als die Grenze fiel, brachten die Thüringer ihren Teil des Rhädens in das Vogelschutzgebiet ein (www.rhaeden.de).

Im Vogelparadies Rhäden Nach gut einem Kilometer Grünem Band queren wir eine stark befahrene Straße und stoßen dann auf den Rhädenrundweg, dem der Grenzwanderweg über die thüringische Seite folgt. Dabei kommt man unmittelbar an Dankmarshausen vorbei. Ich empfehle den Rhäden auf der Obersuhler Seite zu passieren – man spart sich dadurch 2,5 Kilometer Wegstrecke, und die Sicht auf die Teiche, auf denen sich Wasservögel tummeln, ist von der Obersuhler Seite genauso gut.
Vom Rhäden geht es nun auf einem Schotterweg Richtung Obersuhl. Nach knapp 500 Metern biegen wir rechts auf einen Pfad ab, der an der ehemaligen Demarkationslinie entlangführt. Hier stoßen wir wieder auf die Grenzwegmarkierung.
An der nächsten Straße halten wir uns rechts und queren so die Landesgrenze und das Grüne Band. Direkt hinter dem wilden Grün überqueren wir die Straße und biegen in den ehemaligen Kolonnenweg ein, dem wir knapp drei Kilometer folgen, immer an dem hier völlig intakten Grünen Band entlang, bis wir die Straße Untersuhl–Berka erreichen. An der Straße halten wir uns rechts, womit wir die Schienen der Kalibahn Heringen-Gerstungen überqueren. Sollte es mit der Übernachtung in Gerstungen Probleme geben, besteht hier eine Ausweichmöglichkeit. Man folgt der Straße über die Werrabrücke in das Städtchen Berka, wo es im Zentrum zwei Übernachtungsmöglichkeiten gibt.
Ist dagegen in Gerstungen alles klar, dann überquert man gleich hinter den Gleisen die Straße und folgt entlang dem Bahndamm dem Werratal-Radweg. Achtung! Nach ca. 600 m überquert unser Weg erneut die Bahnstrecke. Also links halten und auf dem asphaltierten Radweg bzw. auf dem Grenzweg über den Bahndamm hinweg. Der Grenzweg steuert auf den alten Ortskern von Untersuhl zu, wo eine bemerkenswerte Rundkirche steht. Von der Kirche zurück auf den Werratal-Radweg, der geradewegs auf den Ortsteil Gerstungen zuführt. Bleiben Sie dem Radweg bis zum Friedhof treu. Links geht es zur Wilhelmstraße, die kurz darauf in die Karlstraße übergeht. An diesen Straßen befinden sich die mitten im alten Ortskern gelegenen Unterkünfte.

Salzbrise auf der Hornungskuppe

Beim Anstieg auf die Hornungskuppe sieht man Mauerreste und Teile eines Ringgrabens, die auf die ehemalige Burg hinweisen. Zwei Steine bezeugen, dass die Grenze zur DDR mitten über die Kuppe verlief. Wenn der Wind nicht weht, hört man ein Rieseln, es riecht nach Meer, und durch das Geäst alter Buchen sieht man Salzhänge im Sonnenlicht glitzern – die Hornungskuppe wird vom Monte Kali überragt, auf dem Förderbänder pausenlos Salz abladen. Eines Tages wird die Halde die Hornungskuppe überrollen …

Unten links: Zwischen Großensee und Kleinensee

Unten rechts: Zugvogelrast im Rhäden, ein Rotschenkel

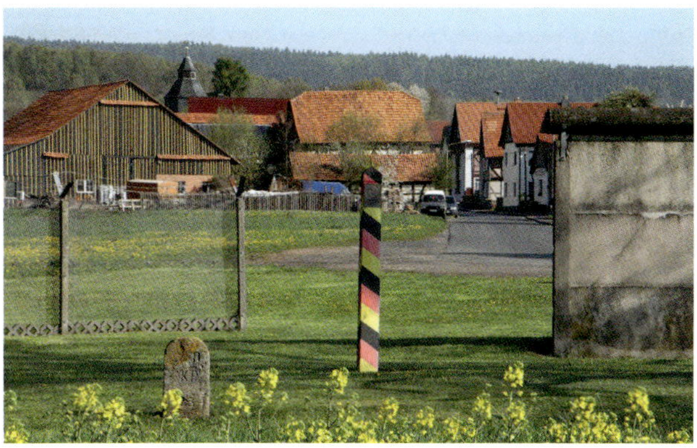

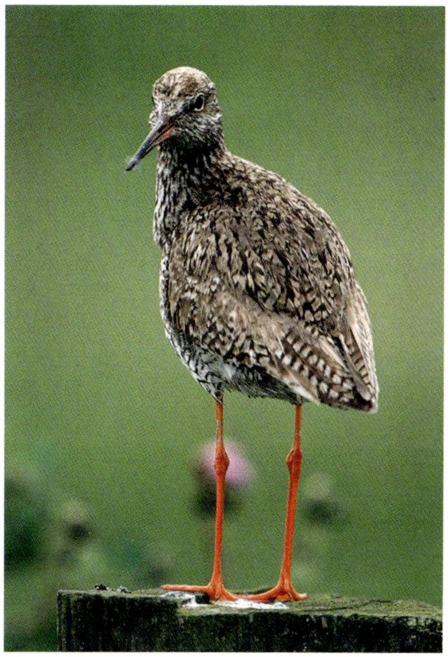

25

Von Gerstungen nach Herleshausen

Durch den Grenzwald des Thüringer Zipfels

mittel | 21,7 km | ↑338 m ↓343 m | 6 Std.

Ausgangspunkt
Gerstungen

Endpunkt
Herleshausen

Gehzeit
Bis Einkehrmöglichkeit in Sallmannshausen 4 Std.

Anfahrt
Bahn/Bus: Mit der Deutschen Bahn nach Bebra oder Eisenach und weiter mit dem »cantus« (Zug) nach Gerstungen

Karte
Hessisches Landesvermessungsamt 1:50 000, L5126 Eisenach-West

Einkehr
In Sallmannshausen Gasthaus Zum Schiff (Unterstr. 22, Tel. 036922/317 54);

in Lauchröden Gasthaus Zur Krone (Eisenacher Str. 2, Tel. 036927/907 17)

Informationen
www.gerstungen.de
www.herleshausen.de

Übernachtung
In Herleshausen: Gästehaus Bornscheuer, Sackgasse 8, Tel. 05654 /65 37;

Gästehaus Schneider, Am Anger 7, Tel. 05654/64 28;

In Gerstungen/OT Lauchröden: Ferienzimmer Doris Schneider, Gerstunger Str. 4, Tel. 36927/906 19;

Haus an der Werra, Werrastr. 36, Tel. 036927/906 24
www.werrapension.de

Wir starten zu einer abenteuerlichen Wald- und Wildnis-Wanderung, auf der man kilometerweit keine Menschenseele trifft. Die jungen Wilden unter den Grenzwegwanderern überwinden eine der heftigsten Steigungen, die der Kolonnenweg zwischen Tschechien und der Ostsee zu bieten hat, und Genusswanderer wandeln stattdessen durch einsame Waldwiesentäler.

Von der Gerstunger Karlstraße aus folgen wir der Weinbergstraße, die unter der Bahnstrecke Bebra–Erfurt hindurchführt. Hinter der Bahn geht es kurz steil bergan, dann wendet sich die Straße nach links, die nun auf Betonplatten über dem Gelände des ehemaligen Grenzbahnhofs entlangführt. Nach 200 m biegt man rechts ab und folgt einer Schotterstraße unter der Autobahn hindurch und in die weite Feldflur hinauf. Man ignoriert alle abzweigenden Wege und erreicht so nach 2,2 km die geräumige Schutzhütte am Fuldaer Berg (322 m), die mitten im Grünen Band steht. Hier kann man wie auf einem Aussichtsbalkon die gestrige Etappe überschauen.

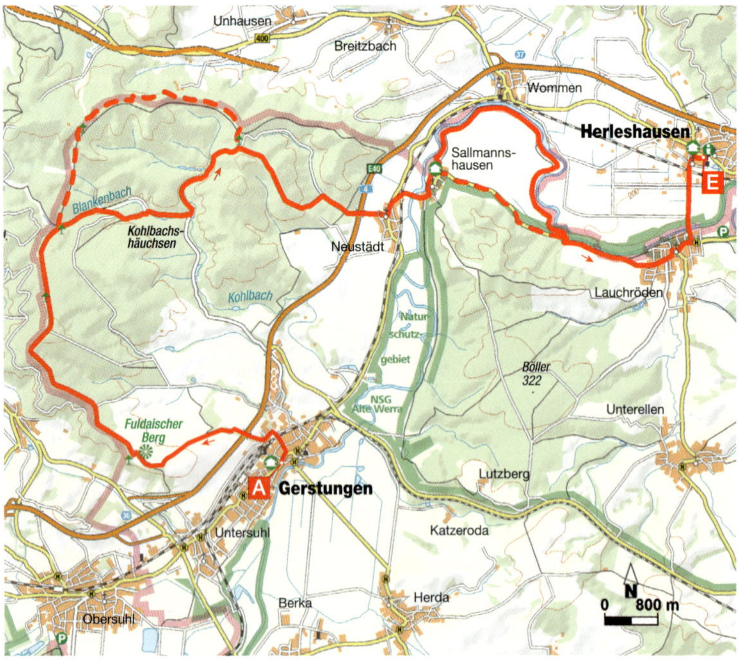

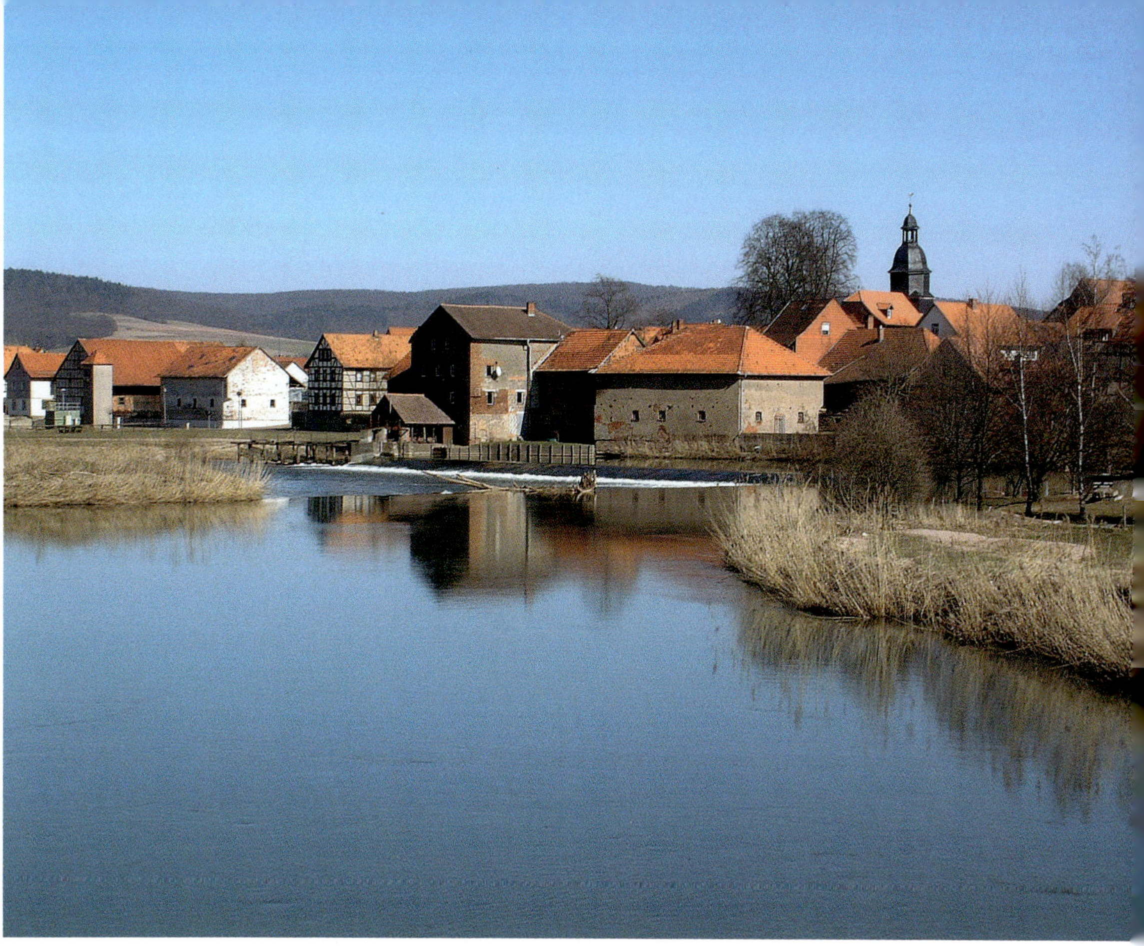

Sallmannshausen an der Werra

In den großen Grenzwald Nach der Rast folgen wir der Markierung des Grenzweges, der von Untersuhl heraufgekommen ist. Es geht kilometerweit durch Wald, mal auf dem Kolonnenweg, mal auf Forststraßen, ein kurzes Stück auch über Pfade. Entlang dieser 10 km langen Strecke stößt man immer wieder auf Schutzhütten.

Eine dieser Hütten steht im Blankenbachtal, ein schmales Waldwiesental, das das Grüne Band quert. Der Grenzwanderweg folgt dem Tal ins Thüringische hinein. Kurz vor der Mündung des Blankenbachs in den Kohlbach liegen drei Teiche, und am Damm des untersten Teichs befindet sich eine Quelle, der Heilkräfte zugeschrieben werden. An der Quellfassung steht für durstige Wanderer ein Krug bereit. Rechts um die Ecke befindet sich das Kohlbachhäuschen, ein ehemaliges großherzogliches Jagdhaus.

Der Grenzweg biegt jedoch kurz vor dem alten Jagdhaus links ab. Auf einem Plattenweg geht es durch das Kohlbachtal sanft aufwärts und dann steil hinauf zu einem Pass, der aus unerfindlichen Gründen »Kirche« genannt wird, obwohl hier keine Kirche steht und auch nie eine gestanden hat. Von der »Kirche« aus geht es hinunter nach Neustädt, wo der große Grenzwald endet. Zu DDR-Zeiten war dieser Wald komplett gesperrt.

Sehenswürdigkeiten

Eigentlich sollte man sich jetzt einen Tag Auszeit gönnen, um die Sehenswürdigkeiten der Umgebung zu erkunden: die Wartburg, die Brandenburg und den Kielforst mit seinen Bergstürzen im ehemaligen Grenzbereich. Ausführliche Informationen zu den Burgen und den Naturschätzen bei Herleshausen findet man im Grünen-Band-Buch »Wartburg–Werra–Rhön«.

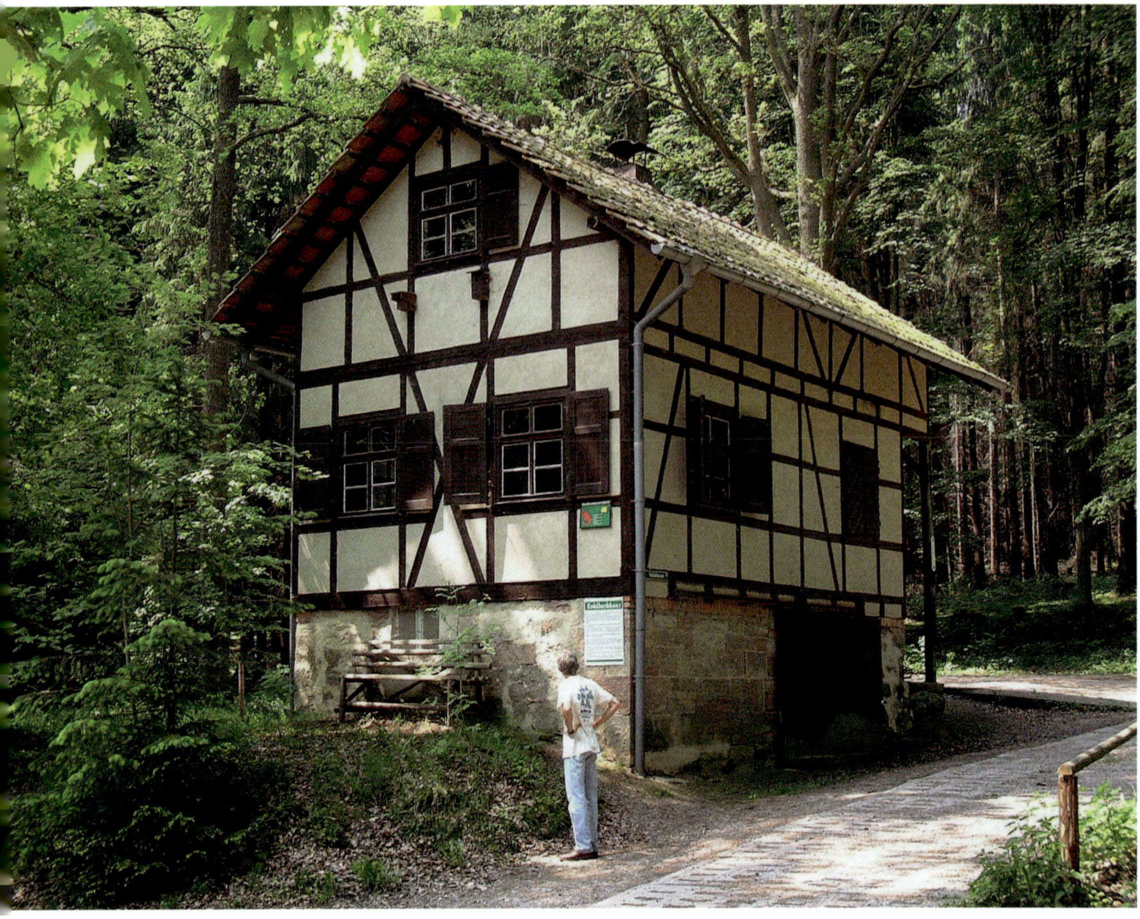

Das Jägerhaus im Großen Grenzwald des Thüringer Zipfels

Extratour für junge Wilde Für Konditionsstarke gibt es eine knackige Wegvariante, die zudem den Charme hat, dem Verlauf der ehemaligen Grenze exakt zu folgen: Von der Blankenbachtal-Schutzhütte folgt man dem kaum begangenen Kolonnenweg zunächst im mäßigen Auf und Ab. Im Bereich der Kuppen wächst Heide, und durch die Täler rauschen kleine Bäche, die auf hessischen Waldwiesen entspringen. Plötzlich wird es steil – so steil, dass selbst Reinhold Messner aus der Puste geraten würde. Und das nicht nur auf ein paar Metern: Auf 400 Metern Wegstrecke werden an die 100 Höhenmeter bewältigt! Oben kann man sich in einem Hüttchen ausruhen, mit Blick auf Bodesruh und den Monte Kali.
Der Weg quert nun das Grüne Band und folgt dann exakt der Grenzlinie, zunächst als Pfad, der über die lang gestreckte Höhe der Armsberge (466 m) führt. Auf dieser reizvollen Kammstrecke kommt man an einem auf thüringischer Seite stehenden Gipfelkreuz vorbei. Der Wald hinter dem Kreuz darf sich auf großer Fläche zum Urwald entwickeln. Gut zwei Kilometer weiter – der Pfad hat sich zum Weg gewandelt – gelangt man an eine Verzweigung, an der der linke Weg ins Hessische absteigt, während der rechte über das Grüne Band hinweg zu einer thüringischen Schutzhütte führt. Wir folgen dem Weg zu der im Tatrastil erbauten Hütte, an der es sich gut rasten lässt. Von dort ist man in fünf Minuten an der oben erwähnten »Kirche«, an der man auf die Originalroute trifft. Diese Wegvariante ist insgesamt einen Kilometer länger und beinhaltet einen zusätzlichen Anstieg von 73 Höhenmetern.

Mähprobleme an der Werraschleife Von Neustädt überqueren wir die Bahngleise und die Werrabrücke und laufen hinüber nach Sallmannshausen. Von der Brücke, die oberhalb eines Mühlenwehrs liegt, hat man einen schönen Blick auf den Ort. In Sallmannshausen sollte man der Speisegaststätte Zum Schiff einen Besuch abstatten. Weiter geht's am Ufer der Werra entlang nach Lauchröden. Sollte diese knapp sechs Kilometer lange Grüne-Band-Strecke nicht gemäht sein, bleibt leider nichts anderes übrig, als auf die Ortsverbindung Sallmanshausen–Lauchrhöden auszuweichen. Hinter dem Ortszentrum von Lauchrhöden führt der Grenzwanderweg auf einer für Fußgänger und Radler reservierten Brücke über die Werra und dann auf einer wenig befahrenen Straße quer durch die Aue bis nach Herleshausen.

Werra-Grenzpark-Herleshausen Am östlichen Ortsrand von Herleshausen, an der Eisenacher Straße, nicht weit vom ehemaligen Transitgrenzüberhang von und nach West Berlin, ist auf private Initiative von Herleshäusener Bürgern ein Lern-Gedenkort zur Grenzgeschichte entstanden. Auf Großtafeln, Audiostationen und Tastmodellen wird die Entwicklung zweier unterschiedlicher Systeme im geteilten Deutschland sowie der Aufbau der Grenzsicherungselemente und der Grenzübergangsstelle Herleshausen/Wartha herausgestellt.

Die Mäander der Werra bei Herleshausen, rechts unten die Brandenburg

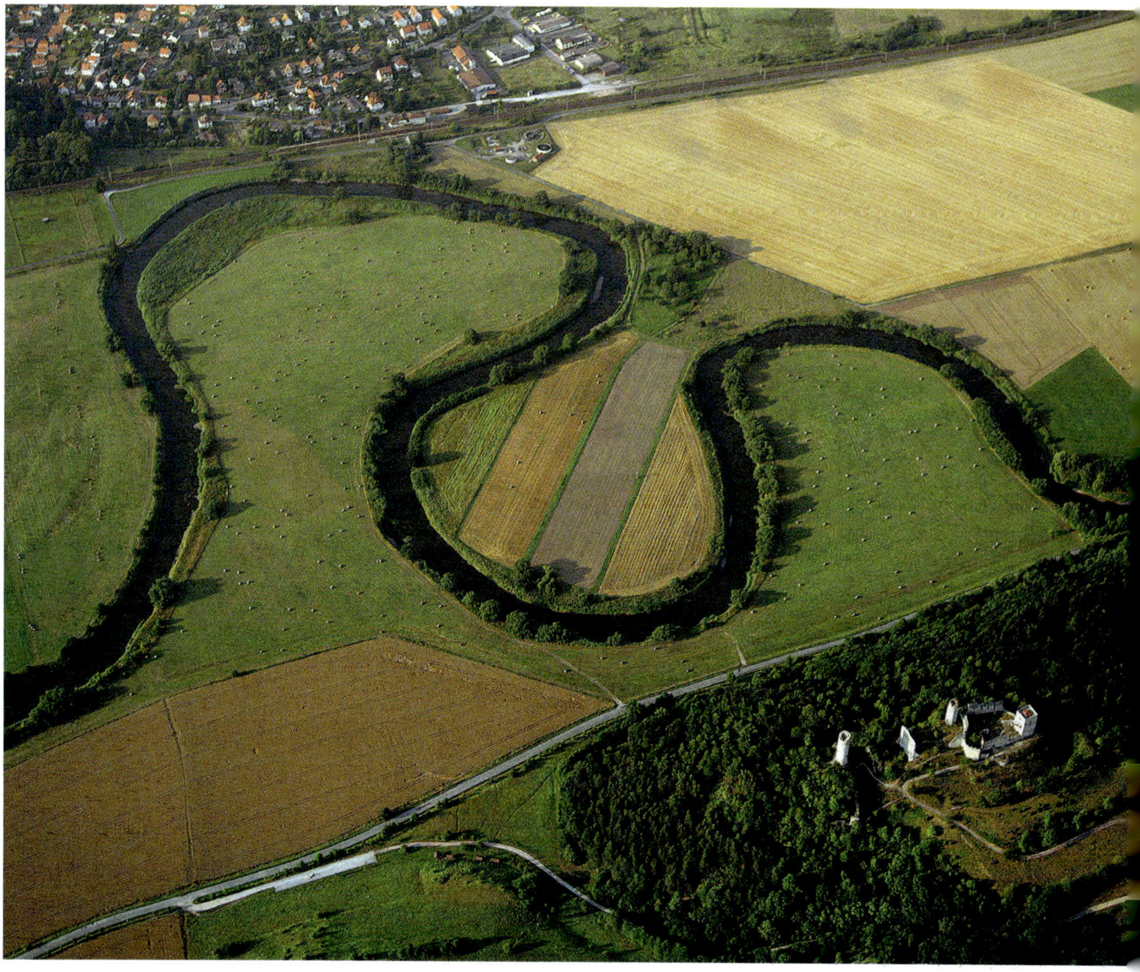

26 Von Herleshausen nach Treffurt

Über die Höhen des Ringgaus

mittel | 28,9 km | ↑558 m ↓591 m | 8 Std.

Ausgangspunkt
Herleshausen

Endpunkt
Treffurt

Gehzeit
Bis Heldrastein 6 Std.

Anfahrt
Bahn/Bus: Mit der Deutschen Bahn nach Bebra oder Eisenach und weiter mit dem »cantus« (Zug) nach Herleshausen

Karte
Hessisches Landesvermessungsamt 1:50 000, L4926 Eschwege

Einkehr
In Treffurt mehrere Einkehrmöglichkeiten

Informationen
www.herleshausen.de
www.treffurt.de

Übernachtung
In Treffurt:
Hotel Waldblick
Heidewickchen 14
Tel. 036923/804 88
www.waldblick-treffurt.de;

Burg Normannstein
Tel. 036923/838 99
www.burg-normannstein.de

Nahe dem ehemaligen Transit-Grenzübergang Herleshausen–Wartha steigen wir zu den Ringgau-Dörfern hinauf. Zwischen Willershausen und Ifta fuhren die Grenzer einst Achterbahn. Nach Besichtigung des Iftaer Baumkreuzes geht es zum Heldrastein, einer Aussichtskanzel mit tollem Tiefblick. Über einen von Bergstürzen zerrissenen Hang steigen wir schließlich zur Werra hinab.

Von der Herleshausener Kirche laufen wir über die Gartenstraße und die Waldstraße zur Autobahnunterführung, von der es auf einer alten Ortsverbindungsstraße den Berg hinaufgeht.
Es geht durch herrschaftliche Getreidefelder und Wald bis auf eine Höhe von knapp 400 Metern. Dann folgt der Abstieg nach Willershausen, wo man an einem kleinen, verträumten Wasserschloss vorbeikommt, das lei-

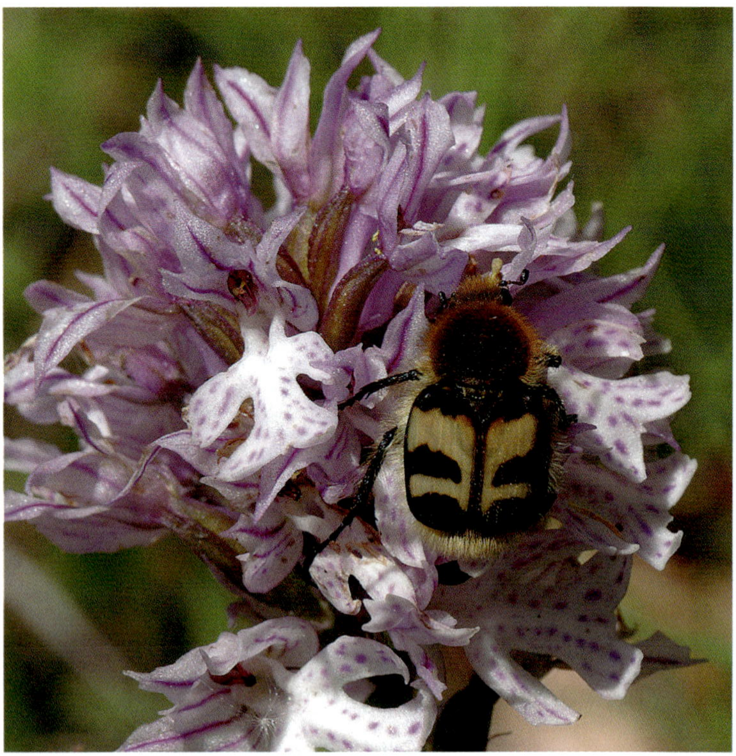

Pinselkäfer auf Dreizähnigem Knabenkraut (Orchidee) im Ziegental

der nicht zu besichtigen ist. Hinter dem Schloss versteckt sich ein Golfplatz.

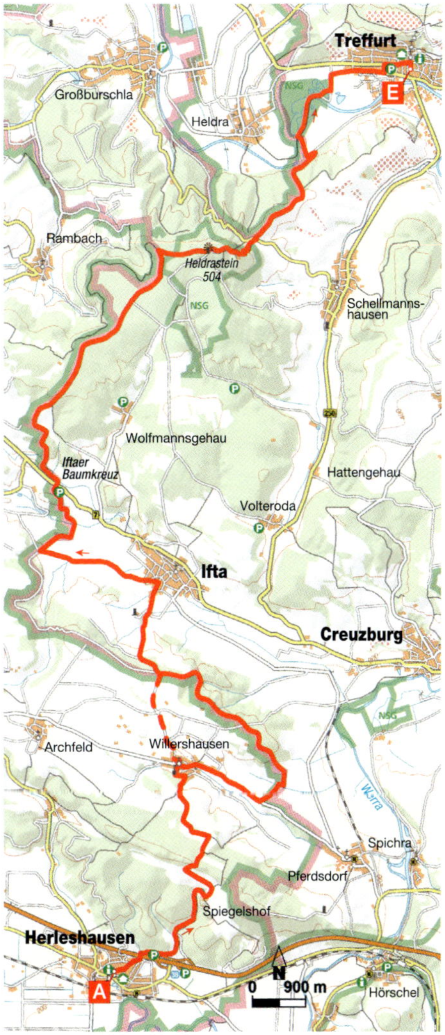

Originalweg oder Abkürzung Auch der Ort Willershausen ist verträumt – was leider auch die Gastronomie betrifft: Die einzige Gaststätte wird nur zu besonderen Anlässen geöffnet.

Der Grenzwanderweg folgt der Landstraße rechts 1,5 Kilometer Richtung Pferdsdorf, dann wendet er sich nach links und steuert auf das Grüne Band zu. Auf dem Plattenweg geht es nun immer wieder bergauf und bergab – die DDR-Grenzer müssen sich in ihren Kübelwagen wie auf einer Achterbahn vorgekommen sein. Nach 3,5 Kilometern kreuzen wir die Iftaer Straße und gehen auf ihr rechts hinunter nach Ifta.

Abkürzung: Will man sich vier Kilometer Wegstrecke sparen, biegt man in Willershausen an der Durchgangsstraße links in Richtung Archfeld ab, hält sich kurz darauf rechts in die Iftaer Straße und läuft auf ihr zum Ort hinaus. Es geht bergan und auf die ehemalige Grenze zu, wo man wieder auf den Grenzweg trifft. Weiter geht's, wie oben beschrieben, hinunter nach Ifta. Wer abgekürzt hat, kann sich kurz vor dem Ort einen Abstecher zum Iftaer Grenzwachturm erlauben. Zwischen einem Aussiedlerhof und den Wirtschaftsgebäuden der Agrargenossenschaft biegt man links im spitzen Winkel ab und folgt Fahrspuren auf den Wachturmhügel, an dem Bänke zur Rast einladen.

Am Iftaer Baumkreuz In Ifta biegen wir an der ersten Straße (Feldstraße) links ab und wandern auf dem Herkules-Wartburg-Radweg durch die Feldflur Richtung Lüderbach. Nach etwa zwei Kilometern quert der Radweg das Grüne Band; wir wenden uns hier nach rechts und folgen dem Kolonnenweg über einen Hügel zur B 7 und weiter zum Iftaer Baumkreuz: An einem Stück Original-Grenzzaun entlang wurden nach der Wende zwei bzw. drei Reihen Eschen gepflanzt, die sich mit den Linden an der B 7 überkreuzen.

Wir queren die B 7 und schlüpfen durch das Tor eines Wildschutzzauns. Dann geht es auf dem Kolonnenweg zum Ziegental. Dieses »Tal« – eher ein nach Süden ausgerichteter Hang – ist für seinen Orchideenreichtum berühmt. Damit das Dreizähnige Knabenkraut und andere Seltenheiten hier auch in Zukunft blühen und gedeihen, hält ein Naturschutzverein Teile des Hangs offen.

Zum Heldrastein über dem Werratal Weiter geht's über das Grüne Band, das sich hier als Schneise in einem Buchenwald präsentiert. Schmetterlinge freuen sich über die prächtigen Kugeldisteln, die hier wachsen.

An einem steil zur Werra hin abbrechenden Hang wendet sich der Grenzwanderweg nach rechts und steuert entlang der Hangkante auf den Heldrastein zu. Nach knapp einem Kilometer erreicht man einen Aussichtsturm (immer offen) und ein einfaches Gasthaus, das allerdings nur an Sonn- und Feiertagen geöffnet hat. Die große Attraktion ist die über 50 Meter senkrecht abfallende Felswand des Heldra-

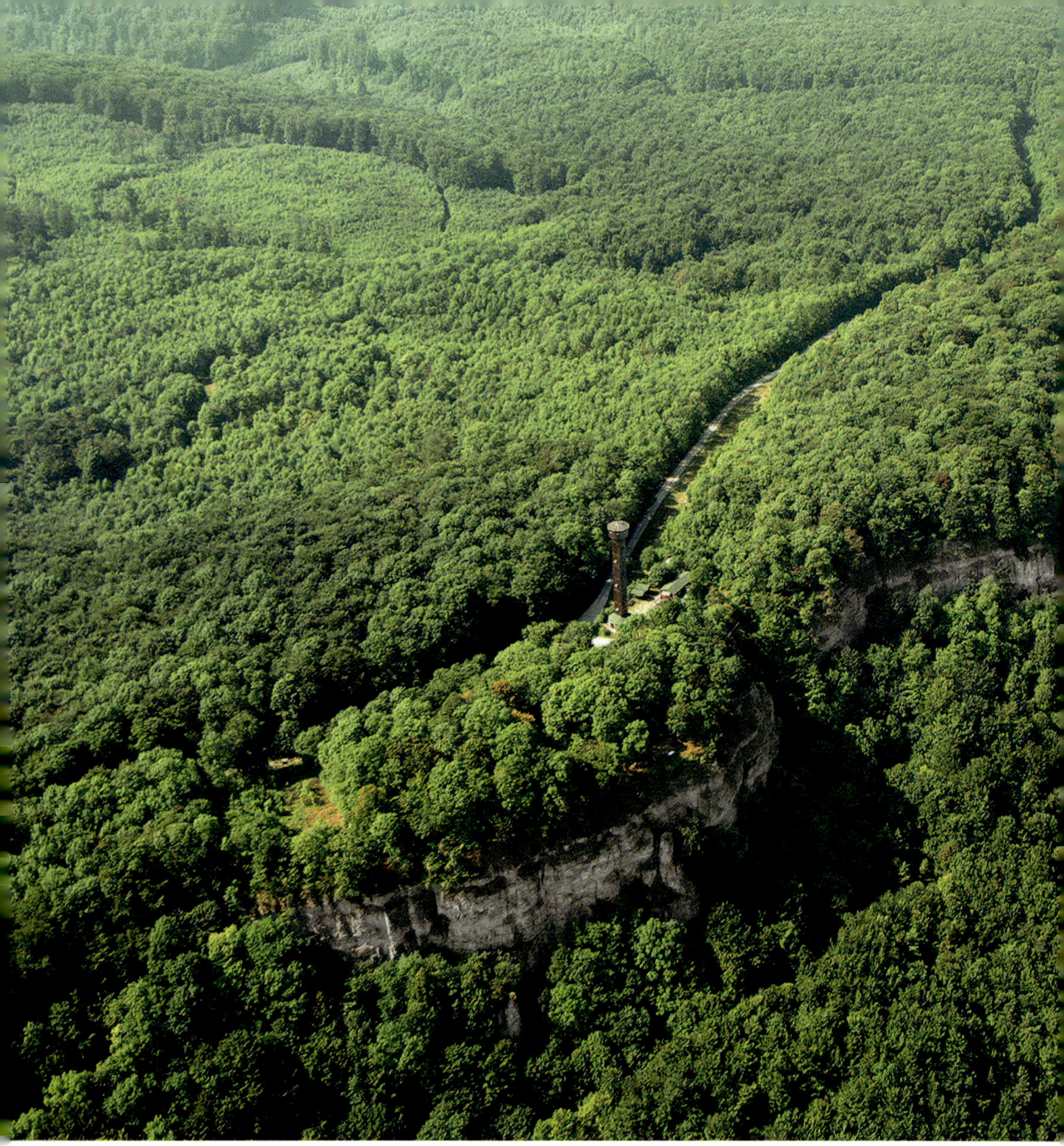

Bewegter Heldrastein

Am Heldrastein ist der Berg in Bewegung: Wasser dringt über Klüfte in die Felswände und die felsigen Steilhänge, Kalk wird gelöst, und einzelne Felsschuppen setzen sich auf dem rutschigen Untergrund langsam in Bewegung. Jedes Jahr wird der Spalt ein paar Zentimeter größer. Dann plötzlich: »Krawumm« – eine Scholle stürzt zu Tal und reißt weitere Felsen mit sich. Dieses Schauspiel findet aber nicht nur am Heldrastein statt, denn immer wieder kommt es an der gesamten unteren Werra zu Bergstürzen.

steins, die schon den Grenzsoldaten als perfekte Aussichtskanzel diente. 320 Meter tiefer fließt die Werra am hessischen Dorf Heldra und am thüringischen Städtchen Treffurt vorbei. Über Treffurt thront die Burg Normannstein, der wir am darauffolgenden Tag einen Besuch abstatten werden. Der Abstieg ins Werratal verläuft über einen Premiumweg mit der Markierung »P6«. Er beginnt mit einer Felsschlucht, in der man an

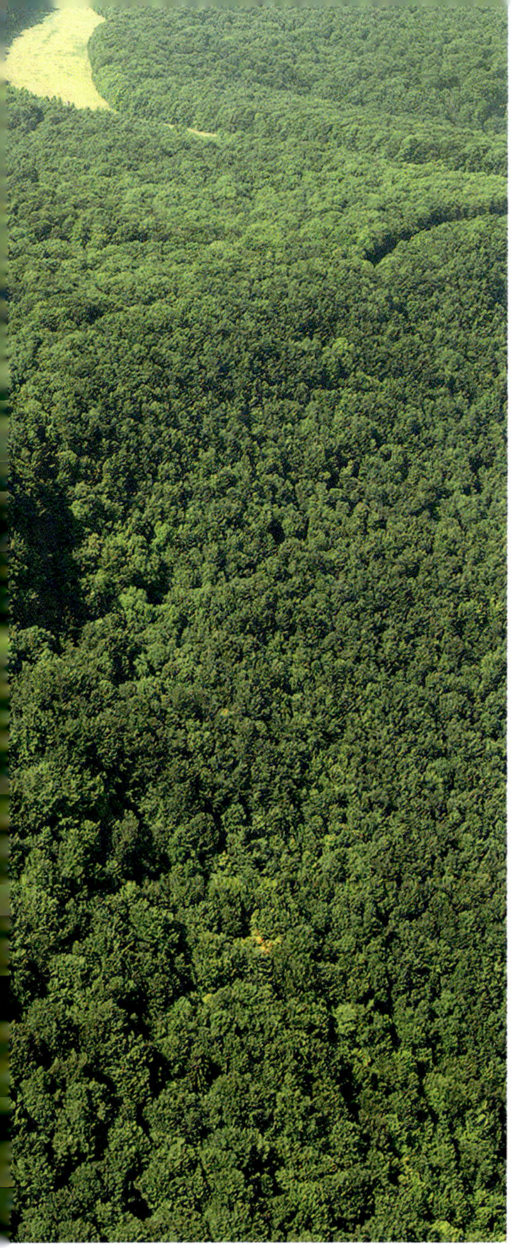

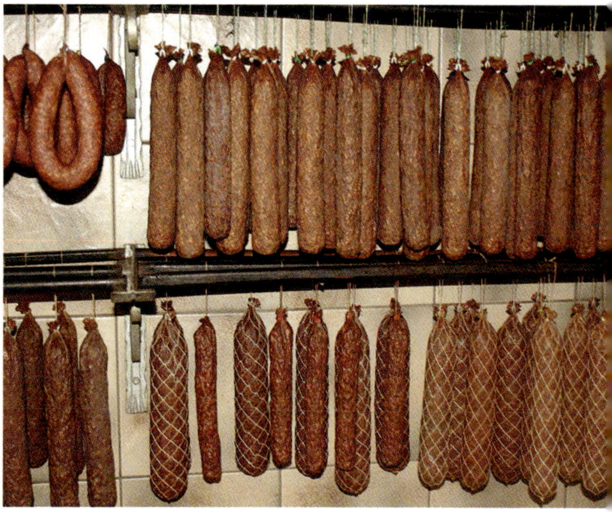

Stracke und Runde sind Spezialitäten aus dem Ringgau.

unheimlichen Klüften und Spalten vorbeikommt. Dann folgt ein langer Treppenpfad, der an einer Straße endet, die zu DDR-Zeiten der einzige Zugang zum Großenburschlaer Grenzzipfel war.

Über eine ehemalige Flusssperre nach Treffurt Auf der zweiten Etappe des Abstiegs wandert man zunächst mit geringem Gefälle oberhalb eines Steilhangs entlang. Dann wendet sich der Premiumweg plötzlich nach links, und es geht auf dem ehemaligen Grenzstreifen steil hinunter zur Werra. Auf einer heute zur Brücke umfunktionierten Flusssperre – mit der Sperre wurden Flüchtlinge einst daran gehindert, flussabwärts in den »Westen« zu schwimmen – gelangen wir über die Werra. Noch ein Stück am Ufer flussaufwärts, dann sind wir in der thüringischen Fachwerkstadt Treffurt angelangt.

Der Ringgau und die »Ahle Worscht« Von Herleshausen bis Treffurt sind wir durch den Ringgau gewandert, eine ländliche Gegend, die neben Burgen, grandiosen Felsabbrüchen und Orchideen eine kulinarische Spezialität zu bieten hat, die »Ahle Worscht«. Frei ins Hochdeutsche übersetzt: eine geräucherte Mettwurst, die langsam reift und dabei eine besondere Geschmacksfülle entwickelt. Besonders gut wird die »Ahle Worscht«, wenn sie von Schweinen stammt, die auf traditionelle Art gefüttert werden. Man kann die »Ahle Worscht« beim Metzger kaufen; besser noch, man macht einen Bauern aus, der selbst schlachtet.

Links: Blick auf den Heldrastein, rechts oben das Grüne Band

27 Von Treffurt zum Kloster Hülfensberg

Über die Werrahöhen zu einer im ehemaligen Sperrgebiet gelegenen Wallfahrtsstätte

mittel · 18,1 km · ↑ 528 m ↓ 380 m · 5 Std.

Ausgangspunkt
Treffurt

Endpunkt
Hülfenberg

Gehzeit
Bis Burg Normannstein 30 Min.; bis Aussichtsturm Plesse 4 Std.

Anfahrt
Bahn/Bus: Mit der Deutschen Bahn nach Göttingen, weiter mit dem »cantus« (Zug) nach Eschwege und werktags weiter mit der Buslinie 78 nach Treffurt (Fahrplan-Einschränkungen in den Ferien)

Karte
LVT 1:50 000, Südliches Eichsfeld

Einkehr
Restaurant Burg Normannstein
Tel. 036923/838 99
www.burg-normannstein.de

Informationen
www.treffurt.de

Übernachtung
Ferienwohnung König
Enge Gasse 1
37308 Döringsdorf
Tel. 036082/421 40
fewos.koenig@web.de;

In Wanfried
Hotel Wanfrieder Hof
Markstr. 21
Tel. 05655/339 und 17 95;

Hotel Zum Schwan
Marktstr. 20
Tel. 05655/92 49 00
www.zumschwan-wanfried.de

Vom Fachwerkstädtchen Treffurt steigen wir hinauf zur Burg Normannstein. Dann folgen wir Höhenzügen, die steil zur Werra abbrechen, begleitet von herrlichen Ausblicken, einem Aussichtsturm und bemerkenswerten Grenzrelikten. In den Felsabbrüchen brüten Uhu und Wanderfalke, und am Kolonnenweg gedeihen Orchideen und Enziane.

Treffurt zeichnet sich durch eine sehenswerte Altstadt aus. Es gibt drei ehemalige Amtshöfe, eine frühere Zigarrenfabrik und den Normannstein, eine Burg auf steiler Höhe mit toller Aussicht und einem Restaurant. Unser Weg führt vom Marktplatz über die Bergstraße, wo wir auf den hessischen und den Mainzer Amtshof stoßen. Die Höfe stehen leer und warten auf Investoren. Weiter geht's über die Brunnenstraße, an der die ergiebige Normannsteinquelle sprudelt. Dann wenden wir uns hinter einer Kirche nach rechts auf die Burgstraße; an der Ecke liegt der dritte der Amtshöfe, der sächsische. Hinter dem Gebäude zweigt ein Pfad ab, über den wir den Normannstein bezwingen wollen. Der Anstieg ist kurz, aber heftig – wer Probleme mit der Puste hat, kann der Straße zur Burg hinauf folgen.

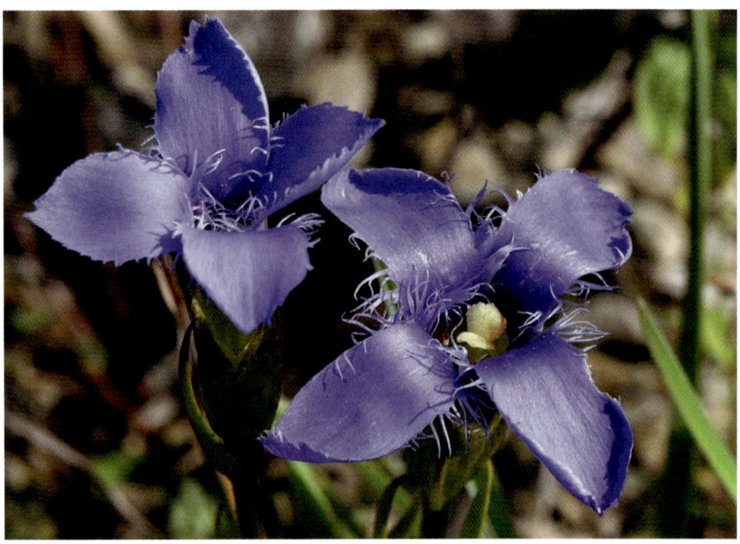

Prächtiger Fransenenzian

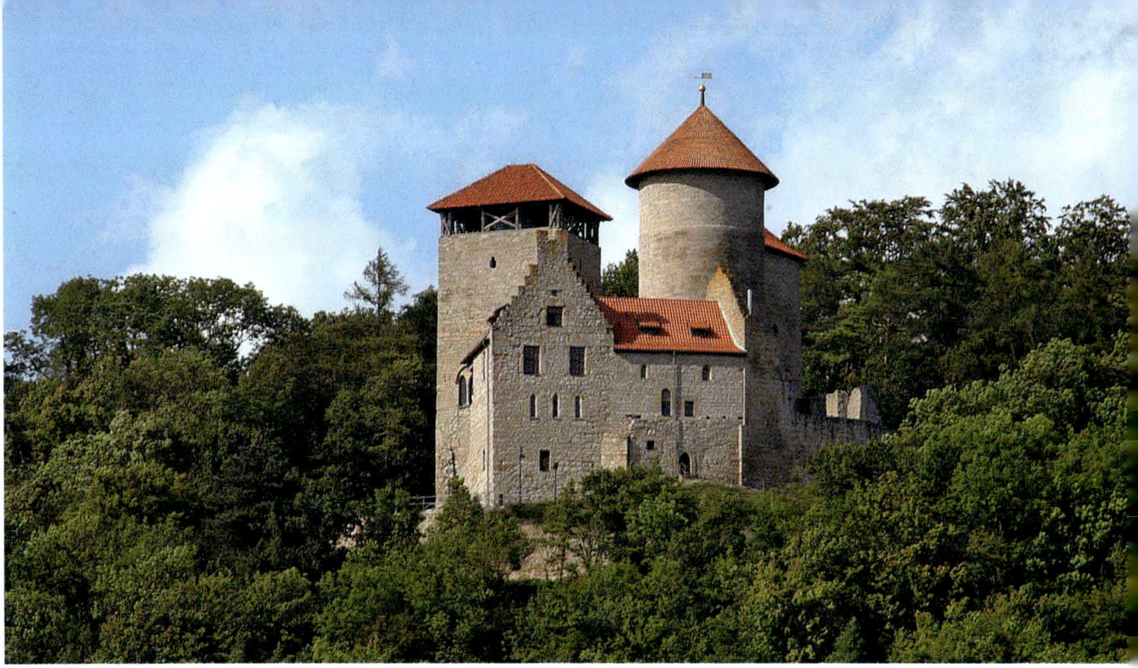

Der Normannstein bei Treffurt

Über Kirschwiesen und luftige Pfade Unser nächstes Ziel ist die Adolphsburg, ein Höhenzug, der extrem steil zur Werra hin abbricht. Unser Weg führt zunächst durch eine große Kirschwiese, die noch aus der DDR-Selbstversorgerzeit stammt. Dann geht es über einen Pfad direkt an einer felsigen Abbruchkante entlang zur Adolphsburg, von der man eine wunderbare Aussicht genießt. Weiter geht's, den Markierungen des Grenzwegs folgend, zum etwa einen Kilometer entfernten Kolonnenweg. Über Lochbetonplatten steigen wir hinunter ins Tal der Heldra, von dem es über Lochbeton wieder bergauf geht, bis auf Höhen um die 430 Meter. Das Besondere an den folgenden Kolonnenweg-Kilometern: Das Flurneuordnungsamt Gotha hat auf einem Strang des Plattenwegs die Löcher verfüllt.

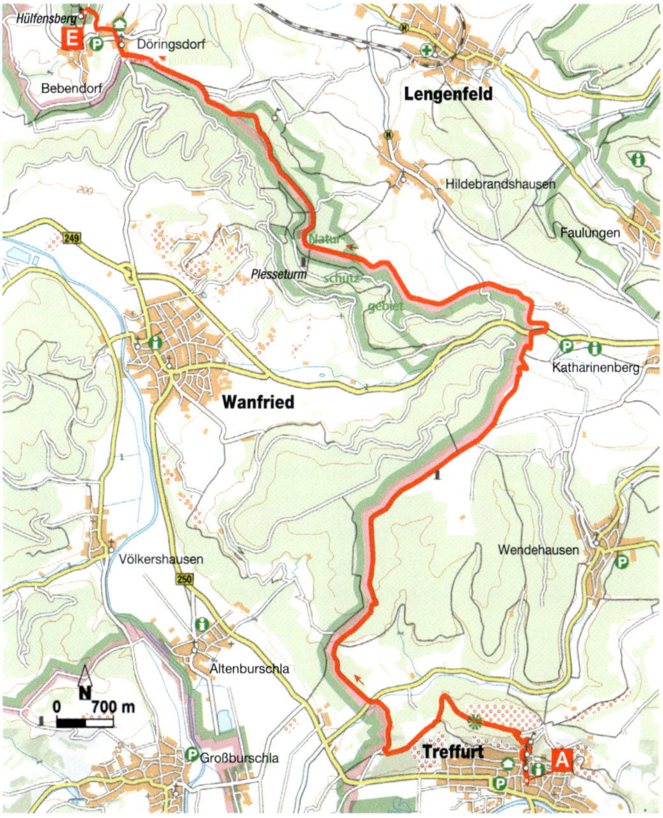

Von Grenzrelikten und Enzianen Ein großes Abflussrohr mitten im Grenzstreifen wird uns als »Agentenschleuse« präsentiert – als ob die Agenten es nötig gehabt hätten, bei Nacht und Nebel durch ein Rohr zu krabbeln ... Die setzten sich im Ostberliner Bahnhof Friedrichstraße in die S-Bahn und fuhren, von Grenzern unbehelligt, in den Westteil der Stadt. Real-Geschichte erfährt der

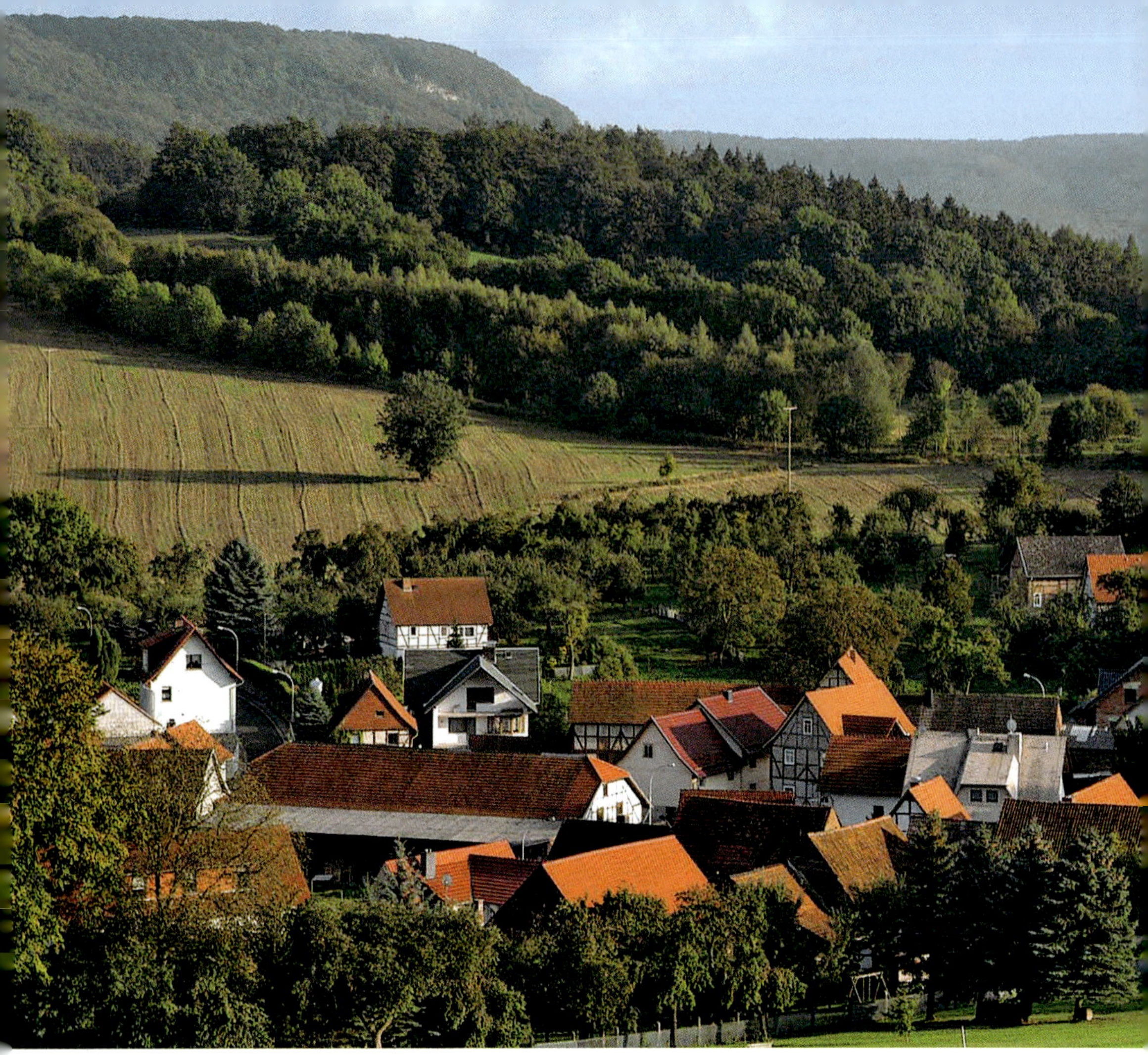

Blick vom Hülfensberg auf Döringsdorf, im Hintergrund die Plesse

Wanderer im oberen Abschnitt des Anstiegs: Dort steht noch eine Betonpfostenreihe des über drei Meter hohen Grenzzauns.

Auf ca. 450 Metern Höhe, am Rand des orchideenreichen Naturschutzgebiets Mainzer Köpfe, haben wir unsere vorläufige Endhöhe erreicht. Eine überdachte Tisch-/Bank-Kombination lädt zur Rast ein. Auf dem steinigen Grenzstreifen blühen im Spätsommer Enziane.

Gut drei Kilometer halten wir nun unsere Höhe. Wir kommen an einem normalen Grenzwachturm vorbei (viereckig schmal) und an einem sogenannten Führungsturm (viereckig stämmig); in Letzterem versah ein Offizier mit Kommandoeinheit seinen Dienst. Im Führungsturm am Mainzer Kopf hat man ein kleines Grenzmuseum eingerichtet, das vom Heimatverein Wendehausen betreut wird. Gezeigt werden hier der Aufbau der Grenzsperranlagen und das Leben im Sperrgebiet. Man erfährt auch kuriose Details, z. B. dass man die Wegweiser an den Straßen abmontiert hatte, um Ortsfremden die Orientierung zu erschweren. Und es wird über die Opfer an der ehemaligen Grenze und über die Zwangsaussiedlungen berichtet. Der Turm kann von Ostern bis zum Tag der Deutschen Einheit sonntags von 13–17 Uhr oder nach Absprache (Tel. 036024/80 22-0, info@grenzturm.eu) besichtigt werden.

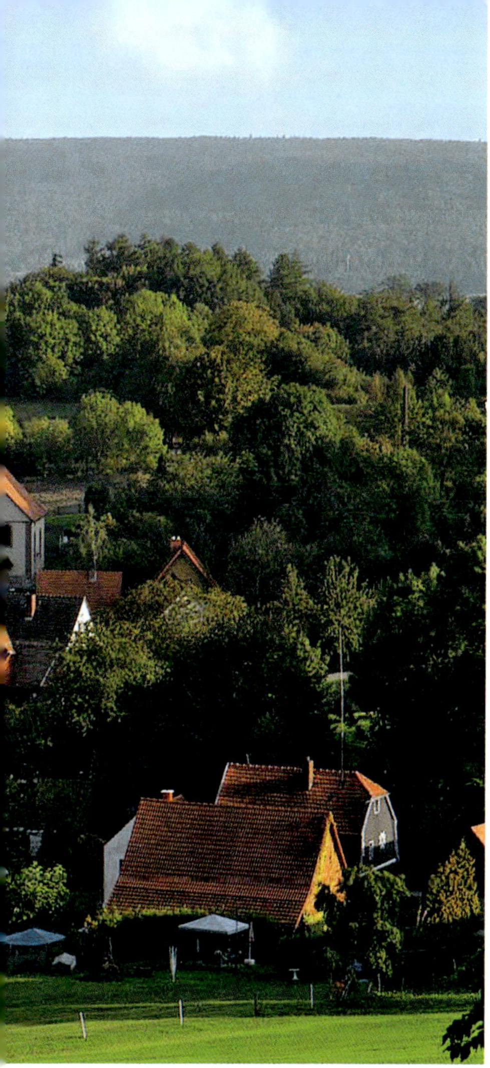

Treffurts Historie

Auf der Burg Normannstein saßen einst die Ritter von Treffurt. Da sie sehr selbstbewusst waren, kamen sie in Konflikt mit ihren großen Nachbarn, dem Erzbischof von Mainz, dem Landgrafen von Thüringen und dem Landgrafen von Hessen. Die drei Großen verbündeten sich, vertrieben die Ritter und regierten Treffurt und die zur Stadt gehörenden Dörfer jahrhundertelang gemeinsam. Aus dieser Zeit stammen unter anderem die drei Treffurter Amtshöfe.

Ein Aussichtsturm, Lilien und Wanderfalken Noch einmal müssen wir auf dieser Etappe ordentlich ab- und aufsteigen – 100 Meter beträgt der Höhenverlust bis hinunter zur B 249. Rechts sehen wir auf der Höhe in etwa zwei Kilometern Entfernung die Ruinen der Klosterkirche Katharinenberg, ehemals ein Wallfahrtsort. Wer Hunger hat: Nur 700 Meter weit ist der Abstecher von hier bis zu einer Fernfahrergaststätte.

Drei Kilometer nach der Querung der B 249 zweigt links ein Pfad nach Hessen ab. Er führt in wenigen Hundert Metern zu einem Aussichtsturm an einem Steilabbruch. Leider hat man den Turm wegen Baufälligkeit gesperrt. Als Ausgleich bleibt der Blick über die Steilhänge, an dem im Mai und Juni weiße Lilien und blutroter Storchschnabel blühen. Achtung, es besteht Absturzgefahr! Das gilt im besonderen Maße für die rechts vom Turm anschließende Felswand der Plesse, in der der Wanderfalke brütet. Die Plesse entstand zur Zeit des Dreißigjährigen Krieges, als es in einer sturmumtosten Januarnacht zu einem ungeheuer großen Bergsturz kam. Der Chronik nach war die Erschütterung so groß, »... dass im städtischen Hochzeitshaus, in welchem Klaus Fischer Hochzeit gehalten, die Tassen eine Elle hoch gesprungen sind«.

Übernachten am Fuß des Klosterbergs Wir gehen zurück auf den Kolonnenweg, und nachdem wir den Wald hinter uns gelassen haben, ist es nicht mehr weit bis zu dem kleinen Ort Döringsdorf, der hoch über dem Werratal liegt. Hinter dem Ort erhebt sich der Hülfensberg, auf dessen Kuppe ein Franziskanerkloster steht (siehe folgende Etappe). In Döringsdorf kann man bei Simone König übernachten; sollte die Ferienwohnung belegt sein, bleibt als Ausweichmöglichkeit nur das vier Kilometer entfernte Städtchen Wanfried im Werratal. Rufen Sie in diesem Fall beim Wanfrieder Hof oder beim Hotel Zum Schwan an und bitten Sie den Wirt, Sie abzuholen. Am nächsten Morgen muss man dann allerdings wieder hinauf nach Döringsdorf.

28

Vom Hülfensberg nach Sickenberg

Mönche und Orchideen hoch über dem Werratal

schwer 22,8 km ↑754 m ↓781 m 6.30 Std.

Ausgangspunkt
Hülfenberg

Endpunkt
Sickenberg

Gehzeit
Einkehrmöglichkeit am Weg erst nach 6 Std.

Anfahrt
Bahn/Bus: Keine Empfehlung für den ÖPNV

Karte
LVT 1:50 000, Südliches Eichsfeld

Einkehr
In Asbach Gasthof
Asbach Uralt – Alte Schmiede
Dorfstr. 21
Tel. 036087/900 74
www.asbach-uralt-schmiede.de;
in Sickenberg s. bei Übernachtung

Informationen
www.bad-sooden-allendorf.de

Übernachtung
Hofcafé Sickenberg
Sickenberg 9
37318 Sickenberg
Tel. 036087/976 96
www.hof-sickenberg.de;

Infos auch über die Tourist-Info
Bad Sooden-Allendorf
Tel. 05652/958 70
www.bad-sooden-allendorf.de

Wir steigen zu einem Franziskanerkloster hinauf, das die DDR-Zeit überdauert hat, kommen an Kapellen vorbei, in denen sich einst die Grenzsoldaten unterstellten, wandern über den höchsten Berg des Eichsfelds und erfreuen uns an Blumenwiesen und grandiosen Tiefblicken – eine lange, aber schöne Etappe mit Traumpfaden durch die Natur des Werraberglands.

In Dörigsdorf folgen wir der Straße Herrental und der Engen Gasse zur Klosterauffahrt. Hinter einem einzeln stehenden Haus zweigt links ein Wanderweg ab, der auf Waldpfaden zum Hülfensberg hinaufführt. Oben auf dem geräumigen Gipfelplateau befindet sich ein Franziskanerkloster nebst Klosterkirche, Bonifatius-Kapelle, Klostergarten und Mönchsfriedhof; im Lauf des Jahres treffen hier Tausende von Wallfahrern ein. Zwei Kreuze stehen am Rand des Plateaus – von dem einen blickt man über das katholische Eichsfeld, von dem anderen schaut man hinunter ins evangelische Werratal.

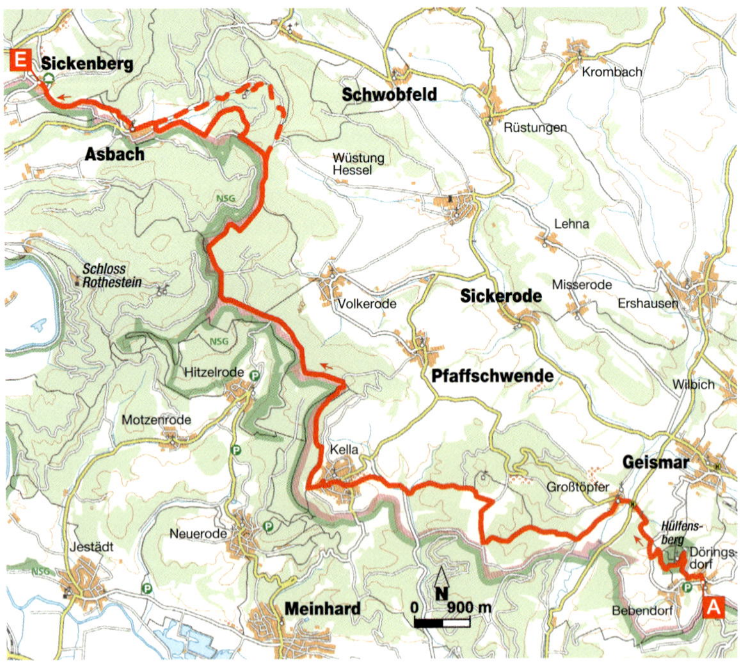

Die Kapelle hinter dem Grenzsignalzaun Der Grenzwanderweg Grünes Band Thüringen liegt hinter uns, und wir folgen nun dem Eichsfeld-Wanderweg mit der Markierung rotes Wagenrad (das Rad steht für das Bistum Mainz, zu dem das Eichsfeld früher gehörte). Zudem begleitet uns über weite Strecken die Markierung »X5« des Werra-Burgensteigs. Die Wegfindung ist also unproblematisch, und das Gleiche gilt auch für den langen Abstieg vom Hülfensberg hinunter nach Großtöpfer.

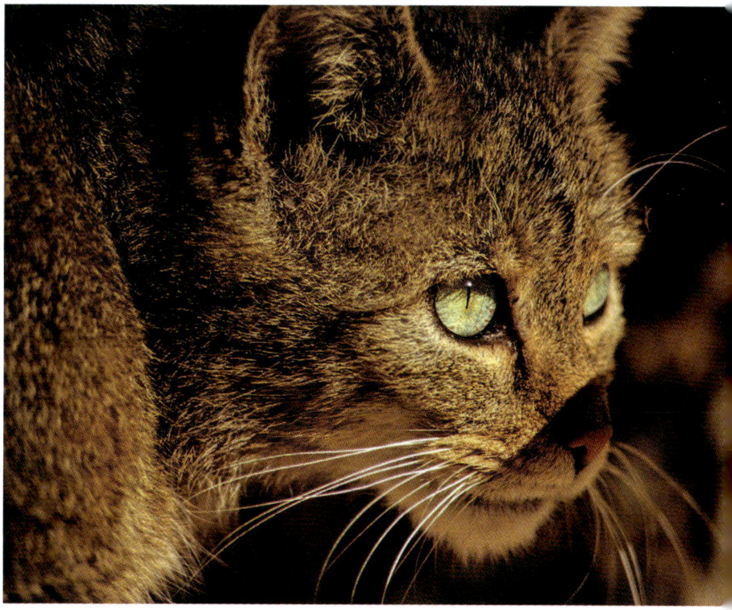

Wildkatzen sind sehr scheu und kaum zu sehen.

Natürlich geht es hinter Großtöpfer gleich wieder bergauf, denn unser nächstes Ziel, der thüringische Ort Kella, liegt hinter den Bergen. Wir wandern abseits des Kolonnenwegs durch Wälder und Felder, die zu DDR-Zeiten im Sperrgebiet lagen, bis nach Kella, das in einem Talkessel liegt, eingerahmt von den steilen Hängen des Tafelberges Meinhard (Wer will, kann auch zwischen Großtöpfer und Kella dem Kolonnenweg folgen). Oben, an der Abbruchkante des Meinhard, verlief die Grenze der DDR, und unten, am Hangfuß, zog sich der Signalzaun entlang. Seit der Wende können die Kellaer zu Fronleichnam wieder zu ihrer Kapelle hinaufpilgern – da die Kapelle, Ziel eines Kreuzwegs, einst hinter dem Signalzaun lag, war sie damit lange Zeit nicht zugänglich. Einzige Besucher waren die Grenzsoldaten, die bei schlechtem Wetter in der Kapelle Unterschlupf fanden. Am 25. November 1989 zog zum ersten Mal wieder eine Prozession zur Kapelle.

Grandiose Tiefblicke und Orchideen satt am Gobert Unser Weg führt an der Kreuzweg-Kapelle vorbei. Dann geht es auf einem Pfad quer durch den Steilhang zum Plateau des Meinhard hinauf, wo wir auf den Kolonnenweg treffen. Wir folgen dem ehemaligen Grenzstreifen auf seinem Weg zum 543 Meter hohen Gobert, dem höchsten Punkt des Eichsfelds. Das Grüne Band führt hier mitten durch Buchenwald, der ehemalige Grenzstreifen aber wird bis auf einen Saum gehölzfrei gehalten.

Nach knapp drei Kilometern erreichen wir den westlichen Rand des Hochplateaus, das mit einem Felsriegel zum Werratal hin abbricht. Die Demarkationslinie verlief auch hier an der Abbruchkante. Im Auf und Ab führen vom Kolonnenweg aus Pfade zu Aussichtspunkten, von denen man hinunter auf Bad Sooden-Allendorf und über das Werratal hinüber zum Hohen Meißner blickt. Auch hier gibt es eine angebliche »Agentenschleuse« zu bestaunen.

Orchideenwiesen und ein Urwald von morgen

Früher war der Gobert voller Blumenwiesen. Zu DDR-Zeiten wurden die Bewirtschafter vertrieben und Wald kam hoch. Nur am Grenzstreifen konnten seltene Arten überdauern. Seit der Wende weiden dort wieder Schafe und Ziegen. So blühen am Gobert unzählige Orchideen und Sommerblumen, unter ihnen so schöne und seltene Arten wie der Frauenschuh. Doch das ist nicht alles: Rechts und links des ehemaligen Grenzstreifens dürfen keine Bäume mehr gefällt werden. Ein Urwald ist im Entstehen. Hier schleichen Luchs und Wildkatze auf leisen Pfoten durchs Revier.

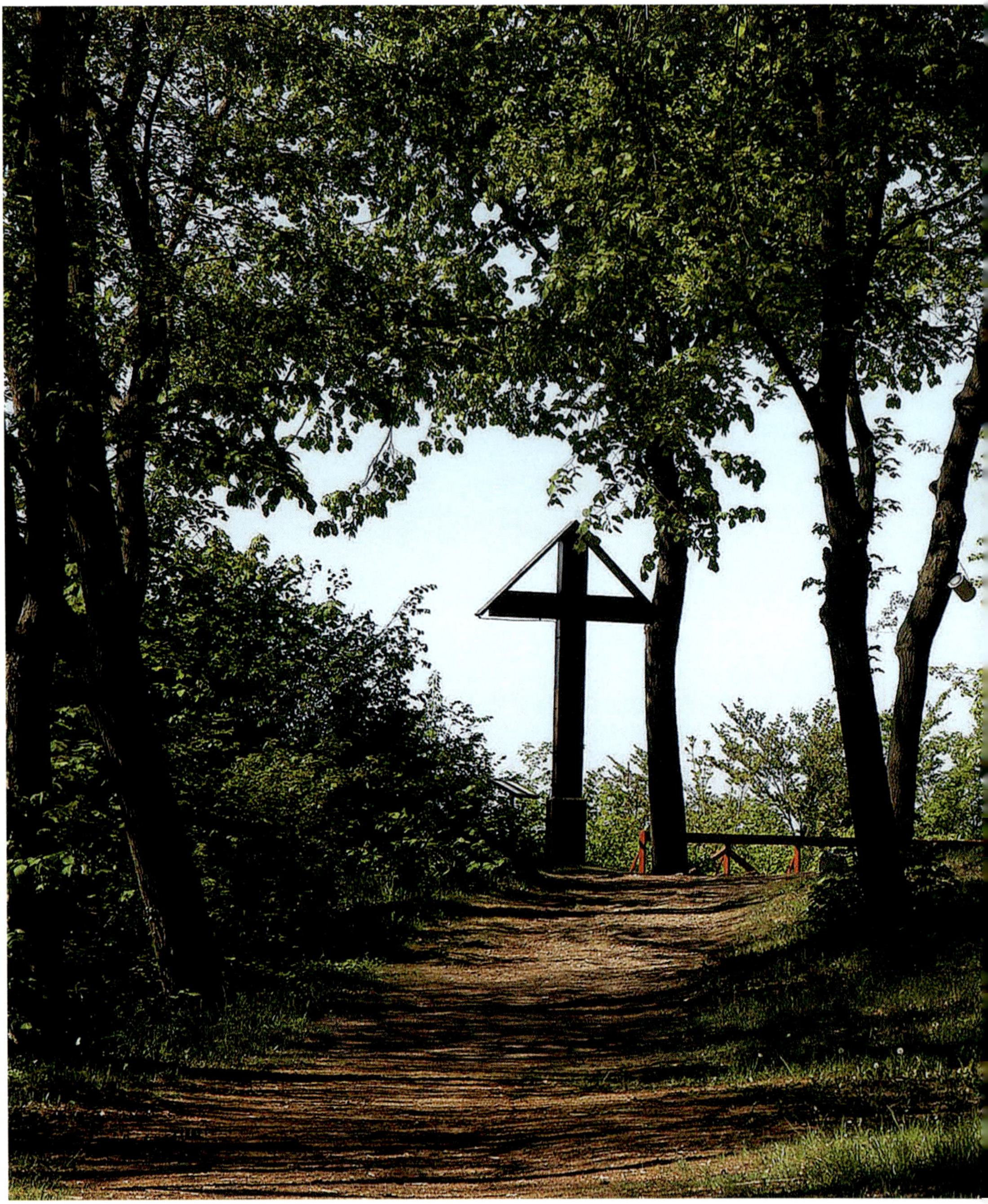

Zum Grüne-Band-Hofcafé Sickenberg Nach knapp drei Kilometern zweigt unser Wanderweg vom Kolonnenweg rechts ab und taucht in den Wald ein. (Bliebe man auf dem Kolonnenweg, stünde dem Wanderer ein Abstieg bevor, der sich gewaschen hat!) Die Markierung rotes Wagenrad führt uns also in einem Bogen über Waldwege hinunter zur Ruine Altenburg und weiter zu den Orten Asbach und Sickenberg. Bis 1946 waren die beiden Orte hessisch – ein Landtausch der Alliierten

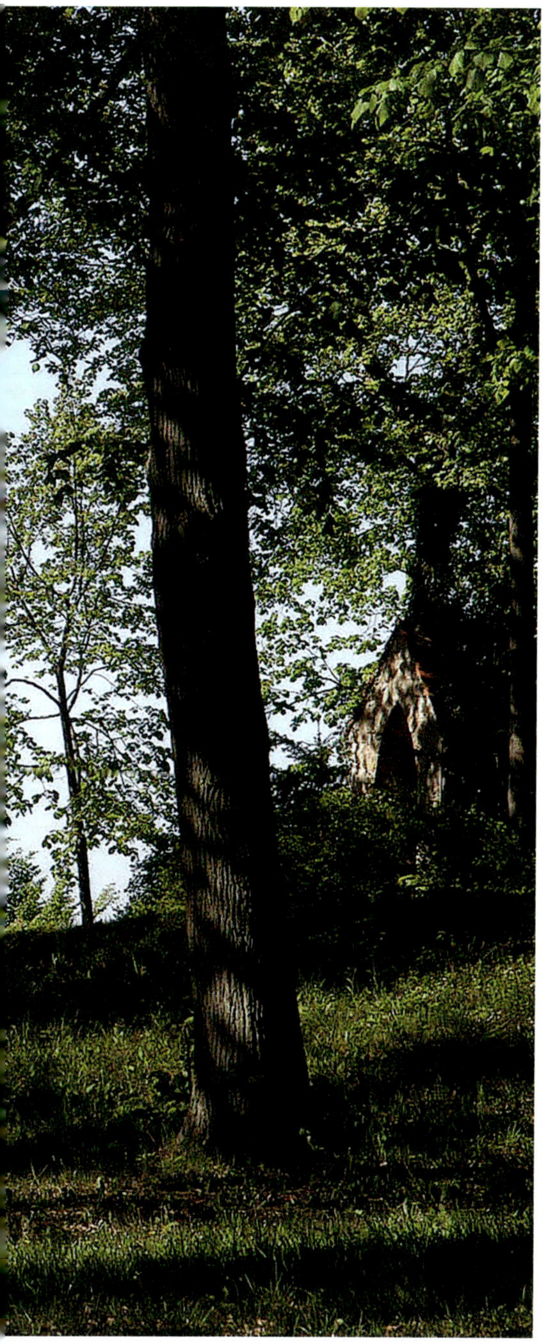

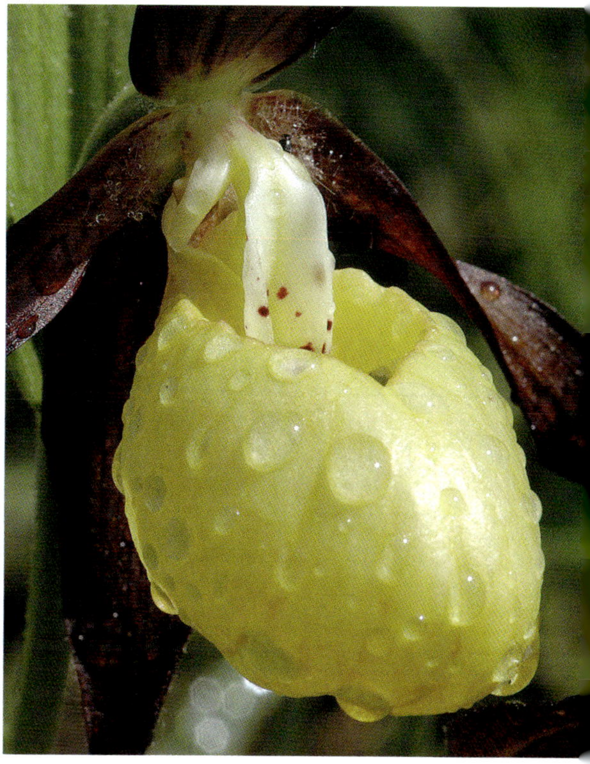

Die Franziskaner vom Hülfensberg

Der Hülfensberg ist ein uralter Wallfahrtsort. Im Mittelpunkt der Wallfahrten steht die Klosterkirche mit ihrem Gnadenbild, einem eindrucksvollen romanischen Kruzifix aus dem 12. Jh. Zu DDR-Zeiten lag das Kloster im Sperrgebiet – Wallfahrten wurden somit immer schwieriger, bis sie schließlich ganz eingestellt werden mussten. Immerhin wurden die Franziskaner nicht aus dem Kloster vertrieben, und drei Pater hielten bis zur Grenzöffnung durch. Seit der Wende erleben das Kloster und die Wallfahrten eine neue Blüte. Mehr zum Kloster und den dort lebenden Franziskanern erfährt man im Grünen-Band-Buch »Eichsfeld–Werrabergland« (siehe S. 189).

brachte sie in den Herrschaftsbereich der Sowjetbesatzung und damit in die spätere DDR. In Sickenberg kann man im Haus des Hofcafés Sickenberg übernachten. Hier gibt es noch die echten nordhessischen Kuchenspezialitäten: unter anderem Schmandkuchen, Knippkuchen, Isekuchen. Lassen Sie sich überraschen! Wenn die Zimmer belegt sein sollten, ruft man ein Taxi oder wandert zu Fuß ins drei Kilometer entfernte Bad Sooden-Allendorf.

Frauenschuh (Orchidee)

Links: Kreuz am Kloster Hülfensberg

29

Von Sickenberg zum Hanstein

Über die Teufelskanzel zur Burg Hanstein

mittel | 15,5 km | ↑ 574 m ↓ 530 m | 4.30 Std.

Ausgangspunkt
Sickenberg

Endpunkt
Hanstein

Gehzeit
Zum Wirtshaus Teufelskanzel 3.45 Std.

Anfahrt
Bahn/Bus: Mit der Deutschen Bahn nach Göttingen und weiter mit dem »cantus« (Zug) nach Bad Sooden-Allendorf

Karte
LVT 1:50 000, Südliches Eichsfeld und Nördliches Eichsfeld

Einkehr
Wirtshaus Teufelskanzel
Tel. 036081/612 37
www.teufelskanzel.de;
in Hanstein s. bei Übernachtung

Informationen
www.bad-sooden-allendorf.de
www.burgruine-hanstein.de

Übernachtung
Klausenhof
Friedenstr. 28
37318 Rimbach
Tel. 05542/50 17 10
www.klausenhof.de

Wir folgen dem Kolonnenweg ins Werratal und erkunden die Kurstadt Bad Sooden-Allendorf. Nächstes Ziel ist das Stockmacherdorf Lindewerra, von dem es steil hinauf zur Teufelskanzel geht. Und als krönender Abschluss der Etappe steht der Besuch der Burg Hanstein auf dem Programm.

Wer in Sickenberg übernachtet hat, folgt vom Hofcafé aus ca. 200 Meter der Straße nach Wahlhausen und biegt dann links ab auf einen Weg, der in den Kolonnenweg übergeht. Ein paar Hundert Meter weiter kommt man am Eingang des Grenzmuseums Schifflersgrund vorbei. Der Besucher betritt das Museum durch ein Original-Grenztor: links der mit Elektrodrähten überspannte Grenzsignalzaun, dahinter der »normale« Grenzzaun mit Nachbildungen der Selbstschussanlage SM 70, das Ganze überragt von einem Grenzwachturm. Von einem Ausguck schauen wir auf den ehemaligen Grenzstreifen hinab. Grenzzaun, Kfz-Sperrgraben, Spurensicherungsstreifen: Alles ist hier im Original erhalten, auch die Helikopter der DDR-Grenzer und des BGS (Öffnungszeiten Mo–So 10–17 Uhr).

Zur Doppelstadt Bad Sooden-Allendorf Vom Grenzmuseum aus folgen wir dem Kolonnenweg und der Markierung rotes Wagenrad in ein Tälchen, wo man auf den Metallgitterzaun und andere Grenzrelikte stößt.

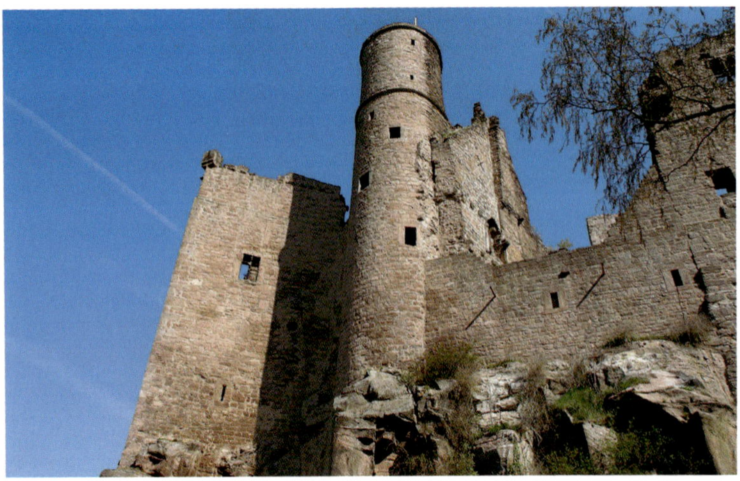

Burg Hanstein

Weiter geht's auf dem Kolonnenweg bis hinunter zur Straße Bad Sooden-Allendorf–Wahlhausen. In der Doppelstadt Bad Sooden-Allendorf gibt es einiges zu sehen. Besonders schön ist der Blick von der Werrabrücke auf die Häuser des Allendorfer »Fischerstad« mit Gärten und Bootsanlegestellen. Angesichts der Kürze der Etappe sollte ein Stadtrundgang möglich sein.

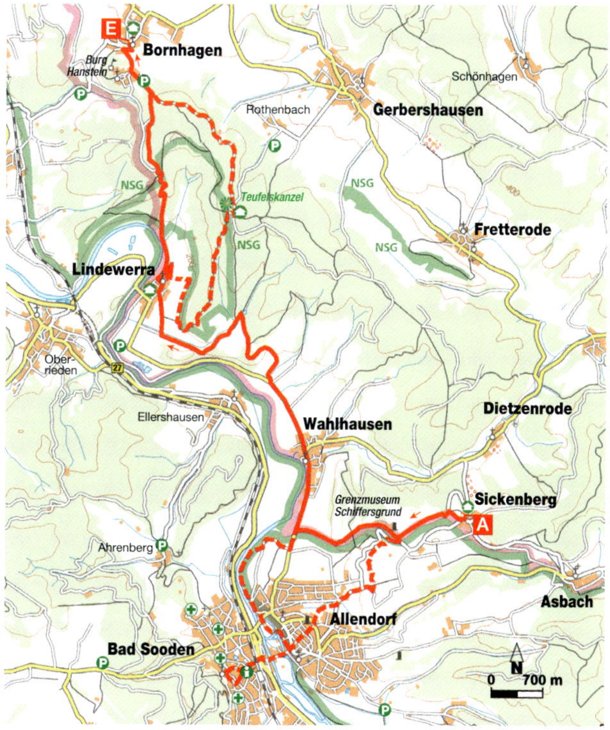

Lindewerra und die Teufelskanzel Wer rasch vorwärtskommen möchte, folgt am Ende des Kolonnenwegs sogleich rechts dem Eichsfeld-Wanderweg entlang der Straße nach Wahlhausen. Auch hinter Wahlhausen verläuft unser Wanderweg noch ein gutes Stück über die Landstraße. Dann aber biegt der Eichsfeldweg in die Feldflur ab, wo auch einige Steigungen zu überwinden sind. Schließlich erreichen wir das Stockmacherdorf Lindewerra, wo die Stockproduktion nach wie vor ein lebendiges Handwerk ist. An Sonntagen hat das Stockmachermuseum geöffnet. Ein Besuch ist hier nach Voranmeldung möglich (Tel. 036087/983 00 und 983 10). Nächstes Ziel ist die hoch über dem Werratal thronende Burg Hanstein. Um dorthin zu gelangen, hat man zwei Wege zur Auswahl: Entweder steigt man über den Eichsfeldweg zur Teufelskanzel hinauf, von der es dann ohne weitere große Steigungen über einen viel begangenen Wanderweg zur Burg geht. Der Charme dieser relativ langen Variante: Von der Teufelskanzel genießt man einen atemberaubenden Tiefblick auf das Werratal. Weiterer Pluspunkt: Neben der Aussichtskanzel befindet sich auch ein Ausflugslokal.

Zur Burg Hanstein Die Alternativstrecke ist zwei Kilometer kürzer, dafür aber auch steiler: Über den Kolonnenweg geht es im Zickzack 200 Höhenmeter steil hinauf bis zum sogenannten Generalsblick. Nicht jeder ist diesem Anstieg gewachsen, insbesondere bei Hitze. Am Generalsblick ist aber das Schlimmste geschafft, und man folgt von dort dem nur mehr sanft ansteigenden Kolonnenweg bis zu einer Stelle, an der der Blick auf die Burg Hanstein frei wird. Dann geht es links auf dem ausgeschilderten Wanderweg weiter nach Rimbach, einem kleinen Ort am Fuß des Hansteins. Kurz vorher treffen beide Wegvarianten wieder zusammen. Übernachten kann man in Rimbach oder im nahen Bornhagen.

Burgruine Hanstein

Der Hanstein ist den Einheimischen zufolge eine der schönsten Burgruinen Mitteldeutschlands. Sie thront hoch über dem Werratal auf steilen Buntsandsteinfelsen und ist uralt. Erste Nachrichten vom Hanstein gibt es im Jahr 1070. Die heutigen Gemäuer und die zum Teil noch recht gut erhaltenen Wehranlagen stammen aus dem 14. und dem 15. Jahrhundert. Einer der Türme kann bestiegen werden. Von dort oben hat man einen fantastischen Blick über das Werratal. Geöffnet: März–Okt von 10–18 Uhr (Nov bis 16 Uhr); Dez–Feb Sa und So, Feiertage von 10–16 Uhr. www.burgruine-hanstein.de

30

Vom Hanstein nach Bremke

Hessen ade – ein neues Bundesland kommt ins Spiel

mittel 24 km ↑552 m ↓634 m 7 Std.

Ausgangspunkt
Bornhagen am Hanstein

Endpunkt
Bremke

Gehzeit
Zum Bahnhof Eichenberg 1.30 Std.; zum Hofgut Besenhausen 3 Std.

Anfahrt
Bahn/Bus: Mit der Deutschen Bahn nach Göttingen und weiter mit dem »cantus« (Zug) nach Eichenberg

Karte
LVT 1:50 000, Nördliches Eichsfeld

Einkehr
Café in der Handweberei
im Rittergut Besenhausen
Tel. 05504/7497
https://diehandweberei.de

Informationen
www.burgruine-hanstein.de
www.wegdergeschichte.de

Übernachtung
Ferienwohnung für Pilger und Wanderer
Seibigstraße 11,
37133 Reiffenhausen
Tel. 05504/7539 oder
0177/7591616

Gasthaus »Mutter Jütte«
Heiligenstädter Str. 4
37130 Gleichen OT Bremke
Tel. 055 92/12 22

Wir verlassen das hessisch-thüringische Werrabergland und folgen nun bis zum Harz dem Grünen Band Thüringen–Niedersachsen. Erste Station ist das Gut Besenhausen, dann geht es durch das »Tor der Freiheit« hinauf zum Grünen Band Pferdeberg und von dort über die Eichsfelder Grenzhöhen. Wir überschreiten die Landesgrenze und übernachten im niedersächsischen Bremke.

Vom Hanstein sind es nur wenige Kilometer bis zum Dreiländereck Hessen-Thüringen-Niedersachsen. Dort befindet sich auch der Bahnhof Eichenberg, von dem aus man in Richtung Fulda, Kassel, Göttingen und Halle fahren kann. Wer zum Bahnhof will, hat noch einmal ein schönes Stück Grünes Band vor sich.
Von Bornhagen steigen wir zum Hanstein hinauf. Wer tags zuvor schon auf der Burg war, biegt ca. 50 Meter vor der Kasse links ab. Nach ein paar Schritten geht es rechts zur Kirche von Rimbach, von der aus eine geschwungene Sandsteintreppe hinunter zu den Häusern des kleinen

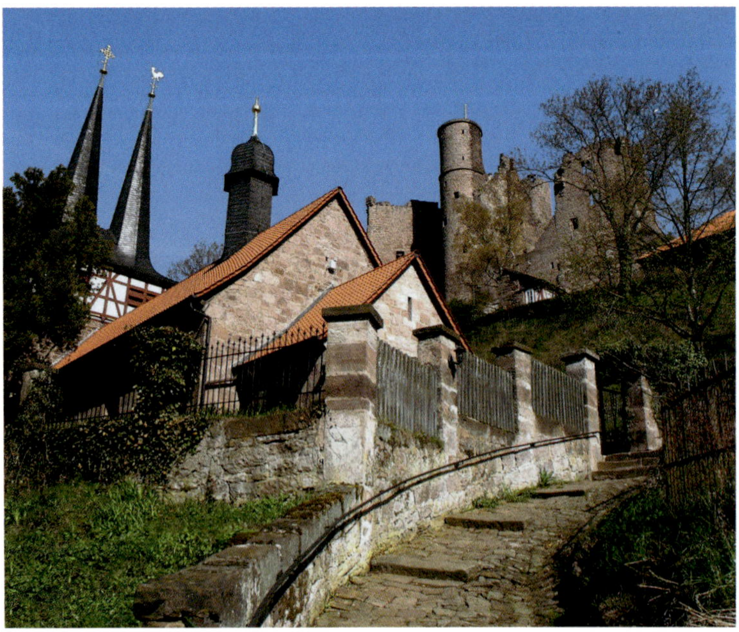

Wanderweg an der Burgkirche unterhalb des Hansteins

Ortes führt. Dort laufen wir ca. 100 Meter geradeaus, biegen dann links und kurz darauf rechts ab auf einen Plattenweg, der hinunter zum Kolonnenweg führt. Auf diesem geht es rechts zu der vom Werratal nach Bornhagen führenden Straße hinunter.

Nach deren Überquerung steht ein ordentlicher Anstieg bevor. Nach einem km Kolonnenweg ist die Höhe erreicht, von der man einen schönen Blick auf die Burg Hanstein hat. Weiter geht's bergab und bergauf, bis der Plattenweg auf die stark befahrene B 80 stößt. Wir folgen links der Straße in eine Z-Kurve, wo rechts ein asphaltierter Wirtschaftsweg abzweigt. Auf diesem gehen wir hinunter zu einer Brücke, die uns über die Bahngleise bringt, und biegen hinter der Brücke rechts ab zum Bahnhof.

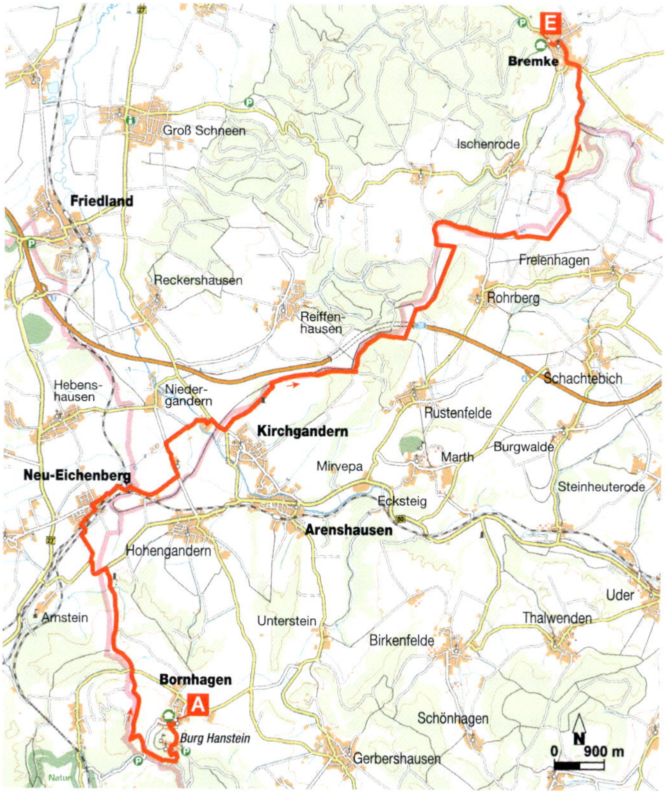

Gut Besenhausen und das »Tor zur Freiheit« Wer weiterwandert, folgt der Bahnhofstraße zu einer T-Kreuzung und biegt dort rechts auf die Eichsfelder Straße ab. Zweimal geht es unter den Bahngleisen hindurch, dann sind wir in Niedersachsen.

300 Meter weiter stoßen wir auf einen Weg, dem wir halb links folgen. Es geht durch die Feldflur und an einem Haus vorbei. An der übernächsten T-Kreuzung wenden wir uns wieder nach links und befinden uns nun auf der alten Ortsverbindungsstraße Hohengandern (Thüringen) – Niedergandern (Niedersachsen). An dieser Straße liegt mitten in der Feldflur eine Kirche, deren Geschichte eng mit dem Rittergut Besenhausen verbunden ist. Die Kirche erinnert an das vor Jahrhunderten zerstörte Dorf Hottenrode – zur Zeit der Gegenreformation kam es hier zu tätlichen Auseinandersetzungen zwischen Protestanten und Katholiken.

Gut 400 m hinter der Kirche biegt man rechts ab und folgt einem Wirtschaftsweg zum Rittergut Besenhausen, das seit 600 Jahren im Besitz eines Zweigs des hansteinschen Familienverbands ist. Um ein Haar wäre der Hof an die DDR gefallen, was den Abriss des schönen Ensembles bedeutet hätte. Wie das Gut gerettet wurde und was es mit den Kämpfen um Hottenrode auf sich hat, erfährt man im Band Eichsfeld-Werra-

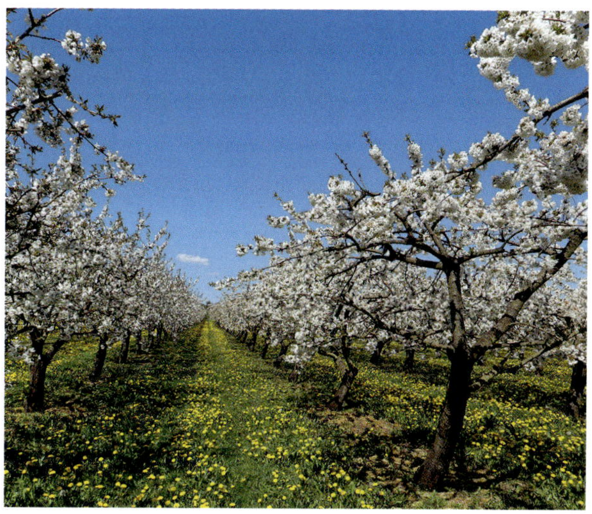

Witzenhausener Kirschwiese

bergland der Grüne-Band-Buchreihe. Im Gutshof befindet sich eine Handweberei mit dem schönen Namen »Rosenwinkel«, deren Produkte in einer Ladengalerie ausgestellt werden. Zudem gibt es hier ein Café. Öffnungszeiten von Café und Werkstatt-Laden: Mittwoch bis Sonntag 13-18 Uhr.

Über den Pferdeberg Vom Hof laufen wir hinauf zur Landstraße und biegen dort rechts ab auf einen Radweg Richtung Kirchgandern. Kurz darauf stoßen wir auf eine ehemalige Grenzbaracke – zwischen 1945 und 1954 passierten hier 2,5 Millionen Flüchtlinge und Spätheimkehrer die Grenze von der sowjetischen zur britisch besetzten Zone und fanden dann Zuflucht im nahen Grenzdurchgangslager Friedland.

Weiter geht's auf dem Radweg. Wir queren das Grüne Band und steuern auf Kirchgandern zu. Kurz vor dem Ort steigen wir links auf den Pferdeberg (ca. 300 m) und stoßen dort zwischen Streuobstwiesen und Magerrasen auf den Kolonnenweg. Von einer Bank blickt man auf den Heidkopftunnel der A 38. Nun geht es steil bergab, bis ein Zaun den Weg versperrt. Ein Pfad führt links zwischen Zaun und Gebüsch hindurch auf eine Wiese. Hier rechts und 500 Meter am Zaun entlang zu einem Wirtschaftsweg, der uns über den 250 Meter breiten Acker leitet, eine weitere Lücke im Grünen Band. Der Kolonnenweg endet und ein Pfad führt steil hinunter auf eine Wiese, über die man nach 500 m auf einen Wirtschaftsweg gelangt. Aus einer Autobahnunterführung kommt der Pilgerweg Loccum–Volkeroda herauf. In der anderthalb Kilometer entfernten Pilgerstation Reiffenhausen gibt es Übernachtungsmöglichkeiten. Wer will, kann also die relativ lange Etappe Hanstein–Bremke in zwei Etappen untergliedern.

Das Rittergut Besenhausen

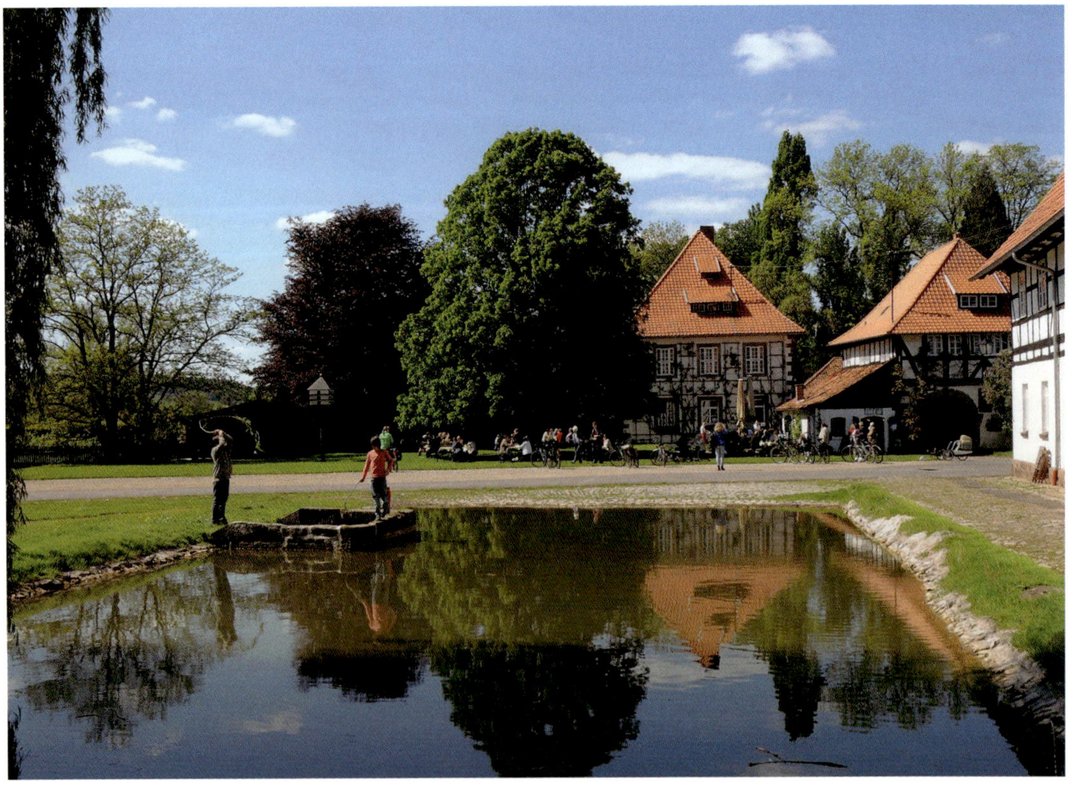

Wer weiterwandern will, folgt dem Pilgerweg (Markierung blaues Kreuz) auf dem wieder auftauchenden Kolonnenweg bis zum Naturschutzgebiet Heidkopf. Am Heidkopf teilen sich die Wanderwege. Der Pilgerweg strebt geradewegs nach Rustefelde. Von rechts kommt der Eichsfeldweg von Kirchgandern herauf, der dem Pilgerweg folgt. Bevor wir über das Grüne Band weiterziehen, unternehmen wir einen kurzen Abstecher zur Magdalenenkapelle, dem Ziel des Kirchgandener Kreuzweges. Dazu wandern wir 100 Meter in Richtung Kirchgandern, dann rechts 100 Meter in den Wald hinein. Nach Verfall und Zerstörung zu DDR-Zeiten wurde die Kapelle nach der Wende neu errichtet.

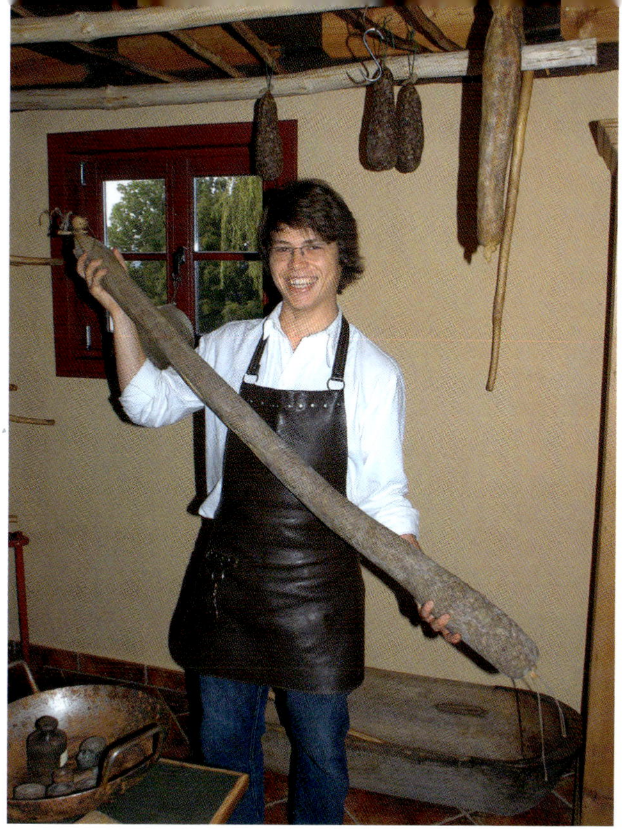

Die Eichsfelder Wurstkonkurrenz für Hessen, der »Feldgieker« (hier in Übergröße), präsentiert vom Juniorchef des Klausenhofs

Weiter geht's auf dem Grünen Band durch das Naturschutzgebiet Heidkopf, das dank der Pflege durch Schafe seinem Namen Ehre macht. Nach eineinhalb Kilometern Grüne-Band-Heide müssen wir uns wieder einmal vom Kolonnenweg verabschieden. Der Grund: Der Plattenweg ist auf 800 Meter zugewachsen. Zudem wurde das Grüne Band auf einem Kilometer Länge umgeackert. Auf thüringischer Seite existiert ein Ersatzweg, der erst am Rande des Waldes und nach einem Kilometer über das umgeackerte Grüne Band führt.

Von den Ziegen am Heinebrink zur »Mutter Jütte« Einen Kilometer weiter queren wir die Straße Rohrberg–Ischenrode und folgen einer Fahrspur über einen Wiesenstreifen, der sich als Grünes Band entpuppt. Die Spur führt zum Heinebrink, einem Hügel, über den die ehemalige Grenze verlief. Früher wurde am Heinebrink Kalkstein gebrochen. Heute weiden dort Ziegen, was der Wacholderheide, die auf dem Hügel wächst, guttut. Über einen Pfad geht es hinunter zu einem Feldweg, der vom thüringischen Ort Rohrberg heraufkommt. Auf den nächsten 700 Metern gestaltet sich die Wegfindung etwas schwierig. Der Feldweg endet an der Landesgrenze. Am besten ist es, 100 Meter vor dem Wegende rechts auszuweichen und längs einer Gehölzreihe um die nächste Ecke einer Fahrspur zu folgen. Hinter der Ecke ist die Gehölzreihe auf 150 Meter unterbrochen. Doch dann leitet sie uns zu einem Wirtschaftsweg. Die Gehölzreihe markiert den Verlauf des ehemaligen Kfz-Sperrgrabens, der Plattenweg wurde aufgenommen und der Grenzstreifen wird als Grünland genutzt. Der Wirtschaftsweg, auf den wir stoßen, führt uns hinüber ins niedersächsische Göttinger Land, genauer gesagt zum dreieinhalb Kilometer entfernten Ort Bremke, wo in dieser vom Tourismus unberührten Landschaft tatsächlich ein potenter Gasthof mit Übernachtungsmöglichkeiten existiert. Der Weg dorthin führt zunächst in ein Tälchen hinunter, dann einen niedrigen bewaldeten Berg hinauf und nach einem Kilometer Wald wieder in ein Tälchen hinunter, das direkt nach Bremke hineinführt; das Etappenziel, der Traditionsgasthof »Mutter Jütte« befindet sich auf der anderen Seite des Ortes.

31

Von Bremke nach Weißenborn

Über das Hohe Kreuz

mittel | 15,6 km | ↑251 m ↓200 m | 4 Std.

Ausgangspunkt
Bremke

Endpunkt
Weißenborn

Gehzeit
Zur Gaststätte Zum Vize-König
5 Std.

Anfahrt
Bahn/Bus: Mit der Deutschen Bahn von Göttingen oder Halle nach Heiligenstadt, weiter mit dem Bus nach Siemerode

Karte
LVT 1:50 000, Nördliches Eichsfeld

Einkehr
In Siemerode Gasthaus
Zum Vize-König
Im Winkel 40
Tel. 03606/610 19 89

Informationen
www.gemeinde-weissenborn.de

Übernachtung
Pension zum Pferdebrunnen
Familie Langer
Zur Gartequelle 10
37130 Gleichen/OT Weißenborn
Tel. 05508/97 70 11
www.biopension-pferdebrunnen.de

Wir wandern über die fruchtbaren Feldfluren nördlich von Heiligenstadt, dem katholischen Zentrum Thüringens, und übernachten wieder im Landkreis Göttingen, im evangelischen Dorf Weißenborn.

Wacholderheide und ein ost-westlicher Fasching Von Bremke geht es über den zuletzt beschriebenen Weg wieder zum Grünen Band zurück. Wir wenden uns nach links und folgen dem hier wieder vorhandenen Plattenweg auf vier Kilometern.

Der Kolonnenweg endet so plötzlich, wie er begonnen hat. Nach einem Rechts- und einem Linksschwenk über einen Wirtschaftsweg stoßen wir oberhalb des thüringischen Dorfs Freienhagen auf ein Wegekreuz. Hier halten wir uns links und laufen auf einer geschotterten Ortsverbindungsstraße durch die weite Feldflur. Nach 1,5 Kilometern gabelt sich der Weg. Wir halten uns rechts und wandern über die Höhe und an einem Wasserwerk vorbei nach Siemerode. Nahe der Kirche kann man in der Gaststätte Zum Vize-König (Schützen-Vize) einkehren. Dort feiern die katholischen Siemeröder mit den evangelischen Weißenbörnern aus dem niedersächsischen Nachbarort seit der Wende jedes Jahr ihren Fasching.

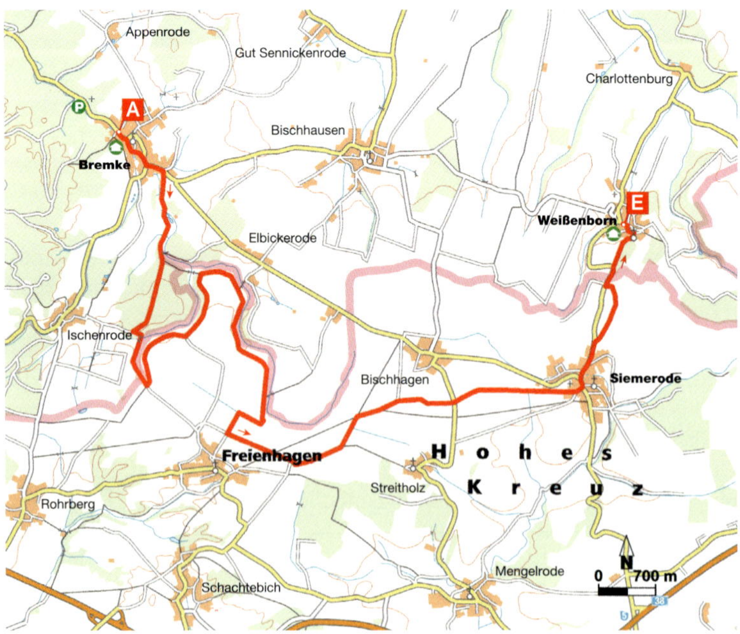

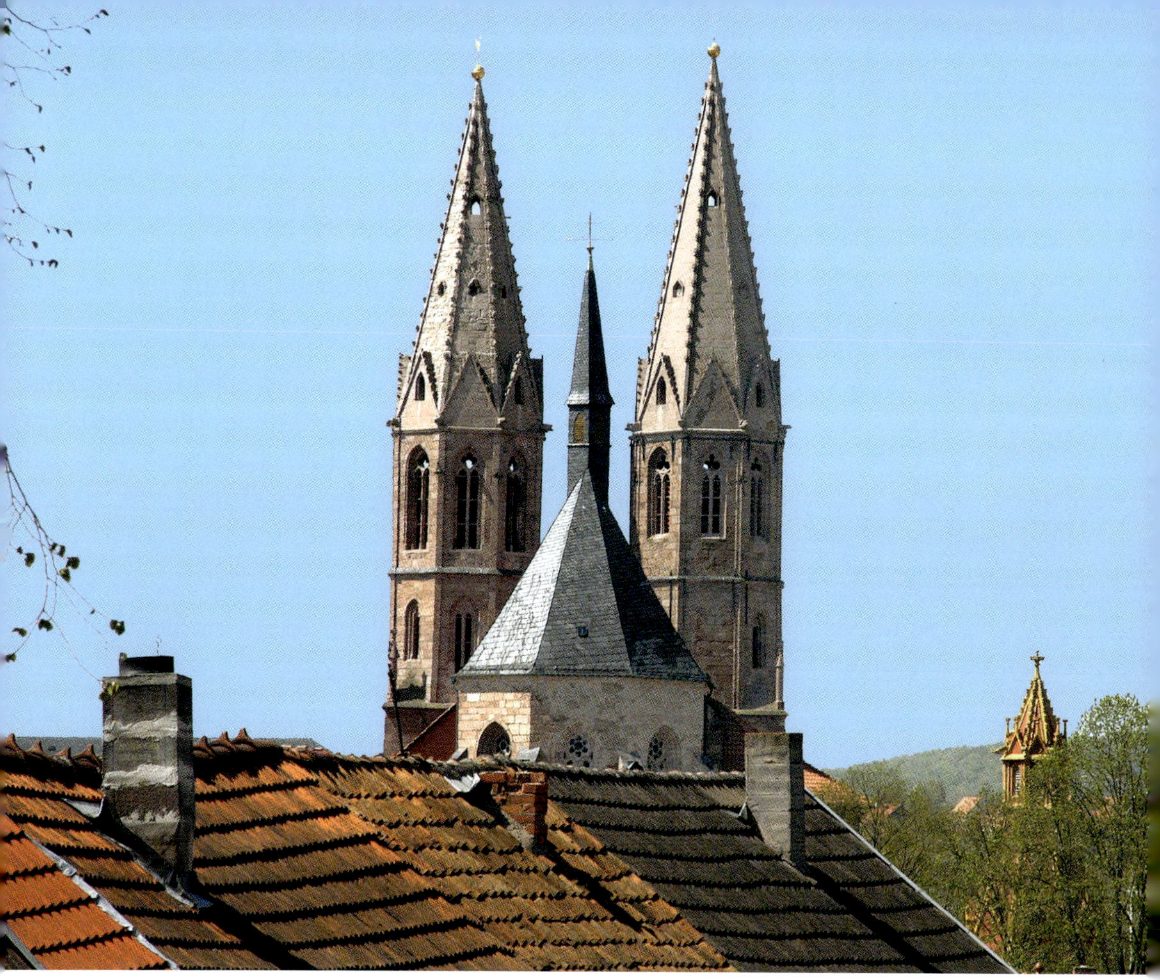

Die Marienkirche in Heiligenstadt

Bildstockkapelle an der ehemaligen Grenze In Siemerode folgen wir der Straße Richtung Weißenborn und biegen hinter den letzten Häusern rechts auf einen Grasweg ab, der auf eine Kalkhöhe führt. Oben angekommen, stoßen wir inmitten von Magerrasen wieder auf den Kolonnenweg. Wir folgen dem Plattenweg links hinunter zur Straße, auf der wir rechts zur Landesgrenze gehen. Eben noch auf thüringischem Territorium, befindet sich hier ein »Nachwende«-Bildstock (fast eine kleine Kapelle) mit einer Madonnen-Statue und einem Kreuz, das man aus dem Grenzzaun geschnitten hat.

Wir folgen einem Grasweg, der am Waldrand hinunter nach Weißenborn führt, und gelangen über eine Treppenstiege zum Steinweg. Dort halten wir uns rechts und gehen gleich hinter dem nächsten Haus links über eine Stiege hinunter zur Gartequelle. Der Bach darf ein paar Meter offen fließen. Gegenüber dem Quellbach befindet sich die Pension zum Pferdebrunnen. Wenn es mit einer Buchung für eine Übernachtung hier nicht geklappt hat, sollte man bereits in Siemerode mit dem Bus nach Heiligenstadt fahren wo es mehrere Übernachtungsmöglichkeiten gibt (siehe google maps).

Heilbad Heiligenstadt

Etwa 5 km abseits der Wanderroute befindet sich das Heilbad Heiligenstadt, das kulturelle und geistige Zentrum des Eichfelds. Mit seiner Altstadt, den zahlreichen Kirchen und dem mächtigen Barockbau des Mainzer Statthalters ist Heiligenstadt einen Abstecher wert. Hinzu kommen der Kurpark mit einem sensationellen Wasserfall und die wunderbare Palmsonntagsprozession, ein wahrer Geheimtipp. Im Grünen-Band-Buch »Eichsfeld-Werrabergland« werden die interessanten Ecken von Heiligenstadt vorgestellt.

32

Von Weißenborn nach Duderstadt

Vom Göttinger Land ins Untereichsfeld

schwer 17,4 km ↑386 m ↓408 m 5 Std.

Ausgangspunkt
Weißenborn

Endpunkt
Duderstadt

Anfahrt
Bahn/Bus: Keine Empfehlung für den ÖNPV

Karte
LVT 1:50 000, Nördliches Eichsfeld

Einkehr
Waldrestaurant »Zur schönen Aussicht«
Auf dem Pferdeberg
37115 Duderstadt
Tel. 01511/4780392

Informationen
www.gemeinde-weissenborn.de
www.duderstadt.de
wikipedia.org Böseckendorf – Die Nacht, in der ein Dorf verschwand

Übernachtung
Kolpinghaus
Ferienparadies Pferdeberg
Bischof-Janssen-Straße 1
37115 Duderstadt
Tel. 05527/5733
www.kolping-duderstadt.de

Hotel-Restaurant Hahletal
Teistunger Str. 43
37115 Duderstadt OT Gerbligerode
Tel. 05527/1478
www.hotel-hahletal.de
weitere siehe www.duderstadt.de

Über Berg und Tal, durch Wälder und fruchtbares Ackerland steuern wir auf Duderstadt zu, dem Zentrum des niedersächsischen Eichsfelds. Übernachtet wird oberhalb der Stadt unweit des Teistunger Freiland-Grenzmuseums.

Über einen Treppenweg steigen wir zur Kirche von Weißenborn hinauf. Eine hohe Mauer am Rand des Kirchhofs zeugt heute noch von ihrer einstigen Wehrfunktion. Über einen nach rechts führenden Pfad gelangen wir auf einen Wirtschaftsweg, der zwischen Feld und Wald verläuft. Am nächsten Abzweig halten wir uns nach links auf die Höhe und biegen oben wieder links zum Wald ab. Am Wald dann gehen wir rechts auf einem Pfad bergab, wobei wir die ehemalige Grenze streifen. An der nächsten Waldecke wenden wir uns links auf einen befestigten Wirtschaftsweg und laufen auf diesem rechts durch Felder zu einem Wald. Im Wald geht es dann auf dem Hauptweg zu einem Wendehammer, von dem ein Weg über den ehemaligen Grenzstreifen nach Thüringen führt.

Zwischen Glasehausen und Böseckendorf Am Kolonnenweg halten wir uns links und biegen nach 250 Metern nochmals links ab. Auf den nächsten

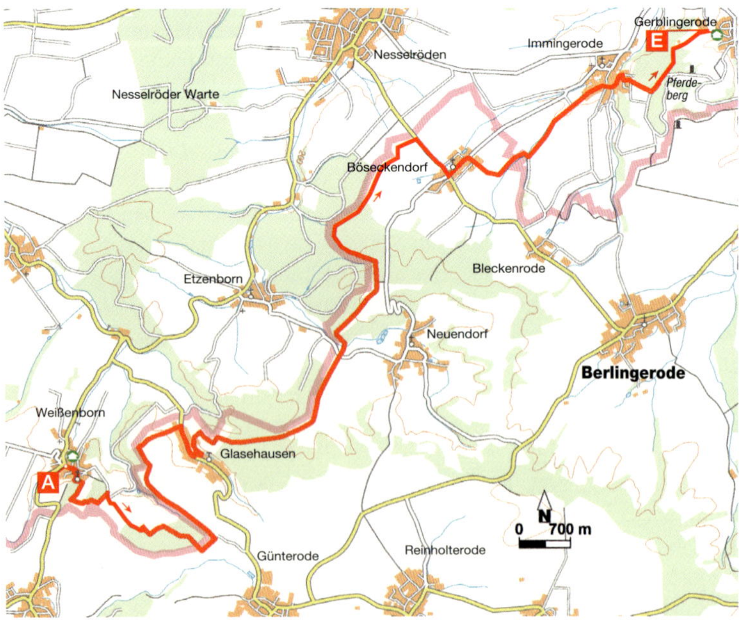

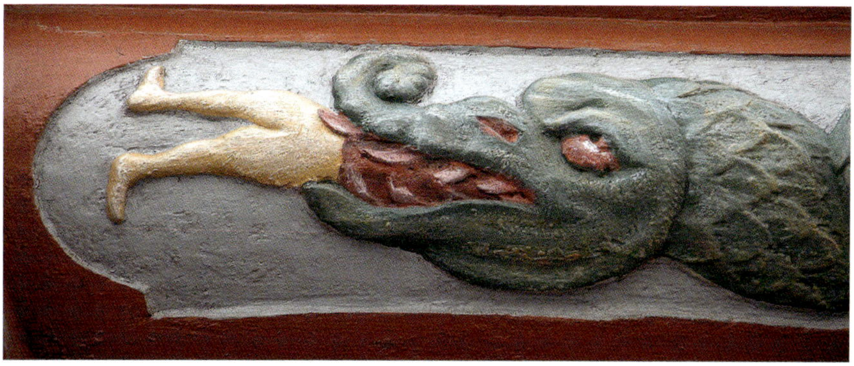

Fachwerkschmuck in Duderstadt

2,5 Kilometern leitet uns der Kolonnenweg bis nach Glasehausen. Dort angekommen, gehen wir rechts über die Hauptstraße in den Ort hinein, nehmen die übernächste Straße im Ort links und halten uns gleich darauf rechts auf einem Wirtschaftsweg, der in Kehren den Berg hinaufführt. Nach einigen Hundert Metern stößt man auf den ehemaligen Grenzstreifen, folgt vorerst jedoch weiter dem Wirtschaftsweg, der hinter einem »Pass« in den Kolonnenweg übergeht. Nun geht's wieder hinunter ins Tal. Dort angekommen, wandern wir zwischen dem niedersächsischen Etzenborn und dem thüringischen Neuendorf hindurch und auf den nächsten Berg; dabei laufen wir beständig über Lochbeton, bis wir die Straße Nesselröden-Böseckendorf erreichen. Dort gibt es einen Gedenkort zur Massenflucht von Böseckendorf, dem thüringischen Grenzort, den wir nun ansteuern.

Fachwerk satt in Duderstadt

Ein abendlicher Ausflug nach Duderstadt sollte sein. Die Fachwerkarchitektur ist wunderschön, und mit ihrer ellenlangen Marktstraße hat die Stadt eine bemerkenswerte Flaniermeile.

Auf den Duderstädter Pferdeberg Dort laufen wir geradewegs durch den Ort hindurch und biegen hinter den letzten Häusern rechts auf einen Wirtschaftsweg ab. Nach 400 Metern wendet sich der Weg nach links und steuert auf die ehemalige Grenze zu. Die Grenze wird passiert, ohne dass man etwas von ihr bemerkt. In Niedersachsen stößt man auf einen asphaltierten Wirtschaftsweg, dem man links nach Immingerode folgt. An der ersten großen Kreuzung im Ort halten wir uns geradeaus und folgen der Pferdebergstraße bergauf. Nach einer Serpentine verlassen wir die Straße und wandern auf einem Kreuzweg auf den Pferdeberg (280 m). Nach 300 Metern stoßen wir wieder auf die Straße, die durch Wald zum Café »Schöne Aussichten« führt. Hinter dem Café zweigt links ein Weg ab, der uns zum Erholungsheim der Kolping-Familie führt, einer von mehreren Übernachtungsmöglichkeiten.

Die Marktstraße von Duderstadt

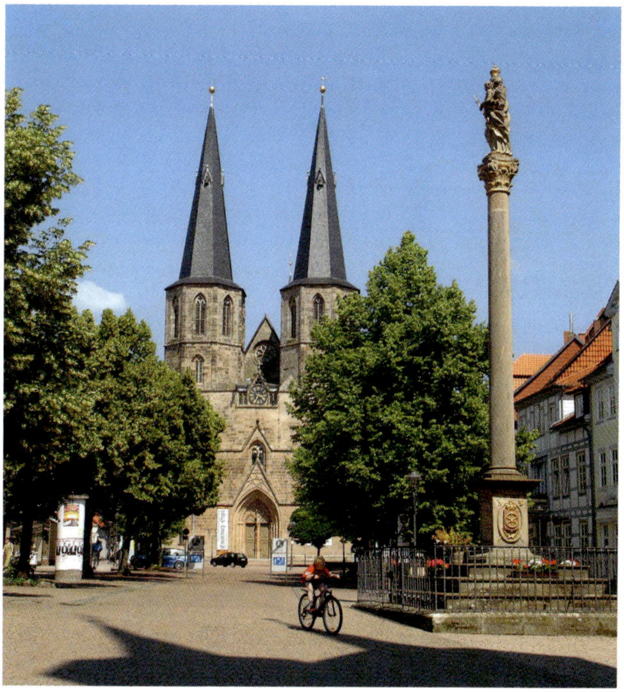

33 Von Duderstadt nach Brochthausen

Über das Grüne Band der Heinz Sielmann Stiftung

mittel | 18,6 km | ↑606 m ↓671 m | 5 Std.

Ausgangspunkt
Duderstadt

Endpunkt
Brochthausen

Gehzeit
Zum Naturerlebniszentrum Gut Herbigshagen 2.30 Std.

Anfahrt
Bahn/Bus: Mit der Deutschen Bahn nach Göttingen und weiter mit der Buslinie 155 nach Duderstadt

Karte
LVT 1:50 000, Nördliches Eichsfeld

Einkehr
In Fuhrbach
Hotel Der Kronprinz
Fuhrbacher Str. 31
Tel. 05527/91 00
in Brochthausen s. bei Übernachtung

Informationen
www.duderstadt.de

Übernachtung
In Duderstadt/OT Brochthausen:
Hotel-Restaurant Zur Erholung
Brochthäuser Str. 65
Tel. 05529/962 00
www.zurerholung.de

und Landgasthaus zur Endstation
Deichstr. 1
Tel. 05529/91 92 83
www.landgasthaus-zur-endstation.de

Zu Beginn der Etappe lernen wir das Freiland-Grenzmuseum Teistungen kennen, dann erleben wir das West-Östliche Tor des BUNDs und das Naturerlebniszentrum der Sielmann Stiftung auf Gut Herbigshagen. Schließlich wandern wir über die Ausläufer des Ohmgebirges, mit dem Harz im Blick.

Erste Station an diesem Morgen ist das Freiland-Grenzmuseum Teistungen mit Grenzwachturm, Bunker, Hundefreilaufanlage und Grenzzäunen. Hier befand sich einst eine Grenzübergangsstelle für den innerdeutschen Reiseverkehr; die Kontrollgebäude dienen heute als Museum (Öffnungszeiten: Di–So von 10–17 Uhr).

Zum Naturerlebniszentrum Gut Herbigshagen Wir wandern weiter über den Kolonnenweg, lassen den Hotelkomplex Kloster Teistungenburg links liegen und erreichen nach gut 3,5 Kilometern das WestÖstliche Tor, ein Denkmal, das an die Wiedervereinigung Deutschlands erinnert.

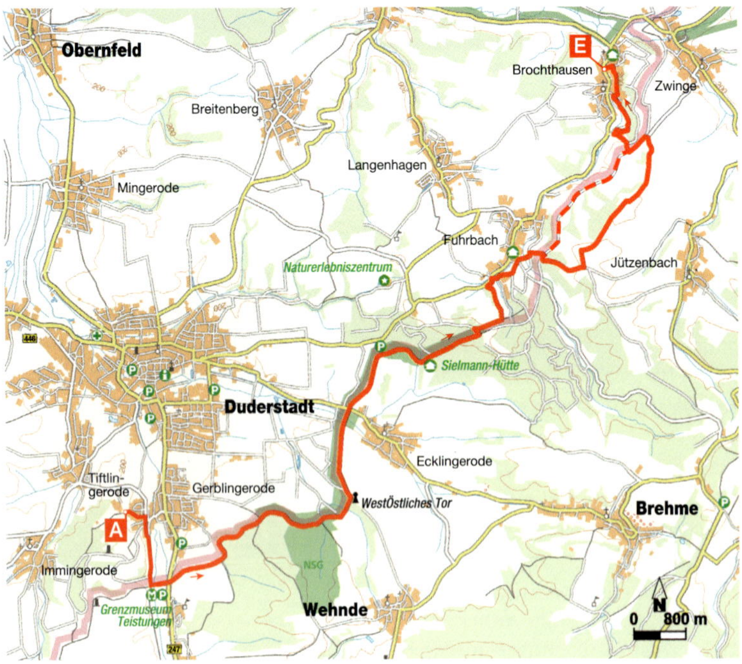

Danach geht es hinunter ins Tal der Brehme und wieder hinauf zur Sielmann-Hütte, einer Schutzhütte mit Info-Tafeln und Mini-Ausguck. Wir folgen noch immer dem Kolonnenweg. Erst 1,5 Kilometer weiter nach einer Waldstrecke verlassen wir ihn, und das auch nur, weil er auf dem folgenden Abschnitt unpassierbar ist.

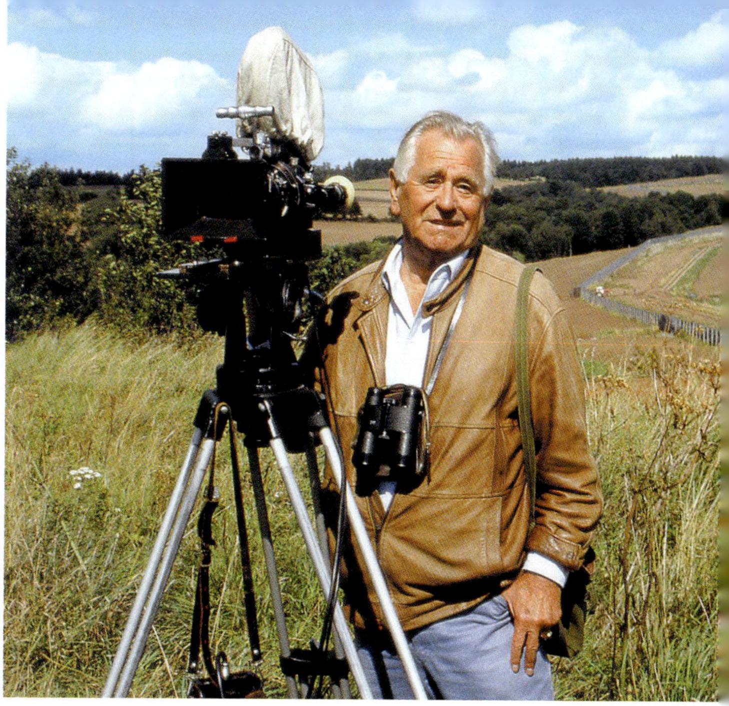

Heinz Sielmann im Sommer 1988 bei seinen Dreharbeiten für den ZDF-Film über die Natur an der DDR-Grenze

Über die Ausläufer des Ohmgebirges

Wir wechseln über das Grüne Band hinweg nach Niedersachsen. Direkt hinter der Landesgrenze stoßen wir auf den mit dem Mainzer Rad markierten Eichsfeldwanderweg sowie den Wanderweg Duderstadt-Worbis-Duderstadt (Markierung DWD) denen wir hinunter nach Fuhrbach folgen. An der Landesstraße trennen wir uns vom Eichsfeldweg, der ins Dorf hineinführt. Wir folgen dem DWD-Weg auf einen über dem Ort verlaufenden Hang (Hoher Weg). Nach einem halben Kilometer kommt von der Ortsmitte ein nach Thüringen führender PKW-Schleichweg herauf, dem wir rechts weiter bergan folgen. Nach knapp 200 Meter führt der asphaltierte Weg links in ein Tälchen hinunter, um an einer T-Kreuzung rechts einen Berg in Angriff zu nehmen. Am Waldrand überschreitet man die Landesgrenze. Die Straße macht einen kurzen Schlenker und steigt im Wald steil bergan.

Am Beginn des Schlenkers führt ein Grasweg geradeaus in knapp 50 m zum Kolonnenweg. Wer will, kann dem Plattenweg ab hier wieder folgen. Man muss jedoch in Kauf nehmen, dass der Kolonnenweg nach knapp anderthalb Kilometer wieder endet und man in ein Tälchen weglos absteigen muss. Ein Feldweg führt den Gegenhang hinauf.

Wem dies zu abenteuerlich ist, folgt dem PKW-Schleichweg auf die Höhe. 400 Meter hinter dem Wald zweigt dort links ein Wirtschaftsweg ab, dem man knapp zwei Kilometer leicht abfallend bis zu einer Kreuzung folgt. Dort wendet man sich nach links und folgt einem Radweg hinunter ins niedersächsische Brochthausen. Wo der Radweg auf den Kolonnenweg stößt, befindet sich ein überdachter Rastplatz, an dem an die dramatische Flucht einer jungen Familie im Dezember 1976 erinnert wird (siehe Internet unter: Auf dem Kolonnenweg: Spektakuläre Flucht einer Familie aus der DDR, TA).

Im nahen Brochtshausen, wo es zwei Übernachtungsmöglichkeiten gibt, eine in der Ortsmitte und eine am nördlichen Ortsrand, leitet uns der Radweg abseits der Durchgangsstraße am rechten Talrand durch den Ort.

Naturerlebniszentrum Gut Herbigshagen

An der Sielmann-Hütte bietet sich ein Abstecher zum anderthalb Kilometer entfernten Naturerlebniszentrum der Heinz Sielmann Stiftung an. Dort erwartet uns ein Erlebnisstall. Ein Rundweg führt zum Libellensee, zu einem Bauerngarten und entlang einer Erlebnishecke zu einer Anhöhe, auf der Harzer Rotvieh grast. Im Naturerlebnishaus gibt es zahlreiche Präsentationen und natürlich auch einen Kaffee. Mehr unter www.sielmann-stiftung.de.

34

Von Brochthausen nach Walkenried

Durch den Gipskarst des Südharzes

mittel | 31,1 km | ↑ 584 m ↓ 528 m | 8–10 Std.

Ausgangspunkt
Brochthausen

Endpunkt
Walkenried

Gehzeit
8–10 Stunden

Anfahrt
Bahn/Bus: Mit der Bahn von Walkenried nach Göttingen oder Nordhausen

Karten
Schmidt Buchverlag 1:30 000, Harzer Grenzweg; LGN 1:50 000, Wandern im Westharz

Einkehr
In Tettenborn Landgasthaus Zum Mohren (Dorfstr. 28, Tel. 05523/95 38 73); in Walkenried s. bei Übernachtung

Informationen
www.bad-sachsa.de
www.walkenried-tourismus.de

Übernachtung
Ferienhof Morich, Bockelnhagener Str. 3 und 5, 37431 Bad Lauterberg OT Bartolfelde, Tel. 05524/49 24, www.ferienhofmorich.de.
Jugend- und Bildungshaus Tettenborn e. V. Clettenberger Str. 6, 37441 Bad Sachsa, Tel. 05523/8995
In Walkenried: Klosterhotel Walkenried, Bahnhofstr.1, Tel. 05525/1316; Hotel Jagdschloss, Schloßstr. 15, Tel. 05525/638, www.jagdschloss-harz.de.
Infos zu Quartieren auch bei der Tourist-Info Walkenried Tel. 05525/ 9989000

Nach einem langen Anmarsch über den Kolonnenweg folgen wir dem Karstwanderweg entlang der Gebirgsmauer des Harzes. Der Premiumweg führt zu Klippen Höhlen, Erdlöchern und Karstquellen, die sich durch die hohe Löslichkeit des im Untergrund anstehenden Gipses gebildet haben. Am Etappenziel erwartet uns ein Weltkulturerbe: das Zisterzienserkloster Walkenried.

Von Brochthausen folgen wir der Landstraße, die zum thüringischen Nachbarort Zwinge führt. Noch bevor wir die ersten Häuser erreichen, biegen wir an einer großen Solaranlage links in den Kolonnenweg ein. Zu DDR-Zeiten wurden auf dem Gelände Ziegeln produziert. Und da die Ziegelei hart an der Demarkationslinie lag, hatten die Grenzorgane hier eine Mauer á la Berlin errichtet. Als ich 2011 für die Recherche der ersten

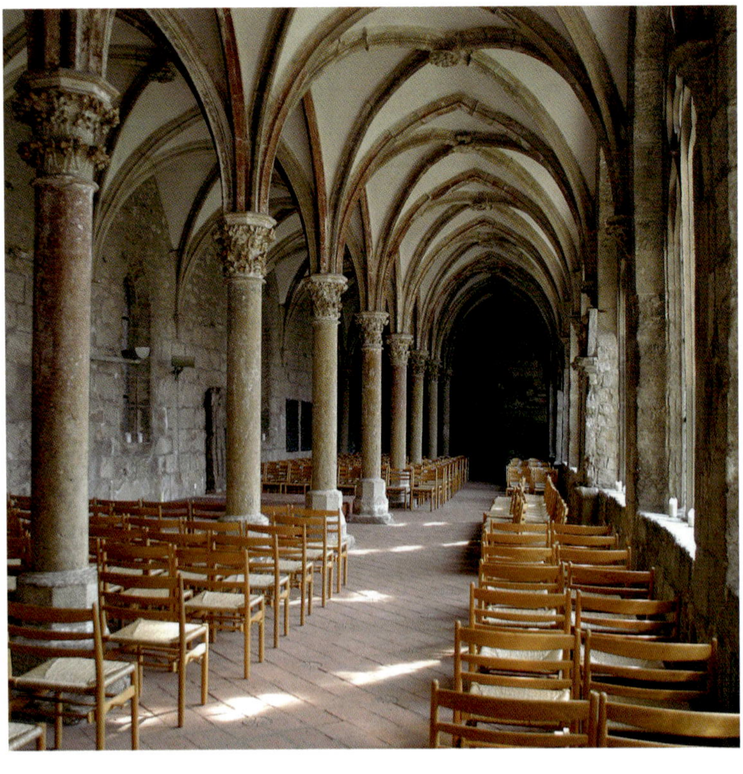

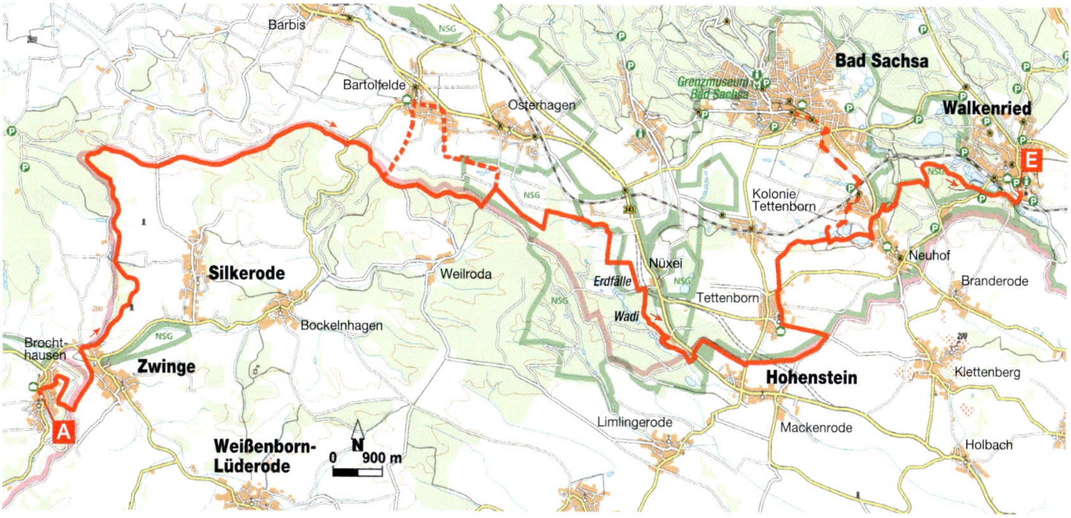

Auflage meines Harzbuchs hier durchkam, hatte man die Mauer längst abgerissen. Die Ziegelei war noch unversehrt, und am Werksgelände zog sich ein Grenzzaun mit Signaldrähten entlang. Nichts ist davon geblieben. Erinnerungskultur ist nicht überall erwünscht. In einigem Auf und Ab – wobei das Auf überwiegt – wandern wir auf den Harz zu. Nach neun Kilometern stoßen wir auf einen Grenzwachturm und auf eine Straße, die hinunter ins niedersächsische Bartolfelde führt.

Wer nach einer Waldstrecke dem Kolonnenweg weiter folgen will, darf nicht zimperlich sein. Hinter der Bartolfelder Straße ist der »Weg« teilweise mit hohem Gras überwuchert, und an einigen Stellen muss man sich durch aufkommendes Gesträuch zwängen. Es erscheint daher sinnvoll, über den nur gut einen km entfernten Ort Bartolfelde auszuweichen. Dort stößt man zudem auf den Karstwanderweg, dem man vertrauensvoll folgen kann. Schließlich existiert in Bartolfelde eine Übernachtungsmöglichkeit, mit der man die recht lange Etappe Zwinge–Walkenried in zwei Etappen untergliedern kann. Und noch etwas: In Bartolfelde ist die Produktionsstätte des Schierker Feuersteins, eines Kräuter-Halbbitter, der ursprünglich nur in dem Harzer Kurort Schierke hergestellt wurde. Mit der Verschärfung der Grenzregularien verlegten die Eigentümer die Produktion in den »Westen«. Heute wird der Schnaps sowohl in Bartolfelde als auch in Schierke hergestellt. Von Erdfällen und versickernden Bächen gut eine Wegstunde hinter Bartolfelde quert der Karstweg die zugewachsene Trasse der Helmetalbahn. Wir folgen dem Karstwanderweg nicht in den Wald hinein, sondern peilen den kleinen Ort Nüxei an, wo wir auf eine stark befahrene Bundesstraße stoßen. Wir wenden uns nach links und folgen der Straße ca. 100 m. Dann vorsichtig auf die andere Straßenseite und zwischen den Häusern hindurch auf einen Wirtschaftsweg, der nach 750 m auf die Nordroute des Karstwanderwegs stößt. Kurz hinter Nüxei queren wir das Bett der Steina, das die meiste Zeit des Jahres ausgetrocknet ist. Die Steina kommt aus dem Harz und versickert oberhalb von Nüxei. Das Wasser tritt nach über 20 km bei Nordhausen als Karstquelle wieder ans Tageslicht. (Die Bundesstraße wird seit einigen Jahren ausgebaut. Es kann sein, dass es in Kürze in der Umgebung von Nüxei zu Änderungen in der Wegführung kommt.)

Wir vertrauen uns nun wie gesagt der Nordroute des Karstwanderwegs an, dem wir rechts folgen. Wer zuvor den nun direkt vor uns liegenden Römerstein besteigen will, hält sich geradeaus, womit man den Karstwanderweg in die Gegenrich-

Bild links: Kreuzgang im Kloster Walkenried

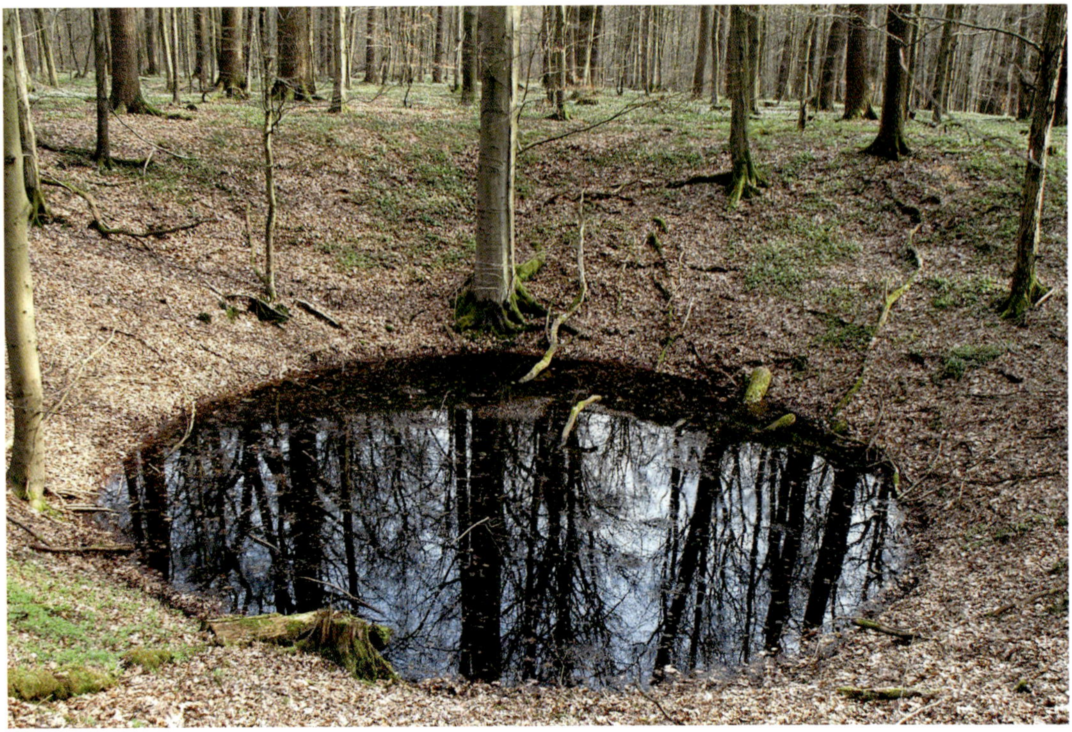

Erdfall bei Nüxei

tung folgt. Hin und zurück muss man für den Abstecher knapp einen Kilometer einkalkulieren.

Der Wanderweg führt uns an zahlreichen Karsterscheinungen und Gedenktafeln vorbei, die im Zusammenhang mit dem KZ-Nordhausen und ihren Außenlagern sowie dem Todesmarsch der Häftlinge gegen Ende des Krieges stehen. Allein bis zu dem 5 km entfernten Ort Neuhof reihen sich 18 Info-Stellen, bis nach Walkenried sind es 26. Der Karstwanderverein hat mit seinem Weg einen der besten Themenwege Deutschlands zustande gebracht, wovon auch der Internetauftritt www.karstwanderweg.de zeugt, wo man sich über alles Sehenswerte an der Route informieren kann.

Übrigens: Nach knapp 2 km auf dem nördlichen Strang des Karstwanderwegs geht es durch die an der Bahn gelegene Kolonie Tettenborn. Im nur anderthalb km entfernten Dorf Tettenborn befindet sich mit der Jugendbildungsstätte eine günstige Übernachtungsmöglichkeit und damit eine zusätzliche Stelle, an der die Etappe Brochthausen–Walkenried unterteilt werden kann. Von Tettenborn nach Walkenried bleiben abzüglich des Zuwegs zum Karstwanderweg noch rund 8 km.

Noch eine Bemerkung zum ehemaligen Grenzmuseum Tettenborn, das vor wenigen Jahren nach Bad Sachsa verlagert wurde. Grenzmuseen leben von der Verbindung mit der Anschauung vor Ort. Inmitten einer Stadt sind sie eher deplatziert.

Obwohl der Karstwanderweg im Internet alle interessanten Punkte am Wegesrand ausführlich darstellt, möchte ich hier einige Eckpunkte erwähnen. Da ist zum einen der Sachsenstein, eine lange, bis zu 50 m hohe Gipswand, die sich uns hinter dem Ort Neuhof in den Weg stellt. Der Karstwanderweg umgeht den Felsriegel an seinem Südende, wobei er auf ein Gipsplateau hinaufführt. Dort geht es auf einem Pfad durch märchenhaften Karstwald, oft dicht an einem senkrechten Absturz entlang.

Fasten mit Fisch Die Zisterzienser, die im 12. Jahrhundert nach Walkenried kamen, benötigten Fisch als Fastenspeise. Ständig fließende Bäche sind im Karst des Südharzes selten. So behalfen sich die Mönche mit Teichen und einem ausgeklügelten System von Speichern und Zuflüssen. Von Aussichtspunkten im Karstwald überblickt man eine der Teichlandschaften, die von den Mönchen des Klosters Walkenried angelegt wurde.

Interessante Infos

Näheres zum Bau der Helmetalbahn, zu den abenteuerlichen Formationen Südharzer Gipskarst, zu den Mönchsteichen und zu der spannenden Geschichte des Zisterzienserklosters Walkenried erfährt man im Grüne-Band-Buch »Der Harz« (siehe S. 189).

Gipsindustrie zerstört die landschaftliche Einheit von Kloster und Umland Hinter den Teichen führt der Wanderweg unter einem Gipsbruch entlang, in dem seit 2012 das Grüne Band weggebaggert wird. Dies ist leider kein auf Walkenried beschränktes Problem. Der gesamte Gipskarst steht unter dem Druck der Gipsindustrie. Auf der thüringischen Seite sind seit der Wende artenreiche Karstlandschaften zerstört worden.
Der Abbau am Grünen Band Walkenried findet übrigens 300 m vor dem Weltkulturerbe statt. Bei den Zisterziensern, die sich der Urbarmachung des Landes verschrieben hatten, bildeten das Kloster und das umgebende Land eine Einheit. Dass diese Einheit zerstört wird, ist nicht zu fassen.
Konzentrieren wir uns auf die Baulichkeiten des Klosters, auf seinen schönen Kreuzgang und die eindrucksvolle Ruine der Klosterkirche. In der Klausur hat man ein modernes Museum eingerichtet, in dem das Engagement der Mönche bei der Kultivierung des Landes und beim Bergbau dargestellt wird.

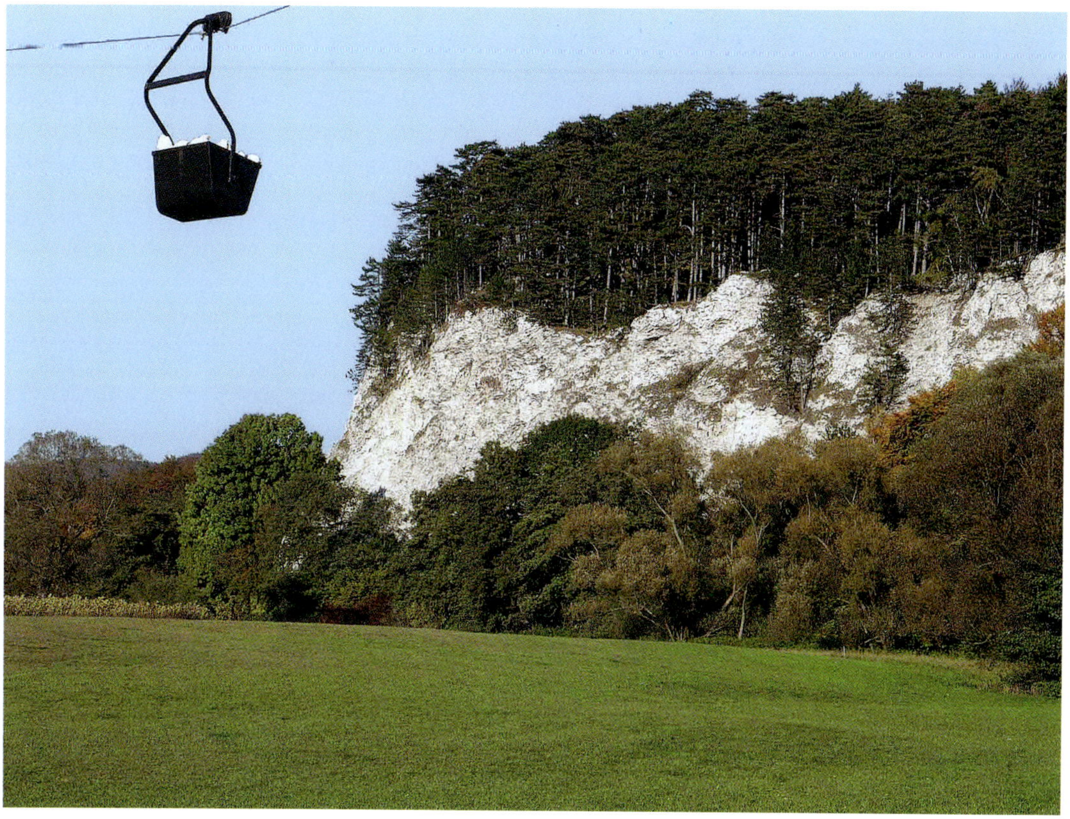

Der Sachsenstein mit einer Lore der ehemaligen Gipsseilbahn

35

Von Walkenried nach Sorge

Vom südlichen Harzvorland auf das Oberharz-Plateau

mittel | 23 km | ↑ 487 m ↓ 339 m | 6.30 Std.

Ausgangspunkt
Walkenried

Endpunkt
Sorge

Gehzeit
Zur Einkehrmöglichkeit Hohegeiß 4.30 Std.

Anfahrt
Bahn/Bus: Mit der Deutschen Bahn von Osterode oder Nordhausen nach Walkenried, nach Sorge mit der Harzquerbahn.

Karte
Schmidt Buchverlag 1:30 000, Harzer Grenzweg

Einkehr
In Hohegeiß
Landhaus Bei Wolfgang
Hindenburgstr. 6
Tel. 05583/888
www.wolfgang-hohegeiss.de;
in Sorge Hotel und Berggasthaus Zum Sonnenhof
Benneckensteiner Str. 10a
Tel. 039457/398107

Informationen
www.walkenried-tourismus.de
www.harzinfo.de

Übernachtung
In Sorge, siehe Einkehr

Die Überschreitung des Harzes steht bevor, und nach einem kleinen Anlauf durch das Vorland geht's zur Sache: Die steilen Randhöhen müssen bewältigt werden. Der Anstieg ist jedoch keine Quälerei, denn der Harzer Grenzweg verläuft im entscheidenden Abschnitt nicht über den Plattenweg, sondern über einen alten Grenzerpfad.

Vom Kloster Walkenried folgen wir dem Harzer Grenzweg auf den Rainberg, einen 300 Meter hohen Gipskarst-Rücken, der steil nach Norden hin abbricht. An der Abbruchkante treffen wir auf den Kolonnenweg. Als ich das erste Mal dort stand, kam es mir so vor, als ob ich auf einer Startrampe stehen würde: unter mir das Gebirgsvorland, durch das sich das Grüne Band zieht, und dahinter die Randberge des Harzes, die ich im Laufe des Tages erklimmen wollte.

Auf alten Grenzerpfaden Der Grenzweg folgt dem Kolonnenweg durch die vorgelagerte Ebene. Auf einer geländerlosen Betonbrücke der DDR-Grenzer wird das Flüsschen Zorge gequert, und kurz darauf geht es im Bergwald hinauf zum Spitzen Winkel, der so heißt, weil der Grenzverlauf dort eine Spitzkehre vollführt. An dieser Stelle trennt sich der Grenzweg vom Kolonnenweg. Wir bleiben auf dem Grenzweg, der uns

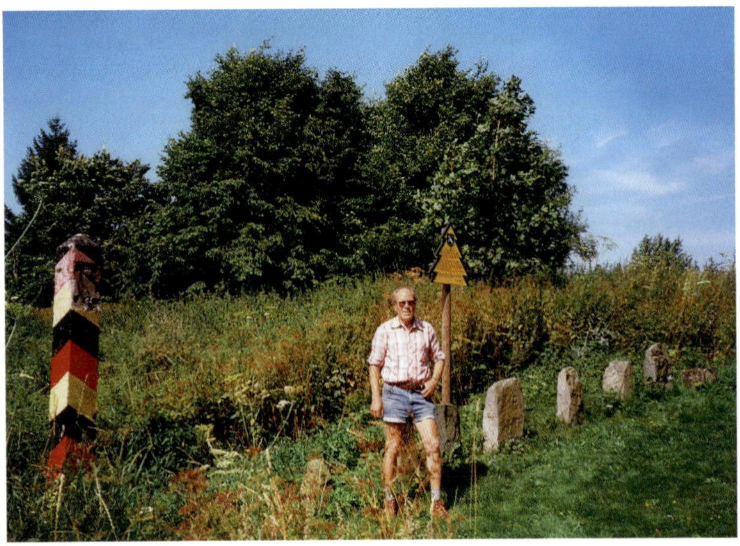

Brocken-Benno an der Grenzsteinsammlung bei Hohegeiß

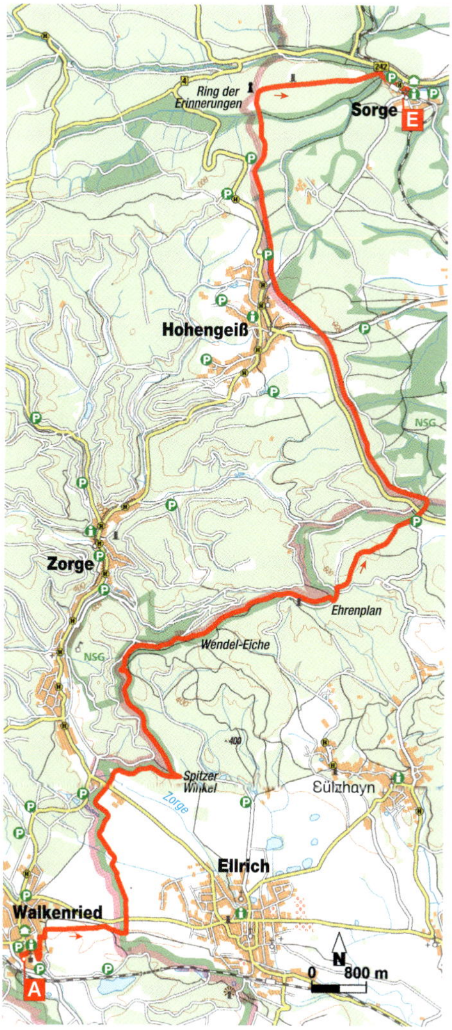

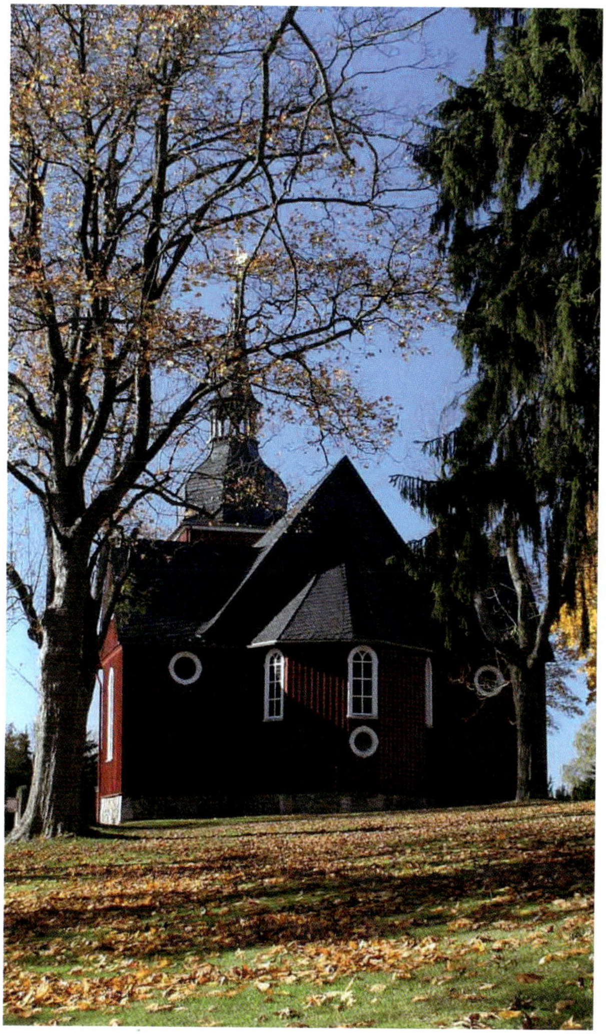

Die Kirche von Hohegeiß

über einen gut markierten Pfad direkt auf der ehemaligen Demarkationslinie entlangführt. An der Wendel-Eiche ist die erste Stufe des Anstiegs geschafft – Grund genug, um in der kleinen Schutzhütte unter der Eiche zu rasten. Bis zum nächsten richtigen Anstieg wandern wir dann ganz entspannt über einen Kammweg. Am Ehrenplan, einem freien Platz mit Schutzhütte, treffen wir wieder auf den Kolonnenweg, der sogleich steil nach oben führt. Der Grenzwanderweg umgeht das Steilstück, indem er einen Bogen durch den Wald schlägt. Auf der Höhe des Ehrenbergs treffen beide Wege wieder zusammen.

In der Bergstadt Hohegeiß Nur noch wenige Hundert Meter, dann liegt das Grüne Band Thüringen hinter uns. Wir queren die B 4 und gehen hinüber zum Dreiherrenstein, an dem die Bundesländer Thüringen, Sachsen-Anhalt und Niedersachsen aneinandergrenzen. Von nun an folgen wir dem Grünen Band Sachsen-Anhalt, und das führt uns als Erstes hinauf zum über 600 Meter hoch gelegenen Bergort Hohegeiß. Dazu folgen wir dem Kolonnenweg, der zur besseren Begehbarkeit mit einer Erddecke überzogen wurde. Kurz vor Hohegeiß, nach der Überquerung einer

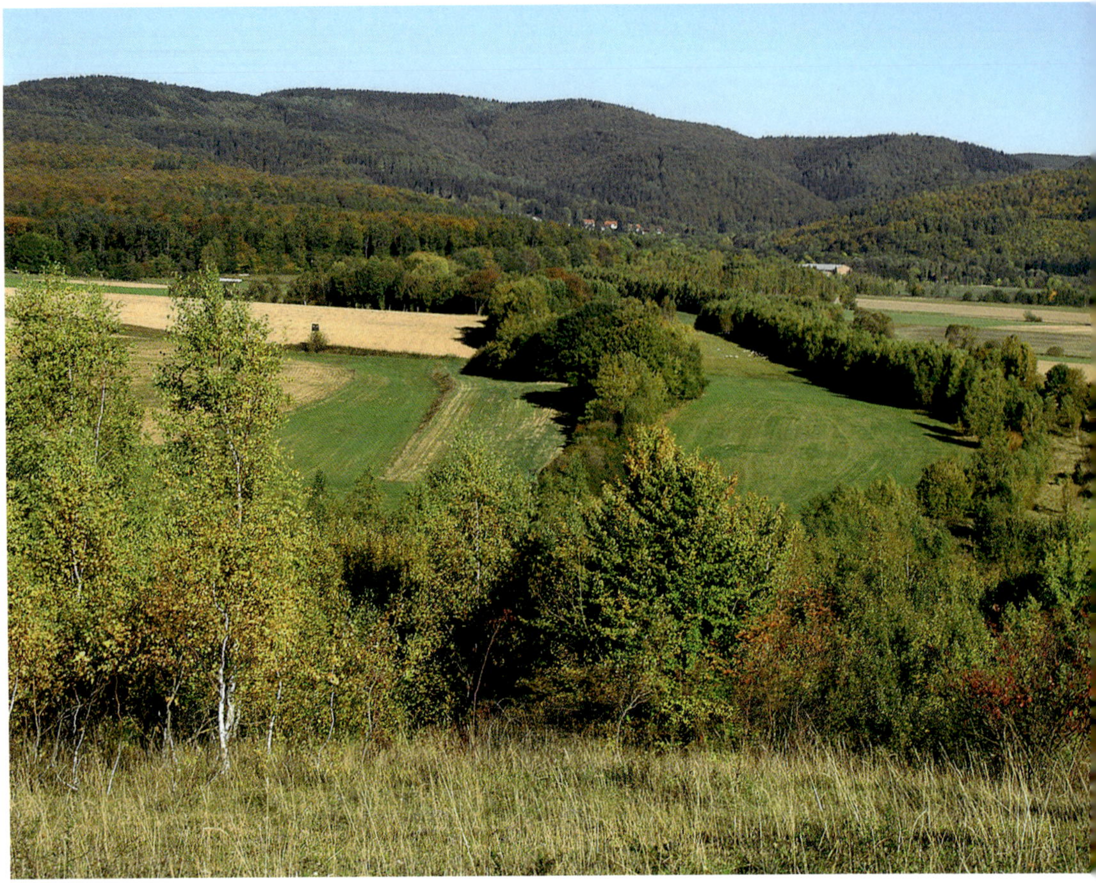

Blick vom Rainberg über das Grüne Band zum Südrand des Harzes

Landstraße, kommen wir an einer Sammlung von alten Grenzsteinen vorbei. Der Kolonnenweg führt nahe am Ort vorbei, und so bietet es sich an, in Hohegeiß Station zu machen, sei es für einen Kaffee oder um die schöne, mit Holz verkleidete Kirche anzuschauen. Dazu folgt man ca. 500 Meter hinter der Grenzsteinsammlung links einem markierten Wanderweg über die ehemalige Grenze. Man stößt auf die Brockenblickstraße, auf der man in wenigen Minuten ins Ortszentrum gelangt.

Zum »Ring der Erinnerungen« Man verlässt Hohegeiß über die Lange Straße und die Kirchstraße. Am Ortsrand biegt rechts die alte Ortsverbindungsstraße nach Sorge ab. Auf ihr gehen wir kurz hinüber zum Harzer Grenzweg. (Wer es eilig hat, folgt der alten Straße und erspart sich so gegenüber dem Grenzweg zwei Kilometer.)
Der Grenzweg verläuft, abgesehen von zwei kleinen Schlenkern, geradlinig nach Norden, zumeist durch eintönigen Fichtenforst. Nach knapp drei Kilometern wendet er sich nach Osten. An dieser Stelle befindet sich der »Ring der Erinnerungen«, ein Landart-Kunstwerk von Herrmann Prigann. Der Künstler hat 1993 auf dem ehemaligen Grenzstreifen einen Ringwall aus Fichtenhölzern aufschichten lassen mit einem Durchmesser von 70 Metern. Inzwischen wachsen zwischen dem Totholz Birken und Himbeeren, was die Symbiose vom Vergehen und Werden symbolisieren soll. Ein paar Hundert Meter weiter hat man ein Stück Grenzzaun und einen Wachturm stehen gelassen. Und knapp 900 Meter weiter, am Waldrand, passiert man dann den ehemaligen Grenzsignalzaun, von dem auch einige Meter übrig geblieben sind.

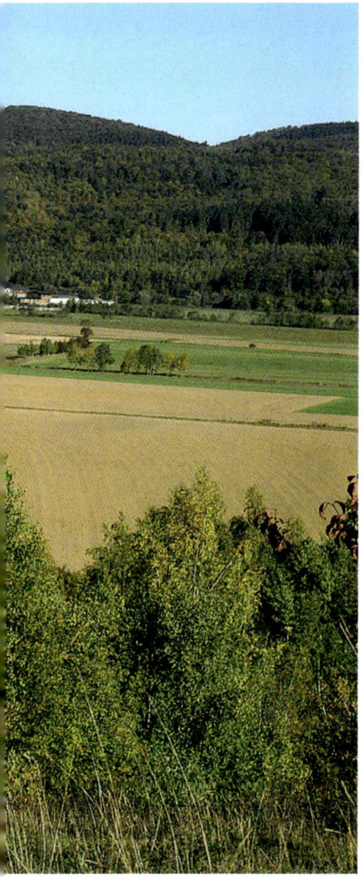

Benneckenstein

Vier Kilometer östlich von Hohegeiß liegt Benneckenstein, eine Stadt, die über 300 Jahre lang zweigeteilt war und die 100 Jahre als preußische Enklave existierte – ein Wintersportort, der in die sowjetische Besatzungszone fiel und der nach vier Jahrzehnten DDR schließlich Teil des Landes Sachsen-Anhalt wurde. Benneckenstein ist von einem Ring herrlicher Bergwiesen umgeben und kann als alternativer Übernachtungsort empfohlen werden, in dem man auch ruhig mal einen Tag lang verschnaufen kann.

Sorge und die Dampfloks der Harzquerbahn

Über Wiesen geht es nun hinunter ins Bodetal, wo wir unter der Brücke der Harzquerbahn hindurchgehen. Noch 400 Meter, dann sind wir im Feriendorf Sorge angelangt. Im Zentrum des Ortes steht ein schöner Jugendstilbahnhof, der wunderbar in die Harzer Landschaft passt. Die Züge, die hier halten, kommen von Nordhausen herauf oder vom Umsteigebahnhof Drei Annen Hohne herüber – von Drei Annen Hohne kann man z. B. mit der Dampflok auf den Brocken fahren. Auch auf der Harzquerbahn verkehren Dampfloks; ihr Schnaufen und Pfeifen ist schon von Weitem zu hören, und mitten im Wald sieht man plötzlich Rauch aufsteigen.

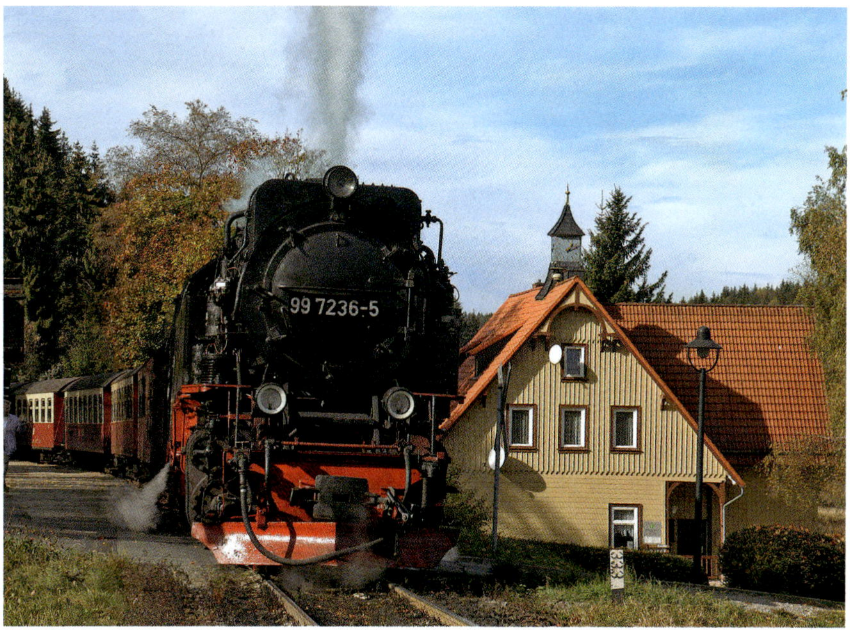

Harzquerbahn am Jugendstilbahnhof von Sorge

36

Von Sorge zum Brocken

Auf den höchsten Punkt des Grünen Bands Deutschland

mittel | 20,5 km | ↑ 740 m ↓ 95 m | 6 Std.

Ausgangspunkt
Sorge

Endpunkt
Brocken

Anfahrt
Bahn/Bus: Mit der Harzquerbahn von Nordhausen oder Wernigerode

Karte
Schmidt Buchverlag 1:30 000, Harzer Grenzweg

Einkehr
Auf dem Brocken (s. bei Übernachtung)

Informationen
www.harzinfo.de

Übernachtung
Brockenhotel auf dem Brockengipfel
Tel. 039455/120
www.brockenhotel.de

Sorge liegt 500 Meter hoch, der Gipfel des Brockens ragt mit 1142 Metern bis an die Waldgrenze hinauf – wir müssen also einen Anstieg von über 600 Metern bewältigen. Zunächst geht's entspannt durchs Tal der Bode. Bei Braunlage beginnt der Anstieg auf den Hochharz, den man in 900 m Höhe, am Standort der einstigen Wurmbergschanze, erreicht. Es folgt ein mehrere Kilometer langer Höhenweg mit Brockenblick, dann beginnt der Ansturm auf den Gipfel.

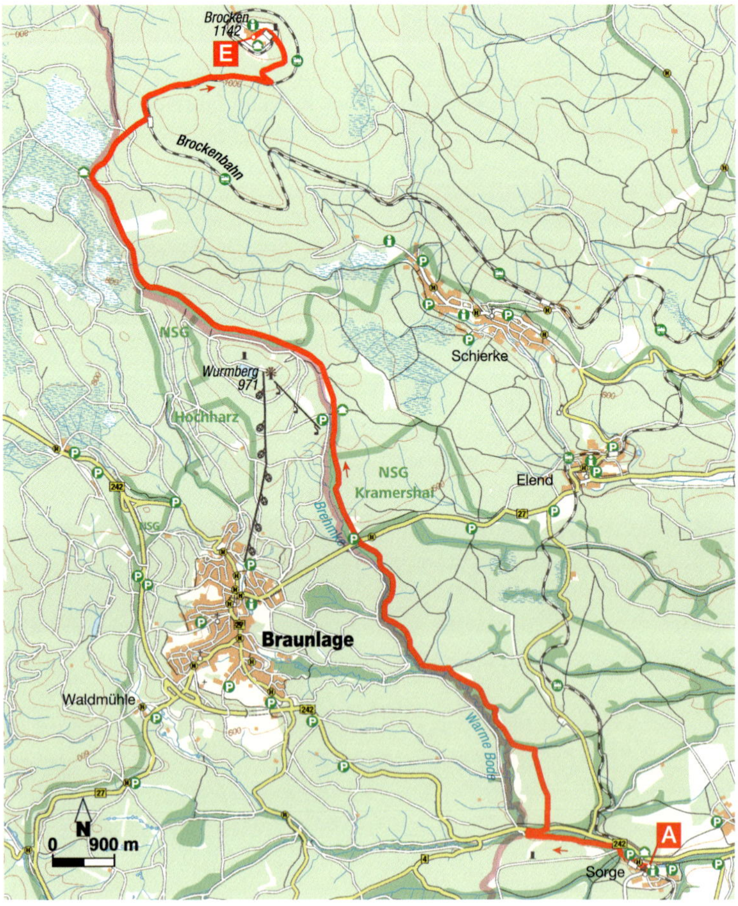

Brocken-Benno mit der Urkunde über den Eintrag seiner Brockenbesteigungen ins Guinnessbuch der Rekorde

Von Sorge gehen wir zurück zur Brücke der Harzquerbahn und zum Harzer Grenzweg, der als Wurzelpfad am Rand des Bodetals verläuft. Nach gut einem Kilometer treffen wir auf den Kolonnenweg, der das Tal quert. Wir folgen dem Plattenweg noch nicht, denn erst 250 Meter weiter führt eine Fußgängerbrücke über die Bode. Hinter der Brücke queren wir die B 242 und steigen auf den Damm der Südharzbahn. Die Bahn verkehrt schon lange nicht mehr, und auf der Trasse verläuft heute ein Radweg, der links auf einer Brücke über das nach Norden abknickende Bodetal führt. Der Harzer Grenzweg folgt dem Radweg ein kurzes Stück in die andere Richtung, dann stößt man auf den Kolonnenweg, dem man links auf eine Anhöhe folgt.

Nach einem Kilometer wendet sich der Kolonnenweg nach links und führt sanft abfallend ins Bodetal hinunter. Zwei Kilometer folgen wir nun dem einsamen Wiesental, das sich Niedersachsen und Sachsen-Anhalt teilen. Die Grenze zur DDR folgte hier dem Lauf der Bode. Auffallend sind die baumlosen Hänge auf der ehemaligen DDR-Seite; sie wurden auf Anweisung der DDR-Grenzorgane kahl geschlagen – die Grenzsoldaten sollten ein gutes Blick- und Schussfeld haben.

Im Hochharz Gegenüber einer ehemaligen Fuchsfarm verlassen wir das Tal der Bode und folgen dem Bächlein Bremke zum Wurmberg. Nun geht es spürbar bergan, und nach der Querung der Straße Braunlage–Elend legt die Steigung noch zu. Auf einer Höhe von 743 Metern stoßen wir auf eine Schutzhütte. Wir gehen weiter auf dem Kolonnenweg und immer steiler bergan. Die Sicht ist gut, denn der ehemalige Grenzstreifen wird baumfrei gehalten. Auf 896 Metern Höhe erreichen wir den Sattel zwischen dem Kleinen Winterberg (Sachsen-Anhalt) und dem Wurmberg (mit 971 m höchster Berg Niedersachsens). Wir sind nun im

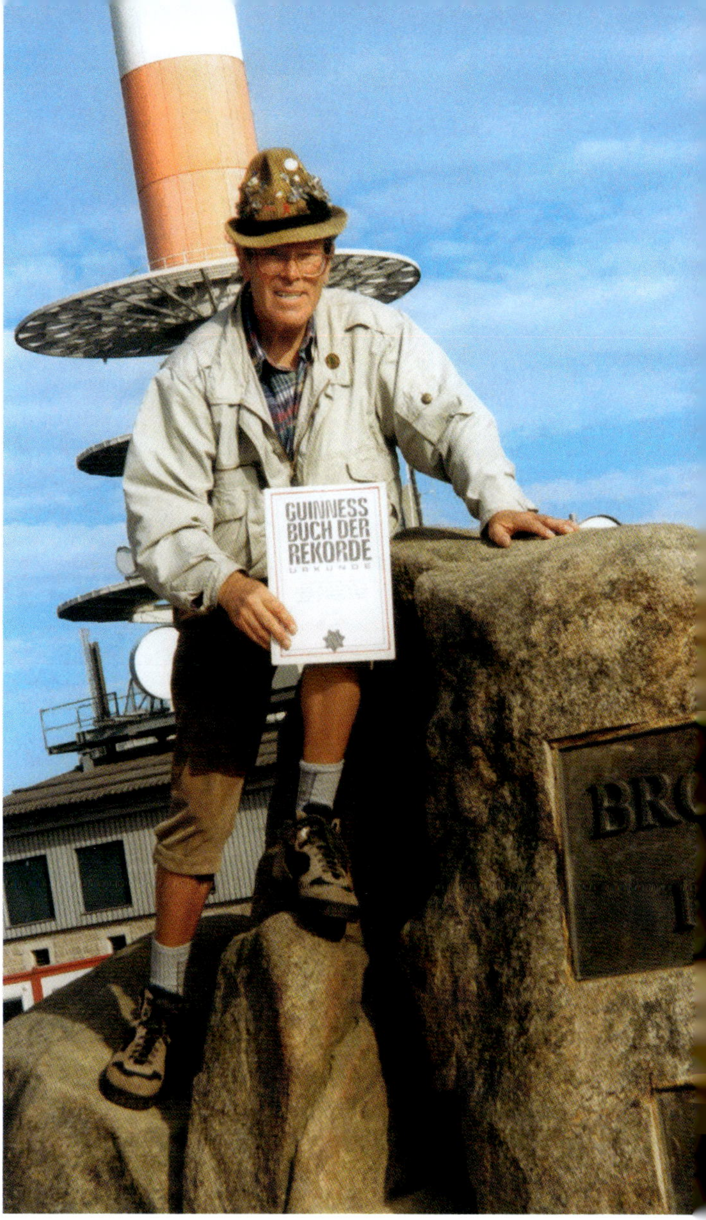

Der »Brocken-Benno«

Seit dem 3. Dezember 1989 ist der Wernigeröder Benno Schmidt, besser bekannt als »Brocken-Benno«, nahezu täglich auf den Brocken gestiegen. Im Jahr 2012, als Benno seinen 80. Geburtstag feierte, war er bereits über 6000 Mal auf dem Gipfel gewesen! Bereits zuvor wurde seine Leistung mit einem Eintrag im »Guinnessbuch der Rekorde« belohnt. Den »Brocken-Benno« kennt in der Region hier jeder, aber was die wenigsten wissen: Benno ist auch der Begründer des Harzer Grenzwegs. Für die Realisierung dieses Weges kämpfte er jahrelang hart – Benno, wir danken dir dafür!

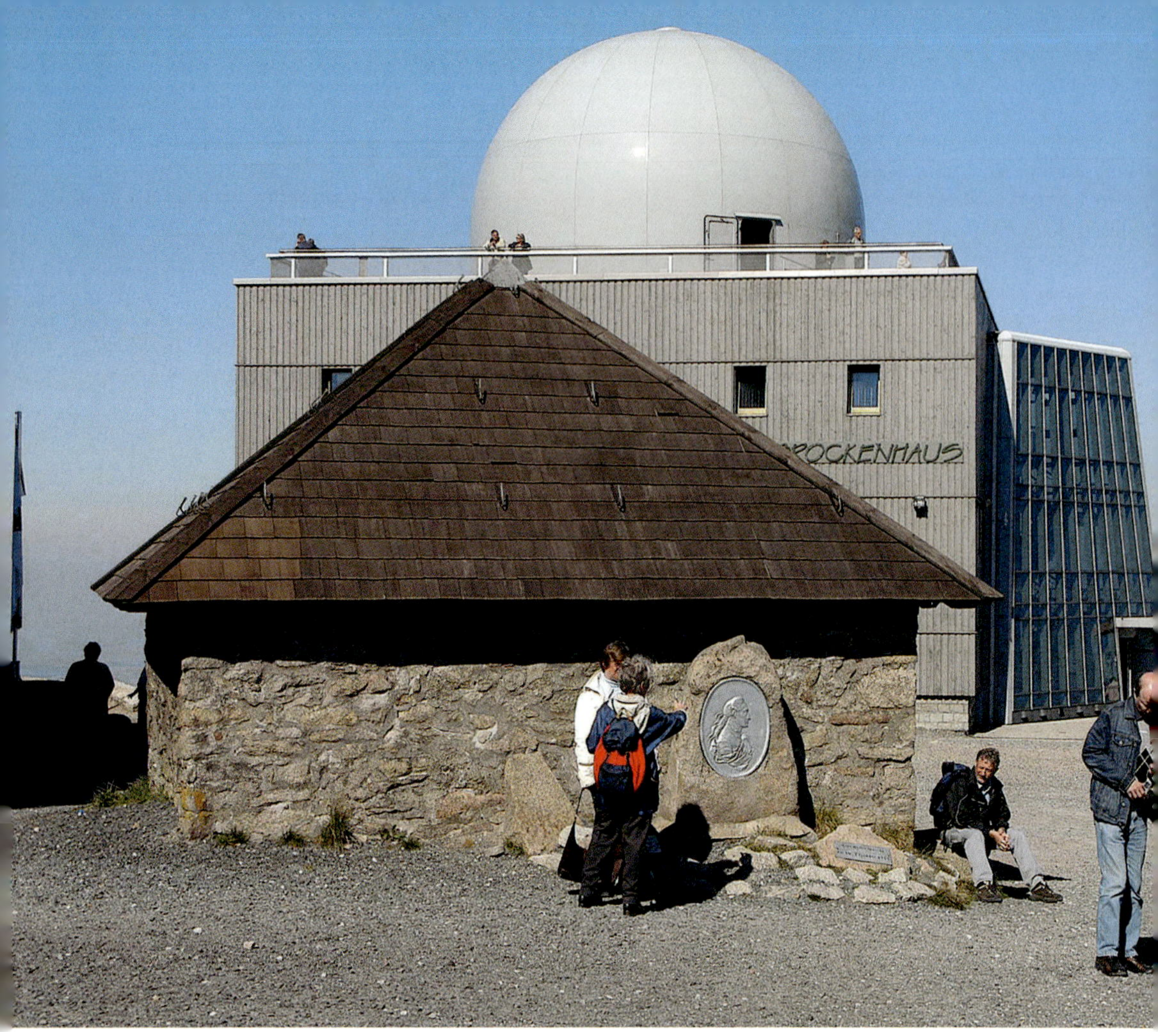

Auf dem Gipfel des Brockens: Wolkenhäuschen und Moschee – früher eine Stasi-Abhöranlage, heute das Brockenmuseum

Hochharz und vor uns erstreckt sich in einem Meer von Fichten eine mit Gras und Heidelbeerbüschen bewachsene Schneise: das Grüne Band. Rechts über dem Tal von Schierke erhebt sich der Gipfel des Brockens. Fünf Kilometer ohne nennenswerte Steigung liegen vor uns, wobei wir zunächst direkt an der Grenze zum Nationalpark entlanglaufen. Noch zweieinhalb km, dann überschreiten wir die Parkgrenze. Stünde da kein Schild, wir würden es nicht merken. Linker Hand, für uns nicht sichtbar, erstrecken sich zwei große Moore.

Der Brockengarten

Auf dem Brockengipfel herrscht ein raues Klima. Frost, Schnee, Reif und Orkanböen machen dem Wald hier oben zu schaffen. Der Direktor des Botanischen Gartens der Universität Göttingen verlegte im Jahr 1898 seine alpine Abteilung auf den Brocken – zu DDR-Zeiten wurden die Pflanzen des Brockengartens dann auf einen grenzferneren Berg umgesiedelt. Heute befindet sich der Brockengarten wieder am Originalstandort nahe der Wetterstation. Führungen finden von Mitte Mai bis Mitte Oktober Mo–Fr um 11.30 und um 14 Uhr statt.

Auf dem Goetheweg zum Gipfel des Brockens Wir erreichen den »Dreieckigen Pfahl«, eine alte Grenzmarkierung, an der eine Schutzhütte steht. Hier stoßen erstmals Brockenbesteiger aus Niedersachsen hinzu. Knapp einen Kilometer weiter ist der vom Torfhaus kommende Goetheweg erreicht; hier treffen wir auf

einen größeren Schwung von Brockenwanderern, und gemeinsam geht es steil zur Trasse der Brockenbahn hinauf, der wir dann für zwei Kilometer folgen. Man kann also ziemlich sicher sein, einem der Dampfzüge zu begegnen.

Bald ist die 1000-Meter-Höhenmarke überschritten. Der Wald wird lichter, die Bäume wirken gedrungen, und kurz darauf stoßen wir auf die Schierker Brockenstraße. Nun ist richtig was los, denn der Brockengipfel zählt zu den beliebtesten Ausflugszielen der Region. In einem Pulk von Wanderern und Mountainbikern setzen auch wir an zum Gipfelsturm. Auf 1100 Metern Höhe erreichen wir die Baumgrenze – nun sind es nur noch 500 Meter Wegstrecke bis zum Gipfel. Die Fahrgäste der Brockenbahn stoßen hinzu, und oben angekommen herrscht Feststimmung. Für das leibliche Wohl wird gesorgt, und wer noch keine Übernachtung reserviert hat, der sollte sich möglichst bald an die Rezeption des Brockenhotels wenden – es könnte schon mal eng werden hier.

Mauern am Brockengipfel

In den 1980er-Jahren glich der Gipfel des Brockens einer Festung: Das Plateau war seit 1985 von einer 3,6 Meter hohen und 1,5 Kilometer langen Betonmauer umgeben, hinter der sich die DDR-Grenztruppen, eine sowjetische Einheit und die Staatssicherheit verschanzten. Zusätzlich zur Ringmauer hatte man am nördlichen Kolonnenweg entlang eine 1,2 Kilometer lange Mauer errichtet und mit einer Lichttrasse versehen, die den Brocken nachts in grelles Licht tauchte (ausführliche Infos zum Brocken und seiner Umgebung sind im Grüne-Band-Buch »Der Harz« nachzulesen, siehe S. 189).

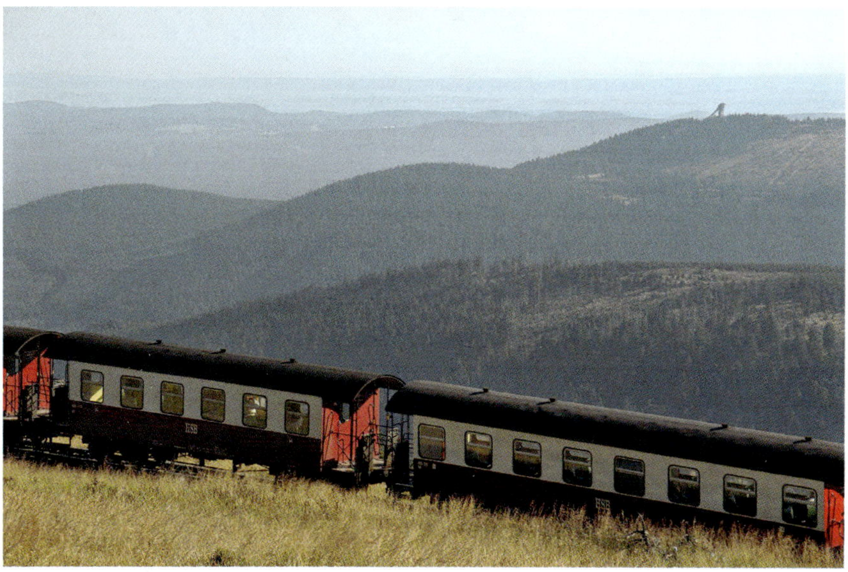

Brockenbahn und Blick auf den Wurmberg

37

Vom Brocken nach Ilsenburg

Über Eckerstausee und Eckertal zum nördlichen Harzrand

leicht | 19,3 km | ↑ 30 m ↓ 916 m | 5 Std.

Ausgangspunkt
Brocken

Endpunkt
Ilsenburg

Gehzeit
Bis zum Ranger-Imbiss 1 Std.

Höhenunterschied
Anstiege unwesentlich, Abstiege 916 Hm

Anfahrt
Bahn/Bus: Mit der Brockenbahn von Wernigerode

Karte
Schmidt Buchverlag 1:30 000, Harzer Grenzweg

Einkehr
Ranger-Imbiss am Scharfenstein; in Ilseburg zahlreiche Einkehrmöglichkeiten

Informationen
www.ilsenburg-tourismus.de

Übernachtung
Landgasthaus Pension Eckerkrug auf der niedersächsischen Seite, Blankenburger Str. 2, 38667 Bad Harzburg Tel. 05322/ 9507913

Infos für die Übernachtung in Ilsenburg bei Tourist-Info, Tel. 039452/194 33 www.ilsenburg-tourismus.de

Über den Goetheweg haben wir den Gipfel des Brockens bestiegen. Über den Heineweg steigen wir wieder ab, zumindest solange er dem Kolonnenweg folgt. Am Fuß des Brocken kehren wir in einer Ranger-Imbiss-Station ein – damit sind wir für den langen Marsch durchs Eckertal gerüstet.

Der Abstieg vom Brocken führt über den Kolonnenweg hinunter zur Rangerstation an den Scharfensteinklippen. Zu DDR-Zeiten stand dort eine Grenzkaserne. Heute bekommt man hier von 10–16 Uhr Würstchen und Bier, Kaffee und »selbst ausgepackten Kuchen« (Zitat des diensthabenden Rangers).

Weiter geht's zum Eckerstausee, über dessen Staumauer wir nach Niedersachsen gelangen. Ein kurzes Stück folgen wir einer Zufahrtsstraße, dann geht es rechts über einen Treppenweg hinunter ins Eckertal, durch das wir über sieben Kilometer wandern, mal auf niedersächsischer, mal auf anhaltinischer Seite, immer durch Wald. Knapp 5 km hinter der Eckertalsperre, man hat gerade die Alsburgklippe passiert, da zweigt links ein Weg zu den Rabenklippen ab. Hier sollte man sich überlegen, ob man nicht den 1,5 km langen Anstieg zu den Klippen auf sich nimmt,

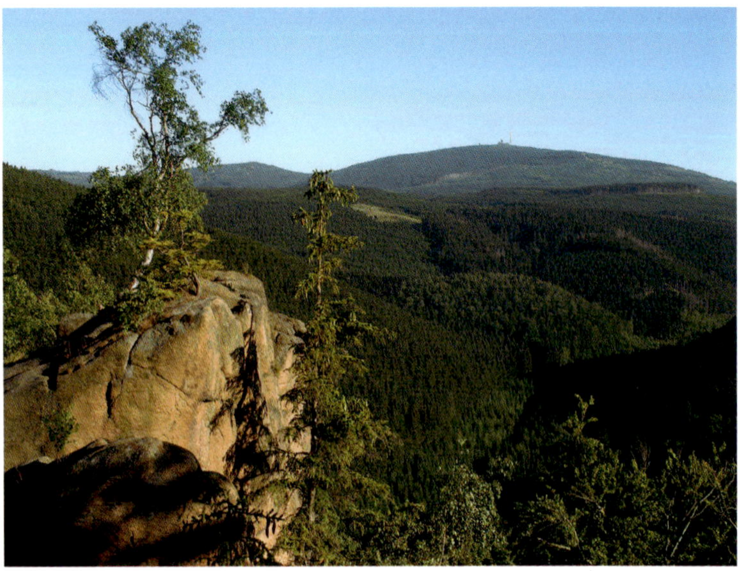

An den Rabenklippen, Blick auf den Brocken

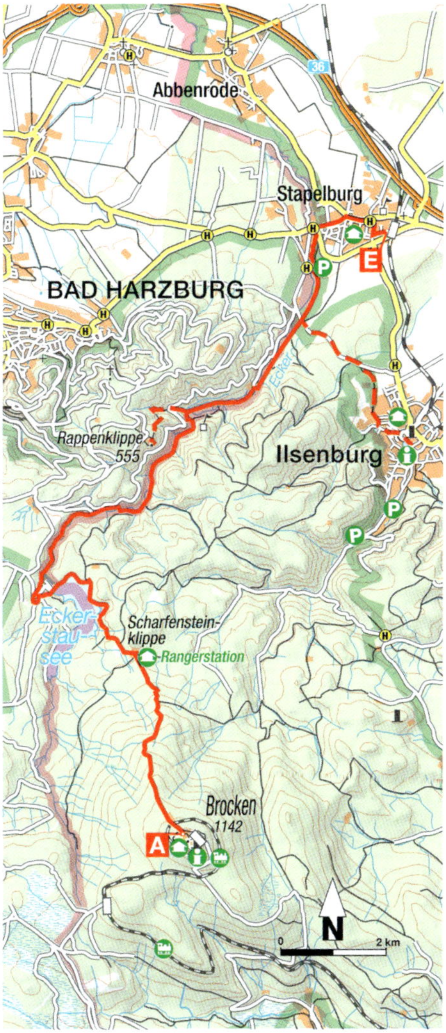

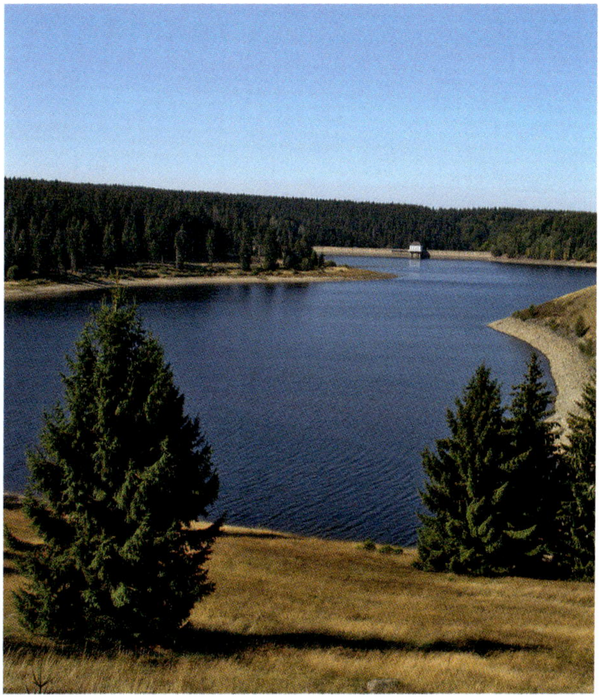

Bild oben: Eckerstausee

trotz der über 200 Höhenmeter, die man dabei überwinden muss. Dafür spricht zweierlei. Zum einen befindet sich dort oben das Luchsgehege des Nationalparks, zum anderen kann man dort einkehren. Bei der Entscheidungsfindung hilft ein Blick auf die Uhr und die Tatsache, dass es bis zu unserem Etappenziel in Stapelburg noch gut fünf Kilometer sind.

Zum Jungborn-Sanatorium Knapp drei Kilometer sind es bis zur Grenze des Nationalparks. Die Landschaft öffnet sich und vor uns liegt das Gelände des ehemaligen Sanatoriums Jungborn, in der Persönlichkeiten wie Franz Kafka, Hans Albers und Marika Rökk gekurt haben. Es gab prachtvolle Kurbauten, Parkanlagen und zahlreiche »Lufthäuschen«. Nachts sprangen zum Entsetzen von Kafka nackte Männer über Heuhaufen. Zu DDR-Zeiten wurde das Sanatorium zerstört; inzwischen hat ein Verein einige »Lufthäuschen« rekonstruiert und einen kleinen Teil des Parks wieder hergerichtet. Sollte es mit der Buchung des Quartiers im niedersächsischen Eckerkrug nicht klargegangen sein, empfiehlt es sich hier den Wegweisern zum drei km entfernten Ilsenburg zu folgen. Dort gibt es ausreichend Quartiere. In Stapelburg existieren keine Übernachtungsmöglichkeiten.
Der Grenzweg führt über das Sanatoriumsgelände. Dann wendet er sich nach links zum Ufer der Ecker und verläuft als Pfad durch Grüne-Band-Pionierwälder. Schließlich stoßen wir auf ein Straßendreieck. Hier wenden wir uns nach links und überqueren die Landesgrenze. In Niedersachsen gleich wieder links in die Blankenburger Straße und zur Pension Eckerkrug.

38

Von Ilsenburg nach Hornburg

Durchs nördliche Harzvorland

leicht 27,3 km ↑106 m ↓240 m 7 Std.

Ausgangspunkt
Ilsenburg

Endpunkt
Hornburg

Gehzeit
Nach Wiedelah 2.30 Std.; zum Kleinen Fallstein 6.15 Std.

Anfahrt
Bahn/Bus: Mit der Regionalbahn von Wernigerode oder Braunschweig via Vienenburg

Karte
Schmidt Buchverlag 1:30 000, Harzer Grenzweg

Einkehr
Kurz vor Wiedelah das Restaurant Am Finkenherd Osterwiecker Str 75 05324/774199

In Wiedelah Backhaus Siemer An der Ecker 1 Tel. 05324/7806 67;

in Hornburg mehrere Einkehrmöglichkeiten

Informationen
www.harzinfo.de

Übernachtung
in Hornburg Reinhards Pension Vorwerk 1 Tel. 0534/94 80 10

Hotel Adams Schützenhof Vor dem Vorwerkstor 3 Tel. 05334/1211

Der Harzer Grenzweg begleitet uns bis zum Kleinen Fallstein, einem der letzten Höhenzüge vor dem Tiefland. Auf dem Weg lernen wir die wilde Oker kennen, die sich an der ehemaligen Grenze frei entfalten konnte. Vom Kleinen Fallstein genießen wir den Blick zurück zum Brocken, dann geht's hinunter ins Fachwerkstädtchen Hornburg.

Mit der alle zwei Stunden verkehrenden Bahn fahren wir zurück nach Stapelburg und laufen durch den Ort zum Harzer Grenzweg. Vor der Eckerbrücke erinnert ein Denkmal an die Grenzöffnung: Hier ließ der Bürgermeister von Stapelburg am 11.11.1989 die Grenzmauer mit einem Bagger einreißen. Wir folgen dem Grenzweg über die Eckerbrücke nach Niedersachsen. Dann geht es rechts auf einem Waldweg entlang der Ecker talab nach Abbenrode.

Zur wilden Oker Hinter dem in Sachsen-Anhalt liegenden Abbenrode geht es durch die weite Feldflur des niedersächsischen Dorfs Lochtum auf die B 6 zu. Unter einer Brücke gelangen wir auf die Nordseite der Straße, dann queren wir kurz hintereinander zwei Bahntrassen und eine Landstraße. Wie zum Ausgleich dazu kommen wir bald an einer Ausflugsgaststätte vorbei.
Schließlich erreichen wir Wiedelah an der Oker. Und obwohl wir uns schon außerhalb des Gebirges befinden, gebärdet sich die Oker noch

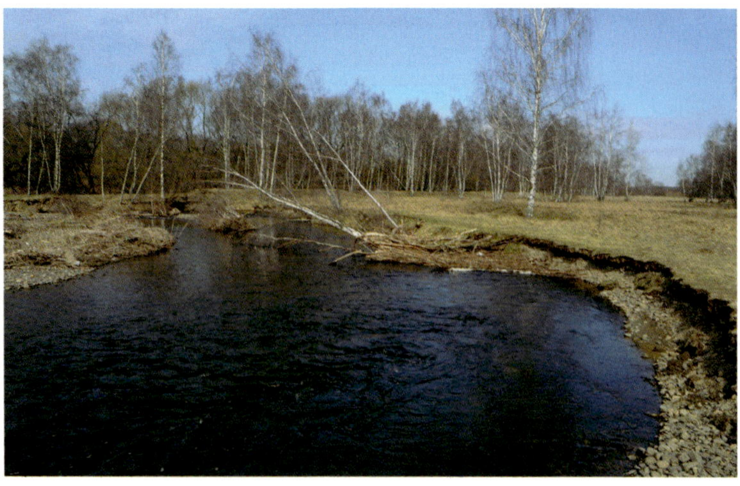

An der wilden Oker bei Wülperode

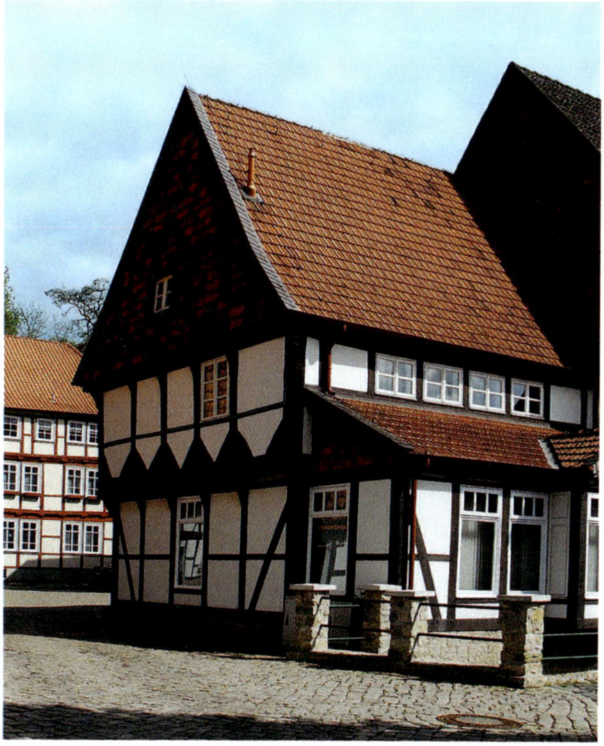

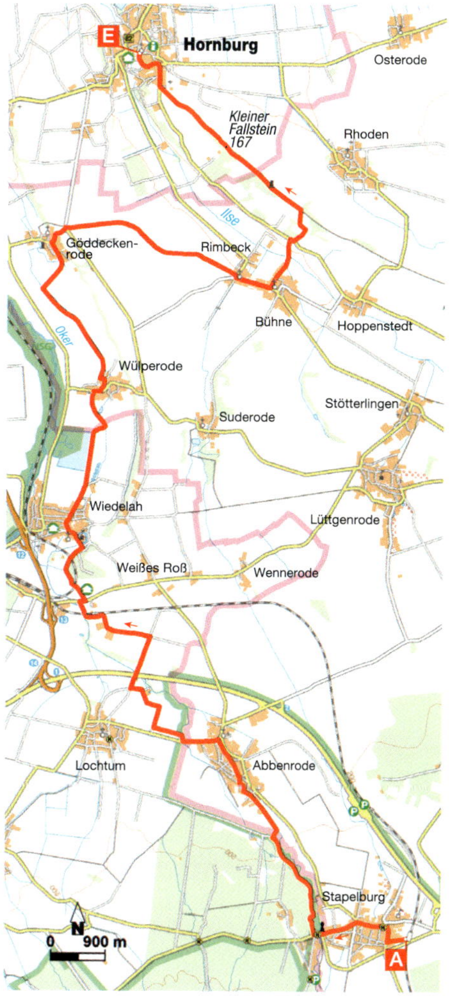

recht wild. Richtig austoben darf sich der Fluss bei Wülperode, dem nächsten Ort am Grenzweg; die Oker war hier Grenzfluss. Zu DDR-Zeiten hat man den Fluss gewähren lassen. Der Grenzzaun befand sich erst an der Grenze des Überschwemmungsgebiets. Und so haben die Grenztruppen, ohne es zu beabsichtigen, einen Beitrag zum Auenschutz geleistet. Heute steht die Wülperoder Okeraue unter Naturschutz.

Fachwerkhaus in Hornburg

Auf den Kleinen Fallstein Bei Göddeckenrode wendet sich der Grenzweg nach Osten und steigt über eine Geländestufe auf eine alte Flussterrasse. Durch eine weite Feldflur geht es zu den Dörfern Rimbeck und Bühne. Dann quert der Grenzweg das Ilsetal und steuert auf einen schmalen Höhenzug zu, den Kleinen Fallstein. Der ist mit 174 Metern nicht sonderlich hoch – doch der Anstieg ist steil. Oben angekommen, genießen wir einen prächtigen Blick auf die Gebirgsmauer des Harzes. Wir wenden uns nach links und folgen dem Kammweg Richtung Hornburg, kommen an einem ehemaligen Grenzwachturm vorbei und schreiten durch ein Loch im Grenzzaun, von dem man noch ein paar Meter hat stehen lassen.

Dann geht es hinunter ins niedersächsische Hornburg, ein Fachwerkstädtchen mit Burgberg und Schloss. In der Schlossbergstraße und am benachbarten Marktplatz stehen dicht an dicht mehrgeschossige Fachwerkhäuser, die meisten mit bunten Fächerrosetten oder Blendarkaden geschmückt. Hinter der Kirche in der Wasserstraße steht das »Neidhammelhaus«, das Prachtstück der Hornburger Fachwerkkunst: Zwischen bunten Fächerrosetten streckt der geschnitzte Neidhammel frech seine Zunge heraus. Zum Schloss haben Besucher leider keinen Zutritt.

39

Von Hornburg zum Heeseberg

Durch das Große Bruch

mittel | 26 km | ↑ 150 m ↓ 50 m | 6.30 Std.

Ausgangspunkt
Hornburg

Endpunkt
Heeseberg

Gehzeit
Zum Imbiss Mattierzoll 3 Std.

Anfahrt
Bahn/Bus: Mit der Deutschen Bahn von Braunschweig nach Schladen und weiter mit der Buslinie 754 nach Hornburg

Karte
Niedersächsisches Landesvermessungsamt 1:75 000, Nr. 25 Helmstedt

Einkehr
Beim Abstecher nach Mattierzoll (700 m)
Eggers Imbiss
Bahnhofstr. 2b
Tel. 05336/86 61;
am Heeseberg s. bei Übernachtung

Informationen
www.samtgemeindeheeseberg.de

Übernachtung
Heese-5
Am Heeseberg 5
38381 Jerxheim
Tel. 0176/24061300

Unser Weg führt durch eine Bruchlandschaft, die uns mit ihrer weiten Feld- und Wiesenflur einen Vorgeschmack auf das Norddeutsche Tiefland bietet. Noch einmal geht es auf einen (wenn auch kleinen) Berg hinauf. Doch wie so oft ist nicht die Größe entscheidend – der Heeseberg ist übersät von Blumen, die Aussicht ist fantastisch und im Hotel Heeseberg kann man übernachten.

Von der Kirche in Hornburg folgen wir der Pfarrhofstraße und biegen dann links in den Bruchweg ein, der sich nach knapp 200 Metern nach rechts wendet und in die Feldflur führt. Auf einem Wirtschaftsweg geht es 2,5 Kilometer schnurgeradeaus bis zur ehemaligen Grenze. Dort wenden wir uns links auf den Kolonnenweg, der, je nach Jahreszeit, mehr oder weniger mit Gras und Brennnesseln bewachsen ist. Nach einem scharfen Rechtsknick wird der Weg jedoch wieder besser.

Durchs Große Bruch Auf den nächsten 18 Kilometern wandern wir mitten durch das Große Bruch. Durch Entwässerungsgräben ist der ehemalige Sumpfwald hier zu einem Dorado des Ackerbaus geworden. Einen gewissen ökologischen Ausgleich bietet das Grüne Band, das sich, je weiter wir nach Osten kommen, umso besser präsentiert. Auch auf Ziegen und vor allem auf Pferde kann man dort treffen.

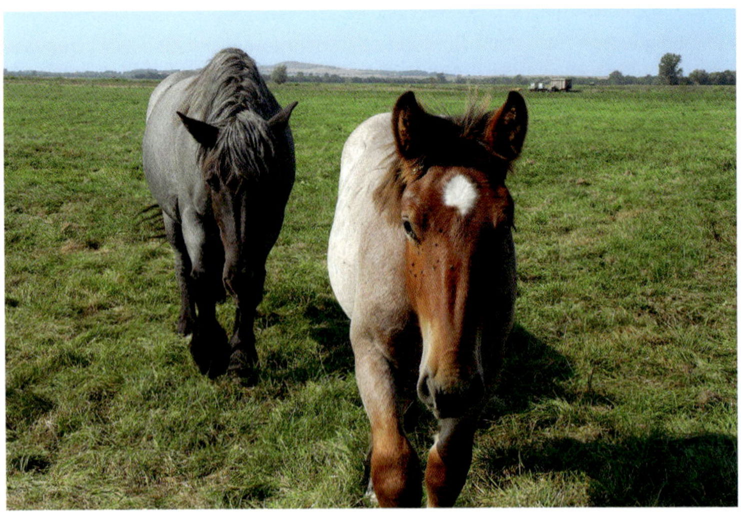

Im Großen Bruch, im Hintergrund der Heeseberg

Nach acht Kilometern queren wir die B 79. Wem es nichts ausmacht, für einen Imbiss einen Abstecher von 1,5 Kilometern (hin und zurück) auf sich zu nehmen, der wandert hinüber in die niedersächsische Siedlung Mattierzoll.

Weiter geht's auf dem Kolonnenweg durch die Bruchlandschaft, bis wir schließlich zur B 244 gelangen. Direkt neben dem großen Entwässerungsgraben, an dem die innerdeutsche Grenze verlief, stand einst das Gasthaus Kiebitzdamm. Es wurde von den Grenztruppen abgerissen. Wir folgen der nicht sonderlich stark befahrenen B 244 über den Großen Graben hinüber nach Niedersachsen.

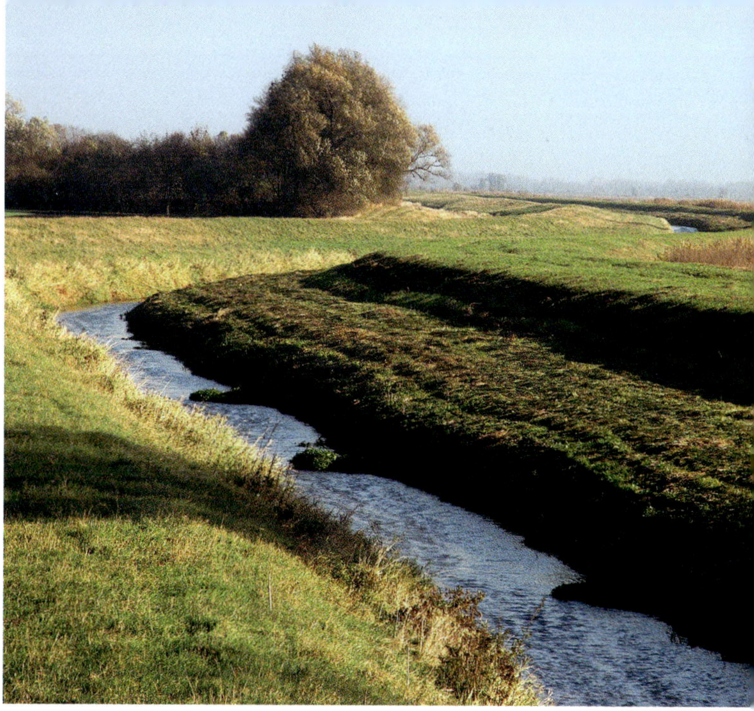

Am Großen Graben bei Jerxheim

Am Rand des Bruchs stoßen wir auf die Siedlung Bahnhof Jerxheim. Hinter der stillgelegten Bahnlinie geht es bergan, ja, es wird so steil, dass sich die Straßenbauer genötigt sahen, Serpentinen anzulegen.

Auf den Heeseberg Wir folgen dieser Bergstraße weiter bis nach Jerxheim. Da unser Ziel der Heeseberg ist, biegen wir am Ortseingang von Jerxheim links in die nach Beierstedt führende Straße ein. Ein paar Schritte weiter mündet rechts die Auffahrt zum Heeseberg in die Straße ein; wir steigen über diese hinauf und sind nach 1,5 Kilometern oben. Auf knapp 200 Metern Höhe und 120 Meter über dem Großen Bruch erwarten uns ein Aussichtsturm, Wald, Wanderwege, Blumen- und Streuobstwiesen sowie das Hotel Garni Heeseberg. Von der Terrasse des Hotels hat man noch einmal einen schönen Blick hinüber zum Brocken.

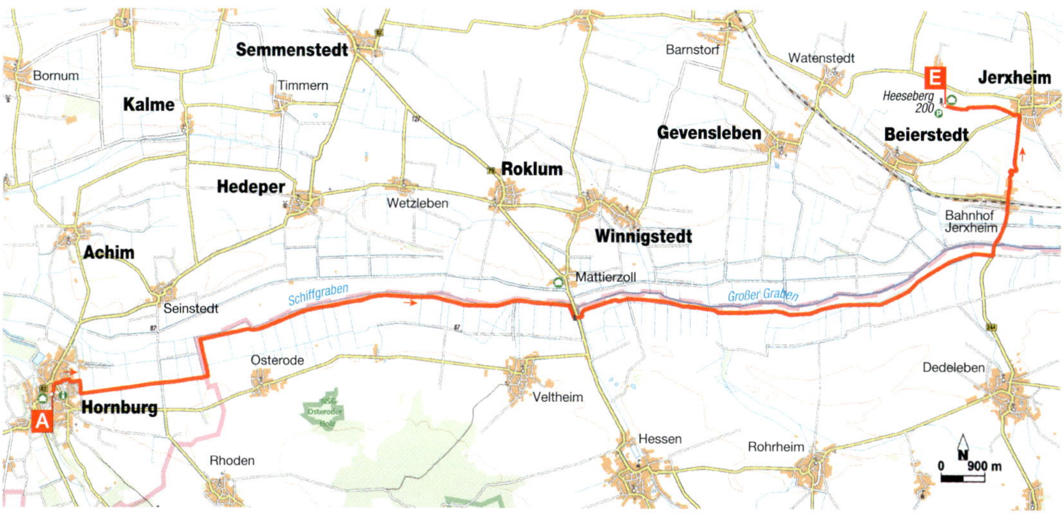

40

Vom Heeseberg nach Hötensleben

Über Feldfluren zur Tagebaulandschaft

mittel | 18,3 km | ↑ 35 m ↓ 107 m | 4.30 Std.

Ausgangspunkt
Heeseberg

Endpunkt
Schöningen

Gehzeit
Zum Landgasthof Hötensleben
3.30 Std.

Anfahrt
Bahn/Bus: Keine Empfehlung für den ÖPNV

Karte
Niedersächsisches Landesvermessungsamt 1:75 000, Nr. 25 Helmstedt

Einkehr
In Hötensleben
Griechisches Restaurant Syrtaki
Schulstraße 20c,
Tel. 0394 05/93 22 08

Informationen
www.samtgemeindeheeseberg.de
www.obere-aller.de

Übernachtung
Ferienwohnungen im Dorfgemeinschaftshaus
39393 Hötensleben, Hospitalstr. 1
Tel. 0151/14536991

Hotel Schloss Schöningen
Burgplatz 1, 38364 Schöningen
Tel. 05352/907590

Jugendherberge Schöningen
Richard-Schirrmann-Straße 6A
Tel. 05352/3898

Das Grüne Band macht im »Großen Graben« seinem Namen Ehre, besonders im Abschnitt Söllingen–Hötensleben. Als einziges natürliches Element durchzieht es die weite, artenarme Feldflur. Die Wanderung über den Kolonnenweg erschließt uns dieses Refugium. Vor den Toren von Hötensleben ist es dann vorbei mit der wilden Natur – das Grüne Band mutiert zu einem Grenzmuseum mit Parkrasen.

Felder, Grüne-Band-Wildnis und ein Freiland-Grenzmuseum Vom Heeseberg geht es hinab nach Jerxheim, wo wir der Helmstedter Straße folgen. Hinter den letzten Häusern biegen wir rechts auf einen Wirtschaftsweg ein. Nach etwa 300 Metern halten wir uns links und am nächsten Abzweig noch einmal links. Kurz darauf stößt man auf die alte Bahnlinie Jerxheim–Schöningen. Man folgt der Bahntrasse in den Ort Söllingen. Dort folgt man dem Pabstorfer Weg und der Schulstraße durch die Ortsmitte. Auf der Hauptstraße geht es schließlich zum Ortsausgang, wo man rechts Richtung Ohrsleben abbiegt.

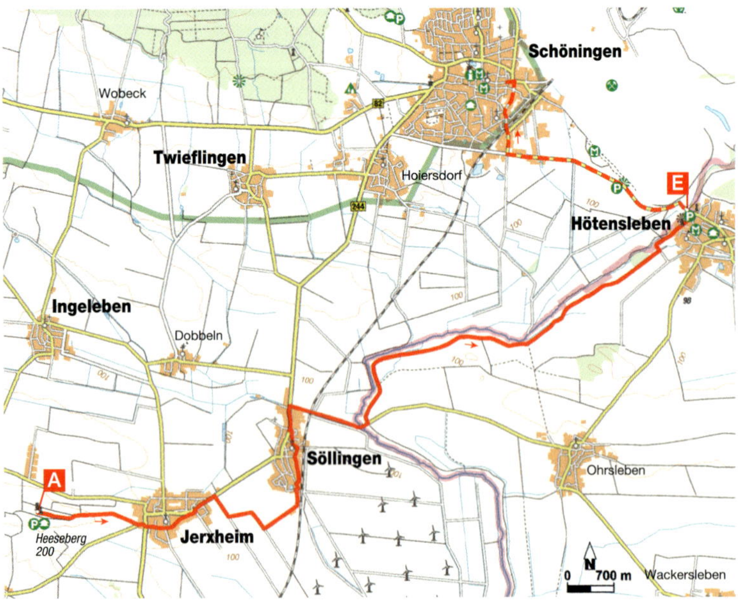

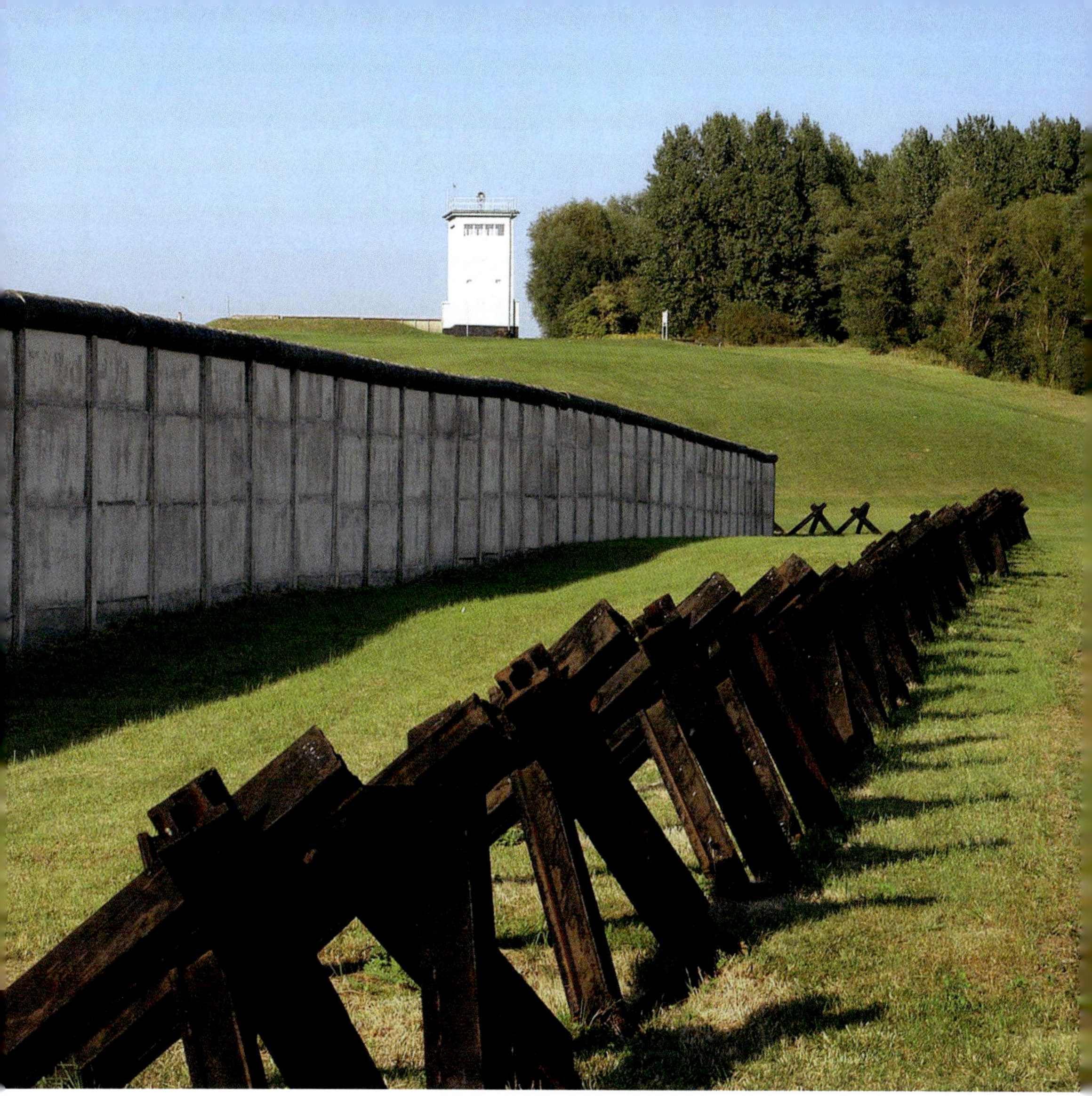

Nach 700 Metern überschreitet man die Grenze zu Sachsen-Anhalt. Wir folgen links dem Kolonnenweg, der uns durch die Schöninger Aue in den sechs Kilometer entfernten Bergmannsort Hötensleben führt. Hier wurde schon zu DDR-Zeiten in großem Stile Braunkohle abgebaut. Zwischen Hötensleben und der niedersächsischen Nachbarstadt erstreckt sich ein riesiges Tagebauloch. Der Kohleabbau ist inzwischen allerdings Geschichte; er wurde 2016 eingestellt. Das Grüne Band quetscht sich zwischen Hötensleben und dem vom westlichen Ortsrand nur 300 Meter entfernten Tagebau hindurch. Und in diesem Korridor sind sämtliche Sperrelemente noch erhalten: die Grenzmauer, Signalzaun, Wachtürme und Panzerreiter. Der gepflegte Rasen, in dem die martialischen Denkmäler aufgereiht sind, verleiht dem Grenzmuseum etwas Disneyland-Artiges.

Freiland-Grenzmuseum Hötensleben

Wenn es mit der Unterkunft in Hötensleben nicht klappen sollte, kann man in die gut vier km entfernte niedersächsische Bergmannstadt Schöningen ausweichen. Leider führt der Weg nach Schöningen über die Straße. Dafür ist der Ortskern von Schöningen mit seinem Schloss und den Fachwerkhäusern sehenswert.

41

Von Hötensleben nach Bad Helmstedt

Durch die Tagebaulandschaft von Helmstedt/Harbke

mittel | 22,5 km | ↑118 m ↓195 m | 5.35 Std.

Ausgangspunkt
Schöningen

Endpunkt
Bad Helmstedt

Gehzeit
Nach Walbeck zur Marktschänke 3.30 Std.

Anfahrt
Bahn/Bus: Mit der Deutschen Bahn nach Helmstedt, weiter mit dem Bus 370 nach Schöningen

Karte
Niedersächsisches Landesvermessungsamt 1:75 000, Nr. 25 Helmstedt

Einkehr
In Harbke
Orangerie-Café im Schlosspark nur Sa u. So ab 14 Uhr, Tel. 0394 06/203;
in Bad Helmstedt s. bei Übernachtung

Informationen
www.obere-aller.de
www.stadt-oebisfelde-weferlingen.de

Übernachtung
Hotel Quellenhof
Brunnenweg 19
38350 Bad Helmstedt
Tel. 05351/1240

Das Grüne Band führt uns gekonnt durch die west-östliche Tagebaulandschaft mit ihren riesigen aufgelassenen Gruben, von denen die meisten inzwischen geflutet werden. Ältere Gruben haben sich bereits zu Baggerseen entwickelt. Unser Zwischenziel ist der an einem grenzübergreifenden Tagebauloch gelegene Ort Harbke, der mit einer Schlosskirche, einer Schlossruine, einer Orangerie und einem Schlosspark aufwartet.

Durch die Braunkohletagebaulandschaft Gleich hinter dem letzten Wachturm des Freiland-Grenzmuseums sind wir wieder inmitten der Grünen-Band-Wildnis, die sich hier zwischen den Tagebaulöchern hindurchschlängelt. Wir passieren den niedersächsischen Ort Offleben, immer noch auf dem Plattenweg, allerdings ohne Grünes Band; es wurde umgeackert. Hinter Offleben stellt sich uns der Tagebau-See Anna-Süd entgegen, den wir rechts umgehen. Drei Kilometer geht es durch eine grüne Bergbaufolgelandschaft, in der sich Mensch und Natur wohlfühlen, dann stoßen wir auf den niedersächsischen Ort Hohnsleben – ein kleines Dorf, das unmittelbar an Sachsen-Anhalt grenzt. Durch Hohnsleben hindurch und auf der anderen Seite rechts auf einen Wirtschafts-

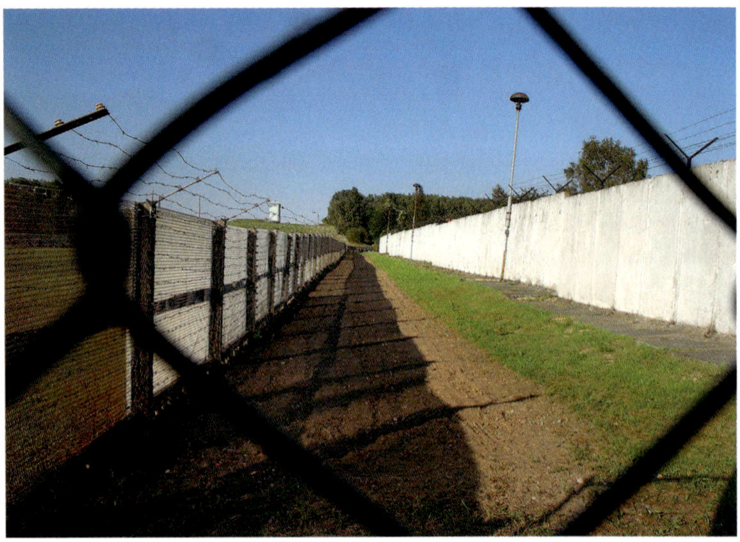

Es kommt auf den Blickwinkel an: eine bis 1989 »verbotene« Perspektive ...; im Freiland-Grenzmuseum Hötensleben

weg, der nach einem Linksschwenk und gut einen Kilometer in die Straße Hohnsleben–Harbke mündet. Hier rechts und in 150 Meter zur ehemaligen Grenze. Vom Grünen Band keine Spur – es wurde, wie hier so oft, umgeackert. 700 Meter weiter biegen wir links ab und folgen einem Wirtschaftsweg zum renaturierten Tagebauloch Harbke/Helmstedt. Am Grubenrand wenden wir uns nach rechts und folgen einem Wirtschaftsweg, der am Rand der Grube nach Harbke führt. Ein Blick über den nördlichen Abschnitt der Grube, der inzwischen geflutet ist, wäre prinzipiell möglich, ist aber mit einem Umweg verbunden.

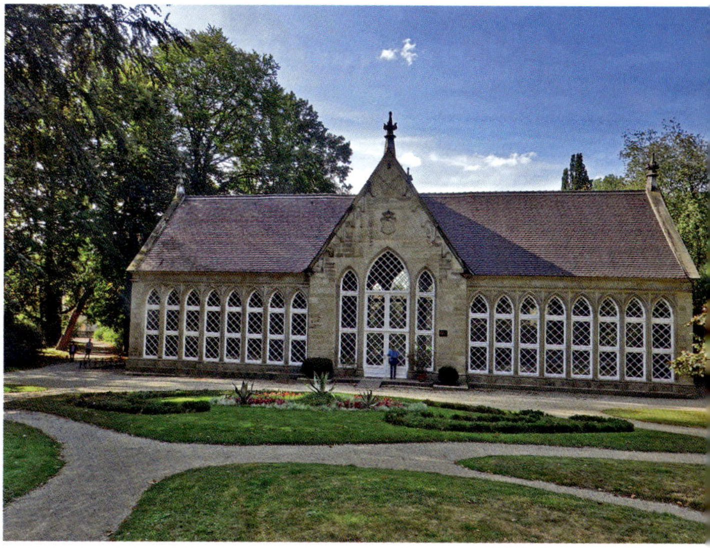

Die Orangerie von Harpke

Harbke und der Transitübergang Marienborn In Harbke folgen wir den Straßen »Am Sportplatz« und der Goethestraße geradeaus, dann rechts der Neuen Straße und kurz darauf links der Parkstraße. Man gelangt so zum Schlosspark, den man diagonal quert. In der romantischen Orangerie hat sich ein Café etabliert. Die Schlossruine wirkt dagegen etwas traurig. Hinter der Ruine befindet sich ein großer Teich, der Harper Speicher. Hier stoßen wir auf eine Straße, die uns nach drei Kilometern zum ehemaligen Transitübergang von und nach Berlin führt. Zuerst queren wir die Bahn, dann die Autobahn. Dazwischen liegen die Plattenbauten des Harbker Ortsteils »Autobahn«, in denen Zöllner und Grenzsoldaten untergebracht waren. Von der Autobahnbrücke aus kann man den ehemaligen Grenzübergang Marienborn ausmachen, der heute zu großen Teilen ein Grenzmuseum ist.

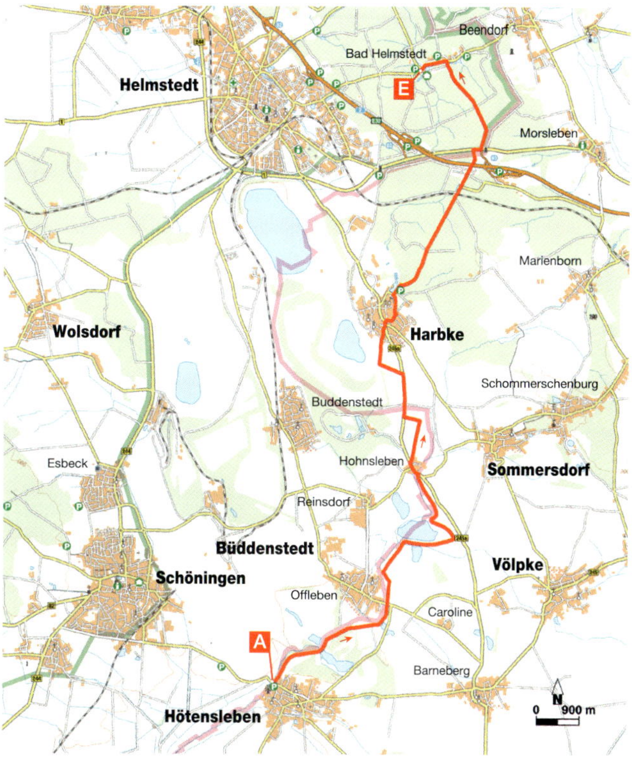

Bad Helmstedt im Lappwald Hinter der Brücke queren wir die B 1 und folgen rechts einem parallel zur Straße verlaufenden Weg. Nach 200 Metern biegen wir links in den Lappwald-Rundwanderweg 1 ein, der uns nach Bad Helmstedt führt. Sie haben richtig gelesen: Unweit von Helmstedt gibt es den Ortsteil Bad Helmstedt und der liegt direkt an der ehemaligen Grenze. An der nächsten Weggabelung wenden wir uns nach links, womit wir auf das Heilbad, das Ziel unserer Etappe, zusteuern. Hier befindet sich auch das Hotel Quellenhof, wo wir übernachten.

42

Von Bad Helmstedt nach Breitenrode

Durch den Lappwald und das Allertal

mittel | 32,5 km | ↑ 103 m ↓ 191 m | 9.00 Std.

Ausgangspunkt
Bad Helmstedt

Endpunkt
Oebisfelde-Breitenrode

Anfahrt
Bahn/Bus: Mit der Deutschen Bahn bis Helmstedt, weiter mit dem Anruf-Linientaxi: Bahnhof Bad Helmstedt, Tel. 053 51/30 71

Karten
Niedersächsisches Landesvermessungsamt 1:75 000, Nr. 25 Helmstedt

Einkehr
in Bösdorf-Lockstedt Gasthaus zur Linde, Tel. 03 90 57/22 72, in Oebisfelde s. bei Übernachtung

Informationen
www.stadt-oebisfelde-weferlingen.de

Übernachtung
Gasthaus Zur Sonne
Bergstraße 16
39356 Weferlingen
Tel. 039061/238

Hotel Hildebrandt
Bauernende 12
39646 Oebisfelde-Breitenrode
Tel. 0390 02/425 95

Diese Etappe ist eine der längsten auf der Strecke zwischen Sachsen und der Ostseeküste. Der Grund hierfür liegt am Mangel von Übernachtungsmöglichkeiten. Hotels und Pensionen nahe der Autostadt Wolfsburg sind häufig von »Monteuren« belegt. Deshalb liegt das Etappenziel nördlich von Oebisfelde nahe dem großen Naturschutzgebiet Drömling. Vorausgesetzt im Gasthaus zur Sonne in Weferlingen sind Zimmer frei, besteht jedoch die Möglichkeit, die Etappe in zwei kürzere zu unterteilen.

Nach Walbeck, wo ein romanisches Kleinod wartet Vom Quellenhof sind es nur 15 Minuten bis zum Grünen Band, das sich über neun Kilometer durch den Lappwald zieht. Vom Hotel steuert man schräg über die Straße hinweg auf ein Holzhäuschen zu, um direkt dahinter links in einen Spazierweg einzubiegen. Es geht am Waldrand entlang zum »Großen Waldrundweg«, der uns rechts zum ehemaligen Grenzstreifen leitet. Dort folgen wir links dem Kolonnenweg durch dichten Wald zu einem Platz, an dem ein Künstler einen Grenzwachturm scheibchenweise zerlegt hat. Da es auf den restlichen fünf Waldkilometern des Grenzstreifens nichts Neues zu sehen gibt, biegen wir vom Kolonnenweg ab und folgen einem Weg rechts hinunter nach Walbeck und ins Tal der Aller. Auf dem Berg oberhalb des Ortes, nur 300 Metern vom Marktplatz entfernt, steht eine romanische Stiftskirche, die auch als Ruine noch beeindruckt. Mit dem Walbecker Stiftsberg haben wir zugleich den letzten Vorposten des

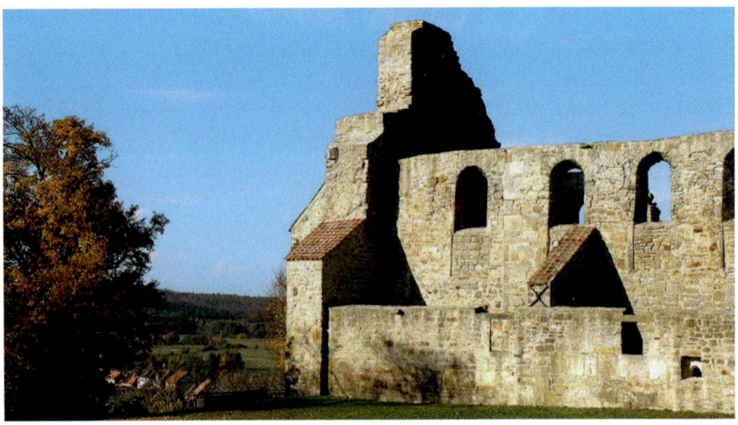

Ruine der romanischen Stiftskirche von Walbeck

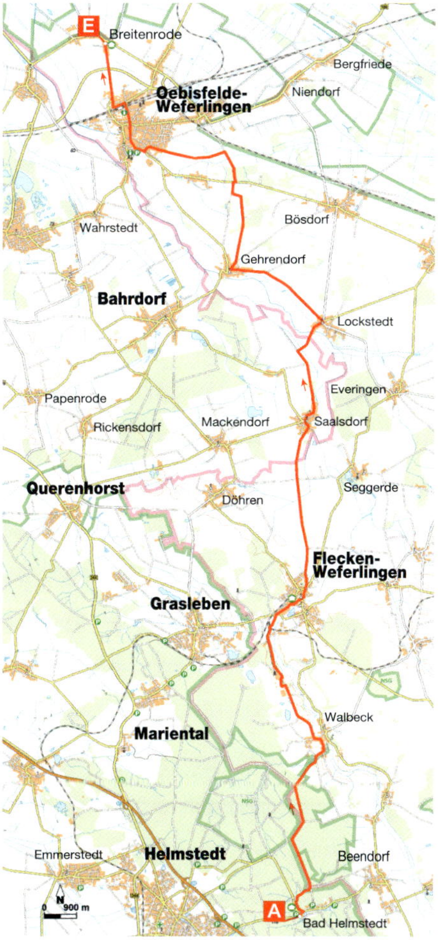

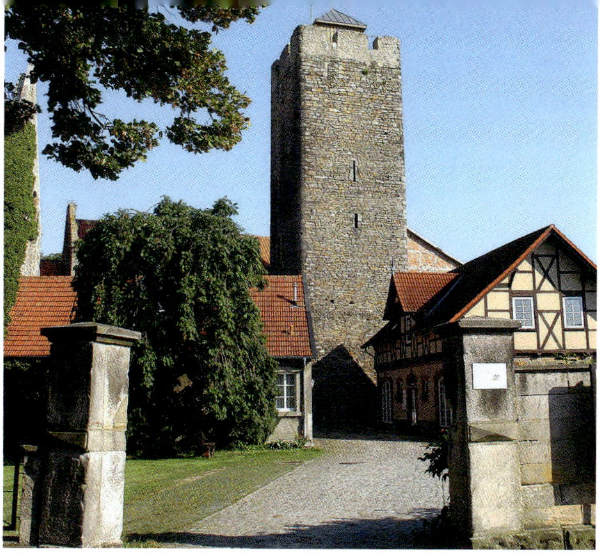

Die Burg Oebisfelde, die sogenannte »Sumpfburg«

Mittelgebirges erreicht. Vor uns liegt die von eiszeitlichen Gletschern geprägte Norddeutsche Tiefebene.

Durchs Allertal Zurück zum Markplatz und dort auf dem Steinweg über die Aller zur Marienthaler Straße, wo wir auf den Radweg EV13, den »Iron Curtain Trail«, treffen. Wir folgen dem gut markierten Radweg bis zu dem anvisierten Quartier in Oebisfelde OT Breitenrode und darüber hinaus. Nächstes Zwischenziel ist der Flecken Weferlingen, ein etwas größerer Ort, in dem man wie gesagt im Gasthaus beziehungsweise der Pension zur Sonne übernachten könnte. In einem Telefongespräch im Herbst 2020 mit den Besitzern der Sonne blickten diese trotz Corona mit Zuversicht in die Zukunft.
Wenn es dennoch mit der Übernachtung nicht klappen sollte, geht es von Weferlingen halt weiter über den EV13 Richtung Norden. Der Radweg führt durch weite Feldfluren und plattes Land zunächst ins niedersächsische Saalsdorf, dann folgen die ehemaligen DDR-Grenzdörfer Lockstedt und Gehrendorf. Und wenn man nicht darauf aufmerksam gemacht wird, merkt man nicht, wenn man die ehemalige Grenze überschreitet. Von einem Grünen Band und Grenzrelikten ist weit und breit nichts zu sehen.
Wir durchqueren die Grenzstadt Oebisfelde mit ihrem historischen Stadtkern samt Burg. Über die Schild- und die Lindenstraße geht es zum Bahnhof, wo eine Fußgängerunterführung zur nördlichen Seite der Schienenstränge führt. Dort halten wir uns links (Salzwedeler Str.). Nach 300 Metern erreichen wir die Breitenroder Straße, der wir rechts nach Breitenrode folgen, unserem Etappenziel.

Zur »Sumpfburg«

Nach dem Quartiermachen bietet sich ein Spaziergang zur »Sumpfburg« an, wie die am Rand der Altstadt liegende Burg von Oebisfelde genannt wird. Über einen Aller-Uferweg gelangt man in wenigen Minuten zur Burg. Bemerkenswert sind der 27 Meter hohe Bergfried und der fünfeckige Burghof. In der gut erhaltenen Anlage befinden sich ein Heimat- und Burgmuseum sowie die Touristeninformation.

43

Von Breitenrode nach Brome

Durch den Drömling

leicht 23,6 km ↑ 22 m ↓ 49 m 6.00 Std.

Ausgangspunkt
Breitenrode

Endpunkt
Brome

Höhenunterschied
An- und Abstiege unwesentlich

Anfahrt
Bahn/Bus: Mit der Deutschen Bahn nach Oebisfelde

Karten
Niedersächsisches Landesvermessungsamt 1:75 000, Nr. 20 Wolfsburg/Altmark, und 1:50 000, Naturpark Elbufer-Drawehn; Landesamt für Vermessung Sachsen-Anhalt 1:50 000, Naturpark Drömling

Einkehr
In Brome Restaurant Athen
Bahnhofstr. 4
Tel. 05833/292

und Restaurant Roma
Hauptstr. 24
Tel. 05833/97 98 44

Informationen
www.samtgemeinde-brome.de

Übernachtung
In Brome u. a.
Pension Jürgens
Zu den Ohreauen 2
Tel. 058 33/234;

Hotel-Pension Haus Tanne
Heidweg 22
Tel. 058 33/510
www.haus-tanne.de;

Hotel Restaurant Hubertus
Am Wildgehege 3
38465 Brome
Tel 058 33/427 99 75

Wir steuern über Felder auf den Mittellandkanal zu, hinter dem sich der Grenzsumpf des Drömlings erstreckt. Auf der altmärkischen Seite wandern wir durch dessen kultivierten Teil. Der sacknasse Bruchwald auf der niedersächsischen Seite und das Grüne Band bleiben den Schwarzstörchen, Fischottern und Bibern vorbehalten.

Da der »Iron Curtain Trail« (EV13) direkt an unserem Quartier vorbeiführt, gestaltet sich die Wegfindung einfach. Als Erstes folgen wir dem Radweg über den Bürgerdamm zum Mittellandkanal. Dieser stark befahrene und mächtig ausgebaute Kanal bildet die Grenze zwischen der fruchtbaren Magdeburger Börde, die inzwischen hinter uns liegt, und der vor uns liegenden Altmark.

In den Drömling hinein Eine Brücke führt ans andere Ufer des Kanals. Dort geht es auf Kopfsteinpflaster weiter. Wir befinden uns jetzt am Ran-

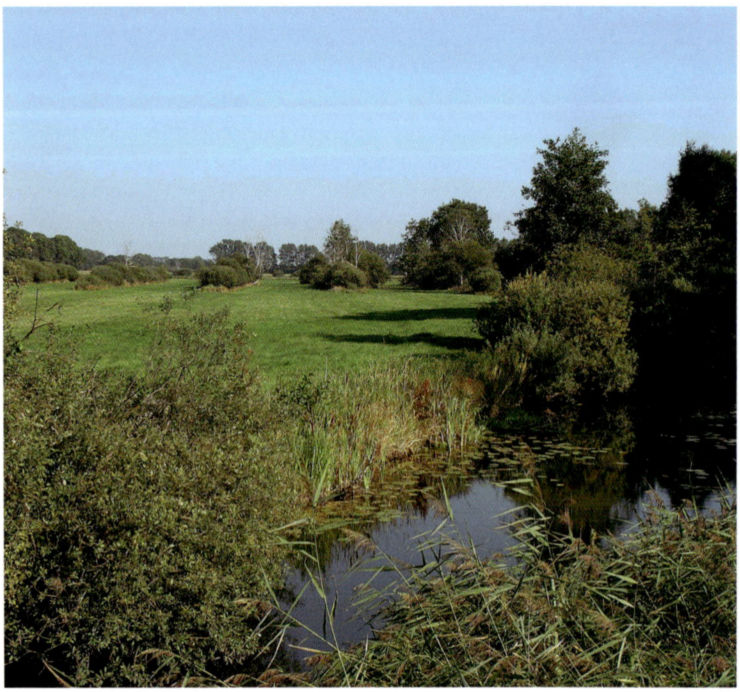

Der Steimker Graben im Drömling

de des Drömlings, einer Auenwaldwildnis, die aufgrund ihrer Grenzlage zwischen Preußen und dem Königreich Hannover nie in Gänze unter den Pflug geriet. Und auch das Land, das man dem Sumpf abgerungen hat, bewahrte einen Reiz, der in unzähligen Gräben zum Ausdruck kommt. Dort quaken Tausende von Fröschen, die den Störchen der Region als Nahrung dienen.

Wir erreichen den kleinen Ort Buchholz, queren die ehemalige Bahntrasse und gelangen zu einer Kreuzung, an der wir uns links halten. Auf einem Radweg geht es an einzelnen Häusern vorbei zu einer Brücke über den Drömling-Fluss Ohre. 100 Meter hinter der Brücke trennen wir uns für ein paar Kilometer vom EV 13. Wir biegen links auf einen befestigten Wirtschaftsweg ein, der an einem großen Entwässerungsgraben entlangführt, dem Steimker Graben. Kurz darauf stoßen wir auf eine Wehranlage mit Turbinenhaus, in dem eine Infostelle des Naturparks Drömling untergebracht ist (sonntags von 13–17 Uhr geöffnet).

Weiter geht's auf einem Wanderweg entlang des Steimker Grabens. Nach etwa 700 Metern wendet sich der Weg nach links und folgt einem anderen Grabensystem. Dann erreichen wir einen Naturbeobachtungsturm. Am Turm halten wir uns links und nach 400 Metern wieder rechts. Wir wandern jetzt durch das Naturschutzgebiet »Böckwitz-Jahrstedter Drömling«, eine Wiesenlandschaft mit zahlreichen Gräben, deren Tier- und Pflanzenwelt im Grünen-Band-Buch »Elbe–Wendland« dargestellt ist. Wir queren erneut die Ohre. An der Brücke stehen zwei Schilderhäuschen aus Beton, Relikte aus einer vergangenen Zeit. Dahinter geht es zwei Kilometer lang geradeaus. Dann gabelt sich der Weg. Wir folgen dem linken Ast, der uns in 700 m zu einem Freiland-Grenzmuseum führt.

Schloss Brome

Das Schloss geht auf eine Wasserburg zurück, die auf einer Seite vom Lauf der Ohre geschützt war, auf der anderen Seite durch einen Wassergraben. Der heutige Bau stammt aus der Lutherzeit, also aus dem 16. Jahrhundert. Alljährlich im August findet ein Burgfest statt.

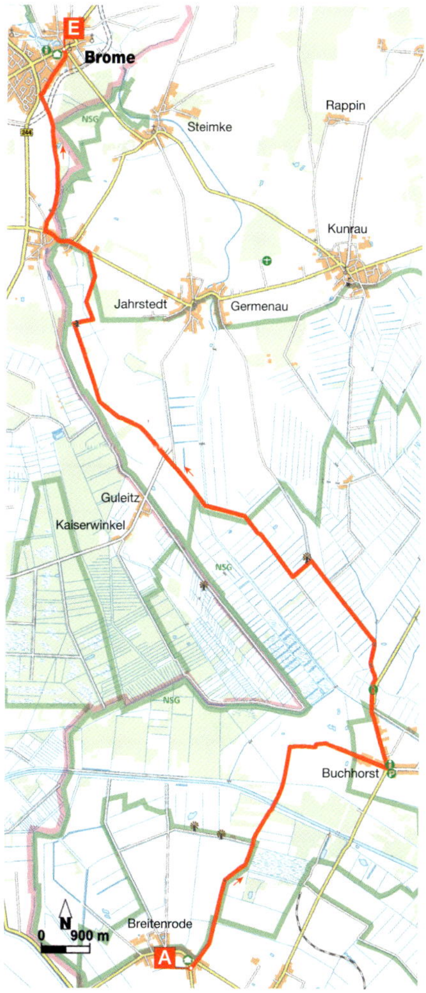

Durch Zäune und Mauern getrennt Am Museum gehen wir nach rechts und auf dem Fahrweg Richtung Jahrstedt. 300 Meter hinter dem Grenzwachturm stoßen wir auf die Reste des Grenzsignalzauns. Hier wenden wir uns links und folgen einem Wanderweg nach Böckwitz, einem ehemaligen Grenzdorf auf der DDR-Seite. Der niedersächsische Nachbarort Zicherie liegt gerade einmal in 100 Meter Entfernung. Wir wechseln über den ehemaligen Grenzstreifen nach Zicherie – zu DDR-Zeiten unvorstellbar ...

In Zicherie folgen wir der ersten Straße rechts, dem Mühlenweg. An der nächsten Weggabelung wieder rechts. Wir kommen am Friedhof vorbei und nach eineinhalb Kilometern an einer alten Ziegelei. Nun sind es nur noch 800 Meter bis nach Brome. Über die Braunschweiger Straße erreichen wir das alte Ortszentrum. Folgt man der Hauptstraße und im Anschluss der Straße Junkererde, so gelangt man zu einem sehenswerten Schloss, in dem das Heimatmuseum untergebracht ist. Dort werden vor allem Handwerkskunst und die ländliche Selbstversorgung dargestellt. Außerdem gibt es ein Museumscafé (Infos unter Tel. 05633/1820 bzw. www.museen-gifhorn.de).

44

Von Brome nach Wittingen

Durch die Ohreaue in die Stadt des Heidebiers

leicht | 22,2 km | ↑ 28 m ↓ 18 m | 5.20 Std.

Ausgangspunkt
Brome

Endpunkt
Wittingen-Erpensen

Höhenunterschied
An- und Abstiege unwesentlich

Anfahrt
Bahn/Bus: Mit der Deutschen Bahn nach Wolfsburg und weiter mit der Buslinie 160 nach Brome

Karte
Niedersächsisches Landesvermessungsamt 1:50 000, Naturpark Elbufer-Drawehn

Einkehr
im Landgasthof Piep

Informationen
www.samtgemeinde-brome.de
www.wittingen.de

Übernachtung
In 38489 Hanum
Gut Hanum
Dorfstr. 11–14
direkt am Grünen Band
www.ferienhof-hanum.de

Landgasthof Piep
3129378 Wittingen-Erpensen
Tel. 058 31/12 19

In der Kernstadt Wittingen
Hotel Wittinger Tor
Salzwedeler Straße 4
Tel. 05831/25300
www.wittinger-tor.de

Bennetts Restaurant und Hotel
Bahnhofstraße 51
Tel. 05831/2529013

Pension Barbara
Spitta Str. 10
Tel. 0172/4553783

Der Drömling liegt hinter uns – jetzt wird es sandig. Früher bedeckte Heide das weite Land, heute wird hier intensiv Land- und Forstwirtschaft betrieben. In Wittingen wird Bier gebraut.

Unser erstes Zwischenziel ist Wendisch-Brome, ein Dorf, das wieder in Sachsen-Anhalt bzw. in der Altmark liegt. Um dorthin zu gelangen, folgen wir im Kern des niedersächsischen Orts Brome der Mühlenstraße bis zum Freibad, gehen dann noch ein kleines Stück weiter und biegen anschließend links in die Wendisch-Bromer-Straße ein, die uns entlang der Ohreaue führt. Auf halbem Weg queren wir das Grüne Band, das bis auf die Höhe von Wittingen dem Flüsschen Ohre folgt.

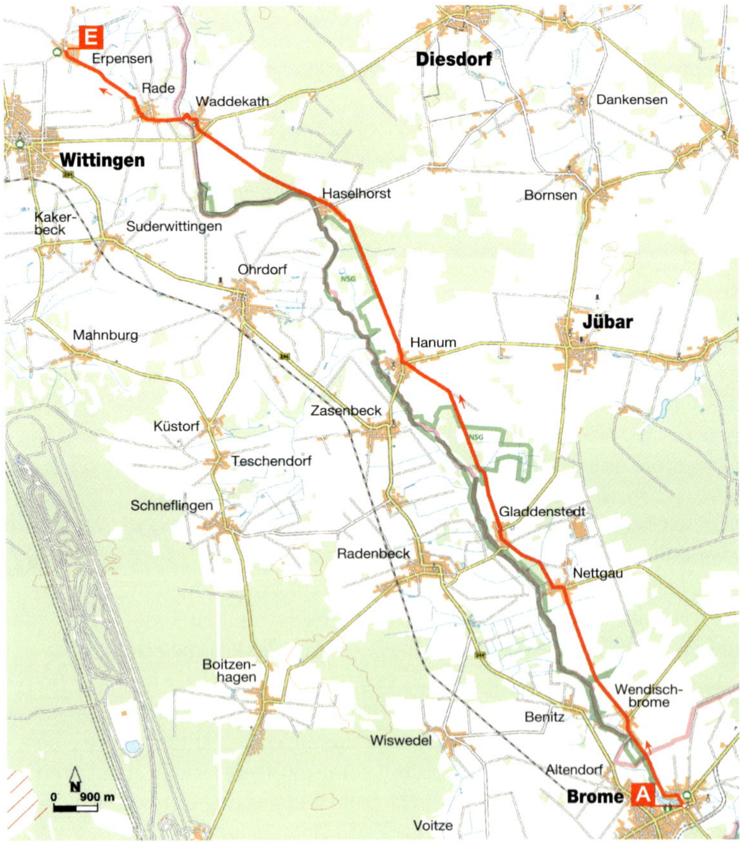

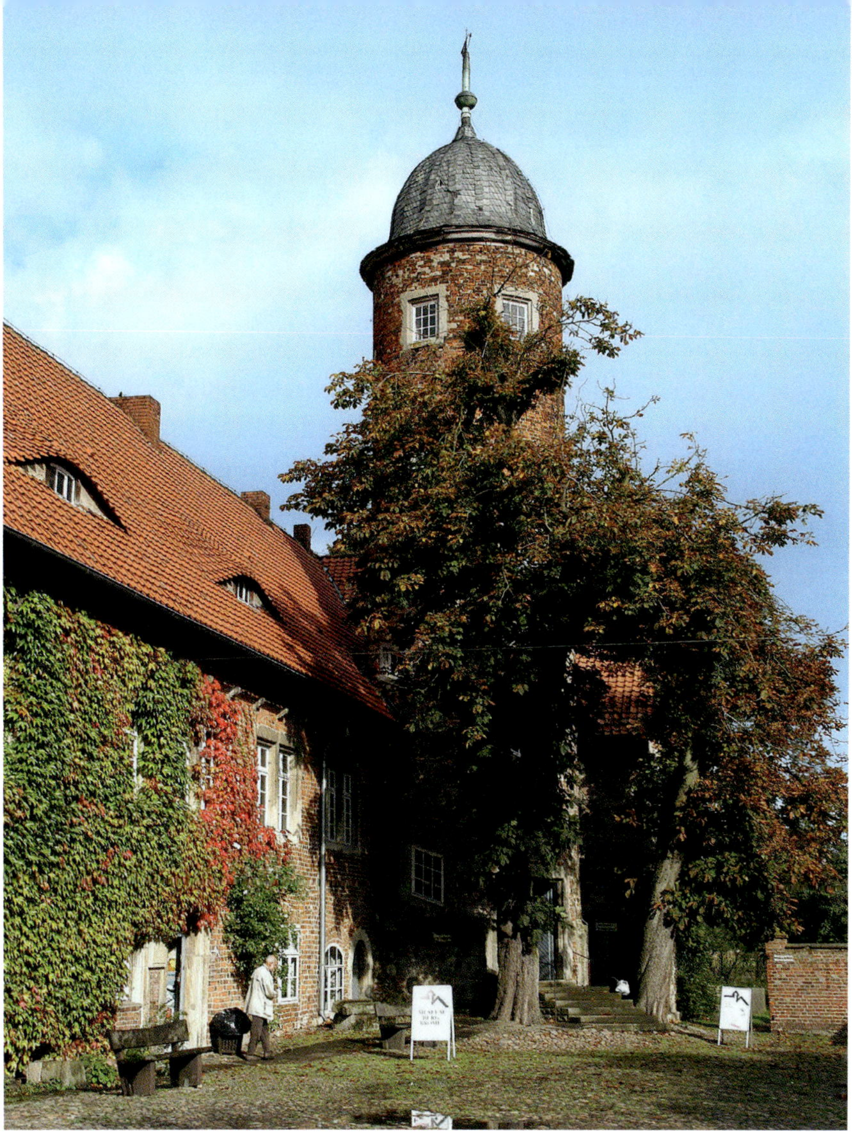

Schloss Brome

»Der Biertrinker« vor der Kirche in Wittingen

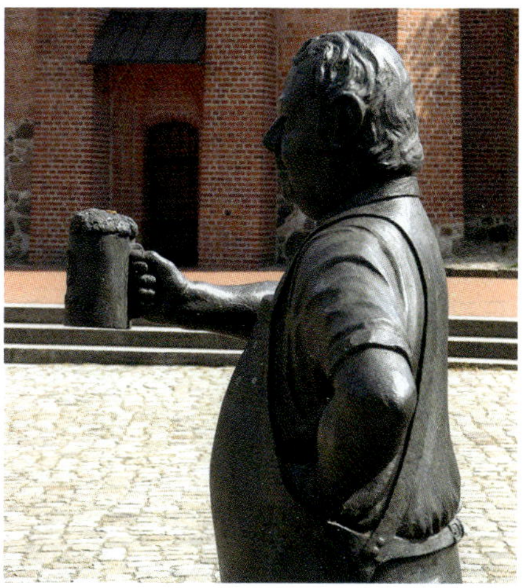

Über Waddekath nach Wittingen Weiter geht's nahe der ehemaligen Grenze über Nettgau, Gladdenstedt, Hanum und Haselhorst nach Waddekath – anfangs über wenig befahrene Straßen, dann folgt man von Gladdenstedt bis Waddekath am besten den großen, Richtung Nordwest verlaufenden Wirtschaftswegen. Versuche, über den Kolonnenweg vorwärtszukommen, enden meist im Gesträuch (Der »Iron Curtain Trail« ist in Gladdenstedt abgebogen und kürzt über Diesdorf ab).

In Waddekath folgen wir links den Wegweisern über die ehemalige Grenze in das niedersächsische Dorf Rade. Von dort steuert man je nach Übernachtungswunsch das Dorf Erpensen oder die Stadt Wittingen an, die für ihr Heidebier berühmt ist. Und da ist noch etwas, was vielleicht von Interesse ist: Wittingen liegt an der Bahnstrecke Uelzen–Braunschweig, auf der Personenzüge verkehren.

45

Von Wittingen nach Harpe

Durch die Altmark und über den Drawehn

leicht | 23,1 km | ↑41 m ↓80 m | 5.35 Std.

Ausgangspunkt
Wittingen-Erpensen

Endpunkt
Harpe

Anfahrt
Bahn/Bus: Keine Empfehlung für den ÖPNV

Karte
Niedersächsisches Landesvermessungsamt 1:50 000, Naturpark Elbufer-Drawehn

Einkehr
Café No. 3
in 29413 Schmölau Nr. 3
Konditormeisterin Kathleen Goedicke
Tel. 0162/4369491 oder 039039/95827

Informationen
www.wittingen.de

Übernachtung
Herberge am kleinen Weingarten
Dahrendorf 22
29413 Dähre-Dahrendorf
Tel 0176/73 81 66 30
www.herberge-dahrendorf.de;

Pension Harpehof
Harpe 3
29465 Schnega-Harpe
Tel. 058 42/12 38
www.diekleinefruehstuecks pension.de

Wir wandern durch die südlichen Ausläufer des Drawehn, eines bis zur Elbe reichenden Höhenzugs, den die Gletscher der Eiszeit hinterlassen haben. Unser Ziel ist der Harper Mühlenbach, einer von mehreren wasserreichen Bächen, die vom Drawehn der Elbe zustreben.

Von Erpensen, beziehungsweise Wittingen, gehen wir zurück nach Rade, wo wir dem nordöstlich aus dem Ort herausführenden Wirtschaftsweg folgen. Dieser Weg führt zunächst nahe an der ehemaligen Grenze entlang. Nach zwei Kilometern steuert er auf das Grüne Band zu. Ein kurzer Schlenker, und man ist in der Altmark. Weiter geht es zunächst durch eine Wiese, dann durch Wald. Am nächsten Wegkreuz wandern wir geradeaus und am übernächsten Wegkreuz rechts nach Neuenkrug. Dort folgen wir einer alten Frachtstraße in nordwestlicher Richtung durch die

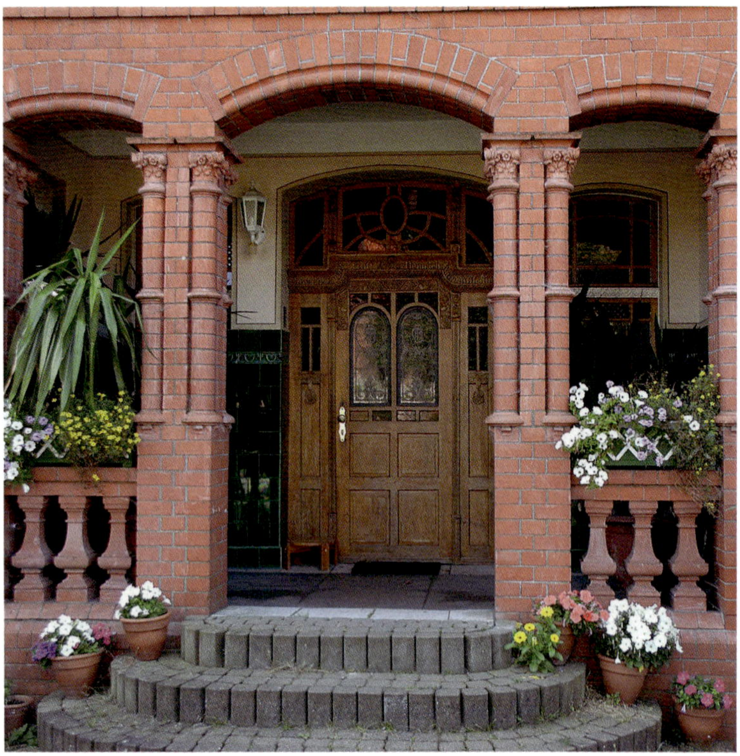

Eingang eines Bauernhofs in der Altmark

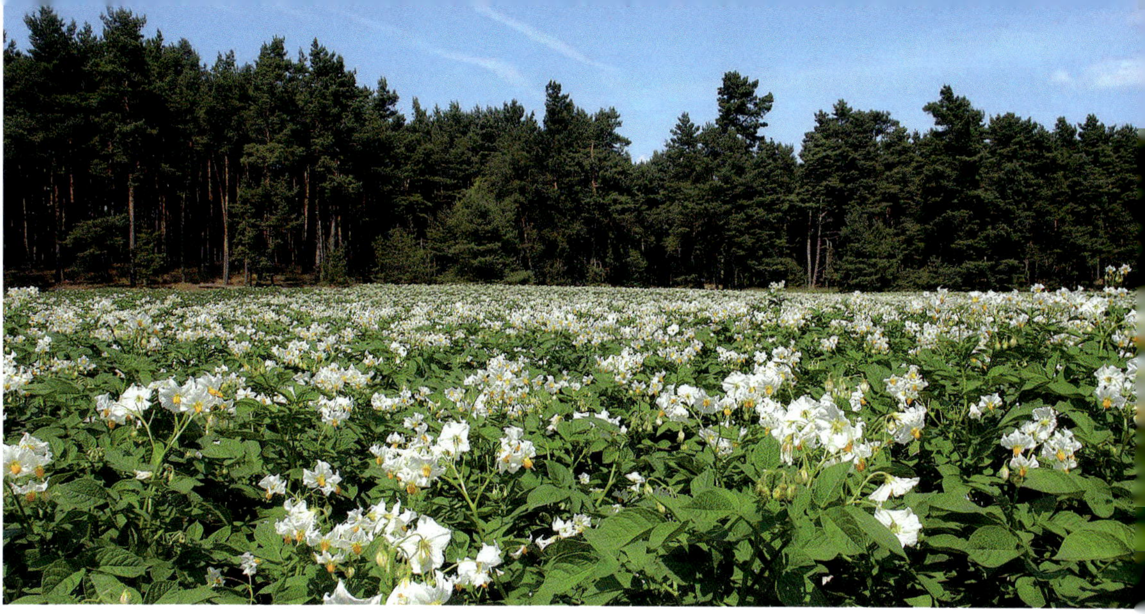

Altmärkisches Kartoffelfeld

Feldflur. Nach gut einem Kilometer führt der Weg in einen Wald hinein und darin zweieinhalb Kilometer geradeaus bis nach Schmölau.

Durch Bauerndörfer bis nach Harpe In der Ortsmitte von Schmölau folgen wir rechts der Ortsverbindung nach Holzhausen. Wer lieber durch Wald wandern möchte, hält sich in Schmölau geradeaus und folgt einem nicht markierten Weg in einen großen Kiefernforst hinein. Nach ca. 2 km wendet man sich nach rechts. Nachdem man weitere zweieinhalb km durch den sandigen Forst gewandert ist, erreicht man wieder die Feldflur. Am Wiewohler Weg hält man sich geradeaus und erreicht nach zwei km die ersten Häuser von Dahrendorf. Und noch immer geht es durch die weite Agrarlandschaft, immer auf wenig befahrenen Landstraßen. Wir kommen durch die Bauerndörfer Wiewohl und Dahrendorf, bis wir kurz vor Harpe die Grenze zu Niedersachsen passieren. Dass wir einen eiszeitlichen Höhenzug überqueren, bemerken wir kaum; jedenfalls sind die Steigungen vernachlässigbar. Aber irgendwie hat die Landschaft doch einen anderen Charakter als im richtigen platten Land wie bei Oebisfelde, im Drömling oder bei Salzwedel – die Gegend, durch die wir auf der nächsten Etappe kommen. Zuvor übernachten wir in Dahrendorf (Altmark) oder Harpe (Niedersachsen).

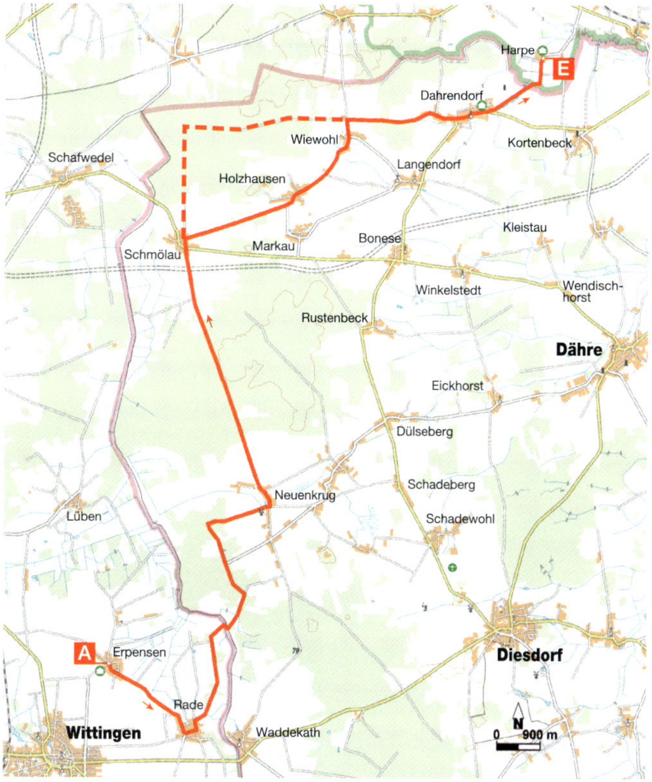

46

Von Harpe nach Salzwedel

Von Grüne-Band-Perlen, Jenny Marx und Baumkuchen

leicht | 23,3 km | ↑ 70 m ↓ 115 m | 6 Std.

Ausgangspunkt
Harpe

Endpunkt
Salzwedel

Höhenunterschied
An- und Abstiege unwesentlich

Anfahrt
Bahn/Bus: Mit der Deutschen Bahn von Uelzen nach Schnega-Bahnhof

Karte
Niedersächsisches Landesvermessungsamt 1:50 000, Naturpark Elbufer-Drawehn

Einkehr
Ratskeller Wustrow
Lange Str. 1
Tel. 05843/208;
in Salzwedel zahlreiche Einkehrmöglichkeiten

Informationen
www.salzwedel.de

Übernachtung
In 29468 Bergen an der Dumme
Hotel Restaurant Nigel
Breite Str. 9, Tel. 05845/9600

2 km vor Wustrow
Villa Wendland
Schwarzer Weg 5
Tel. 05843/972055

In Salzwedel
Tourist-Info kontaktieren
Tel. 03901/422438

Infos dazu bei der
Tourist-Info Salzwedel
Tel. 03901/42 24 38
www.salzwedel.de

Zwei Fließgewässer dienen uns auf dieser Strecke als Landmarken: der Harper Mühlenbach und die Dumme. An der Dumme liegt auf altmärkischer Seite ein großer Bruchwald, in dem Kraniche brüten. Um die Vögel nicht zu stören, weichen wir nach Niedersachsen aus – auf eine Schnuppertour durchs Wendland. Krönender Abschluss ist dann die altmärkische Hansestadt Salzwedel.

Von Harpe geht's auf der Landstraße an der Grenzmühle vorbei zur nächsten Straßenkreuzung, an der wir uns rechts nach Tuhne wenden. Gut einen Kilometer hinter dem kleinen Ort biegen wir rechts von der Landstraße ab. Nach 500 m links und nach 400 m wieder rechts, womit wir wieder auf die Landesgrenze und zugleich auf den Harper Mühlenbach zusteuern. Wer genau hinschaut, erkennt die Reste einer Mühlenanlage. Über Kopfsteinpflaster geht es durch die Bachaue zu den Ruinen des Gutsdorfs Groß Grabenstedt. Direkt daneben hat die pietätlose Agrargenossenschaft eine Biogasanlage errichtet.

Auf dem Weg zur Dumme-Aue Unser Weg steigt nun auf die höher gelegene Feldflur. Bald stoßen wir auf eine Landstraße, der wir links folgen. Wir queren die Bahnstrecke Uelzen–Salzwedel und wenden uns an der nächsten T-Kreuzung nach rechts, womit wir auf Hestedt zusteuern. Wir lassen den Ort rechts liegen und folgen einer schmalen Straße nach Darsekau. Auf halber Strecke überqueren wir die verkehrsreiche B 71, und zwar an der Stelle, an der sich der ehemalige Grenzübergang Salzwedel befand. Wir laufen durch Darsekau hindurch und direkt hinter dem Ort rechts in einen Wald hinein. Am Ende der Waldstrecke gehen wir links auf einem Plattenweg zum Grünen Band, wo noch ein Wachturm und ein paar Meter Grenzzaun stehen. Der Wachturm dient als Fledermausquartier. Kurz hinter der Grenze führt eine Brücke über die Dumme, in der auch das Wasser des Harper Mühlenbachs fließt.

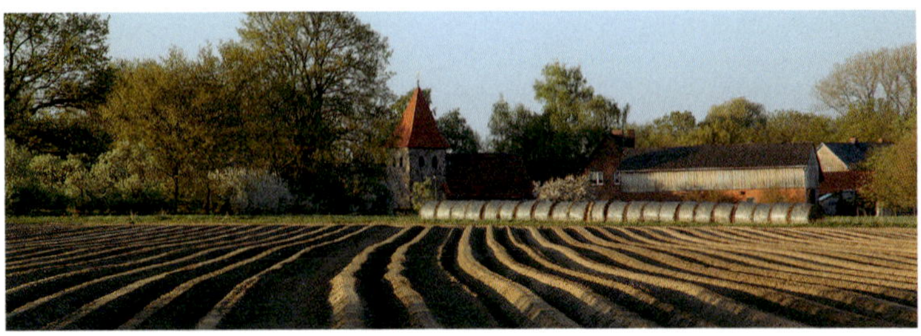

Bauernland am Harper Mühlenbach

Rechte Seite: Dorfplatz im wendländischen Luckau

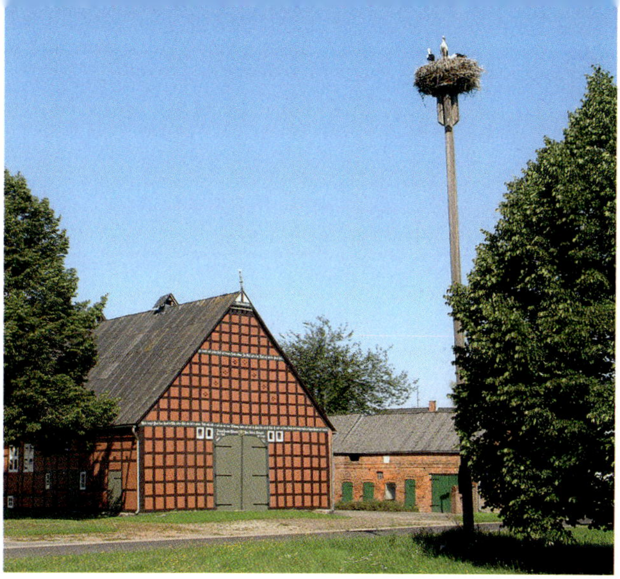

Grünes Band Salzwedel

Um den Salzwedeler Stadtwald hat der BUND inzwischen über hunderte Hektar Naturflächen erworben. Damit wird das Brutbiotop von Kranichen, Schwarzstörchen und Seeadlern bewahrt und entwickelt. Zudem steht hier der Fischotter im Fokus der Naturschützer. Grabensysteme werden angestaut und Fließgewässer ottergerecht gestaltet. Das Grüne Band Salzwedel hat sich dank des BUND-Einsatzes zu einer Perle am Grünen Band Deutschland entwickelt.

Im Wendland Weiter geht's nach Luckau, unserem ersten Ort im Wendland. Im Gegensatz zur Altmark ist das Wendland touristisch recht gut erschlossen, d. h., selbst in kleinen Rundlingen findet man Privatquartiere. In Luckau wenden wir uns nach rechts und folgen einer schmalen Landstraße nach Naudens. 700 Meter hinter Naudens, noch vor dem Rundling Schreyan, biegen wir rechts ab. Wir nehmen damit Kurs auf die kleine wendländische Stadt Wustrow. Auf halbem Weg kommen wir an der Villa Wendland vorbei, in der man übernachten kann. In Wustrow selbst existieren keine Unterkünfte. Man sollte sich aber überlegen, ob man nicht von Wustrow mit einem Bus nach Salzwedel fährt. Dazu sollte man sich aber vorher auf jeden Fall den aktuellen Fahrplan anschauen. Und wenn es klappt, muss man natürlich in Salzwedel übernachten. Um Salzwedel kennenzulernen, übernachtet man am besten in der Hansestadt (siehe Infokasten).

Baumkuchen und Frau Marx

Der Baumkuchen ist ein Highlight von Salzwedel. Die Hansestadt hat aber noch mehr zu bieten: vier Kirchen, zwei Rathäuser, eine Burg und nicht zuletzt Jenny Marx, die Frau, die hinter Karl Marx stand. Wer mehr über Salzwedel und die Aktivitäten des BUND am Grünen Band Wendland – Altmark erfahren möchte, dem sei das Grüne-Band-Buch »Elbe–Wendland« empfohlen (siehe S. 189).

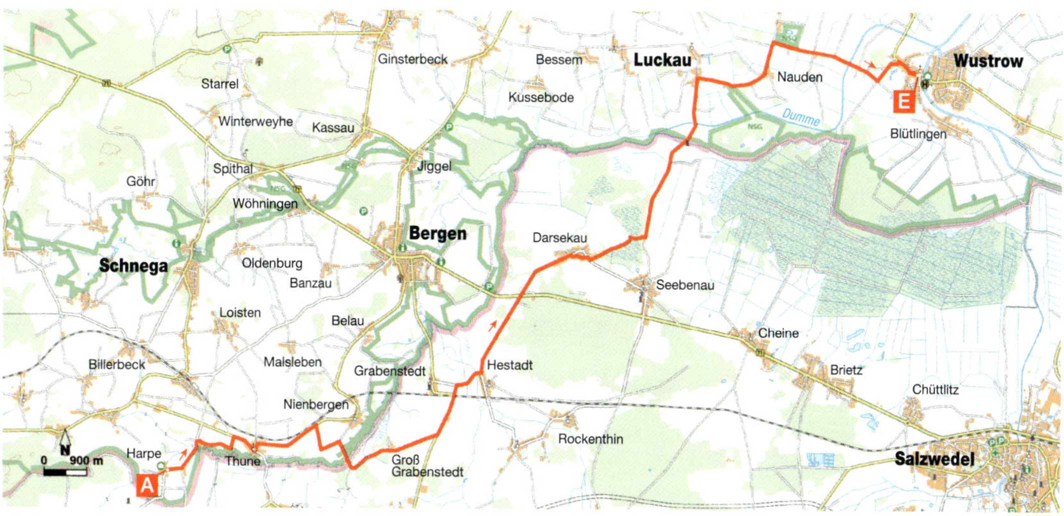

47

Von Salzwedel nach Binde

Grenznatur und ein geschleiftes Dorf

mittel | 20,4 km | ↑ 24 m ↓ 24 m | 5 Std.

Ausgangspunkt
Lübbow

Endpunkt
Binde

Höhenunterschied
An- und Abstiege unwesentlich

Anfahrt
Bahn/Bus: Mit der Deutschen Bahn nach Salzwedel,mit dem Bus nach Lübbow

Karte
Niedersächsisches Landesvermessungsamt 1:50 000, Naturpark Elbufer-Drawehn

Einkehr
keine

Informationen
www.salzwedel.de

Übernachtung
Haselnusshof, Binde Nr. 14, 39619 Arendsee/OT Binde, Tel. 039036/964 32,

Hinter Salzwedel führt unsere Tour durch eine einsame Niederungslandschaft, wo man sich in aller Ruhe der Naturbeobachtung hingeben kann. Im Jahrsauer Sack kommt man an einem zu DDR-Zeiten geschleiften Dorf vorbei. In Binde trifft man Jürgen, den Grünen Band Aktivisten der Region.

Wer in Salzwedel übernachtet hat, fährt am nächsten Tag mit dem Bus ins wendländische Lübbow. Vom Ortseingang folgt man dann auf einem Radweg der Straße nach Salzwedel zurück zur ehemaligen Grenze (400 m). Knapp 100 Meter weiter, nach einem breiten Graben, stößt man auf den Kolonnenweg.
Wer in der Villa Wendland übernachtet hat, dem steht ein zusätzlicher Anmarschweg von sieben km bevor, wobei man wieder dem »Iron Curtain Trail« (Radweg EV13) folgt, der zur Landesgrenze an der Straße Lübbow–Salzwedel führt. Ein paar Schritte über das Grüne Band hinweg und man steht auf dem Kolonnenweg, dem man über die Straße hinweg folgt.

Jahrsau, das geschleifte Dorf Neun Kilometer Kolonnenweg liegen seit der Straße Lübbow–Salzwedel hinter uns. Wir sind nun am Jahrsauer Sack angelangt, einem halbrunden altmärkischen Grenzzipfel, der ins Wendland hineinragt. In der Mitte dieses Halbrunds lag der Rundling

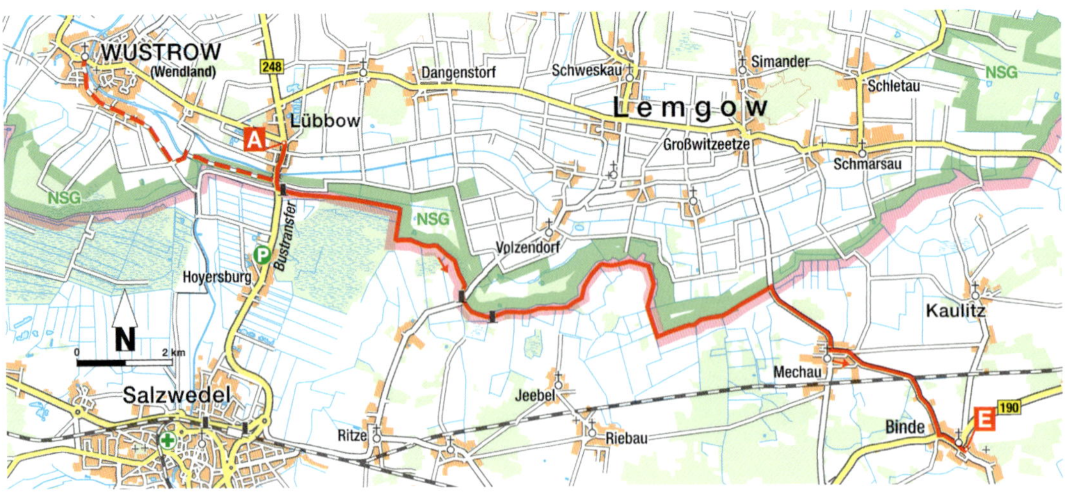

Jahrsau. Damit standen die Höfe der Jahrsauer zu DDR-Zeiten im sogenannten 500 m Schutzgebiet. Die Grenzorgane der DDR begannen bereits 1952 mit der Zwangsumsiedlung. 1961 musste die letzte Bewohnerin den Ort verlassen. 1970 wurden die Höfe und die Kapelle dem Erdboden gleichgemacht. Die Glocke wanderte ins Nachbardorf Klein Chüden. Ein kurzer Abstecher zur Wüstung ist obligat. Konsterniert stellt man fest, dass von Jahrsau nur ein paar Grundmauern, ein Stück der gepflasterten Ortszufahrt und ein paar Obstbäume blieben. An der Zufahrt steht eine Infotafel mit dem Ortsplan.

Besonderer Biotopverbund

Zwischen Salzwedel und dem Arendsee ist durch den Einsatz des BUNDs ein Biotopverbund der Sonderklasse im Entstehen. Trockengelegte Auenwälder und Wiesen wurden durch Grabenstau wieder vernässt und ehemalige Äcker zu Wiesen umgewandelt. Zudem wurden zahlreiche Flachwasserteiche angelegt, von denen Watvögel, Amphibien, Seeadler und Störche profitieren. Auf den an der Jeetzel gelegenen Kussebruchwiesen hat man einen Beobachtungsstand errichtet.

Weiter geht´s auf dem Kolonnenweg, durch Wiesen und Felder, ohne dass man irgendjemandem begegnet. Nur der Wind und Vögel sind unsere Begleiter. Nach viereinhalb km stoßen wir auf die Straße Lemgow (Wendland) – Mechau (Altmark).

Hier verlassen wir den Kolonnenweg und folgen der Straße über Mechau nach Binde, wo man im Haselnusshof der Familie Starck übernachten kann. (Vom Grünen Band bis Binde sind es gut 3 km.) Traudel und Jürgen Starck sind Grüne Band Aktivisten. Jürgen bietet zudem Führungen am Grünen Band an. Man sollte sich daher schon bei der Tourenplanung bei Jürgen melden.

Jenny-Marx-Denkmal in Salzwedel (Jenny war die Frau von Karl Marx)

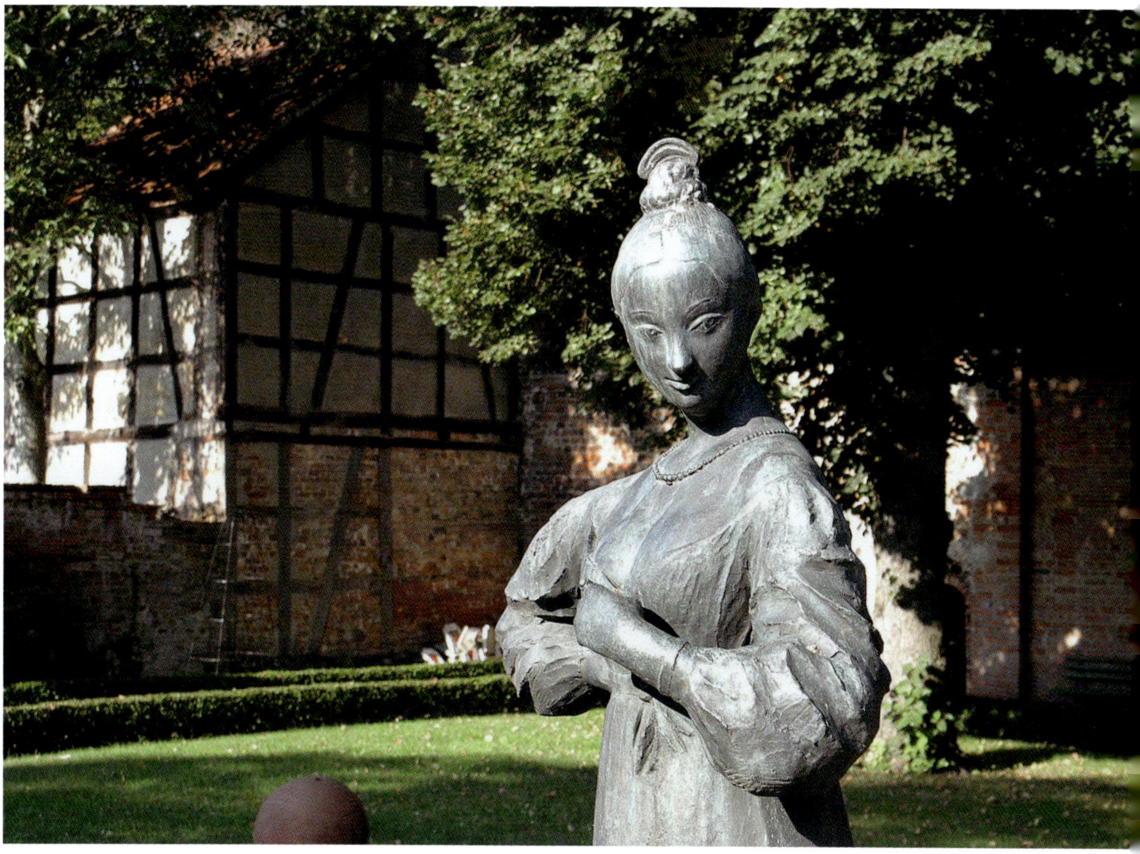

48

Von Binde zum Arendsee

Auf Grenznatur folgt Badespaß

leicht 12,7 km ↑ 14 m ↓ 14 m 3.05 Std.

Ausgangspunkt
Haselnusshof in Binde

Endpunkt
Seebad Arendsee

Gehzeit
3.30 Stunden

Anfahrt
Mit dem Bus vom Bahnhof Salzwedel

Karten
Niedersächsisches Landesvermessungsamt 1:50 000, Naturpark Elbufer-Drawehn

Einkehr
Unterwegs in Zießau im Fischrestaurant der Fischerei Kagel

Information
www.luftkurort-arendsee.de

Übernachtung
Im Luftkurort Arendsee, siehe Tourist-Info. Töbelmannstraße 1, 39619 Arendsee (Altmark) Telefon: 039384/27164

In Arendsee Ortsteil Ziemendorf: Pferde- und Freizeitparadies, Dorfstr. 49 g, Tel. 039384/972 95, www.pferde-freizeitparadies.de

Eine relativ kurze Etappe, an die man die zehn Kilometer lange Umrundung des Sees anschließen kann. Eine Abkürzung mit dem Seedampfer zum Luftkurort und Seebad Arendsee ist möglich.

Von Binde folgen wir der Landstraße nach Kaulitz, ein kleines Dorf, das knapp zwei km von der ehemaligen Grenze entfernt liegt. Auf halben Weg queren wir die stillgelegte Bahnverbindung Salzwedel–Arendesee–Wittenberge. Im Dezember 2004 wurde die Strecke nach heftigem Widerstand von der Deutschen Bahn stillgelegt. 200 m in Richtung Arendsee liegt der alte Bahnhof Binde-Kaulitz. Im Bahnhofsgebäude und auf den anschließenden Stellplätzen für archaische Wohnwagen hat sich ein buntes Völkchen niedergelassen.
Kaulitz ist ein Hort der Tradition. Mitten im Ort steht eine Feldsteinkirche mit Backstein-Accessoires. Die Feldsteine wurden von den umliegenden Äckern aufgelesen. Es sind Mitbringsel der Gletscher der Eiszeit aus Skandinavien. Weiter geht es in westlicher Richtung aus dem Ort heraus. Wir folgen dem Radweg »Altmarkrundkurs« durch Felder und Kiefernwald nach Schrampe am Arendsee. In Schrampe stoßen wir auf einen alten Bekannten, den Iron Curtain Trail, dem wir zum Ufer des Arendsees und weiter nach dem am Nordufer gelegenen Dorf Zießau folgen.

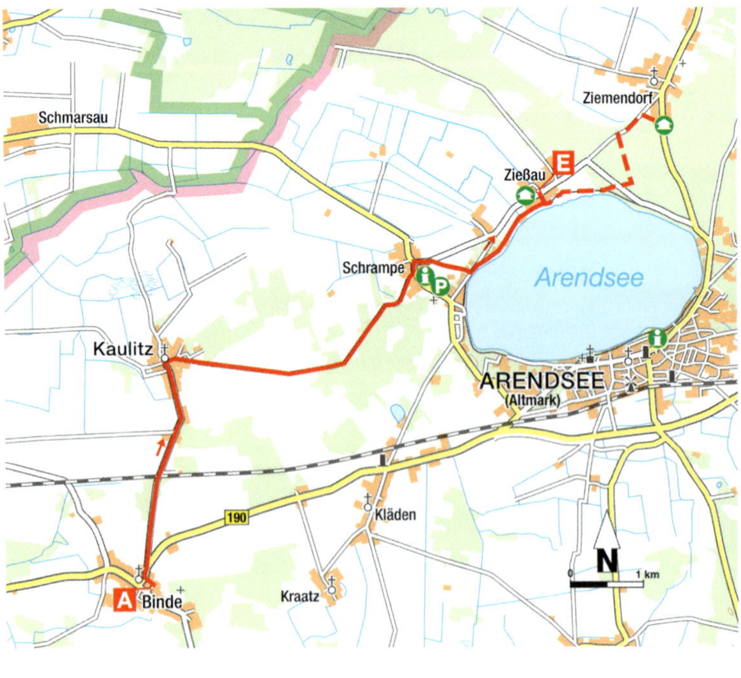

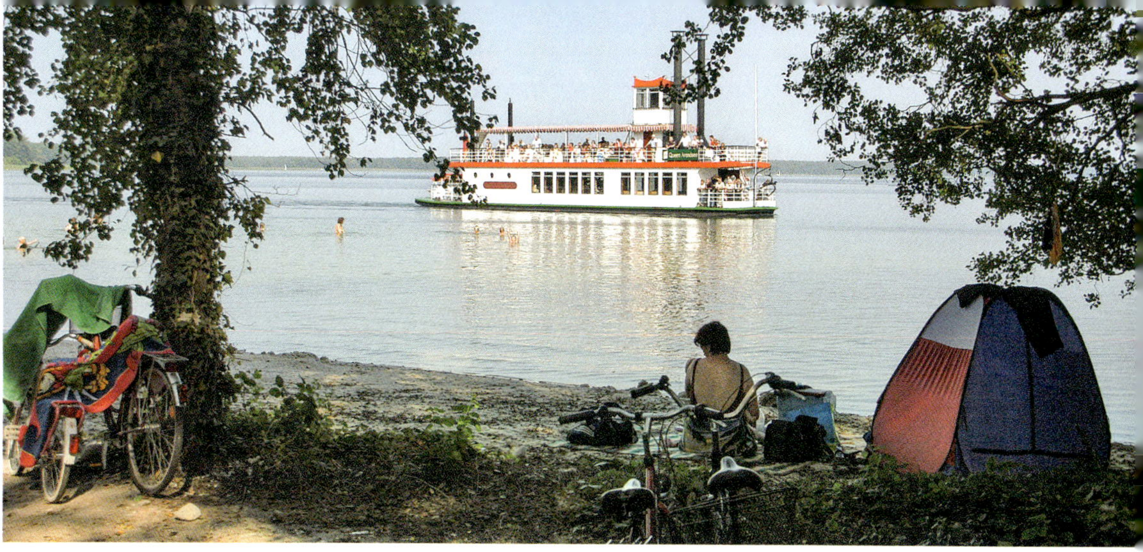

Am Arendsee

Auf diesem Weg kommt man am Selbstbedienungs-Restaurant der Fischerei Kagel vorbei, die geräucherte Arendsee-Maränen anbietet.
Eigentlich sollte man sich ein Tag für den Arendsee Zeit nehmen. Mal entspannen, baden gehen und den recht großen See umrunden. Das Wasser ist glasklar und man kann von den Bootstegen Fischschwärme beobachten. Der See ist auf natürliche Weise durch Auslaugung eines im Untergrund liegenden Salzstocks entstanden. Der Einsturz ereignete sich im Frühjahr 822, also im frühen Mittelalter. Im November 1685 stürzte das Ufer am Kloster Arendsee ein, wobei eine Windmühle in den Fluten verschwand. Die Mühlsteine wurden inzwischen geborgen und sind hinter der Klosterkirche ausgestellt. Im Kloster befindet sich heue das Heimatmuseum von Arendsee.

»Adolf ist tot – Gustav ist wieder da.« Nicht weit vom Kloster, direkt am Uferweg, treffen wir auf die Reste des Gustav-Nagel-Paradies-Tempels. Gustav, der Friedensprophet, Vegetarier, Wanderprediger und Gründer einer »deutsch kristlichen volkspartei« sowie einer eigenen Schreibschrift, ging barfuß, hatte lange Haare und trug leinene Gewänder. Er wurde von den Nazis zunächst in eine Irrenanstalt gesteckt und dann ins KZ Dachau gebracht. Gustav überlebte. Mehr zum bewegten Leben von Gustav Nagel, dem Arendsee, Salzwedel und Rundtouren am Grünen Band Altmark–Wendland findet man im Buch »Elbe Wendland« von Reiner Cornelius.
Während der Ferienzeit kann es am Arendsee mit Unterkünften eng werden. Eine Ausweichmöglichkeit besteht in der ehemaligen Grenzkaserne von Ziemendorf, die ein Holländer und seine deutsche Frau zu einem Hotel ausgebaut haben. Die Kaserne ist mehr als ein Ausweichquartier. Sie ist zugleich ein Reiterhof und ein Kult-Ort für Grenzgänger. Von Zießau nach Ziemendorf sind es gut 2 km. Man folgt der Straße nach Arendsee, die sich nach 500 m nach rechts wendet. Dort hält man sich geradeaus und wandert auf einer alten Ortsverbindung, die an der Rückseite der ehemaligen Grenzkaserne vorbeiführt.

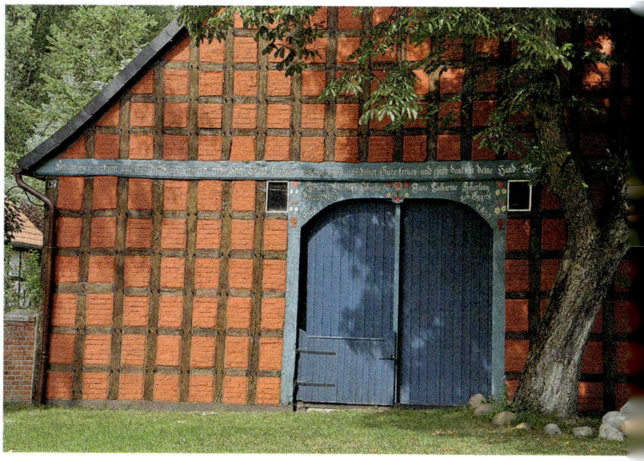

Wendland-Heidehof

49

Vom Arendsee nach Schnackenburg

Durch Kiefernforste und Heide zur Elbe

mittel 22,2 km ↑ 17 m ↓ 32 m 5.30 Std.

Ausgangspunkt
Arendsee

Endpunkt
Schnackenburg

Höhenunterschied
An- und Abstiege unwesentlich

Anfahrt
Bahn/Bus: Keine Empfehlung für den ÖPNV

Karte
Niedersächsisches Landesvermessungsamt 1:50 000, Naturpark Elbufer-Drawehn

Einkehr
In Schnackenburg
Gaststätte Zur Krone
Alandstr. 6
Tel. 05840/255;
s. auch bei Übernachtung

Informationen
www.luftkurort-arendsee.de

Übernachtung
In Schnackenburg u. a.
Pension Alte Schule
Kirchstraße 5
Tel. 0171/4420571

Nach dem betriebsamen Arendsee kann man in den ruhigen Kiefernforsten des Elbe-Vorlandes wieder zu sich selbst finden. Damit es nicht zu einsam wird, steuern wir auf die Dörfer zu, die am Rand des großen Waldes liegen. Wenig später wandern wir durch eine Polderlandschaft, deren Deiche uns zur Elbe leiten.

Von Zießau nach Ziemendorf und dort auf der Landstraße Richtung Gollensdorf. Wo die Straße in den Forst eintaucht und zugleich einen Rechtsschwenk macht, halten wir uns geradeaus und folgen einem Waldweg zur ehemaligen Grenze, die dort als »Wirler Spitze« einen scharfen Linksschwenk macht. Hier werden dank des Einsatzes von Jürgen Starck (BUND) mitten im Kiefernforst Heide und Sanddünen erhalten. Wir folgen dem Plattenweg Richtung Norden durch die unendlich erscheinenden Kiefernforsten.

Zum untergegangenen Dorf Stresow Nach 4,5 Kilometern stößt von rechts ein Plattenweg hinzu. Hier verlassen wir das Grüne Band und folgen dem Kolonnenwegzubringer in das Dorf Drösede. Auf der Landstraße wandern wir nach Bömenzien, wo es weiter Richtung Kapern geht. In wenigen Minuten sind wir an der ehemaligen Grenze, und kurz vor der Seege biegen wir rechts in den Kolonnenweg ein. Einen halben Kilometer geht es an der Seege entlang, dann queren wir das Flüsschen.

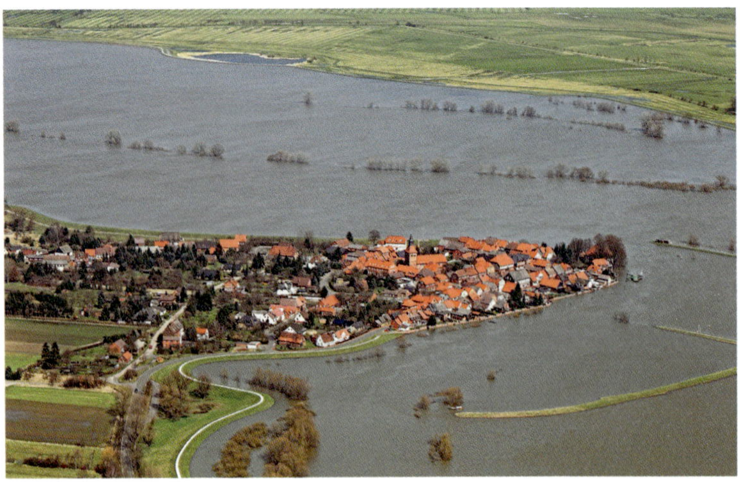

Schnackenburg bei Elbhochwasser

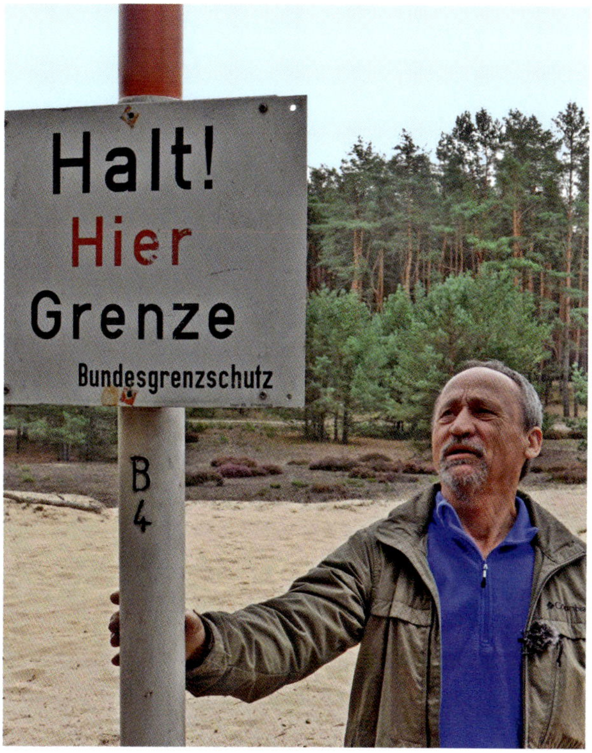

Jürgen Starck vom Haselnusshof auf dem Grenzstreifen an der Wirler Spitze

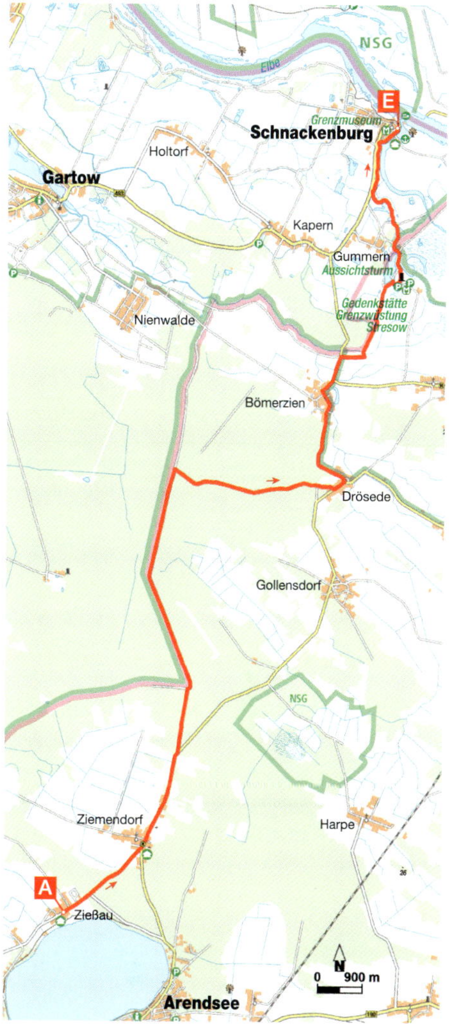

Weiter geht's auf dem Kolonnenweg, zunächst mit Grünem Band, dann ohne. Über Felder steuern wir auf einen Baggersee zu und laufen dann an einer T-Kreuzung am Ufer des Sees geradeaus. Auch an der nächsten T-Kreuzung halten wir uns geradeaus. Es lohnt sich jedoch, hier einen Abstecher nach rechts zu einem kleinen Freiland-Grenzmuseum zu machen, in dem man an das geschleifte Dorf Stresow erinnert. Neben dem Gedenkort befindet sich eine Badestelle.

An den Hochwasserpoldern der Elbe Zurück an der T-Kreuzung halten wir uns dort rechts und kommen nach 100 Metern an einem Ausguck vorbei, von dem aus man die Alandpolder überblickt. Der Aland ist ein Elbezufluss, dessen Aue weiträumig eingedeicht und mit einem Sperrwerk an der Elbemündung versehen ist. Die Alandniederung wurde damit zu einem riesigen Polder, das das Elbehochwasser aufnimmt und kontrolliert wieder abgibt.

Hinter dem Ausguck geht es auf einen der Alanddeiche, der uns durch eine wasserreiche Landschaft führt: links der Stresower See, rechts die Polder. Ein breiter Damm zweigt rechts ab. Hier steigen wir vom Deich herunter und wandern am Deichfuß entlang, wobei wir die Grenze zu Niedersachsen überschreiten.

An der Straße nach Schnackenburg geht es wieder auf den Deich hinauf. Rechts, im Polder, drängt sich der Aland an den Deich heran, und vor uns duckt sich Schnackenburg hinter den Deich. Um die Ecke fließt die Elbe.

Mehr zur Natur in den Alandpoldern kann man im Grünen-Band-Buch »Elbe-Wendland« (siehe S. 189) nachlesen.

50 Von Schnackenburg nach Lenzen

Deutschlands größtes Rückdeichungsprojekt

leicht | 12,6 km | ↑ 16 m ↓ 26 m | 3.30 Std.

Ausgangspunkt
Schnackenburg

Endpunkt
Lenzen

Höhenunterschied
An- und Abstiege unwesentlich

Anfahrt
Bahn/Bus: Keine Empfehlung für den ÖPNV

Karte
Niedersächsisches Landesvermessungsamt 1:50 000, Naturpark Elbufer-Drawehn

Einkehr
In Lütkenwisch
Café Jaap
Elbstr. 4
Tel. 038780/72 63;
Auf dem Gipfel des Höhbeck
Kaffeegarten Schwedenschanze
Tel. 05846/365

Informationen
www.burg-lenzen.de
www.lenzenelbe.de

Übernachtung
Burghotel Lenzen
Burgstr. 3
19309 Lenzen
Tel. 038792/57 83 00
www.burghotel-lenzen.de

Vom pittoresken Schnackenburg aus setzen wir mit der Fähre über die Elbe. Danach geht es auf einem neuen Elbdeich ins brandenburgische Städtchen Lenzen und zur BUND-Burg Lenzen, die neben vielen Informationen rund um die Elbenatur und das Rückdeichungsprojekt auch Übernachtungskomfort und eine Qualitätsküche bietet.

Schnackenburg ist ein Städtchen mit roten Backsteinhäusern, einem Café und einem Bootshafen. Eine Fähre bringt uns von hier aus über die Elbe ins Brandenburgische. (Die Fähre ist im Sommer 2021 in eine Werft zur Reparatur gekommen. Informieren Sie sich im Internet, ob sie wieder fährt. Wenn nicht, dann folgen Sie dem Elbhöhenweg auf der niedersächsischen Seite bis zur Fähre Lenzen.) Knapp einen Kilometer geht es nun auf einer schmalen Straße durchs Deichvorland. Kurz vor Lüttkenwisch biegen wir links auf den Deich ein; uns steht nun eine zwölf Kilometer lange Deichwanderung bevor. Wer zuvor noch eine Stärkung braucht, der stattet dem Café in Lüttkenwisch einen Besuch ab.

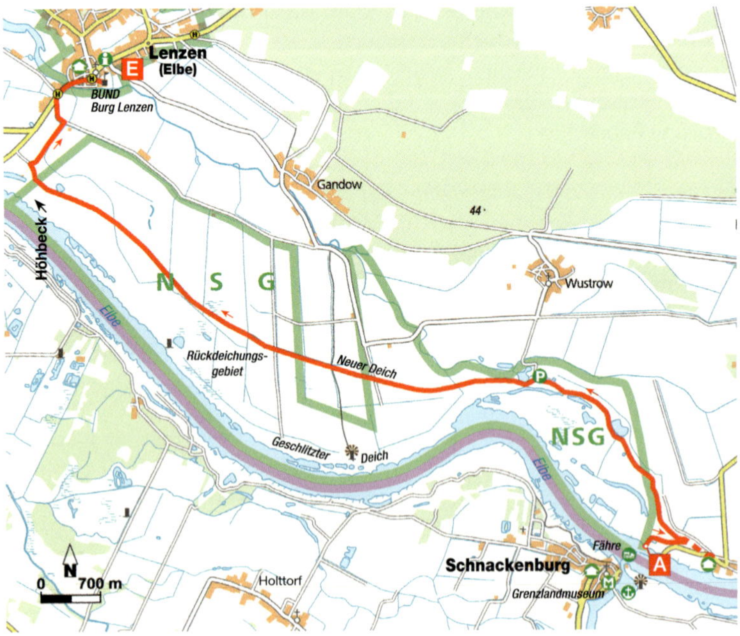

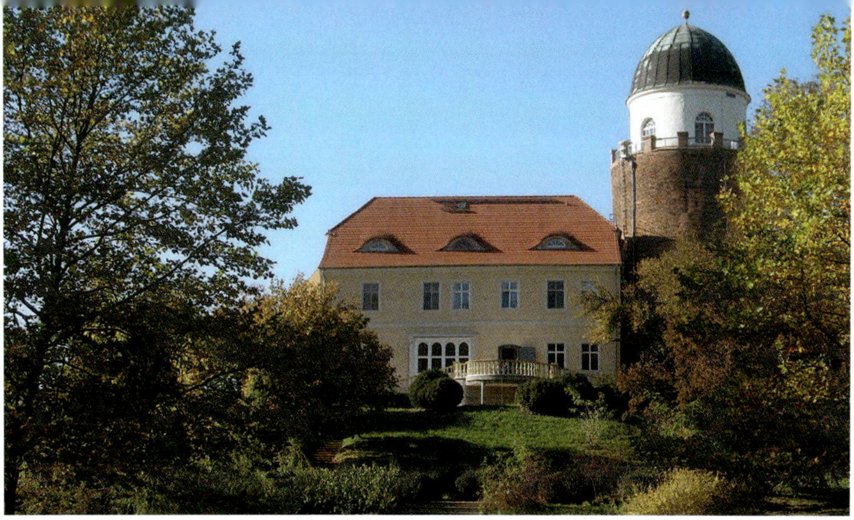

BUND-Burg in Lenzen

Der »Böse Ort« und die Elbeflut Unsere Deichtour führt gleich zu Beginn am »Bösen Ort« vorbei. Hier wendet sich die Elbe von Nordwest auf Südwest, was zur Folge hatte, dass Hochwasser frontal auf den Deich drückte. 2002, im Jahr der großen Elbeflut, konnte der Deich am »Bösen Ort« nur mit großem Aufwand verteidigt werden. Drei Jahre danach begann man mit dem Bau eines sechs Kilometer langen Deichs, der bis zu einem Kilometer hinter dem alten liegt. Der alte Deich wurde an sechs Stellen geschlitzt, sodass sich die Elbe bei Hochwasser nun ausbreiten kann, ohne Schaden anzurichten. Für die flussabgelegenen Orte sinkt damit die Hochwasserwelle. Gleichzeitig wurde so ein Naturraum für Vögel und anderes Getier geschaffen.

Vom neuen Deich hat man einen schönen Blick auf das ebenfalls neue Deichvorland: auf Auenwaldpflanzungen, auf Flutrinnen mit wechselndem Wasserstand, an denen Kiebitze und andere Watvögel leben, und auf eine Herde von »Wildpferden«, die man einsetzt, um für Wiesenbrüter Flächen offen zu halten. Ein Naturerkundungspfad führt zum geschlitzten Altdamm.

Zur BUND-Burg Lenzen Nach zehn Kilometern Deichwanderung erreichen wir einen Bootshafen. Wer früh im Quartier ankommen möchte, wendet sich hier nach rechts und folgt einem Rad- und Wanderweg ins zwei Kilometer entfernte Städtchen Lenzen. Dort geht es über die Seetorstraße und die Burgstraße zur BUND-Burg Lenzen.

Wer noch etwas erleben möchte, der folgt dem Deich bis zur Fähre Lenzen–Gartow und setzt nach Niedersachsen über. Vom Fähranleger geht's nun über die Zufahrt durch wunderschönes Deichvorland auf den 72 Meter hohen Höhbeck zu. Am Fuß des steilen Elbberges wenden wir uns nach rechts und steigen über den markierten Elbhöhenweg auf den Höhbeck-Gipfel, wo uns ein Aussichtsturm und eine traditionsreiche Ausflugsgaststätte erwarten.

Der Rückweg ist mit dem Hinweg identisch (zusätzliche Wegstrecke ca. 5 km, zusätzliche Anstiege ca. 80 Hm).

Die Öko-Burg an der Elbe

Die Burg Lenzen existiert seit der Slawenzeit. Sie steht auf einem Hügel am Ufer der Löcknitz und war zunächst aus Holz gebaut. Es folgte die mittelalterliche Burg der Deutschen. Sie war finsterer, hatte hohe Mauern und war von einem Wassergraben umschlossen. Ganz anders der heutige helle Bau, der zu großen Teilen aus der Zeit des Barock stammt. Dass das Ambiente so einladend wirkt, liegt auch an der Sanierung der Burg, die während der letzten Jahre im Auftrag des Bundes für Umwelt und Naturschutz (BUND) durchgeführt wurde. Der BUND ist Eigentümer der Burg Lenzen, und da die Burg in unmittelbarer Nähe der Elbe und des Grünen Bandes liegt, hat der BUND sie zu einem Zentrum für Auenschutz umbauen lassen, mit u. a. Hotel, Restaurant und Tagungsräumen.

51

Von Lenzen nach Dömitz

Deich-Cafés, reetgedeckte Häuser und eine Wanderdüne

leicht 26,5 km ↑ 15 m ↓ 18 m 6 Std.

Ausgangspunkt
Lenzen

Endpunkt
Dömitz

Gehzeit
Nach Lenzerwische 4.30 Std.

Höhenunterschied
An- und Abstiege unwesentlich

Anfahrt
Bahn/Bus: Keine Empfehlung für den ÖPNV

Karte
Niedersächsisches Landesvermessungsamt 1:50 000, Naturpark Elbufer-Drawehn

Einkehr
In Mödlich Alte Fischerkate (Lenzener Str. 35, Tel. 038792/12 12); Hotel-Restaurant Alter Hof (Am Elbdeich 25, Tel. 038758/357 81); in Dömitz Dömitzer Hafen (Hafenplatz 3, Tel. 038758/364 29 35) und Scheunencafé-Restaurant (Elbstr. 26, Tel. 038758/245 47)

Informationen
www.burg-lenzen.de
www.lenzenelbe.de
www.doemitz.de

Übernachtung
Pension zur Festung
Goethestr. 15, 19303 Dömitz,
Tel. 038758/244 84
www.pension-zur-festung.de

Scheunencafé-Restaurant mit Fremdenzimmer
Elbstr. 26
Tel. 038758/245 47

Eine Genusstour steht auf dem Programm. Für Wohlbefinden sorgen nicht nur die vorhandenen Einkehrmöglichkeiten, sondern auch das Flair der kleinen Deichorte und die ruhig dahin strömende Elbe. Kurz vor Dömitz kann man einen Abstecher auf Deutschlands größte Wanderdüne machen. In dem Elbstädtchen wartet ein Backstein-Festung auf unseren Besuch.

Von Lenzen geht's zurück zur Elbe: Am Burgtor wenden wir uns nach links und folgen der Straße Amtsbrücke über das Flüsschen Löcknitz. Dann geht es auf einem Wirtschaftsweg durch Wiesen. Nach ca. 500 Metern stoßen wir auf eine T-Kreuzung, wenden uns nach rechts, worauf wir den Radweg erreichen, den wir tags zuvor genutzt haben, um von der Elbe nach Lenzen zu kommen.
Wir wenden uns nach links und folgen dem Weg zum Sportsboothafen. Kurz hinter dem Hafengelände kommen wir an einem ehemaligen Wachturm und an der Fähre Lenzen–Gartow vorbei. Wir wechseln aber nicht die Flussseite, sondern folgen weiter dem rechten Ufer, immer auf

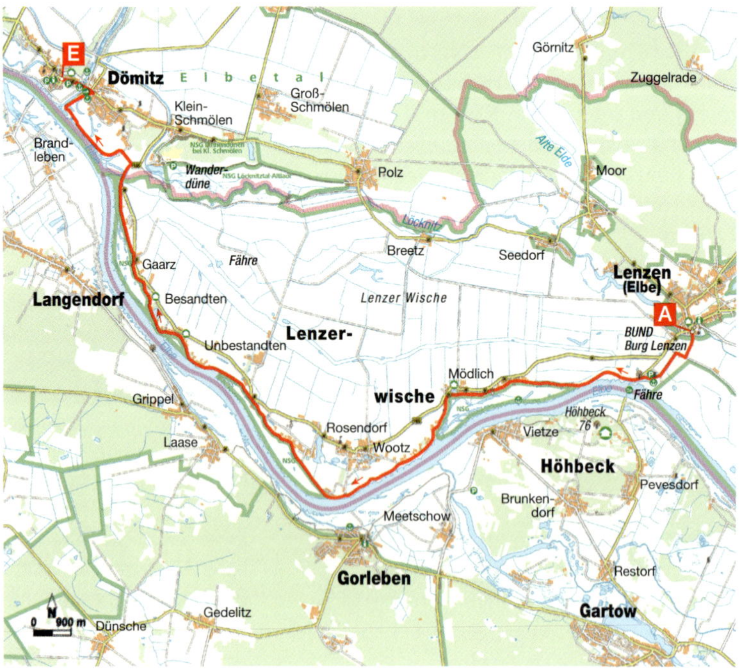

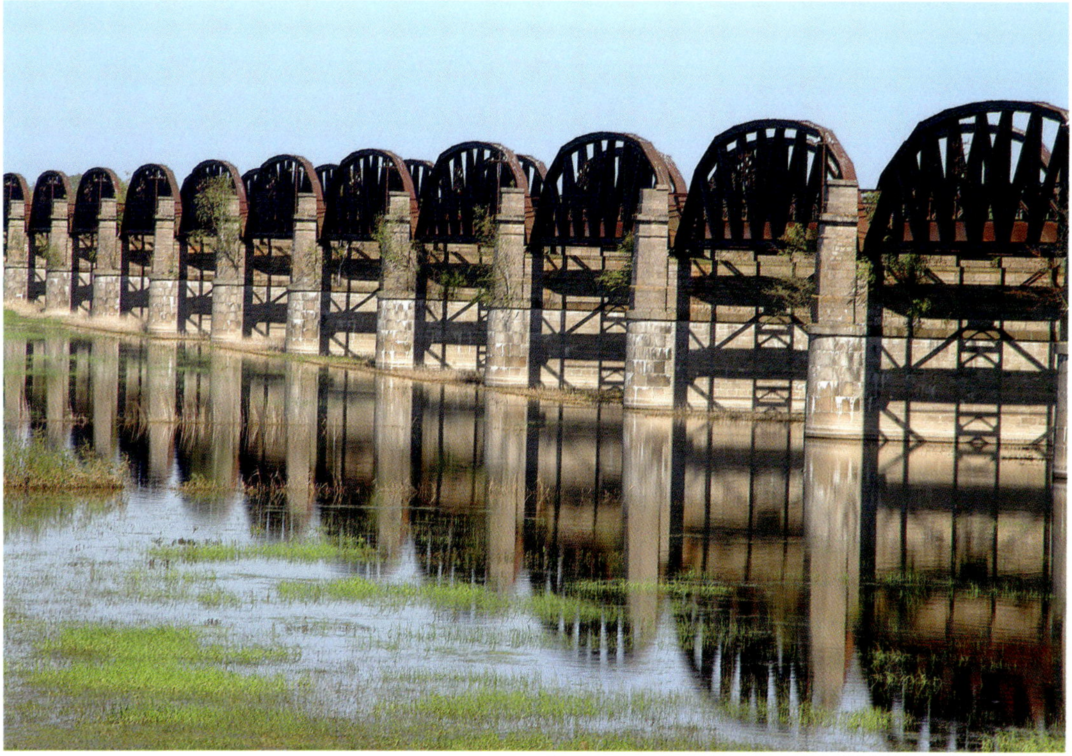

Die zerstörte Bahnbrücke von Dömitz

dem Deich entlang, bis in das mecklenburgische Städtchen Dömitz. Dieser Streckenabschnitt ist nicht so einsam wie der vorhergehende, denn immer wieder kommen wir an Ansiedlungen vorbei mit Namen wie Besandten oder Unbesandten. Reetgedeckte Backsteinhäuser ducken sich hinter dem Deich, und ab und an lädt ein Imbiss oder ein Café zur Rast ein. Auch Übernachtungsmöglichkeiten gibt es.
Zu DDR-Zeiten verlief auf dem Deich der Grenzzaun, und das Land zwischen dem Elbufer und dem Deich durfte von niemandem betreten werden. Heute ist das Deichvorland Teil des Grünen Bands. An den flachen, sandigen Ufern trippeln Kiebitze, Störche stolzieren umher, und auch der Seeadler lässt sich blicken.

Wanderdünen und die Brücke von Dömitz Hinter dem Ort Gaarz müssen wir kurz mit der Straße vorliebnehmen. Gleich zu Anfang der Straße wechseln wir von Brandenburg nach Mecklenburg-Vorpommern – und somit ins achte Bundesland auf unserer Deutschland-Tour. Rechts erscheinen die bis zu 30 Meter hohen Dünen von Kleinschmölen, die an einigen Stellen noch wandern. Auf den Dünen hat sich eine einzigartige, vom Aussterben bedrohte Fauna und Flora erhalten (mehr dazu gibt's im Buch Elbe–Wendland der Grüne-Band-Buchreihe).
Nach 500 Metern biegen wir links von der Straße ab und folgen dem Elbedeich nach Dömitz. Am niedersächsischen Ufer tauchen die Vorland-Bögen der alten Eisenbahnbrücke auf, die bei Dömitz über die Elbe führte. Die Brücke wurde 1945 von den Amerikanern zerstört.
An der Mündung der Wasserstraße Müritz–Elde wendet sich der Deich scharf nach rechts, und wir passieren den Hafen von Dömitz, an dem sich ein größeres Hotel-Restaurant etabliert hat. In der Altstadt, die man über die Werderstraße erreicht, gibt es eine Radler-Pension.

52

Von Dömitz nach Hitzacker

Stadt, Land, Fluss

leicht | 21,3 km | ↑ 92 m ↓ 92 m | 5.30 Std.

Ausgangspunkt
Dömitz

Endpunkt
Hitzacker

Gehzeit
Nach Rüterberg zur Elbklause 1.30 Std.; nach Wehningen 2.30 Std.

Anfahrt
Bahn/Bus: Keine Empfehlung für den ÖPNV

Karte
Niedersächsisches Landesvermessungsamt 1:50 000, Naturpark Elbufer-Drawehn

Einkehr
In Rüterberg Elbklause (Ringstr. 3, Tel. 038758/354 50); in Wehningen Gasthof Holm (Hauptstr. 18, Tel. 038845/409 39, www.gasthof-holm-wehningen.de); in Hitzacker u. a. Gasthof Drawehner-Tor-Schänke (Drawehnertorstr. 7, Tel. 05862/327) und Restaurant Canaletto (Elbstr. 2, Tel. 05862/943 97 22)

Informationen
www.doemitz.de; www.hitzacker.de

Übernachtung
Infos dazu bei der Tourist-Info Hitzacker Am Markt 7, 29456 Hitzacker, Tel. 05862/951 40 www.elbtalaue.de

Nach dem Besuch der martialischen Festung Dömitz wandern wir auf dem Elbdeich bis zu einer Fähre, die uns nach Hitzacker übersetzt, den Geburtsort von Claus von Amsberg, dem verstorbenen Mann der niederländischen Königin Beatrix. Auf unserem Weg liegt Rüterberg, das während der Wende für einige Tage als Dorfrepublik Furore machte.

Dömitz hat einen großen Sohn, den Schriftsteller Fritz Reuter, der im 19. Jahrhundert mit plattdeutschen Romanen und biografischen Texten Furore machte. Das Stadt-Highlight von Dömitz ist die Festung der mecklenburgischen Herzöge, die im 16. Jahrhundert in Form eines Pentagons erbaut wurde. Diese Festung, in der Reuter jahrelang einsaß, weil er sich als Student für Freiheitsrechte eingesetzt hatte, liegt vor der Altstadt – genau an unserem Weg.

Von Elbbrücken und der Dorfrepublik Rüterberg Wir laufen wieder auf dem Deich. Vor uns überspannt die Dömitzer Elbbrücke mit einem kessen Bogen den Strom. Stromaufwärts, am gegenüberliegenden Ufer, erkennt man die im Krieg zerstörte Bahnbrücke, die mit ihren eisernen Bögen noch ein Stück in den Fluss hineinragt. Hinter der neuen Straßenbrücke müssen wir 600 m lang mit einer Straße vorliebnehmen. Da-

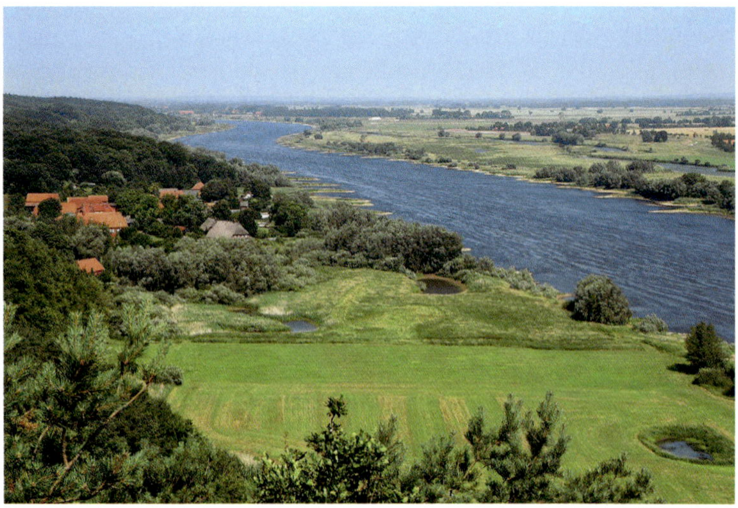

Rechte Seite: Das Lebensschiff (Silke Kowalski)

Blick vom Kniepenberg bei Hitzacker auf die Elbe

nach geht es wieder auf den Deich. An einem Bibersee folgen wir dem Elberadweg durch Wald und Wiesen nach Rüterberg, womit wir eine kleine Elbschleife abschneiden.

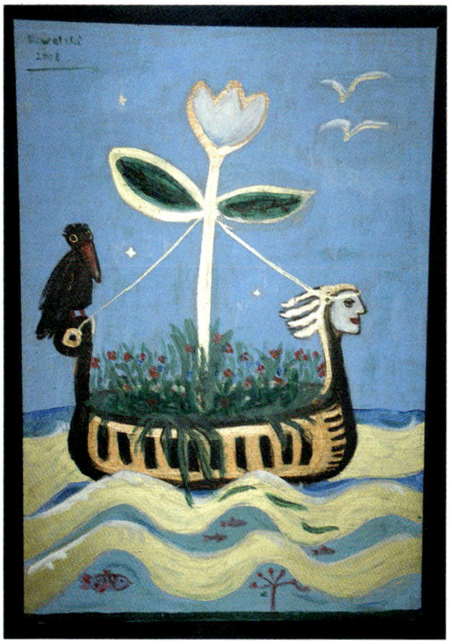

Vom Amt Neuhaus bis nach Hitzacker Kurz hinter Rüterberg wechseln wir von Mecklenburg-Vorpommern nach Niedersachsen. Wie ist das möglich? Die Grenze zur DDR verlief doch in der Elbmitte! Ja, aber das Amt Neuhaus gehörte bis 1945 zum Landkreis Lüneburg. Nach der Wende wurde der Ruf nach einer Rückkehr zu Lüneburg laut, und nach langen Verhandlungen mit Mecklenburg-Vorpommern ging das Amt Neuhaus tatsächlich an Lüneburg und damit an Niedersachsen.
Die Mündung der Löcknitz liegt vor uns. Um auf die andere Seite des eingedeichten und regulierten Flusses zu kommen, müssen wir kurz auf die Straße ausweichen. Dann geht es weiter auf der Dammkrone. Raffatz, Bohnenburg und Wilkenstorf heißen die nächsten Ansiedlungen, dann passieren wir das Künstlerdorf Strachau und erreichen Herrenhof. Dort gibt es eine Personenfähre, die uns nach Hitzacker bringt, das eine schöne Altstadt hat und Übernachtungsmöglichkeiten bietet. Die Fähre verkehrt täglich, aber nur zwischen 9 und 18 Uhr!

»Der Zaun muss weg«

Unter den Strachauer Künstlerinnen ragt Silke Kowalski hervor. Sie wohnte zu DDR-Zeiten in einem Haus am Elbdeich und malte dort. Ihre Tochter geriet wegen eines Zettels mit der Aufschrift »Der Zaun muss weg« schwer in die Bredouille, und die ganze Familie sollte deswegen zwangsevakuiert werden. Seltsamerweise sprach sich ausgerechnet der Abschnittsbevollmächtigte der Volkspolizei dafür aus, die Kowalskis an der Grenze wohnen zu lassen. Zu DDR-Zeiten sind die Kowalski-Bilder einfarbig oder düster. Die Wende stellte für Silke Kowalskis Arbeiten einen Befreiungsschlag dar: Ihre Bilder wurden farbiger und lebensbejahender. Da schwebt ein blauer Engel über einen goldenen Himmel, und das Lebensschiff steuert neuen Ufern zu. Und damit nicht alles nur in einer rosigen Zukunft erscheint, ist häufig ein kleiner schwarzer Rabe mit dabei.

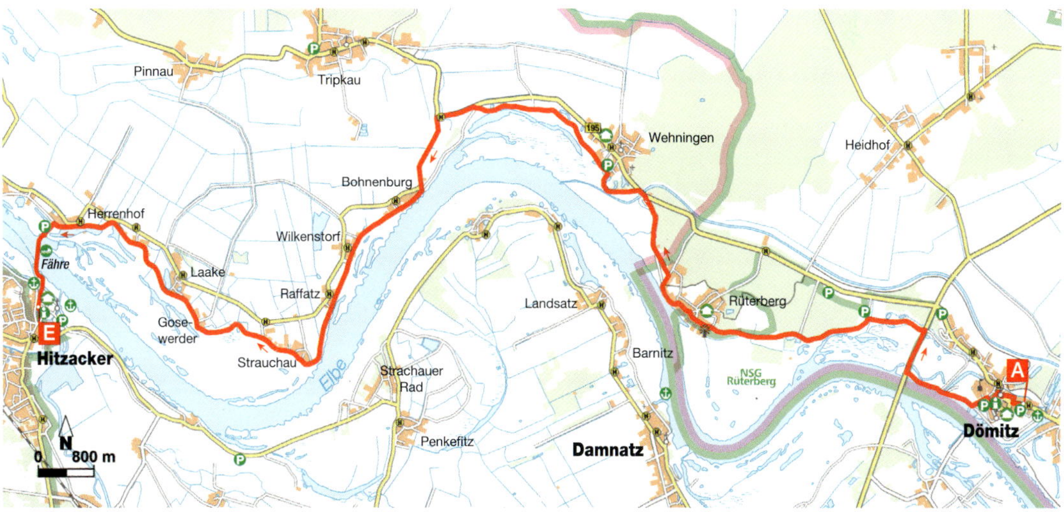

53

Von Hitzacker nach Bleckede

Einst DDR, heute Niedersachsen

leicht 29,3 km ↑ 72 m ↓ 76 m 7.30 Std.

Ausgangspunkt
Hitzacker

Endpunkt
Bleckede

Gehzeit
Nach Privelack zum Hof 4 2 Std.; nach Darchau zur Fähre 4 Std.; zum Stiepelser Strandhaus 5 Std.

Höhenunterschied
An- und Abstiege unwesentlich

Anfahrt
Bahn/Bus: Mit der Deutschen Bahn nach Lüneburg und weiter mit »goeuro« (Zug) nach Hitzacker

Karte
Niedersächsisches Landesvermessungsamt 1:50 000, Naturpark Elbufer-Drawehn

Einkehr
In Privelack Hof 4 (Elbstr. 4, Tel. 038845/404 43); in Darchau Café Rautenkranz (Hauptstr. 9, Tel. 038841/207 81); in Stiepelse Räucherkate (Elbstr. 7, Tel. 038844/235 25) und Wiesenhof-Café (Elbstr. 33, Tel. 038844/21711); in Bleckede (andere Elbseite) Fährhaus (Elbstr. 15, Tel. 05852/958 94 25)

Informationen
www.hitzacker.de; www.bleckede.de

Übernachtung
Radlerherberge Alte Schule, Neu Bleckeder Str. 6, 19273 Bleckede-Neu Wendischthun, Tel. 038844/218 40, www.radlerherberge-elbtalaue.de; Altes Deichvogthaus, Am Elbdeich 10, 19273 Neu Bleckede, Tel. 038844/218 41, www.deichvogthaus.de

Wieder geht es auf dem Deich entlang. Auf zur vorletzten Deichetappe! Rechts erstreckt sich plattes Land, am gegenüberliegenden Ufer reihen sich die Elbberge und in den Tümpeln vor und zwischen den Deichen quaken Frösche. Hinter dem Deich stehen schöne Bauernhöfe, und urige Gaststätten laden zur Einkehr ein.

Von Hitzacker fahren wir mit der Fähre zurück nach Herrenhof und wandern von hier aus weiter durch das Amt Neuhaus, das sich über mehr als 30 Kilometer längs der Elbe erstreckt. Auf unserer Deichwanderung kommen wir bei Vockfey an einer Gedenkpyramide vorbei, die man aus dem Schutt geschleifter Bauernhöfe errichtet hat. Sie erinnert an die Zwangsaussiedlungen in den 1950er- und 1960er-Jahren, als die Grenzorgane am Deich liegende Höfe von politisch unliebsamen Personen dem Erdboden gleichmachten.

Ein Brückenprojekt und die Bauernhäuser von Konau Die nächste interessante Station ist die Pkw-Fähre von Darchau. Im alten Fährhaus befindet sich das Café Zur Elbe. Seit Jahren wird kontrovers über den Bau

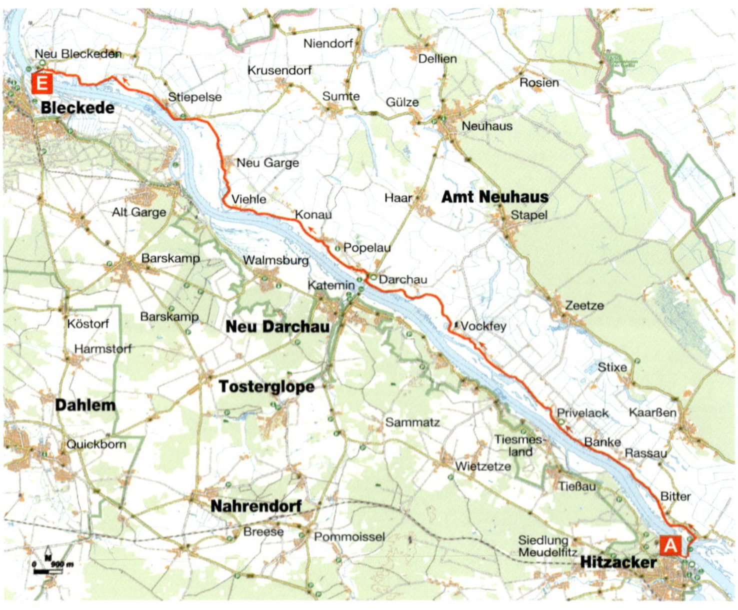

einer Brücke diskutiert – die ehemaligen DDR-Bürger des Amtes Neuhaus sind dafür, die »Wessis« im gegenüberliegenden Neudarchau dagegen.
Weiter geht's – zur Abwechslung – mal über eine kleine Düne, auf der ein Grenzwachturm steht. Ein neuer Deich schützt das Gelände. 200 Meter landeinwärts verläuft ein alter Deich, hinter dem sich in Reih und Glied reetgedeckte Bauernhäuser ducken. Diese Häuser gehören zu den Orten Popelau und Konau. Kurz bevor neuer und alter Deich wieder zusammentreffen, biegt man rechts ab zu den liebevoll restaurierten Häusern. Zwischen den beiden Deichen steht im Frühjahr das Wasser, und dann ertönt vieltausendfach das Rufen der Unken und Moorfrösche.

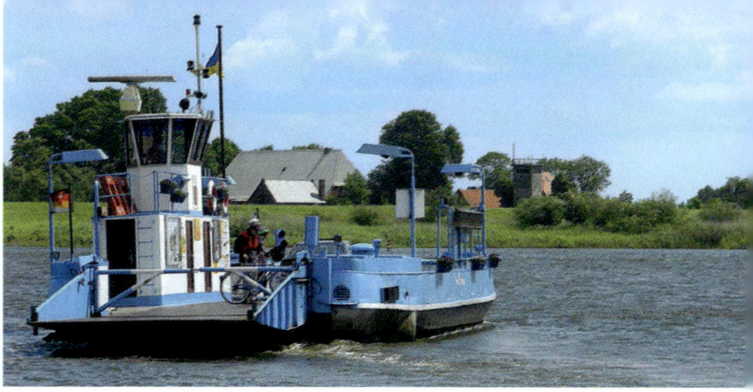

Fähre Bleckede, Blick Richtung Neu Bleckede

Archehöfe, »Auerochsen« und »Wildpferde« Das Amt Neuhaus hat sich zu einem Refugium für gefährdete Nutztierrassen entwickelt. Entlang der Elbe reihen sich die Archehöfe. Ein besonders interessanter Hof befindet sich in Dellien bei Neuhaus. Der Bio-Arche-Hof Niederhoff betreibt dort mit »Auerochsen« (Heckrindern) und robusten »Wildpferden« (Koniks) großflächig Landschaftspflege und praktischen Naturschutz. Zudem gibt es auf dem Hof Poitou-Esel, Pommersche Landschafe, Thüringer Wald Ziegen und Vorwerk-Hühner zu sehen. Wer sich auf dem Hof umsehen will und die Auerochsen und Koniks auf ihrer sage und schreibe 160 Hektar großen Naturweide beobachten möchte, der melde sich bei Hans-Jürgen Niederhoff, Tel. 0172/3147425.
Schließlich erreichen wir Neu Bleckede. Man kann diesseits übernachten oder für eine Nacht mit der Fähre in das Städtchen Bleckede übersetzen.

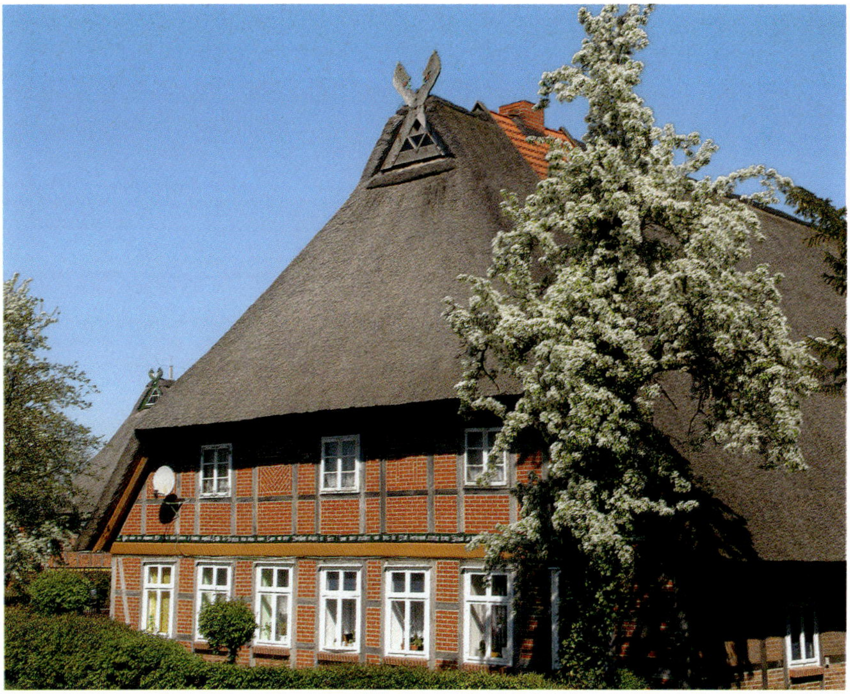

Haus in Konau

54

Von Neu Bleckede nach Lauenburg

Boizenburger Fliesenkunst und die Elbberge

leicht | 23,5 km | ↑ 76 m ↓ 43 m | 6 Std.

Ausgangspunkt
Neu Bleckede

Endpunkt
Lauenburg

Gehzeit
Nach Boizenburg 2.30 Std.

Anfahrt
Bahn/Bus: Mit der Deutschen Bahn nach Lüneburg und werktags und samstags weiter mit der Buslinie 5100 nach Bleckede (So Fahrplan stark eingeschränkt)

Karte
Niedersächsisches Landesvermessungsamt 1:50 000, Naturpark Elbufer-Drawehn

Einkehr
In Boizenburg und Lauenburg gibt es mehrere Einkehrmöglichkeiten

Informationen
www.bleckede.de
www.lauenburg.de

Übernachtung
Jugendherberge Lauenburg
Elbstraße 2
21481 Lauenburg Elbe
Tel. 04153/59 88 80

Darüber hinaus existieren in Lauenburg Hotels.

Zwischen Bleckede und Lauenburg liegt das mecklenburgische Boizenburg, das mit monumentaler Fliesenkunst und wasserdurchströmten Wallanlagen überrascht. Ungewöhnlich geht es auch in den Boizenburger Elbbergen zu: Auf einem Grenzerpfad, auf dem Bergsteiger trainieren könnten, streifen wir durch Steilhänge über dem Fluss.

Wir sind jetzt schon den fünften Tag an der Elbe unterwegs, und jeden Tag gibt es Neues zu entdecken. Dieses Mal ist es die Fliesenkunst in Boizenburg, in einer Stadt, in der seit über 100 Jahren eines der größten Fliesenwerke Europas steht.

Zunächst geht es aber erst mal auf dem Deich über die mecklenburgisch-niedersächsische Landesgrenze nach Gothmann, wo wir das Flüsschen Sude kurz vor seiner Mündung in die Elbe queren. Gut einen Kilometer weiter wenden wir uns nach rechts und folgen einem Wirtschaftsweg bis nach Boizenburg.

Am Stadtrand stoßen wir auf einen Teich, dessen Zulauf Teil eines Wallgrabensystems ist, das die Altstadt umgibt. An die 40 Fußgängerbrücken führen über die Gräben. Direkt hinter dem Teich wenden wir uns

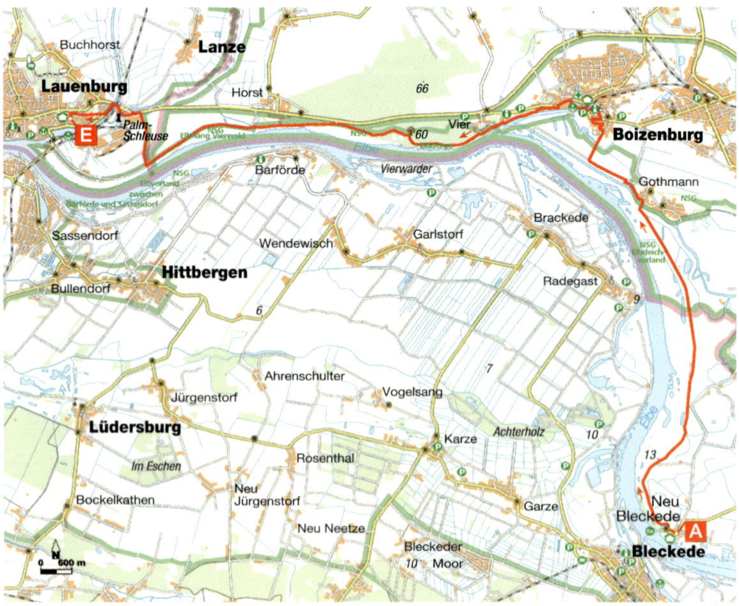

nach links und laufen in die Altstadt, die mit ihren Backstein- und Fachwerkhäusern noch recht beschaulich aussieht. Wir folgen der Straße Bollenberg links zur Reichenstraße und gehen dort rechts zum Marktplatz; dabei kommen wir an Häusern vorbei, die sich mit Fliesenkunstwerken schmücken. Vom Rathaus laufen wir weiter zur Kirche und dann geradeaus zum nördlichen Rand der Altstadt, wo wir wieder den Wallgraben queren. Wir halten uns links und gehen am Graben entlang zur Klingenbergstraße und über diese zum Hafen.

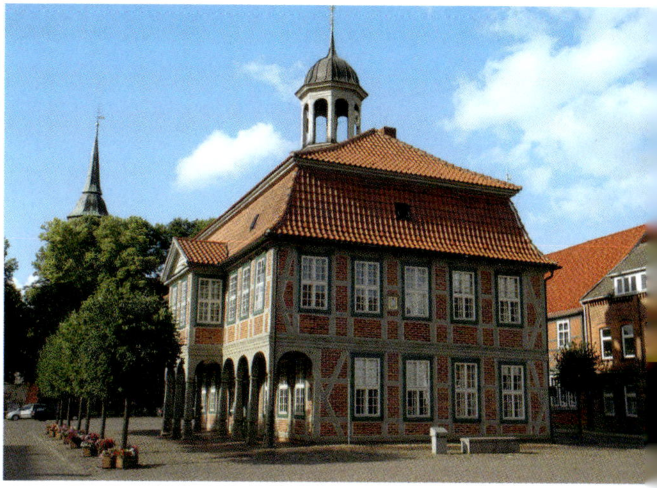

Rathaus von Boizenburg

Zum »Elwkieker« Wir stehen nun vor den Toren der Boizenburger Werft, dem ehemals zweitgrößten Arbeitgeber der Stadt. Die Werft hatte sich auf Ausflugsdampfer für die Binnenschifffahrt spezialisiert. Alle Versuche in den 1990er-Jahren, die Insolvenz zu verhindern, scheiterten. An der ehemaligen Werft gehen wir rechts zur Hamburger Straße und biegen dort, wo die Hamburger Straße bergan führt, rechts ab auf den Fährweg.
Zunächst geht's durch Industriegelände, dann am Fuß der Elbhänge entlang zu einer Freitreppe und auf dieser luftig hinauf zum »Elwkieker«. Von dem Ausguck hat man eine schöne Sicht über das Elbtal. Das hatten sich auch die DDR-Grenzer gedacht und dort einen Wachturm errichtet. Der musste nach der Wende dem »Elwkieker« weichen.

Auf alten Grenzerpfaden durch die Elbberge Wir folgen nun dem Elbbergpfad durch die Elbberge. Nach einem halben Kilometer stößt man auf ein Wegkreuz. Hier halten wir uns geradeaus und folgen einem Grenzerpfad aus den 1960er-Jahren, der in ständigem Auf und Ab durch die zerfurchten Steilhänge der Elbberge führt. Zum Schluss steigt der Pfad zum Kolonnenweg hinauf; kurz vorher stößt man noch auf einen Ausguck.
(Hinweis: Vom Ausguck geht es links zum Kolonnenweg, dem wir nun eine Stunde lang folgen.) Dann geht es auf einen Deich und auf ihm links nach Schleswig-Holstein.
Hinter der Landesgrenze laufen wir rechts auf einem Wirtschaftsweg zur B 5 und folgen ihr ca. 100 Meter in Richtung Lauenburg. Dann geht's geradewegs in die Straße Bei der Palmschleuse. Die Palmschleuse ist eine historische Rundschleuse am Elbe-Lübeck-Kanal. Der merkwürdige Name geht auf das 17. Jahrhundert zurück, als hier der Schleusenwärter Palm seinen Dienst versah. Im Schleusenhaus hat sich ein Restaurant etabliert.
Auf der B 5 gelangen wir über den Kanal. Am jenseitigen Ufer halten wir uns links und folgen der Hafen- und der Bahnhofstraße entlang dem Kanal, dann entlang der Elbe in die Unterstadt von Lauenburg. Fachwerk- und Backsteinhäuser säumen die Elbstraße, die an der Jugendherberge endet.

Fliesenkünstler

Einer der Großen in Sachen Fliesenkunst ist Lothar Scholz. Scholz hat mit seiner Fliesenkunst maßgeblich das Gesicht der »Hauptstadt der DDR« (Ost-Berlin) geprägt, u. a. mit einem Monumentalwerk am Alexanderplatz. Auch in seiner Heimatstadt Boizenburg hat er Spuren hinterlassen: in der Altstadt und vor allem mit dem über drei Stockwerke reichenden Monumentalbild an der Rudolf-Tarnow-Schule im Plattenbau-Quartier. Lothar Scholz starb 2015. Sein Werk kann man sich unter www.fliesenkunst-lothar-scholz.com anschauen.

55

Von Lauenburg nach Langenlehsten

Zum Biosphärenreservat Schaalsee

mittel | 25 km | ↑72 m ↓90 m | 6.30 Std.

Ausgangspunkt
Lauenburg

Endpunkt
Langenlehsten

Anfahrt
Bahn/Bus: Mit der Deutschen Bahn nach Lauenburg

Karte
Landesvermessungsamt Schleswig-Holstein 1:50 000, Ratzeburg/Lauenburg

Einkehr
In Lauenburg u. a.
China-Restaurant Shun-Lam
An der Palmschleuse 6
Tel. 04153/38 56

Informationen
www.lauenburg.de
www.langenlehsten.de

Übernachtung
Gästezimmer Christiana Kohn
Dorfstr. 22
21514 Langenlehsten
Tel. 04155/67 41
www.ch-kohn.de

Von der Elbe zum Schaalsee, heißt die Losung – doch das ist an einem Tag nicht zu schaffen. Wir folgen für heute dem Elbe-Lübeck-Kanal und dem Grenzflüsschen Delvenau, dann geht es über eine weite, sandige »Hochfläche«, die die Gletscherflüsse der Eiszeit angespült haben. In einem Dorf auf dem Sander machen wir Zwischenstation.

Von Lauenburg laufen wir zurück Richtung Palmschleuse, gehen jedoch hinter der Kanalbrücke nicht hinunter zu der Schleuse, sondern folgen der B5 noch 200 m, um dann links in eine schmale Landstraße einzubiegen, die uns zum Dorf Lanze führt.

Wir folgen nun dem Radweg »Alte Salzstraße« durch die Niederung des Flüsschens Delvenau, in der auch der Elbe-Lübeck-Kanal und das Grüne Band verlaufen. Bei Dalldorf führt eine Brücke über den Kanal. 150 m weiter wechseln wir von Schleswig-Holstein hinüber nach Mecklenburg-Vorpommern, womit wir auf den kleinen Grenzort Zweedorf zusteuern. Wir überqueren das Flüsschen Delvenau und biegen kurz vor Zweedorf links in den Kolonnenweg ein, der uns am Rand der Delvenau-Aue nordwärts führt. Nach knapp drei Kilometern endet die Auen-Passage. Der Plattenweg führt uns auf eine sandige »Hochfläche«, die sechs Meter höher liegt als die Delvenau-Niederung. Wir wandern nun nicht mehr entlang von sumpfigen Wiesen, sondern über einen krachtrockenen Sandrasen.

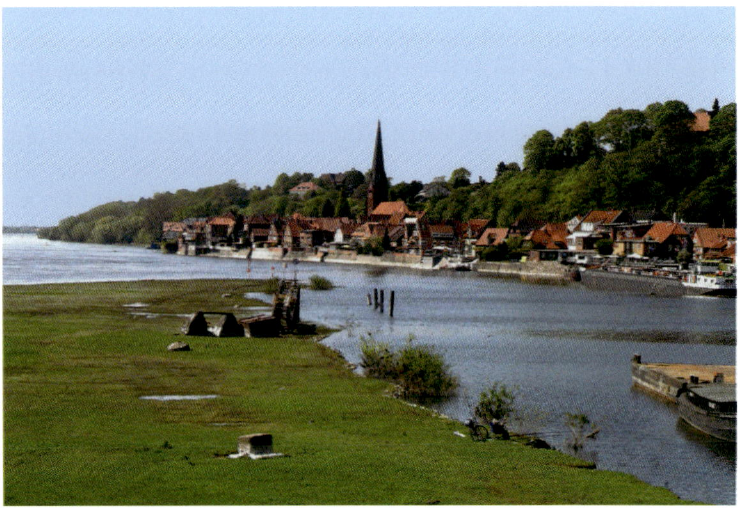

Blick auf Lauenburg

Vorstoß nach »middle of nowhere« Ein Grenzradweg leitet uns zu einer Bahnunterführung. Wir folgen dem Radweg noch einen halben km, dann biegen wir rechts in die Feldflur ein und peilen Ort Bröthen an. Nach 400 m links, nach 250 m rechts und am nächsten Wegkreuz geradeaus. Bröthen kommt in Sicht. Hinter dem ersten Hof links und nach nur 50 Metern rechts. Jetzt steuern wir auf das Grüne Band und den kleinen mecklenburgischen Ort Leisterförde zu. Das Grüne Band präsentiert sich inmitten von Kieferaufforstungen als Heideschneise. Einen halben Kilometer weiter durchqueren wir eine Bachaue, in der sich einst das Gutsdorf Wendisch Lieps befand. Nach dem Fall der Grenze hat die Jägerschaft von dem Ort Besitz ergriffen. In Leisterförde halten wir uns links und folgen einer schmalen Straße Richtung Norden zur Landesgrenze, wobei wir an einem kleinen Grenzmuseum vorbeikommen.

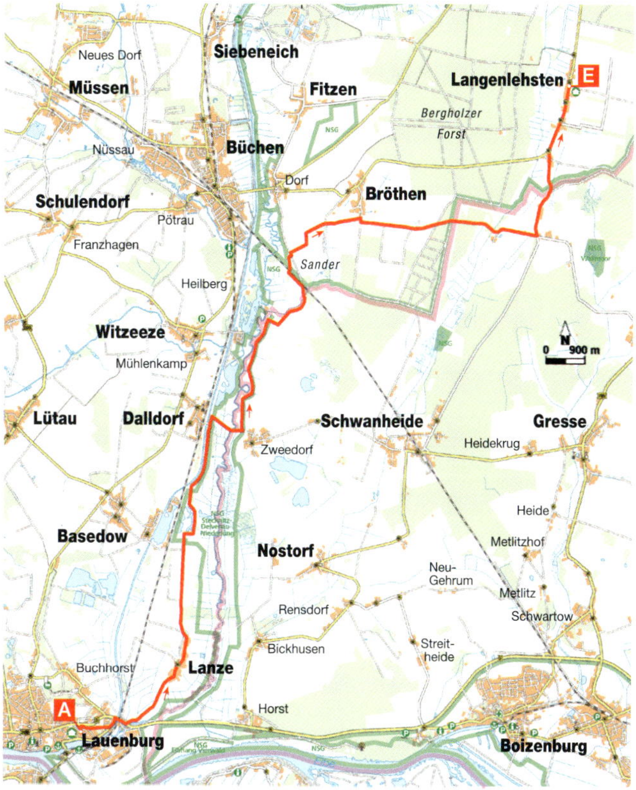

Nicht weit von hier wurde Michael Gartenschläger im April 1976 von einem Sonderkommando der Grenztruppen erschossen, als er vom Westen zum Grenzzaun vorgedrungen war, um eine Selbstschussanlage abzubauen. Ein Spitzel hatte ihn »verpfiffen«. Ein Buch von Freya Klier informiert über das bewegte Leben des aus Straußberg bei Berlin stammenden Gartenschläger und seinen Kampf gegen Mauer und Stacheldraht.
Kurz hinter der Landesgrenze erreichen wir den im touristischen Abseits liegenden Ort Langenlehsten, in dem sich – oh Wunder – ein Quartier befindet.

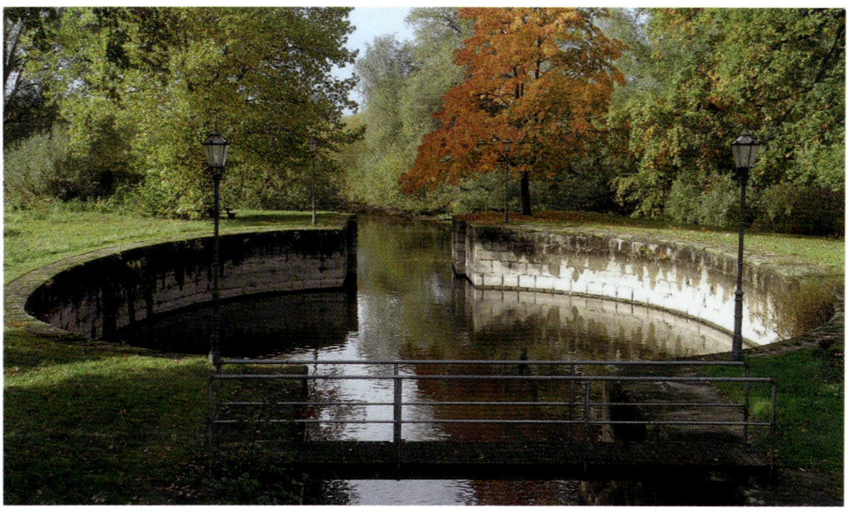

Die Palmschleuse

56

Von Langenlehsten nach Zarrentin

Über krachtrockenen Sander zum Schaalsee

mittel | 18 km | ↑ 46 m ↓ 92 m | 4.30 Std.

Ausgangspunkt
Langenlehsten

Endpunkt
Zarrentin

Anfahrt
Bahn/Bus: Keine Empfehlung für den ÖPNV

Karte
Landesvermessungsamt Schleswig-Holstein 1:50 000, Ratzeburg/Lauenburg

Einkehr
In Zarrentin
Schaalseefischerei
Amtsstr. 41
Tel. 038851/243 54
und Fischhaus
Amtstr. 11
Tel. 038851/559 90

Informationen
www.langenlehsten.de
www.zarrentin.de

Übernachtung
Infos dazu bei der
Tourismus-Info Zarrentin
Hauptstr. 15
19246 Zarrentin
Tel. 038851/30 20
www.schaalsee-info.de

Wir wandern durch stille Kiefernforste. Plötzlich eine Lärmschleppe. Die Autobahn Hamburg-Berlin verläuft mitten durch den Wald. Über eine Brücke gelangen wir auf die andere Seite. In der weiten Feldflur vor dem Schaalsee ist die A 24 schnell vergessen.

Drei Häuser vor unserer Unterkunft führt der »Iron Curtan Trail« in die östlich des Ortes gelegene Flur. In diesem einsamen Landstrich ist ein gut markierter Weg ein Gewinn. Sechs Kilometer wandern wir den Markierungen des Radwegs nach durch sandige Felder und Kiefernforsten. Dann ein Rauschen, das immer stärker wird. Wir nähern uns der Autobahn Hamburg–Berlin, und zwar an der Stelle, an der sich zu DDR-Zeiten der Transit-Grenzübergang Gudow-Zarrentin befand. Auf einer Brücke gelangen wir auf die andere Seite. Noch befinden wir uns im »Westen«, genauer gesagt im Bereich der Rastanlage Gudow. Erst nach zwei kurz hintereinander folgenden Spitzkehren quert der Radweg den ehemaligen Grenzstreifen. Die Hoffnung, noch etwas von den Grenzabfertigungsanlagen zu sehen, wird enttäuscht. An ihrer Stelle erstreckt sich ein Gewerbegebiet.

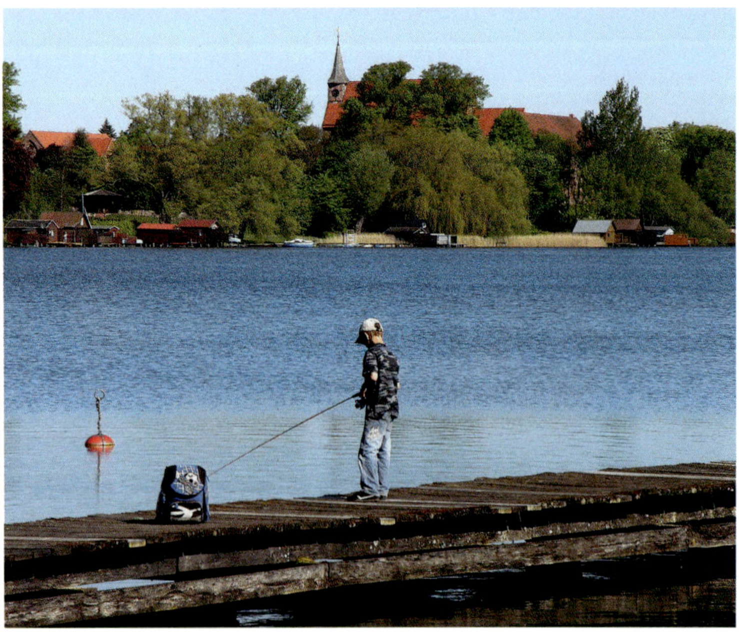

Uferpromenade von Zarrentin

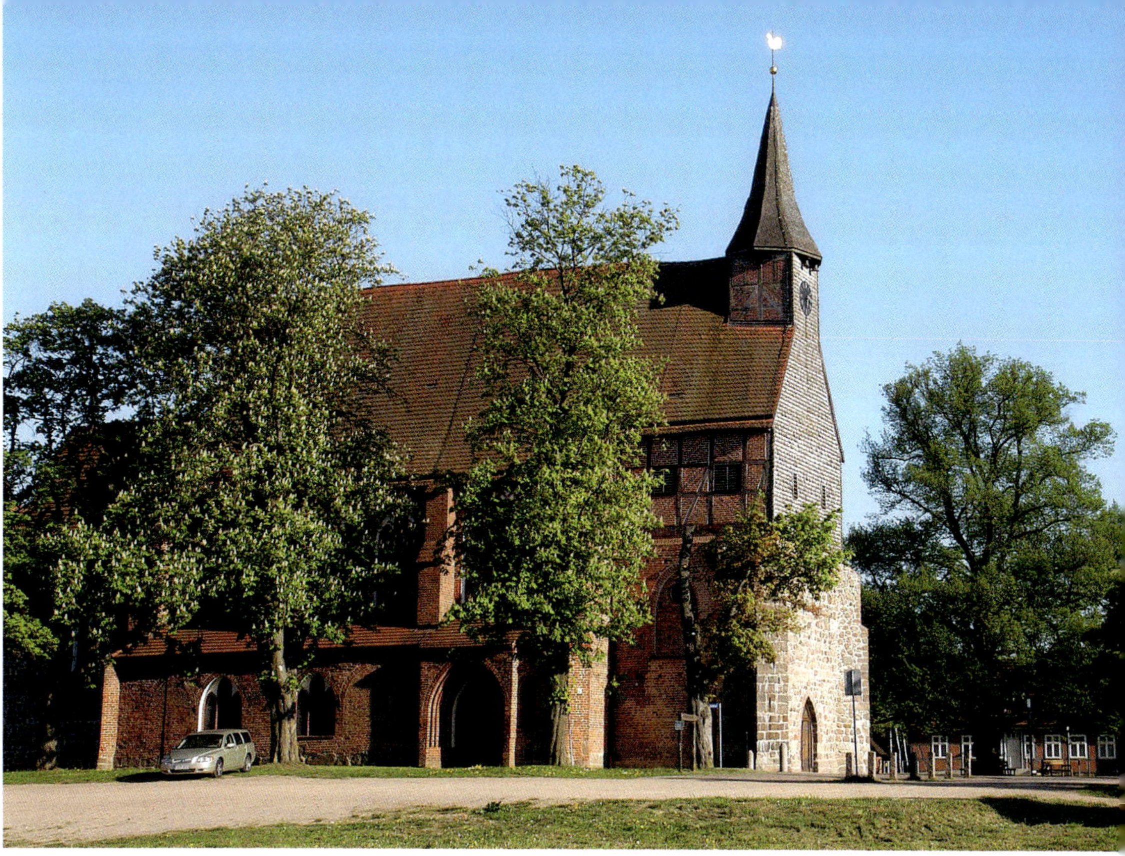

Die Kirche von Zarrentin

Nach Zarrentin Wir folgen dem »Iron Curtan Trail« durch die Feldflur in die mecklenburgischen Orte Valluhn und Schadeland. In Schadeland trennen wir uns von dem Radweg, der über Landstraßen nach Zarrentin führt. Wir biegen im Ort an der zweiten Straße rechts ab und folgen einem Wirtschaftsweg ins 3,5 Kilometer entfernte Zarrentin.

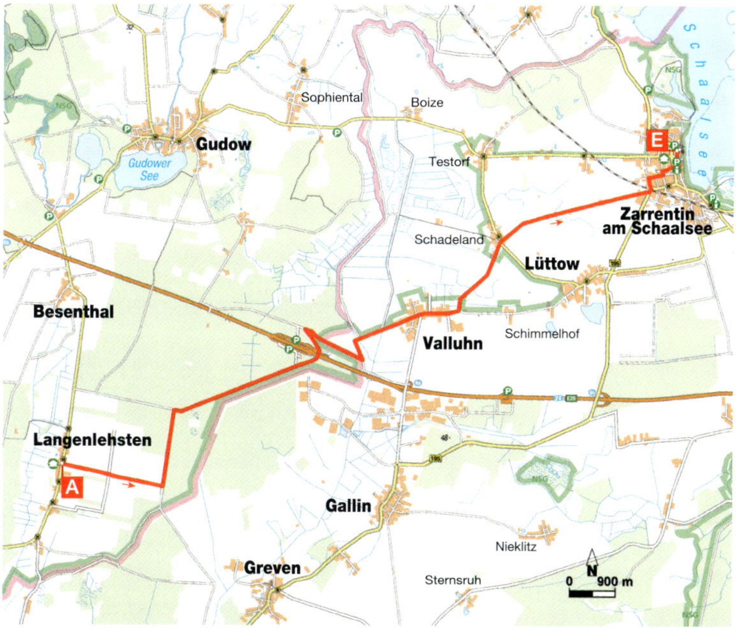

Am Ortseingang von Zarrentin wenden wir uns nach links und folgen der Gartenstraße zum Müllerweg, in den wir rechts einbiegen. 50 Meter hinter dem Friedhof biegen wir links in die Rosenstraße ein und knapp 100 Meter weiter in den Kapellenweg, einen Fußweg, der zur Hauptstraße führt, wo man auf einen Regionalwaren-Laden trifft, in dem sich die Touristen-Infostelle befindet. Zur Uferpromenade sind es nur noch 200 Meter (über Schulstraße und Möwenburgtwiete).

57

Von Zarrentin nach Kneese

Am Schaalsee entlang

leicht | 19,8 km | ↑ 140 m ↓ 134 m | 4.30 Std.

Ausgangspunkt
Zarrentin

Endpunkt
Kneese

Gehzeit
Zum Brückenhaus 2.30 Std.

Anfahrt
Bahn/Bus: Keine Empfehlung für den ÖPNV

Karte
Verlag Maiwald 1:50 000, Biosphärenreservat Schaalsee (Rad- und Wanderkarte)

Einkehr
In Lassahn
Restaurant Seeblick, Dorfstr. 57
Tel. 038858/22 98 39
www.seeblick-lassahn.de;
In Kneese s. bei Übernachtung

Informationen
www.zarrentin.de

Übernachtung
Forsthof Kneese
Hauptstr. 15
19205 Kneese Dorf
Tel. 038876/313 76
www.forsthof-kneese.de

Solange wir der Zarrentiner Uferpromenade folgen, genießen wir einen herrlichen Blick auf den Schaalsee. Im weiteren Verlauf des Weges verbergen Ufergehölze und Wald den Blick auf den See und das Ufer – zum Wohle des Seeadlers und anderer bedrohter Arten.

Zarrentin, der Hauptort des Biosphärenreservats Schaalsee, zeichnet sich durch eine lange Uferpromenade aus, mit Fischrestaurant, Freibad und Segelbootanlegestelle. Und dann gibt es da noch ein ehemaliges Nonnenkloster, das sich auf einem erhöhten Platz über dem See befindet. Gleich um die Ecke steht die Stadtkirche, liegt der Marktplatz. Hier, an der Keimzelle Zarrentins, beginnt unsere Wanderung durch das Biosphärenreservat Schaalsee.

Zum Ferienort Techin Nach einem Gang um die Klostergebäude (Führungen finden unter der Woche nur nachmittags statt und Sa/So ab 10 Uhr) steigen wir hinunter zum See. Wir halten uns rechts und folgen der Uferpromenade bis zu dem am Südende des Sees gelegenen Strandbad. Hinter dem Bad lassen wir uns links von der Beschilderung »Scha-

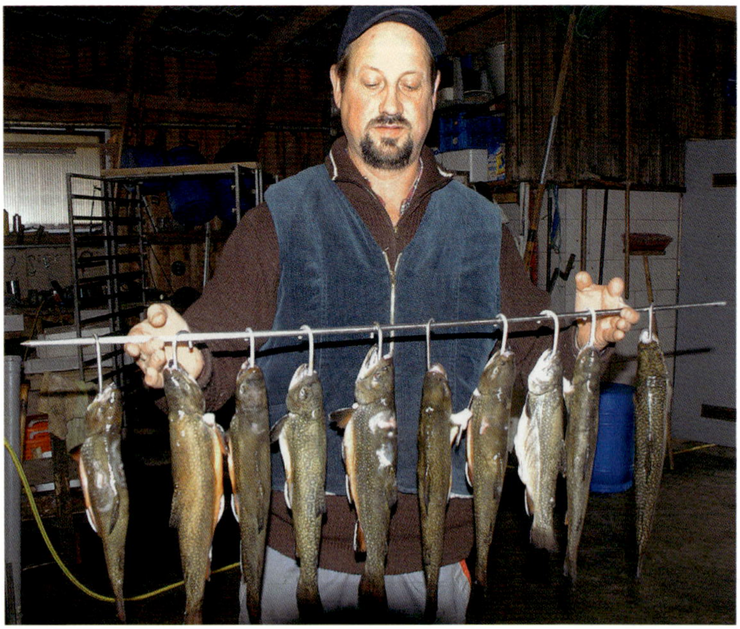

Frischer Räucherfisch vom Schaalsee

liss« leiten. Auf einem Pfad geht es zunächst zum Flüsschen Schaale, dann durch Wald. Im Wald stoßen wir auf einen Weg, dem wir links zur Badestelle Schaliss folgen. An der Badestelle laufen wir rechts zur Straße nach Lassahn, der wir links auf einem parallel verlaufenden Radweg folgen. Nach etwa drei Kilometern, in einer Kurve kurz vor dem Gebäude des Kranichhofs, zweigt links ein Weg ab, der uns in den Ferienort Techin führt. Bei den auf alt getrimmten »Bauernhäusern« handelt es sich um exklusive Ferienwohnungen.

Seeadler und die Feldsteinkirche von Lassahn Weiter geht's dem Wegweiser »Lassahn« nach. Nach 1,5 Kilometern stößt man auf eine gepflasterte Straße und läuft hier links hinunter in den Wald. Nach ca. 400 Metern geht es rechts ab auf den Lassahner Uferweg. Nach knapp einem Kilometer laufen wir rechts hinauf zur Feldsteinkirche von Lassahn. Weiter geht's auf der Hauptstraße durch den Ort und kurz vor dem Ortsausgang links in den Hakendorfer Weg, der zu zwei Gehöften führt. Am zweiten Hof halten wir uns links zum Seeufer und gehen an diesem entlang Richtung Bernstorf.
Achtung: Vom 1. Februar bis zum 15. Juli ist der Weg ab dem Abzweig Bernstorf gesperrt – der Seeadler braucht bei seinem Brutgeschäft Ruhe! In der besagten Zeit läuft man links nach Bernstorf und weiter auf der Straße bis nach Kneese.
Außerhalb dieser Zeit läuft man geradeaus weiter, nahe dem Seeufer, und erreicht gut zwei Kilometer hinter dem Abzweig Bernstorf den Abzweig Kneese. Im Ort gibt es zwei Übernachtungsmöglichkeiten. Übrigens: Entdeckertouren im Biosphärenreservat Schaalsee werden im Grüne-Band-Buch »Küste–Schaalsee« beschrieben (siehe S. 189).

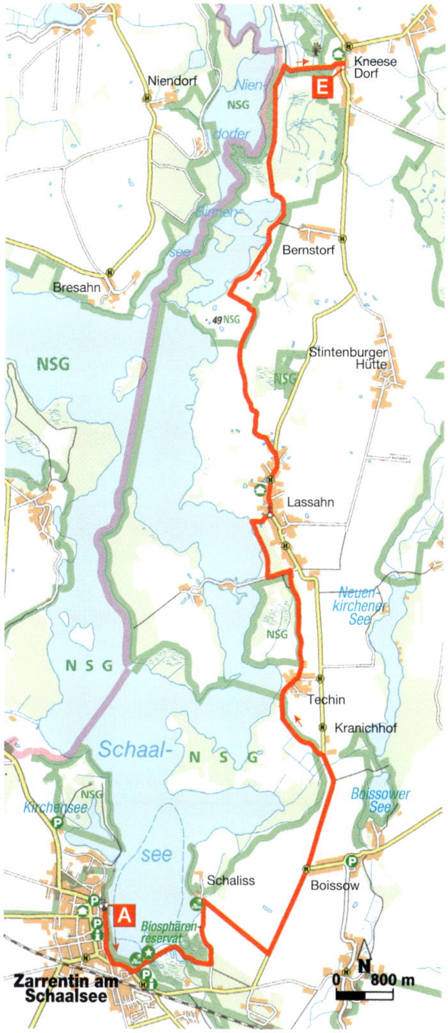

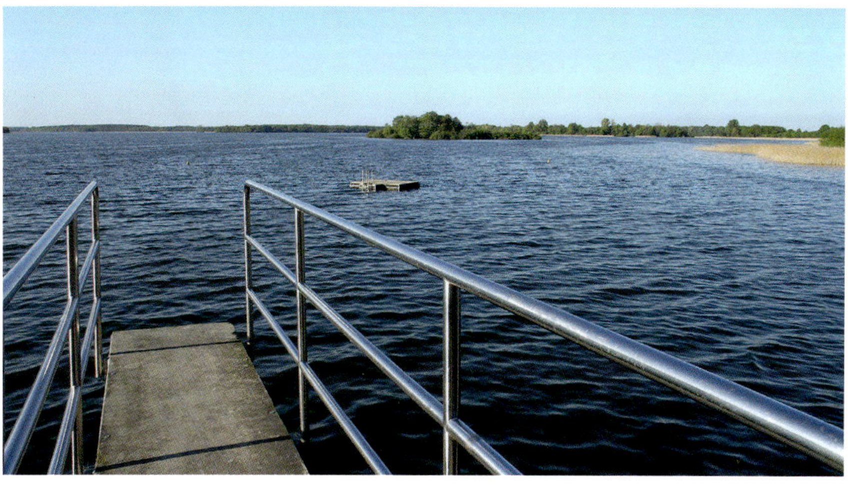

Der Schaalsee, Blick vom Sprungbrett des Freibads Zarrentin

58

Von Kneese nach Ratzeburg

Durch die Lauenburger Seenlandschaft

mittel 27,5 km ↑246 m ↓210 m 7 Std.

Ausgangspunkt
Kneese

Endpunkt
Ratzeburg

Gehzeit
Zum Lankower See 2.30 Std.; zum Mechower See 3.30 Std.

Anfahrt
Bahn/Bus: Keine Empfehlung für den ÖPNV

Karte
Verlag Maiwald 1:50 000, Biosphärenreservat Schaalsee (Rad- und Wanderkarte)

Einkehr
In Ratzeburg u. a.
Restaurant Fischerstube
Schlosswiese 2
Tel. 04541/823 37

Informationen
www.ratzeburg.de

Übernachtung
In 19217 Dechow
Mehrbettzimmer im Gästehaus
Dorfstr. 1
Info bei Doreen Olregge
Tel. 038877/20952
oder Bernhard Hotz
Tel. 038877/20944

In 23909 Bäk
Hotel Garni
Am Soot 5
Tel. 04541/899 00;

Info Ratzeburg
Unter den Linden 1 (Rathaus)
Tel. 04541/800 08 86
www.ratzeburg.de

Vom Nordende des Schaalsees geht es zum Lankower, zum Mechower und schließlich zum Ratzeburger See. An all diesen Seen zog sich die innerdeutsche Grenze entlang; heute wird die Seenkette durch das Grüne Band miteinander verbunden.

Von Kneese laufen wir zurück zum Ufer des Schaalsees und dann auf einem Wanderweg am Grünen Band entlang nach Dutzow, einem kleinen Dorf am Nordende des Schaalsees. Bei Dutzow endet auch der Wanderweg, und wir müssen mit der Landstraße vorliebnehmen.
Nächster Ort ist Groß Thurow. Weiter geht's auf der Landstraße bis zur Bundesstraße Gadebusch–Ratzeburg. Dort wenden wir uns nach links auf einen Radweg.

Am Lankower See Wer das Abenteuer scheut, folgt nach 1,5 Kilometern einer links abbiegenden Landstraße Richtung Groß Molzahn. Alle anderen folgen der Bundesstraße noch knapp einen Kilometer, biegen dann rechts auf den Kolonnenweg ab und gehen auf ihm bis zum Lankower See (gut 3 km).

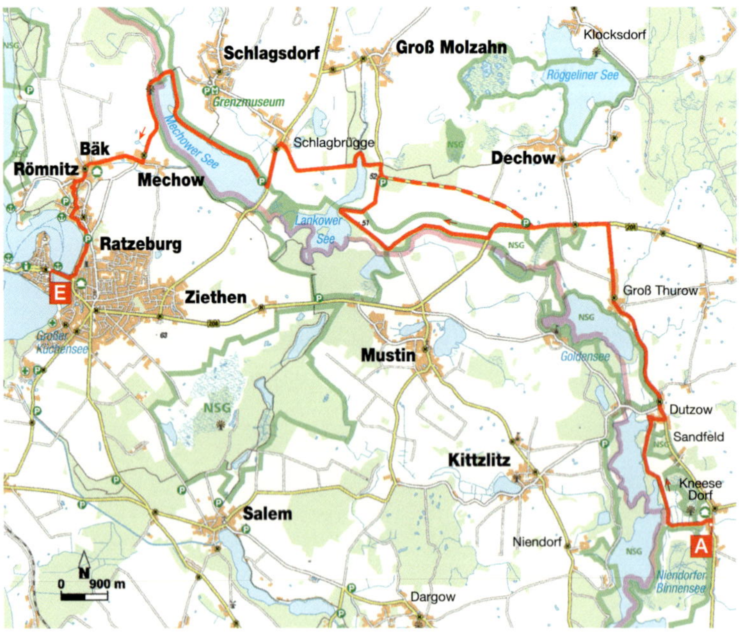

Am Seeufer biegt der Plattenweg rechts ab und folgt damit der Uferlinie. Ca. 50 Meter weiter zweigt eine Fahrspur vom Plattenweg rechts ab, der wir folgen. Sie geht allmählich in einen Weg über, der durch das Gelände führt, auf dem einst das Dorf Lankow stand. Lankow wurde wie so viele grenznahe Gutsdörfer von den DDR-Grenztruppen geschleift. Auf der alten Ortszufahrt geht es hinauf zur Landstraße nach Groß Molzahn, wo die auf Sicherheit bedachten Wanderer wieder zu uns stoßen. 200 Meter weiter zweigt links ein Wanderweg nach Schlagbrügge ab. Der Weg führt um eine Bucht des Lankower Sees und folgt dann dem ehemaligen Grenzstreifen einen steilen Hang hinauf.

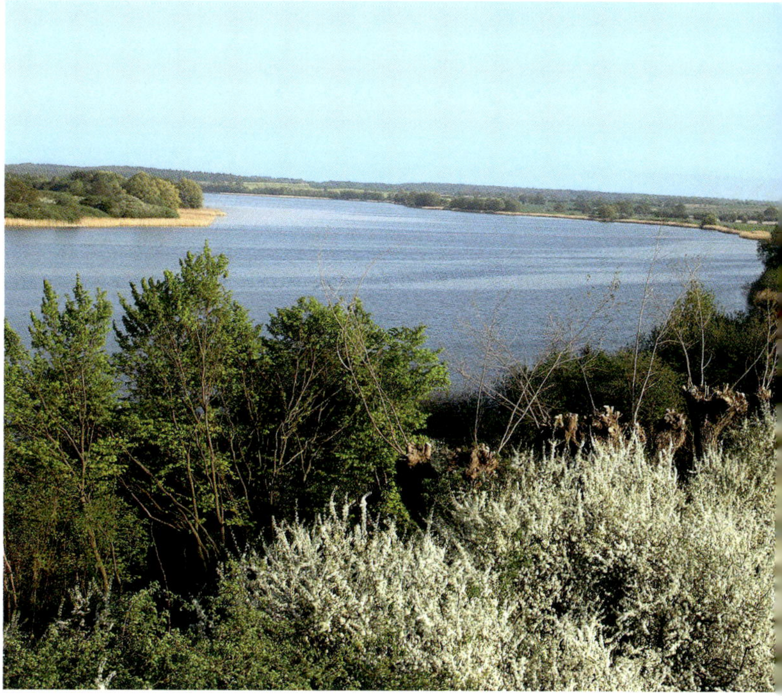

Blick über den Mechower See

Am Mechower See Oben erwarten uns die Lochbetonplatten des Kolonnenwegs. Noch ein kurzes Stück durch Wald, dann geht es durch die Feldflur nach Schlagbrügge. Im Ort halten wir uns links und laufen auf einem Radweg an der Straße Richtung Ratzeburg entlang. An der ehemaligen Grenze erreichen wir das Südende des Mechower Sees. Wir folgen einem Uferweg zum Nordende des Sees, wo wir die Landesgrenze passieren. Ein Ausguck ermöglicht einen Blick über den See. Die Staatsgrenze der DDR verlief der Länge nach durch den See. Weiter geht's auf einem asphaltierten Wirtschaftsweg nach Mechow. Eine Übernachtungsmöglichkeit existiert im Nachbarort Bäk.

Man kann natürlich auch im drei Kilometer entfernten Ratzeburg übernachten – der Weg in die Stadt ist ausgeschildert. Es gibt auch eine Busverbindung nach Ratzeburg. Wem diese Route zu lang ist, kann in Dechow am Röggeliner See übernachten.

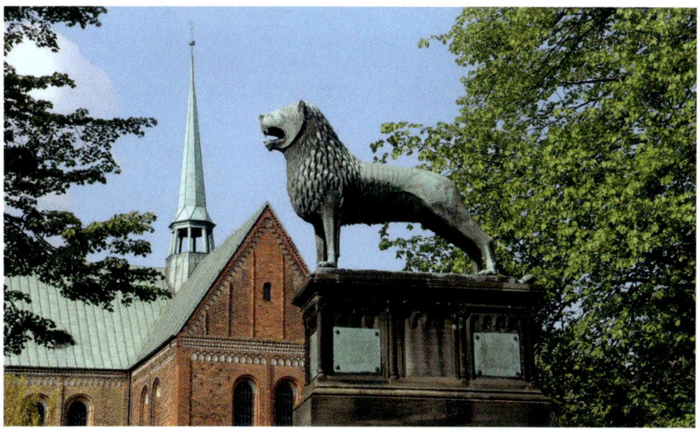

Der Dom von Ratzeburg mit dem Markenzeichen von Heinrich dem Löwen

Nach Schlagsdorf

Am Ostufer des Mechower Sees führt ein Weg nach Schlagsdorf (1 km). Am Ortsrand befindet sich ein Freiland-Grenzmuseum, in der Ortsmitte steht ein Museumshaus. Um den Anschluss an die Strecke nach Ratzeburg zu bekommen, folgt man im Ort dem Moorweg. Er führt zum Nordende des Mechower Sees.

59

Von Ratzeburg nach Lübeck

Vom Ratzeburger See durchs Land der Nandus

mittel | 21,1 km | ↑246 m ↓210 m | 5.30 Std.

Ausgangspunkt
Ratzeburg

Endpunkt
Lübeck

Gehzeit
Zur Kalkhütte 1.30 Std.; zum Fährhaus Rothenhusen 3 Std.; zum Waldhotel Schattin 4 Std.

Anfahrt
Bahn/Bus: Mit der Deutschen Bahn nach Ratzeburg

Karten
Verlag Maiwald 1:50 000, Biosphärenreservat Schaalsee (Rad- und Wanderkarte); Landesvermessungsamt Schleswig-Holstein 1:50 000, Nr. 11 Lübeck/Neustadt, und Nr. 12 Ratzeburg/Lauenburg

Einkehr
Forsthaus Kalkhütte (Tel. 04541/55 75); Restaurant Fährhaus Rothenhusen am Nordende des Ratzeburger Sees (Tel. 04509/80 59)

Informationen
www.ratzeburg.de; www.luebeck.de

Übernachtung
Infos bei der Lübeck & Travemünde Touristikzentrale, 23570 Lübeck, Tel. 04502/804 30, www.luebeck-tourismus.de; Naturfreundehaus Priwall, Mecklenburger Landstr. 128, 23570 Lübeck-Travemünde, Tel. 04502/28 38, www.naturfreundehaus-priwall.de

Wir wandern über Höhen, die die Gletscher der Eiszeit hinterlassen haben. Unter uns erstreckt sich der Ratzeburger See. An der Wakenitz, dem »Amazonas des Nordens«, geht es wieder durch Flachland. Auf einer Grüne-Band-Steppe am Ostufer des Sumpfgebiets tummeln sich Großvögel. Von Herrnburg fahren wir dann mit der Bahn nach Lübeck.

Die Altstadt von Ratzeburg liegt auf einer Insel im See; Dämme verbinden die Stadt mit dem »Festland«. Auf der Insel gibt es eine Reeperbahn, ein Schloss, einen Dom, ein Paul-Weber-Museum und, nicht zu vergessen, »Pelzens Eispavillon« und das Gartenlokal des Fischers Jobmann. Wer es vor lauter Sehenswürdigkeiten nicht schafft, sich rechtzeitig auf die Wandersocken zu machen, der kann auch mit dem Fahrgastschiff zum Fährhaus Rothenhusen am Nordende des Sees fahren – man spart sich so zwei Wegdrittel dieser Etappe.

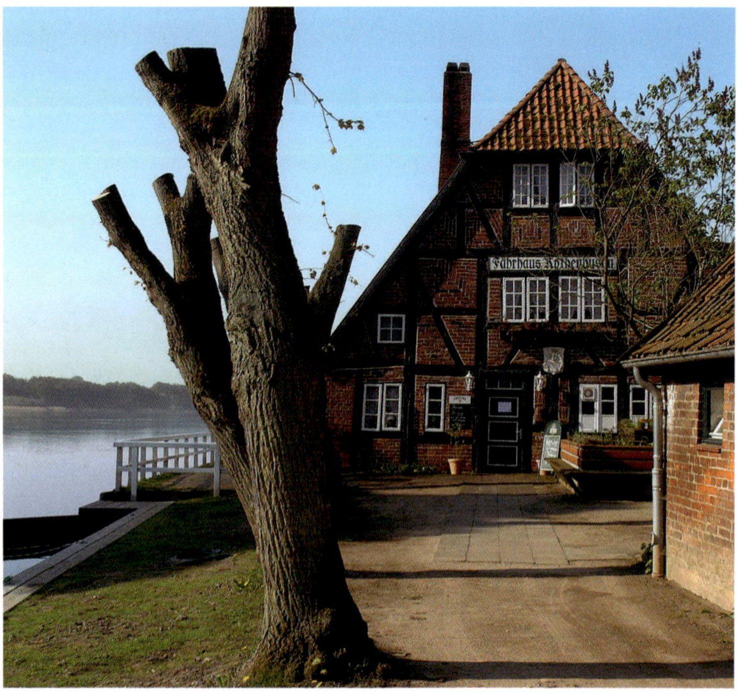

Das Fährhaus von Rothenhusen

Rechts: Ratzeburger Altstadtinsel mit Dom und Schloss

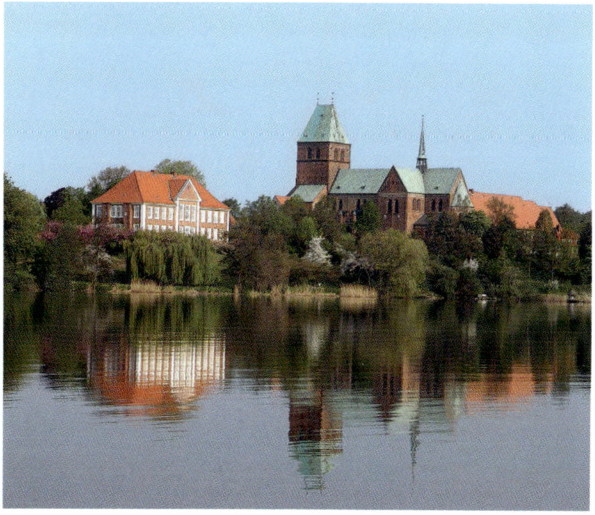

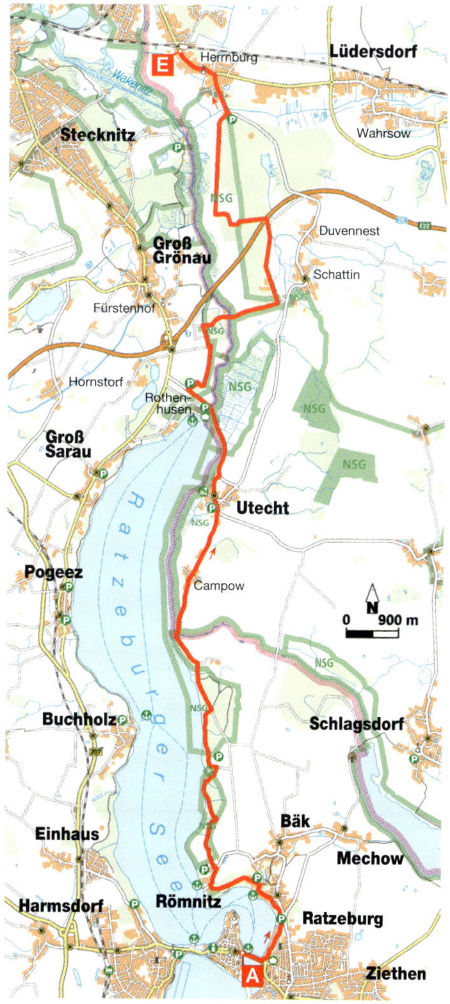

Zum Wirtshaus Kalkhütte Alle anderen folgen dem Königsdamm zur östlichen Vorstadt und biegen dort gleich links in den Bäker Weg ein, eine Straße, die in einen Wanderweg übergeht.

Wir kommen an einem Brunnen vorbei und queren einen steilen Hangwald, einige Male mit Blick auf den See und die Schlossinsel. Der Wanderweg stößt dann auf die Straße Am Mühlenweg. Auf ihr geht's nun hinunter ins Tal der Bäk.

In einer Rechtskurve gehen wir wieder bergan und biegen dann links in die Straße Am Hasselholt ein. Die Straße wird zum Wanderweg, der zum Gutsdorf Römnitz führt. Dort halten wir uns rechts und laufen auf der gepflasterten Dorfstraße weitere 250 Meter bergan. Dann geht's links auf einen Wirtschaftsweg und mit den Wanderwegzeichen zum inzwischen leider verwaisten Wirtshaus Kalkhütte, von dessen Terrasse man einen schönen Blick auf den 15 Meter tiefer liegenden See hatte.

Das Grüne Band am Ratzeburger See
Hinter Kalkhütte führt unser Wanderweg durch herrlichen Buchenwald, zwischen dessen silbrig-grauen Stämme der See hindurchschimmert. Wir stoßen auf eine Waldstraße, der wir links folgen, bis wir wenig später das Grüne Band queren. Von hier bis zum Nordende des Sees gehörte das Ufer einst zur DDR. Die Menschen in den Dörfern oberhalb des Sees mussten, wenn sie schwimmen wollten, ins Innere der Republik fahren.

Ratzeburg

Ratzeburg ist eine außergewöhnliche Stadt. Wer sie durchquert, unternimmt eine Fahrt über Inseln und Dämme, die von einem Ufer des Ratzeburger Sees zum anderen führt. Den Grundstein für diese »Seebrücke« hat der slawische Fürst Ratibor, genannt Raze, gelegt, als er um das Jahr 1000 auf einer von zwei Inseln des Sees eine Burg errichtete. Jahrzehnte später, die Sachsen hatten die Slawenfürsten entmachtet, wurde auf der anderen Insel ein Dom gebaut. Bauherr war Heinrich der Löwe (*1129, †1195), der große Sachsenherzog und Widersacher von Kaiser Barbarossa. Heinrichs Dom wurde zur Keimzelle Ratzeburgs, das auf der Insel vor feindlichen Übergriffen geschützt war. Aber die Insellage brachte auch Nachteile mit sich, insbesondere für die Kaufleute. Und so dauerte es nicht lange, bis man zwischen den Inseln und den Seeufern Dämme aufschüttete.

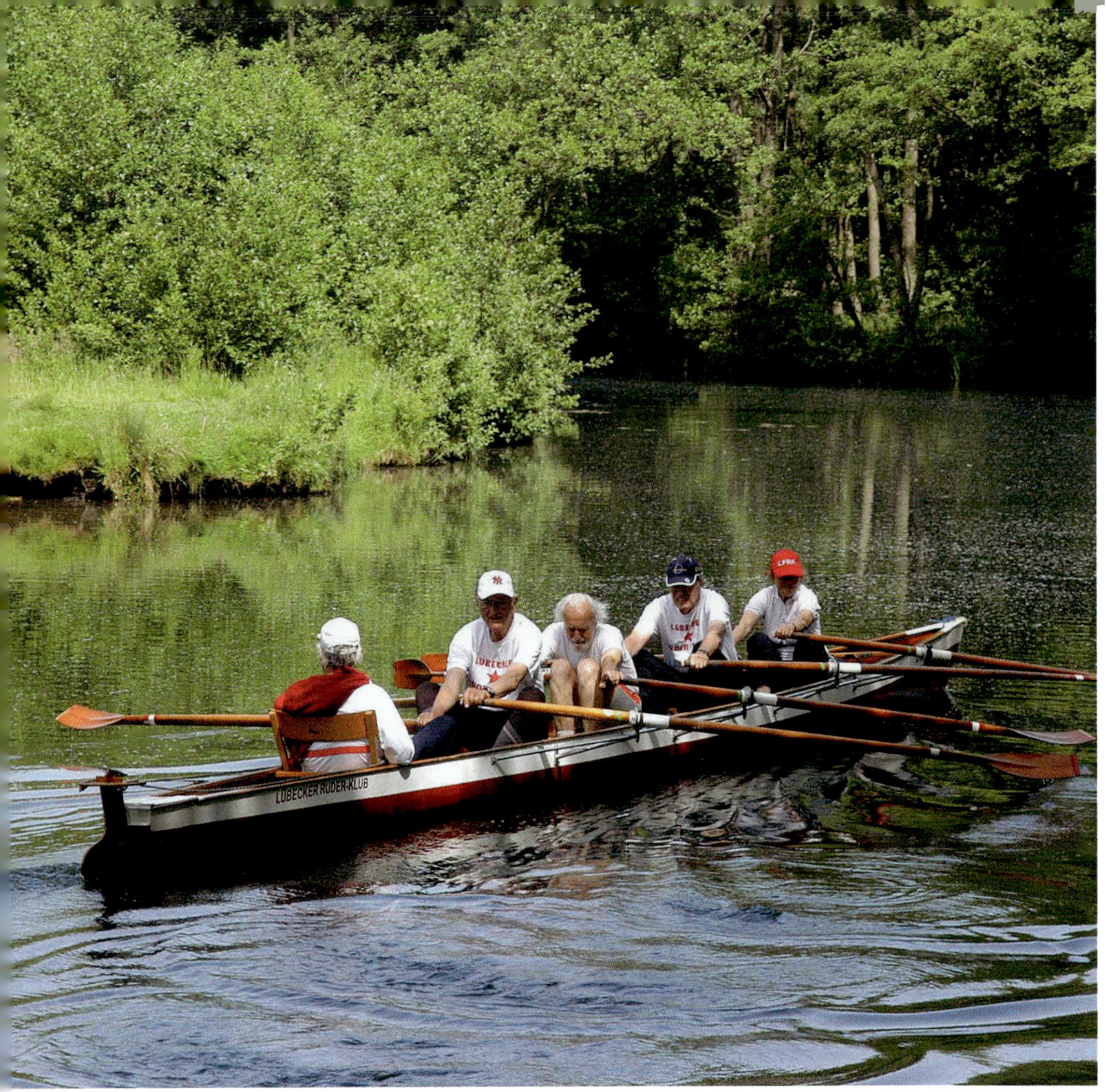

Auf der Wakenitz

Von Campow wandern wir auf einer Landstraße nach Utecht, gehen dort über die Wiesenstraße zur Lübecker Landstraße und auf dieser zum Nordende des Ratzeburger Sees. Die ehemalige Grenze überschreitet man auf der Wakenitzbrücke. Die Wakenitz kommt aus dem Ratzeburger See und fließt nach Lübeck. Das Flüsschen wurde zu einem Kanal ausgebaut, und so kann man heute mit Fahrgastschiffen von Ratzeburg nach Lübeck fahren. Am Nordende des Ratzeburger Sees, genauer gesagt am Fährhaus Rothenhusen, muss man jedoch umsteigen. Im alten Fährhaus befindet sich heute ein Restaurant.

Vom Fährhausparkplatz folgen wir den Markierungen des Drägerwegs Richtung Lübeck. Durch Wald und Felder geht es bis nahe an die Autobahn Lübeck–Rostock heran. Hier biegen wir rechts ab und überschreiten auf einer Brücke für Fußgänger und Radler die Wakenitz. Nach knapp einem Kilometer halten wir uns an einer Waldecke links. Kurz darauf stößt man auf eine ehemalige Grenzkaserne, die man zu einem Hotel umfunktioniert hatte, das leider wieder schließen musste. Von hier bis zum Bahnhof von Herrnburg vertrauen wir uns der Markierung des Elbtal-Schaalsee Radrundweges an.

Land der Nandus und der Fischotter Wir überqueren die Autobahn auf einer neu errichteten Brücke und wandern dann durch Wald und entlang des Grünen Bandes nach Herrnburg. Wir befinden uns jetzt im Land der Nandus, die sich vor allem auf den mageren und trockenen Grüne-Band-Wiesen links von unserem Weg aufhalten. Bleiben Sie bitte auf dem Radweg, dann besteht keine Gefahr in Konflikte mit Nandus zu geraten.

An die oben erwähnten Trockenwiesen schließt sich nach Westen die sumpfige Niederung der Wakenitz an, wo im Hochsommer Bedingungen herrschen, die denen am Amazonas ähneln, zumindest was die Mücken angeht. Dem Fischotter macht das nichts, er fühlt sich in dem fischreichen Sumpfgebiet wohl. Auch Moorfrösche und Gelbbauchunken fühlen sich hier zu Hause. Dass es überhaupt so ein großes Feuchtgebiet gibt, haben die Tiere den Lübeckern zu verdanken. Sie haben die reichlich Wasser führende Wakenitz aufgestaut, um Mühlen zu betreiben. Der Stau wurde auf eine Höhe von über vier Metern ausgelegt und das bei einem Gefälle von zwei Zentimetern pro Flusskilometer. So haben sich weite Teile der Wakenitz-Niederung, bis hinauf zum Ratzeburger See, in eine Sumpf- und Seenlandschaft verwandelt – heute eine Perlenkette des Grünen Bandes. In Herrnburg, dort, wo die Hauptstraße eine Bahnlinie quert, liegt rechter Hand Bahnhof. Wir nehmen den nächsten nach Lübeck fahrenden Zug, um zur bereits gebuchten Unterkunft in der Altstadt zu gelangen.

Geschützte Nandus

Nandus sind in Mecklenburg-Vorpommern geschützt, daher ist ihre Scheu vor den Menschen nicht sonderlich groß. Man sollte ihnen jedoch nicht zu nahe kommen, besonders wenn sie Junge haben – die Nandu-Eltern sind ausgesprochen kampfeslustig.

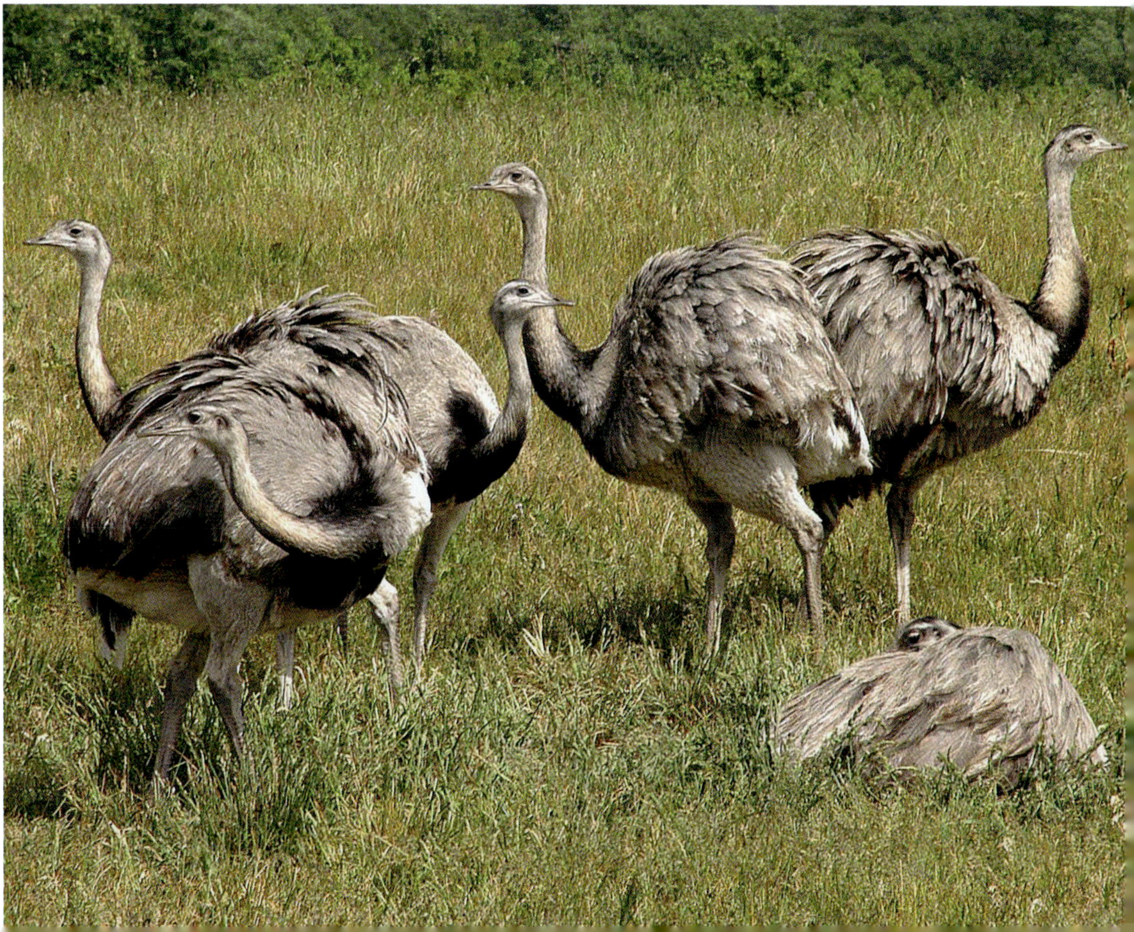

Nandus im Grasland nahe der Wakenitz

60

Von Lübeck nach Travemünde

Zum Ostseestrand

mittel 24,5 km ↑138 m ↓119 m 6 Std.

Ausgangspunkt
Lübeck

Endpunkt
Travemünde

Gehzeit
Zum Gasthaus in Selmsdorf 3 Std.

Anfahrt
Bahn/Bus: Mit der Deutschen Bahn über Lübeck nach Herrnburg

Karte
Landesvermessungsamt Schleswig-Holstein 1:50 000, Nr. 11 Lübeck/Neustadt

Einkehr
In Lübeck/OT Schlutup Taverna Tinos (Mecklenburger Str. 45, Tel. 0451/585 95 77);
In Selmsdorf La Madonnina Wilhelm-Oldörp-Straße 16 Tel. 038823/274985 (ab 17 Uhr);
In Dassow Gasthaus Alte Sattlerei, Friedensstraße 24, Tel. 038826/80607;
In Pötenitz Gaststätte Zur alten Scheune, Bergstr. 14, Tel. 038826/805 71

Informationen
www.luebeck.de
www.travemuende.de

Übernachtung
Infos dazu bei der Lübeck & Travemünde Touristikzentrale, 23570 Lübeck, Tel. 04502/804 30 www.luebeck-tourismus.de;

Naturfreundehaus Priwall Mecklenburger Landstr. 128, 23570 Lübeck-Travemünde Tel. 04502/28 38 www.naturfreundehaus-priwall.de

Das Grüne Band führt uns durch den naturgemäß bewirtschafteten Lübecker Stadtwald zu Lübecker Förde, einen Mündungsarm des Flüsschens Trave, der die Ostsee schon erahnen lässt. Die Förde erweitert sich zum Dassower See, an dessen Ufer die Grenze der DDR verlief. Hinter Dassow geht es noch einmal in die Grüne-Band-Wildnis hinein, dann stehen wir plötzlich am Ostseestrand.

Nach einem Bummel durch die Altstadt von Lübeck fahren wir mit dem Zug zurück nach Herrnburg. Dort laufen wir auf der Straße Richtung Lübeck. Zwischen der Herrnburger Neubausiedlung und der Lübecker Stadtgrenze stoßen wir auf das Grüne Band. Wir biegen rechts in die Straße Krüzkamp ein, halten uns aber gleich wieder links und folgen einem Trampelpfad über den ehemaligen Grenzstreifen nach Norden. Ein kurzes Stück geht es über den Kolonnenweg, der jedoch bald wieder in einem Gebüsch verschwindet. Wir umgehen das Gebüsch links über einen Trampelpfad, der uns auf eine große Freifläche führt, auf der Heide, Blumen und Magerrasen wachsen.

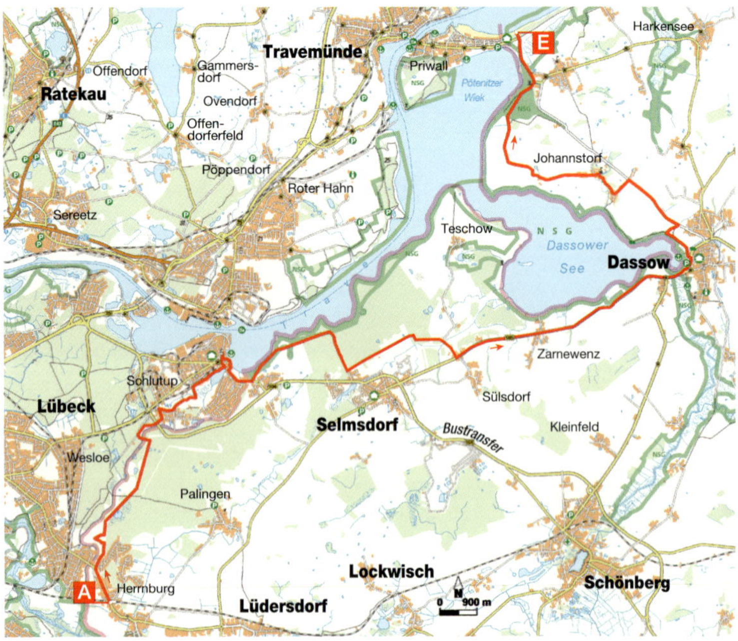

An der nächsten Trampelpfad-Kreuzung biegen wir rechts ab und gehen wieder auf den Kolonnenweg, dem wir nun 2,5 Kilometer treu bleiben. Dann folgen wir links einem sandigen Weg über die Landesgrenze in den Lübecker Stadtwald, der uns mit einem prächtigen Buchenaltgehölz empfängt. Wir befinden uns an den Schwedenschanzen, einer Wallanlage aus der Zeit des Dreißigjährigen Krieges. Dort gehen wir rechts zu einer Waldwiese und an ihr entlang zur B 104, die wir queren, um dann geradeaus weiter zur Speckmoorstraße zu laufen.

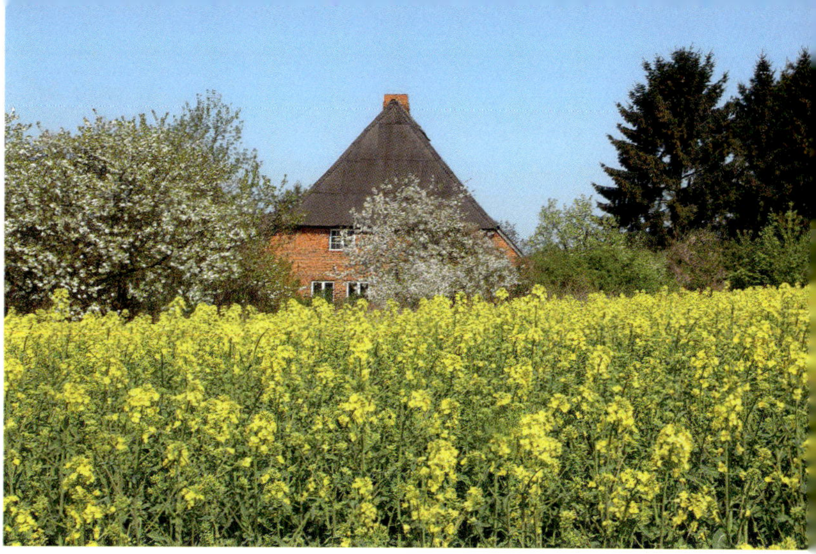

Verlassener Hof am Dassower See

Entlang der Lübecker Förde Wir folgen links 200 Meter der Speckmoorstraße und gehen dann rechts auf einen Fuß- und Radweg, der entlang von Kleingärten und durch Wiesen führt. Nach einem Kilometer biegen wir links ab und laufen über den Landgraben zur Bahn (knapp 300 Meter). Dort folgen wir dem Bahndamm zum Bahnhof Lübeck-Schlutup, von dem aus wir entlang dem Mühlenteich den alten Schlutuper Dorfkern ansteuern. An der Mecklenburger Straße geht's links bis hinter den Marktplatz, dann rechts in die Schlutuper Kirchstraße. Die Kirche steht auf einem Hügel über dem Schlutuper Wiek, einer Bucht der Lübecker Förde.
Wir laufen über die Kirchstraße zurück, biegen dann links in den Bogengang ein und steigen über eine Treppe hinunter zu den Bootsanlegern. Dort folgen wir rechts der Uferpromenade. Nach 400 Metern werden wir wieder zur Mecklenburger Straße geleitet, der wir links in Richtung Landesgrenze folgen. In dem ehemaligen Zollhaus befindet sich heute ein Grenzmuseum.

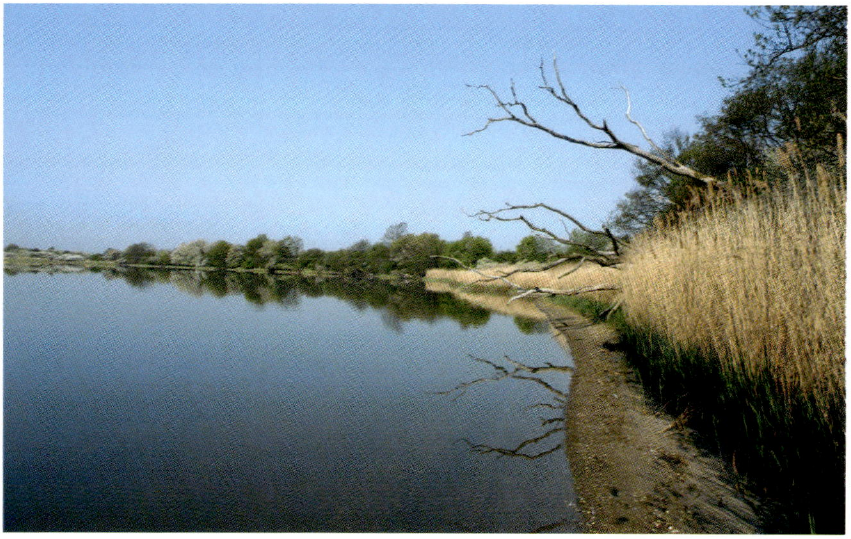

Dassower See: Das Wasser gehörte zur BRD, das Röhricht zur DDR.

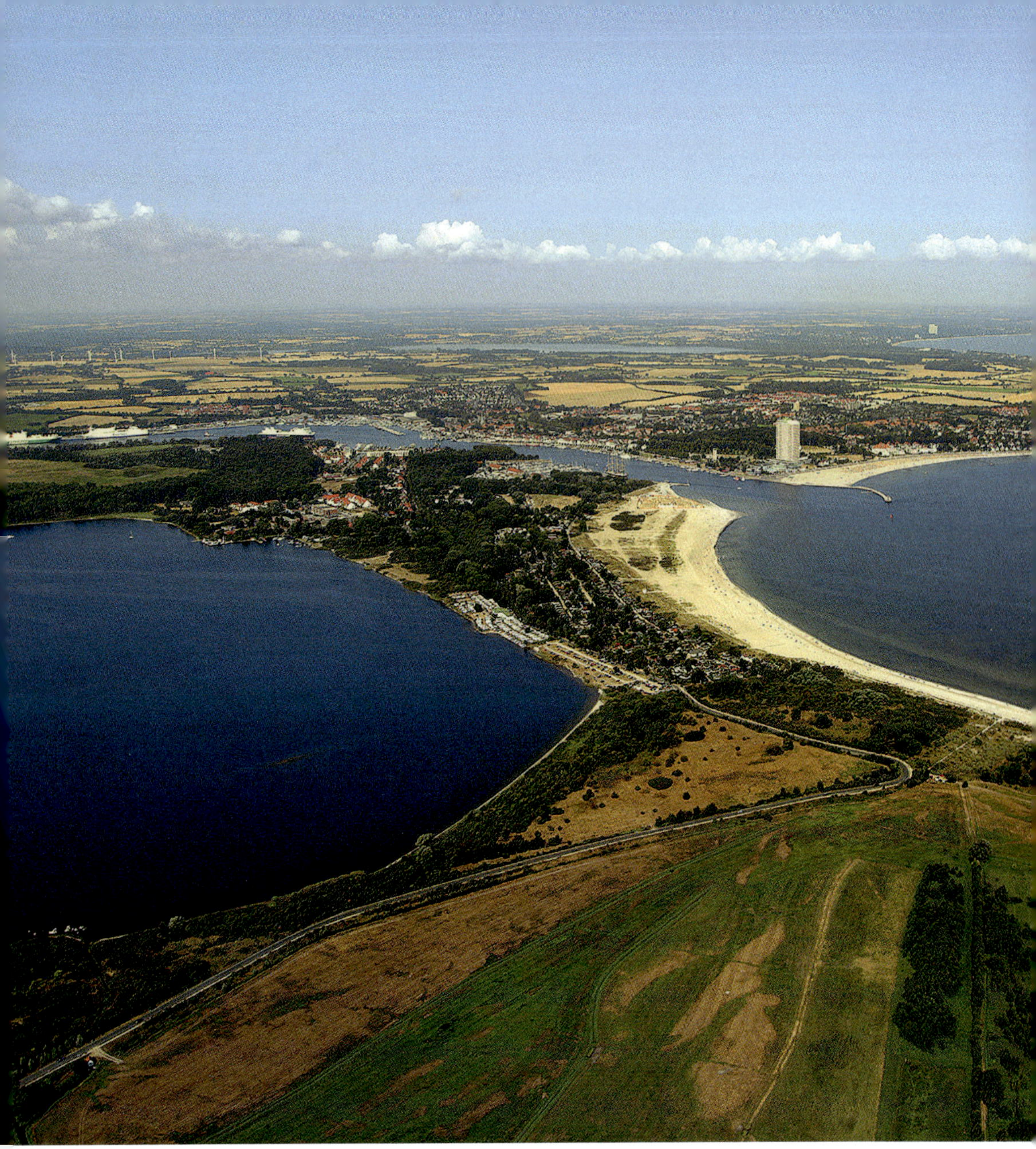

An den Ufern der Lübecker Förde und des Dassower Sees 150 Meter hinter der ehemaligen Grenze biegen wir links von der Straße ab und folgen einem Weg in die Wildnis des Grünen Bandes. Trampelpfade führen zum Ufer der Förde. Wir folgen nun dem Kolonnenweg. Von Betonplatten ist vorläufig jedoch nichts zu sehen, die tauchen erst nach 1,5 Kilometern auf. An den ersten Häusern biegen wir links ab und folgen einem Wirtschaftsweg, der uns an Selmsdorf vorbeiführt. Nach 2,5 km stoßen wir auf die wenig befahrene Techower Straße, auf der man nach Sülsdorf gelangt. Sülsdorf liegt an der stark befahrenen B 105, die bis vor kurzem die einzige Verbindung zum mecklenburgischen Dassow war. Inzwischen hatten die Verkehrsplaner ein Einsehen und haben parallel zur Straße einen Radweg gebaut, auf dem man als Wanderer sicher nach Dassow gelangt.

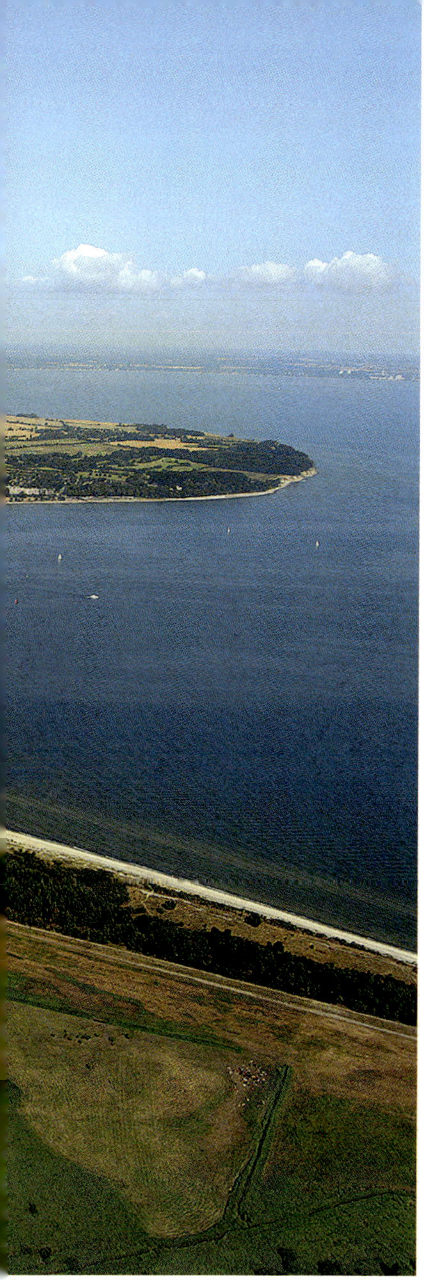

Blick auf das letzte Wegstück zum Ostseestrand; links der Dassower See, in der Mitte die zu Travemünde gehörende Halbinsel Priwall, dahinter das Seebad Travemünde

Gutsherrenlandschaft über dem Dassower See Kurz vor Dassow führt der Weg über das Flüsschen Stepenitz, die hier in den Dassower See mündet. Von der Brücke hat man einen schönen Blick auf Fischerboote und den See, dessen Ufer zur DDR gehörte, dessen Wasser aber bereits westdeutsch war. Hinter der Brücke stößt man auf einen Supermarkt, an dem der Radweg endlich von der B 105 abbiegt, um straßenfern dem Ufer des Dassower Sees zu folgen. Leider steuert der Radweg nach 800 m schon wieder auf eine Straße zu. Man könnte eigentlich dem Seeufer treu bleiben, aber der Weg wird bald zur Fahrspur und auch die verliert sich langsam. Also folgen wir notgedrungen dem Radweg zur Straße, die zum Glück nicht so stark befahren ist wie die B 105. Nach 1,5 Kilometern geht es links ab zum Gut Benckendorf und von dort rechts zum Gut Johannstorf und weiter über die Seestraße nach Volkstorf.

Wir laufen an Volkstorf vorbei und geradewegs durch die Feldflur (nicht rechts abbiegen). Man befindet sich jetzt auf einer Höhe von ca. 15 Metern N. N. und blickt über den Dassower See zum Skandinavien-Kai von Travemünde.

Die letzten Kilometer zum Ostseestrand Der Weg wendet sich nach rechts und steuert auf einen Wald zu. Dort befand sich von 1936 bis 1945 ein Heereslager der Luftwaffe, die am Dassower See Flugzeuge testete. Im Wald verläuft unser Weg ein Stück neben dem Kolonnenweg; beide Wege sind in einem sehr schlechten Zustand.

Ca. 200 Meter weiter stoßen wir auf einen Grenzwachturm; hier wendet sich der Kolonnenweg nach links und steuert auf die Ostsee zu. Wir halten uns geradeaus und peilen die 200 Meter entfernte Kreisstraße Pötenitz–Travemünde an. An der Straße biegen wir links ab und gehen auf einem Radweg Richtung Ostsee. 150 Meter vor dem Strand wendet sich die Straße nach links. Wir halten uns geradeaus und streben über einen Bohlenweg der Ostsee zu.

Dann sind wir am Ziel unserer Reise angelangt! Möwen kreischen. Wellen rauschen. Skandinavienfähren ziehen ihre Bahn. Rechts erstreckt sich kilometerweit unverbauter Strand. Links geht der Blick hinüber zum Travemünder Priwall und seinem FKK-Strand, den schon die DDR-Grenzer im Visier hatten. Übernachten kann man auf dem Priwall oder in Travemünde.

61

Vom Priwall nach Boltenhagen

Wandern am Grünen Band Ostseestrand

leicht | 24 km | ↑237 m ↓237 m | 6 Std.

Ausgangspunkt
Travemünder Priwall

Endpunkt
Boltenhagen

Gehzeit
Zum Café in Rosenhagen 1 Std.; zum Imbiss in Groß Schwansee 2.30 Std.

Anfahrt
Bahn/Bus: Mit der Deutschen Bahn nach Travemünde und mit der Fähre auf den Priwall. Von Mo–Fr gelangt man mit Regionalbussen zu den Bahnhöfen von Wismar und Grevensmühlen.

Karte
Klemmer-Verlag 1:40 000, Ostseeküste – Travemünde bis Wismar (Radwanderkarte/Wanderkarte)

Einkehr
In Rosenhagen Café Strandgut (Tel. 038826/862 74); in Groß Schwansee Café Blau, Lindenstr. 49, Tel. 038827/499958; im Ostseebad Boltenhagen zahlreiche Einkehrmöglichkeiten

Informationen
www.travemuende.de
www.boltenhagen.de

Übernachtung
Infos dazu bei der Kurverwaltung Boltenhagen Ostseeallee 4, 23946 Ostseebad Boltenhagen, Tel. 038825/360-0, www.boltenhagen.de

Wir folgen dem Ostsee-Radweg zum Ostseebad Boltenhagen. Strandzugänge ermöglichen vielerorts den Zugang zum Meer, und von hohen Kliffen kann man Seevögel beobachten und den auslaufenden Skandinavienfähren nachschauen.

Wie eingangs erwähnt, zog sich der Grenzstreifen noch 17 Kilometer an der Ostsee entlang. Der Strand war mit Streckmetallzäunen, Sperrgräben und Kontrollstreifen abgesperrt. Republikflüchtlinge sollten daran gehindert werden, schwimmend oder mit Booten die Travemünder Skandinavienfähren zu erreichen. Die jahrzehntelange Sperrung hat der Natur dieses Küstenabschnitts gutgetan – zwischen dem Travemünder Priwall und dem Seebad Boltenhagen ist die Küste unverbaut.

Strand- und Kliffwandern Wer Lust auf eine Strand- und Kliffwanderung abseits des üblichen Seebad-Trubels hat, der folgt dem Grünen Band Ostseestrand. Ein asphaltierter Radweg führt auf dem ehemaligen Kolonnenweg bis nach Steinbeck, wo die befestigte Grenze endete. Obwohl das Gebiet zwischen dem Priwall und Steinbeck unter strengem Naturschutz steht, existieren immer wieder Strandzugänge.
Der Strand ist sandig oder von Geröll bedeckt, und auf der zweiten Hälfte der Tour ragen um die 20 Meter hohe Kliffen auf, in deren Lehmwände Hunderte von Uferschwalben ihre Brutröhren graben. Wenn die

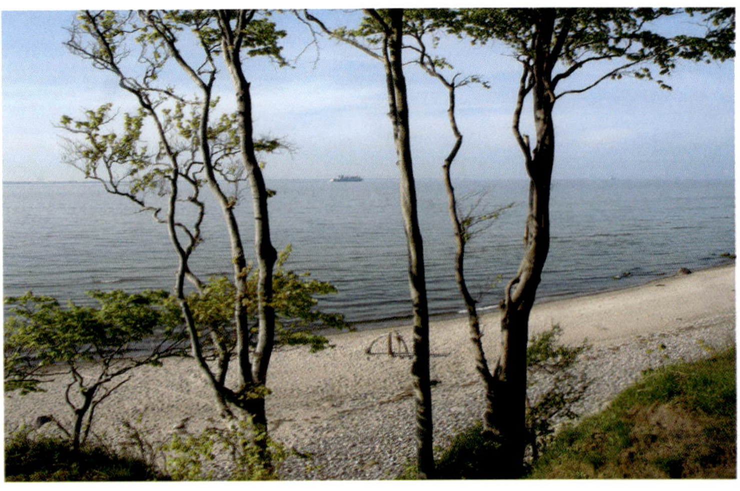

Am Grünen Band Ostseestrand bei Brook: Blick auf eine auslaufende Skandinavienfähre

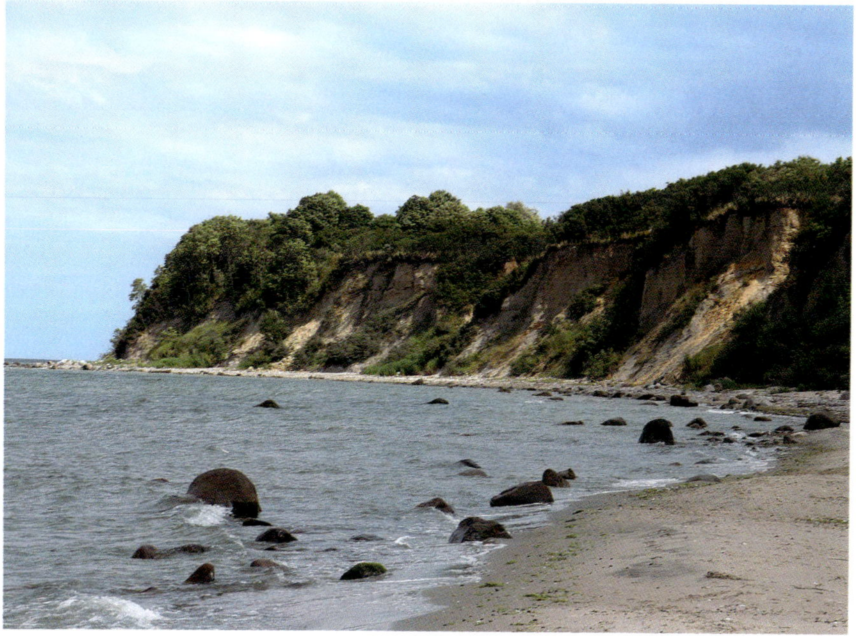

Lehm-Klippen am Grünen Band Ostseestrand bei Warnkenhagen

Herbst- und Frühjahrsstürme toben und das Meer an die Kliffen brandet, bricht tonnenweise Lehm ab. Das Meer nagt am Land – und an einigen Stellen führt der Rad- und Wanderweg bereits gefährlich nahe an der Abbruchkante des Kliffs entlang. Die Strandzugänge befinden sich meist dort, wo im Hinterland Orte liegen. In diesen Orten kann man Ferienwohnungen mieten, und auf den ersten acht Kilometern der Etappe befinden sich auch Gaststätten. Danach wird es mit der Versorgung dünner. Bei Steinbeck steht zur Badesaison meist ein Imbisswagen. Von dort sind es nur noch vier Kilometer bis zum Ostseebad Boltenhagen, wo es genügend Einkehrmöglichkeiten gibt.

Hinweis: Eine Darstellung der Über- und Unterwassernatur am Grünen Band Ostseestrand findet man in dem Grünen-Band-Buch »Küste–Schaalsee« (siehe S. 189).

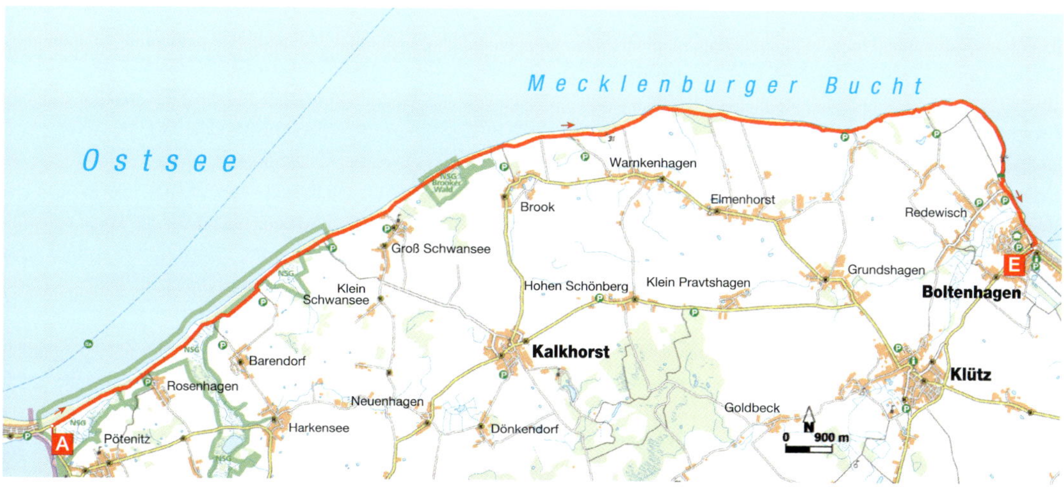

Register

Die Buchreihe des BUND zum Grünen Band vom Autor Dr. Reiner Cornelius

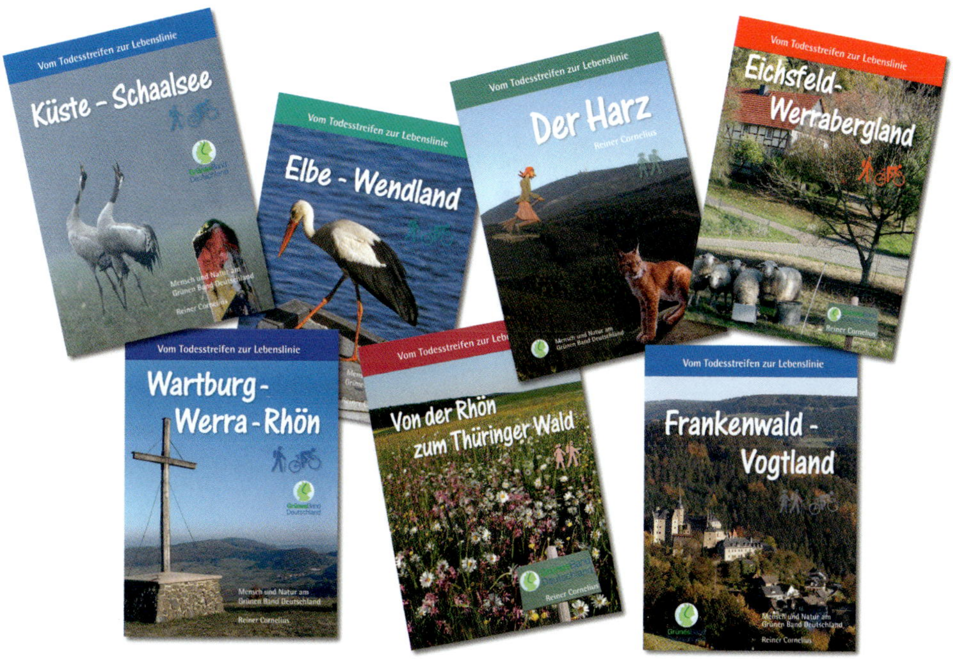

Weitere Infos unter www.grünes-band-wandern.de

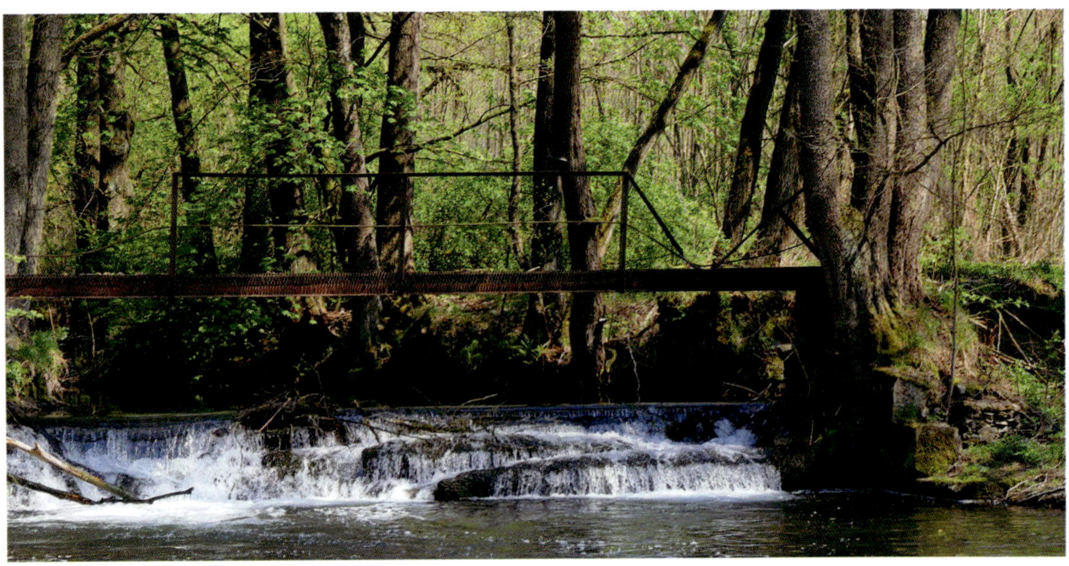

Grenzerbrücke über die Steinach bei Sonneberg

Ebenfalls erhältlich ...

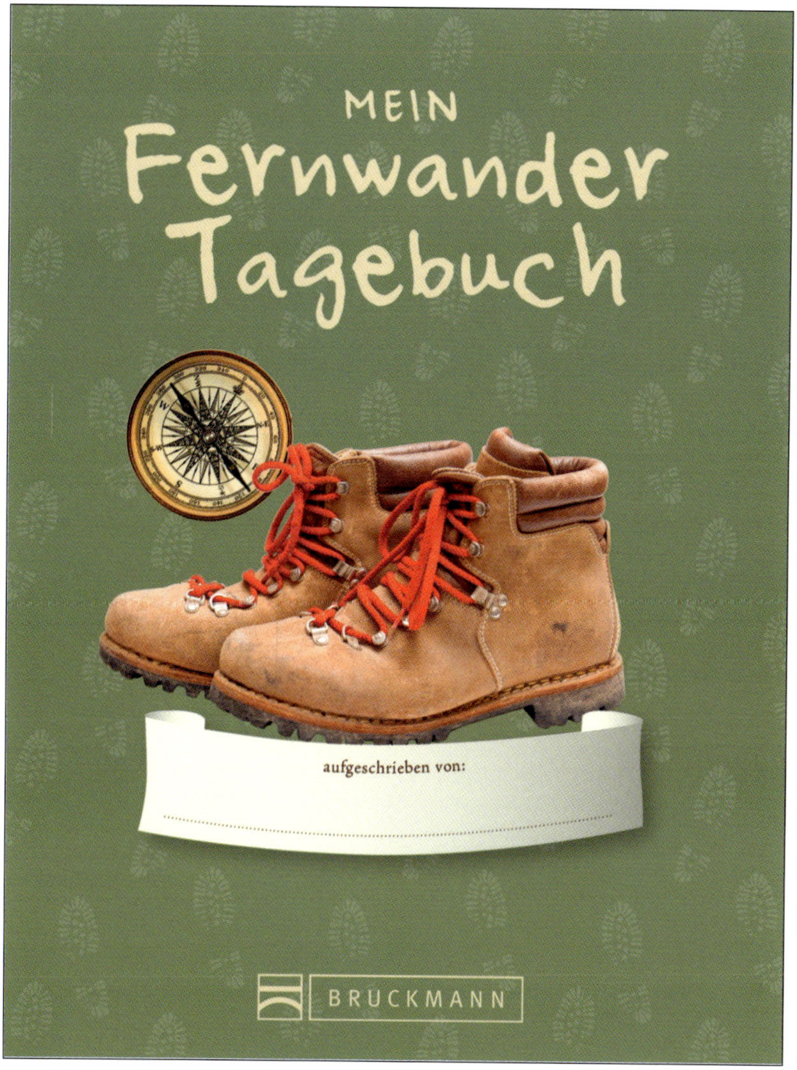

ISBN 978-3-7343-1135-2

Fernwandern ist Klarheit für den Kopf. Ein Einschreibbuch mit seitenweise Platz für Fotos, Skizzen, Begegnungen und die reichen Momente unterwegs.

BRUCKMANN

www.bruckmann.de

Impressum

Verantwortlich: Stefanie Krüger
Redaktion: Anette Späth
Layout: Mediaservice Rudi Stix/Andreas Kubin/Silke Schüler
Covergestaltung: Alexander Knoll
Repro: LUDWIG:media
Kartografie: Heidi Schmalfuß
Herstellung: Alexander Knoll
Printed in Slovenia by Florjancic

Unser komplettes Programm finden Sie unter

www.bruckmann.de

★★★★★

Sind Sie mit diesem Titel zufrieden? Dann würden wir uns über Ihre Weiterempfehlung freuen. Erzählen Sie es im Freundeskreis, berichten Sie Ihrem Buchhändler, oder bewerten Sie bei Onlinekauf. Und wenn Sie Kritik, Korrekturen, Aktualisierungen haben, freuen wir uns über Ihre Nachricht an Bruckmann Verlag, Postfach 40 02 09, D-80702 München oder per E-Mail an lektorat@verlagshaus.de.

Alle Angaben dieses Werkes wurden vom Autor sorgfältig recherchiert und auf den neuesten Stand gebracht sowie vom Verlag geprüft. Für die Richtigkeit der Angaben kann jedoch keine Haftung übernommen werden, weshalb die Nutzung auf eigene Gefahr erfolgt. Insbesondere bei GPS-Daten können Abweichungen nicht ausgeschlossen werden. Sollte dieses Werk Links auf Webseiten Dritter enthalten, so machen wir uns die Inhalte nicht zu eigen und übernehmen für die Inhalte keine Haftung.

Bildnachweis: Alle Bilder im Innenteil und auf dem Umschlag stammen vom Autor, bis auf: Nationalpark Harz, S. 5; Bund für Umwelt und Naturschutz, S. 13 unten, 24, 106, 161; Ökologische Bildungsstätte Oberfranken, S. 14 oben; picture alliance/chromorange, S. 18/19; picture-alliance/ZB, S. 21; Klaus Leidorf, S. 32, 42, 49, 95, 98, 158, 184; fotolia, S. 137; Udo Becker, S. 93 links; Moritz Flechtner, S. 110; Sielmann-Stiftung, S. 121 unten; Benno Schmidt, S. 126, 131

Umschlagvorderseite: Rabenklippe bei Bad Harzburg (picture alliance/Bildagentur Huber)
Umschlagrückseite: Unterwegs am Grünen Band nach Eichenberg (Tour 30)

Die Deutsche Nationalbibliothek verzeichnet diese Publikation in der Deutschen Nationalbibliografie; detaillierte bibliografische Daten sind im Internet über http://dnb.d-nb.de abrufbar.

2. Auflage der vollständig überarbeiteten Neuauflage,
© 2022, 2021 Bruckmann Verlag GmbH,
Infanteriestraße 11a, 807979 München
ISBN 978-3-7343-2140-5

Originalausgabe mit dem Titel »Das Grüne Band«,
ISBN 978-3-7654-6041-8, © 2018, 2016, 2014